문화인류학 반세기

문화인류학 반세기

한국문화인류학회 엮음

小花

문화인류학 반세기

초판 1쇄 발행 | 2008년 11월 12일 **엮은이** | (사)한국문화인류학회 **발행인** | 고화숙 **발행처** | 도서출판 소화

등록 | 제13-412호 **주소** | 서울시 영등포구 영등포동 7가 94-97 **전화** | 2677-5890 **팩스** | 2636-6393

홈페이지 | www.sowha.com **ISBN** 978-89-8410-342-9 **값** 15,000원

한국문화인류학회 반세기의 성과

한국 사회에서 학회가 지천명의 연륜에 이르렀다는 것은 그리 흔하지 않은 일이다. 6.25전쟁의 상흔이 채 아물기도 전에 '문화인류학'이란 학문에 뜻을 두신 몇 분들이 자리를 함께한 이래 어려운 난관들을 극복하고 오늘에 이르렀으니, 그간 회원들의 끊임없는 노력의 결과라고 말할 수 있다. 초기의 창립회원들뿐만 아니라 어려운 시기에 십시일반으로 주머니를 털어서 학회의 살림을 맡아서 일을 하셨던 분들께 저절로 고개가 숙여짐은 당연지사이리라.

반세기간의 성과를 중심으로 회원들이 정성을 다하여 쓴 글들을 모아서 '한국문화인류학회 창립 50주년 기념' 도서로 이 책을 출간하게 되었음을 모든 회원 여러분들과 함께 축하하고자 한다. 한 꼭지 한 꼭지의 글들을 담당하여 옥고를 적어서 보내주신 저자분들께 심심한 감사의 말씀을 드리고 싶다.

본 기념도서는 1부(반세기의 한국문화인류학회)와 2부(한국 문화인류학 반세기의 성과)로 구성되었다. 처음부터 그러한 의도로 구성한 것이 아니고, 뜻있는 분들의 원고를 받아서 정리한 결과가 그렇게 나타난 것이라고 생각된다. 1부는 회고, 2부는 성과의 성격이 강하게 반영된 것 같다. 총 27분의 저자들이 내신 옥고들을 '50주년준비위원회'(위원장 김주희 교수)가 정리하여 순서를 정하여 모양새를 잡은 것이다.

저자들의 연령(만)을 보면, 가장 연로하신 분이 85세, 가장 젊은 분이 38세. 평균연령이 53세. 30대부터 80대에 이르기까지 학문적 성취를 위하여 간단없는 노력을 하고 있는 한국문화인류학회의 모습은 한국 학계 내에서 중추적인 역할을 담당하기 시작하였다고 말할 수 있다. 주위에서 벌어지고 있는 여러 가지 종류의 학회들이나 학술행사들과 비교해서, 문화인류학분야에서 활동하는 학자들의 학문적 수명이 상대적으로 길다는 점을 과시하고 싶은 심정이다. 이것이 학사를 대변할 수 있다.

앞으로 다가올 반세기를 전망한다면, 글로벌 한국의 기초적인 관점의 확립이 문화인류학에 의해서 만들어지고 세계의 인류학계와 어깨를 겨룰 날을 기약하게 된다. 우리는 그때 다시 1958년의 창업에 대해서 기억을 하게 될 것이고, 2008년의 50주년을 기리는 작업을 하게 될 것이다.

학회를 위해서 헌신하시는 도중에 타계하신 선학들의 명복을 빌고, 왕성하게 학문활동을 하고 계시는 원로 선생님들의 건강장수를 빌고, 학회의 앞날을 짊어지고 나갈 후속세대들의 정진과 건승을 빌면서 발간사를 대신하고자 한다.

50주년준비위원회에서 함께 손을 맞잡고 솔선수범으로 일을 마무리해 주신 위원 여러분들에게 심심한 감사의 말씀을 드린다.

특히 기념도서의 편집 책임을 맡고 심부름을 한 김민정 교수와 김미연 군에게도 고마운 뜻을 전하고 싶다. 기념도서의 출판을 흔쾌히 맡아주신 도서출판 소화의 무궁한 발전을 기원하는 바이다.

2008년 11월 14일

한국문화인류학회 회장 전경수

차례

2부 한국 문화인류학 반세기의 성과

01. 한국 인류학자의 한국 문화 연구

02. 한국 인류학자의 타 문화 연구

1부

반세기의 한국문화인류학회

01. 한국문화인류학회의 여정

02. 성찰의 한국 문화인류학

03. 나의 문화인류학

한국문화인류학회 50년과 나의 학문, 나의 인생

한상복(서울대학교 인류학과 명예교수)

1. 한국문화인류학회 50년과 나

한국문화인류학회라는 학술단체가 조직되어 만들어진 것이 50년이 되었다. 당시의 회칙에 따르면 그것은 "한국에 있어서의 문화인류학을 진흥시키고 그 국제적 연락을 도모함을 목적으로" 만들어진 단체였다. 회의 설립취지 안내서에 이름을 밝힌 발기인 6명(강윤호, 김동욱, 이두현, 임동권, 임석재, 장주근)과 그 밖의 발기회에 참석했던 2명(김기수, 김정학)을 포함한 8명 중에서 현재 한국문화인류학회 회원은 이두현 · 장주근 선생 2명뿐이다.

학회의 창립회원들 중에서 초기 10년과 나중(1984~86)에 2년을 포함해 12년을 학회장으로 헌신한 임석재 선생과 3대와 4대 회장을 역임한 이두현 · 장주근 선생 세 분만 계속해서 회원으로 학회에 참여했고, 다른 회원들은 대부분 중간에 회를 탈퇴하였다. 학회 10주년 때(1968년) 회원 수가 46명이었는데, 그들 중에서 현재까지 10여 명은 타계했고 나머지 생존자 30여 명 가운데 대부분은 불과 몇 년 뒤에 회를 탈퇴했다. 그들 중에서 지금까지 회원으로 남아 있는 분들은 전임 회장들 5명(이두현, 장주근, 이광규, 한상복, 강신표)과 일본에서 인류학 교수로 재직 중인 최길성 선생을 포함해 총 6명뿐이다. 1969년도에 새로 입회한 신입회원의 수는 49명이었는데, 그들 중에서 지금까지 회원으로 남아 있는 분들은 하나도 없다. 학회 창립 20주년인 1978년의 회원 수는 한국인 165명과 외국인 22명이었다. 그들 중에서 현재의 회원은 한국인 25명(13명은 당시 국내외 대학의 인류학 전공 대학원생)뿐이고, 외국인은 절반가량이 지금도 회원으로 학술 교류를 계속하고 있다.

그처럼 회원들의 입회와 탈퇴가 무상했던 시기는 1980년대까지 계속된 것으로 기억된다. 국내외 대학에서 인류학 전공 석 · 박사 학위를 취득하고 인류학 교육과 연구 또는 인류학 관계 전문직에 종사하는 회원들이 늘어나면서 학회의 정회원과 준회원 및 단체회원 수가 안정적으로 확대되어 오늘에 이른 것이다. 문화인류학에 관심을 가지고 절실한 필요에 따라 입회한 다른 분야의 전문가 회원들과 한국 연구 외국인 인류학자들은 지속적으로 학회에 참여하고 회원들 간의 학술 교류와 연구발표를 꾸준히 계속하는 경향이 있다.

지금까지 학회활동의 회고와 전망을 주제로 학회지에 특집 또는 심포지엄 형태의 글들이 실린 경우가 여러 번 있었다. 우선 "학회 10년 회고"(임동권 1969)부터 시작해서 "한국문화인류학의 반성과 지향"(임석재 1974, 장주근 1974, 이두현 1974, 임동권 1974, 한상복 1974)이 있었다. 학회 창립 20주년에는 기념강연 "인류학의 과제와 전망"(이광규 1978a)과 심포지엄으로 한국문화인류학회가 행한 "전국민속종합조사의 회고와 전망"(여중철 1978, 장주근 1978, 한상복 1978, 김홍식 1978, 이보형 1978, 이두현 1978, 임석재 1978, 이광규 1978b)이 있었다. 30주년에는 기념 특집 "한국문화인류학 30년"(한상복 1988, 장주근 1988, 김택규 1988, 최길성 1988, 이종철 1988, 왕한석 1988), 그리고 40주년에는 회장 기조연설 "문화인류학 40년"(임돈희 1998)과 특집 I "한국문화인류학 40년: 원로들에게 듣는다"(이두현 1998, 장주근 1998, 이광규 1998, 한상복 1998, 강신표 1998, 김택규 1998) 및 특집 II "외국 인류학자의 한국문화 연구"(Alexandre Guillemoz 1998, 伊藤亞人 1998, Laurel Kendall 1998, 嶋陸奧彦 1998, 朝倉敏夫 1998, Nancy Abelmann 1998)가 있었다. 이번 학회 창립 50주년에는 2부로 구성된 기념도서 출판을 위해, 제1부로 현재 생존하는 역대 학회장 13명에게 학회활동 50년을 되돌아보고 회고와 전망의 글을 써달라는 원고 청탁을 했고, 제2부로 지난 50년간 문화인류학 연구업적을 지역별, 주제별로 개관하고 평가하는 집필진이 확정되었다고 한다.

앞에서 살펴본 것처럼 한국문화인류학회 50년의 역사 중에서 40년 역사의 회고와 전망에 대해서는 이미 여러 번에 걸쳐 많은 회원들이 학회지에 기록으로 남긴 셈이다. 나 자신도 15주년(1973)에는 한국 문화인류학 중에서 사회인류학 분야의 반성과 지향, 20주년(1978)에는 한국문화인류학회가 행한 전국민속종합조사의 생산 기술 분야에 대한 회고와 전망, 30주년(1988)에는 한국 문화인류학 30년의 회고와 전망, 그리고 40주년(1998)에는 전임회장 6명의 한국 문화인류학 40년 이야기 중에 문화인류학도가 되기까지의 나 자신에 관한 일화와 한국문화인류학회와의 30여년에 걸친 일화들을 기록으로 남겼다. 그래서 50주년(2008)에는 지금까지 내가 기록으로 남기지 않았던 한국문화인류학회 50년과 나의 학문 나의 인생에 대한 이야기를 기록으로 남겨두려고 한다.

나는 1978년도부터 1985년도까지 8년 동안 한국 문화인류학의 연보를 매년 문예진흥원이 간행한 『문예연감』에 보고하였다. 그 내용은 한국문화인류학회의 활동과 회원들의 연구동향 및 인류학 교육과 훈련에 관한 것이었다. 그 당시만 해도 한국을 대상으로 연구활동을 하고 있는 국내외 인류학자와 국내 인류학과의 수가 많지 않았고 나 자신이 1978년부터 1980년까지 학회장(사단법인 이사장)직을 맡고 있었기 때문에, 한국 연구를 하는 국내외 인류학자와 외국 연구 한국 인류학자들 한 사람 한 사람의 연구동향, 교육과 훈련 내용, 학회활동을 파악하는 데에 큰 어려움이 없었다. 특히 1979년도와 1980년도에 한국문화인류학회가 문교부 학술연구비를 지원받아 "한국인과 한국 문화"라는 주제로 다양한 분야의 전문가 12명의 연구발표와 각 분야의 원로학자 12명의 논평을 가졌던 것(한상복 1982 참조)은 학회뿐만 아니라 나에게도 뜻 깊은 일이었다. 1980년에는 또 한국문화인류학회가 문교부 국제학술회의 지원금으로 "제1차 아시아 인류학자 대회"를 개최하여 8개국 25명의 인류학자들이 한자리에 모여 "아시아 국가들의 인류학 연구 현황" 및 "아시아의 민족과 문화"라는 주제로 학술발표와 토론을 가졌던 것(Han 1986 참조)도 지금까지 기억에 생생하다.

1986년부터 1988년까지 두 번째 학회장직을 맡고 있을 때 학회 창립 30주년을 맞아 기념행사로 한국의 문화인류학, 민간신앙, 농경세시, 조상숭배, 물질문화, 친족용어, 친족조직, 종족체계와 이념, 신분제의 9개 분야 연구 성과를 회고하고 앞으로의 전망을 발표한 9명과 논평자 16명을 포함한 25명의 진지한 학술발표와 토론도 나에게는 잊을 수 없는 한국문화인류학회의 행사였다. 학회의 편집위원회에서는 또 30주년 기념으로 회원들 각자가 개별적인 관심을 가지고 연구하여 발표했던 대표적인 논문을 하나씩 제출하도록 하고, 제출된 논문들 중에서 32편을 정선하여 민속 · 종교분야의 논문 16편을 『한국인류학 30년, 민족과 문화 I: 민속 · 종교』, 사회 · 문화분야의 논문 16편을 『한국인류학 30년, 민족과 문화 II: 사회 · 문화』로 편집하여 한국문화인류학회가 두 권의 인류학 논문 선집을 정음사에서 출판하였다.

한국문화인류학회가 지금까지 여러 가지 형태로 나에게 특혜를 주어서 나는 항상 고맙게 생각하고 있다. 우선 나는 1967년 초 서울대학교 고고인류학과 첫 인류학 교수로 임명되고 나서, 한국문화인류학회 회원으로 입회했는데, 그 해 6월 총회에서 학회 창립 10주년 기념행사를 논의하던 중 임석재 회장께서 신입회원인 나에게 출판과 편집을 책임지고 학회지 창간호를 간행하라고 일을 맡기셨다. 그리하여 학회의 임원들이 낸 자체 자금만으로 그 당시에 절판된 희귀본이었던 『동국세시기』, 『열양세시기』, 『경도잡지』를 『한국문화인류학총서』 제1권으로 영인 판매하고, 또 그 돈으로 『조선무속고』를 총서 제2권으로 영인 판매하여 『한국문화인류학』 창간호 간행의 자금을 마련하였다. 창간호의 원고 모집과 편집에도 직접 참여하여 우리 학회 창립 10년 만에 학회지를 처음 간행한 것을 나는 지금까지 큰 보람으로 여기고 있다. 그 뒤에도 계속하여 학회의 총무와 이사, 이사장, 학회장의 일을 맡아 학회 운영에 직접 관여한 경험이 나의 학문과 인생에 큰 보탬이 되었다.

2. 한국문화인류학회와 나의 학문, 나의 인생

나의 학문과 인생은 직접 간접으로 한국문화인류학회와 밀접한 관계를 가지고 있다. 특히 1995년 한국문화인류학회 전국대회는 나의 인생 60년(회갑)을 기념하는 특별강연의 기회를 나에게 주었다. 나는 그 기회를 적실성의 관점에서 한국 인류학의 과거를 나름대로 조명해 보고, 그 당시의 상황을 기초로 다른 나라들의 인류학 발달 과정과 비교하여 한국 인류학의 미래 과제를 제시하고, 그것들의 바람직한 방향을 설정해 보는 계기로 삼고자 하였다. 그 강연 내용은 "한국인류학의 적실성"이라는 회갑기념 특별기획논문으로 『한국문화인류학』 제28집(내산 한상복 교수 회갑기념호)에 수록되었다. 또 그 기념호에는 회원들의 연구논문과 특집논문 외에 나의 약력과 연구업적을 총망라하여 나의 인생과 학문을 한눈에 볼 수 있도록 압축해 놓았다.

또 2000년 전남대학교에서 개최된 한국문화인류학회 전국대회는 나의 서울대학교 인류학 교수 정년퇴임을 기념하는 특별강연 기회를 나에게 주었다. 강연의 내용은 내 직업으로서의 대학교수생활이 이상과 현실의 면에서 어떤 것이었는가를 회고하는 이야기였던 것으로 기억된다.

내가 평소에 늘 생각했던 이상형 또는 이념형으로서의 대학교수 사명은 첫째로 자기가 전공하는 분야에서 교육자 또는 선생으로서 학생 또는 제자를 잘 가르치고 지도하는 것이고, 둘째는 학자로서 자기 전공분야의 주제에 대하여 끊임없이 진지하게 연구를 계속하는 것이며, 셋째는 그 이상의 여력이 있으면 대학과 사회가 서비스를 필요로 할 때 자신의 경험과 지혜 및 연구결과를 최대한 활용해서 봉사하는 것이었다. 내가 그런 생각을 가지게 되었던 것은 학문적으로나 인간적으로 나를 가르치고 키워주셨던 은사님들과 선후배 동료 교수 및 제자들과 함께 반세기 가까운 동안 배우고 가르치고 연구하고 사회활동을 해 오는 과정에서 자각한 결과라고 여겨진다. 나는 대학교수생활과 학문을 계속하는 과정에서 참으로 운이 좋았던 것으로 기억된다. 학부와 석사 과정, 그리고 외국 유학에서 박사 과정을 이수할 때 나는 학문적으로나 인간적으로 자랑스럽고 훌륭하신 은사님들의 가르침과 지도를 받을 수 있었다. 그분들의 도움이 아니었더라면 오늘의 나는 지금보다 훨씬 모자라는 처지가 되었을 것이라고 확신한다. 대학교수가 된 뒤에도 나는 선후배 동료 교수들과 제자들의 도움을 다른 누구보다도 많이 받았기 때문에, 가르치고 연구하며 대학 안팎의 사회 참여를 하는 데 큰 힘이 되었던 것을 항상 고맙게 여기고 있다.

그러나 현실적으로 내가 40년 가까이 대학에서 가르치고 연구해 온 대학교수생활이 이상적으로 생각했던 대학교수 사명을 얼마나 따르고 이루었는가를 되돌아볼 때, 스스로 부끄러운 생각과 자책감이 들었다는 것을 구체적인 사례와 일화를 예로 들어 기념강연에서 고백했던 것으로 기억된다. 나도 모르게 타성에 젖은 내 자신의 진부한 교육방식 때문에 교육의 실효를 거두지 못했을지도 모르고, 제자 학생들을 잘못 가르쳤기 때문에 그들이 훗날에 또 마찬가지의 나를 닮은 잘못된 교수 선생이 되지는 않았는지 두려움이 앞선다는 솔직한 심정을 토로하기도 했다. 인류학도로서 국내외 현지조사 연구를 계속하고 그 결과로서의 보고서와 논문 또는 책을 쓴다고는 했지만, 그 결과의 평가에 대해서는 자신이 없음을 밝히기도 했다. 그것들이 과연 얼마나 인류학의 발전과 현실사회에 적실성을 가지고 공헌할 수 있었는가? 한 번 인쇄되어 간행된 후에 다시는 읽혀지지도 않고 쓸모없는 것이 되어 고물상이나 쓰레기통으로 들어가지는 않았는가? 그런 의문들이 나의 학문과 나의 인생에 소심성을 더욱 키워 가고 있음을 부인할 수 없다는 것을 전하기도 했다.

대학교수로서의 직업을 가지고 내가 대학 안에서나 바깥 사회에 얼마나 봉사했는가에 대해서도 크게 내세울 만한 것이 없다는 것을 나 자신이 잘 알고 있다. 그러면서도 내가 무엇을 어떻게 했노라고 밝히는 자신의 모습, 그리고 지금까지 살아온 인생과 학문과 그 밖의 경력을 내세우기도 하는 모순된 자신의 허세는 가소롭기도 하다. 나의 학문 나의 인생을 회고하면서 오랫동안 마무리하지 못한 『인류학의 제 조류』 원고를 제출한 동료 교수들에게 큰 죄를 지어 사죄하고, 그것이 나 자신의 헛된 과욕과 이기적인 생각에다가 게으름의 소치였음을 고백하였다. 어떤 형태로도 용서받을 수 없는 큰 죄라고 지금도 생각하고 있다. 정년퇴임 특별강연 때 언급했던 글 빚으로 『경제인류학』 책을 쓰는 작업은 원래 나의 오랜 숙원이었고, 평생 처음 얻은 안식년에 끝내려고 했지만 마무리하지 못했고, 정년퇴임하고 나서도 동료 교수들과 대학 행정 당국에 걱정을 끼친 다음에, 결국 안식년 지원 경비를 반납하는 수치를 보여 지금도 창피하여 후회막급이다.

지난 10년 동안 나는 한국문화인류학회에 공헌한 것이 하나도 없다. 더구나 정년퇴임 이후로는 학회의 월례회나 전국대회에 참석한 것도 몇 차례에 지나지 않는다. 논문발표와 학술토론의 기회도 갖지 못했다. 설상가상으로 어찌된 영문인지도 모르게 칠팔년 전부터 인터넷을 통한 학회의 전자우편물 일체가 수신거부의 스팸메일로 자동 처리되어 아무런 소식조차 듣지 못하다가 최근에 그런 사실을 발견하고 수신허용으로 돌려놓았다. 그러고 나서 처음으로 받은 학회의 전자우편이 2008년 5월 3일 "임석재 선생님 10주기 기념 학술대회" 소식이었다. 그날 오후에 90년대의 제자 혼례식 주례를 약속했으니 참석이 어려웠다. 또 5월 23~24일에 학회의 50주년 기념 전국대회와 국제학술회의가 있다는 소식을 우연히 만난 학회 총무한테서 들었다. 그러나 공교롭게도 5월 23일부터 25일까지 나는 일본 사가대학(佐賀大學)의 "아리아케카이(有明海) 총합연구 프로젝트" 외부평가위원회에 참석하기로 예정되어 있어 한국문화인류학회의 행사에도 참석이 어렵게 되었다.

3. 그리워지고 낯설어지는 고향, 한국문화인류학회

지금까지 내가 몸담았던 학회와 연구회 성격의 공동체는 여러 개 있다. 한국문화인류학회의 회원이 되기 전에는 한국 문화에 관심을 가지고 연구하는 다양한 분야의 젊은 학도들이 "우리문화연구회"를 창립하고 『우리문화』라는 회지를 3집까지 간행하면서 거기에 논문 몇 개를 게재하였다. "사회학연구회" 창립에도 한몫을 하고 『사회학논총』이라는 회지를 내고 창간호에 한국 산간촌락의 연구 논문을 실었다. "한국사회학회" 회지 『한국사회학』을 창간할 때에는 서울대 사회학과 조교로서 학회의 간사직을 맡아 심부름을 하였다. 그러다가 인류학 전임교수가 되고 한국문화인류학회에 들어간 이후로는 나의 학회활동 대부분이 문화인류학회에 집중되었고 40년 이상 그 공동체의 일원이 되어 토박이 구성원으로 불려질 만한 처지에 이르렀다. 한국문화인류학회에 발을 디디고 아시아인류학자대회를 처음으로 개최하였으며 세계인류학 · 민족학대회에 참석하여 논문을 발표하기도 했다.

한국문화인류학회에 몸담아 지금까지 공동체의 일원으로 살아오면서 보람찬 일도 많았고, 실망스러운 일도 더러 있었으며, 식구들끼리 얼굴을 붉히는 일도 적지 않았다. 그런 것들이 마을과 같은 지역사회공동체나 한 집안 문중과 같은 씨족사회공동체 안에서도 항상 일어나는 일들이 아닌가 하는 생각이 든다. 문화인류학 공동체에서 내가 겪은 갖가지 일들은 10년 전에 쓴 『문화인류학 40년 일화』(한상복 1998) 속에서 특히 "한국문화인류학회와의 30년"이라는 내용으로 대충 밝힌 바 있다. 거기에서 화두만 던지고 구체적인 내용을 밝히지 못한 일화가 하나 있다.

그 일화에는 1968년 말부터 1969년 초에 걸쳐 우리 학회가 한국 문화 유형을 그리기 위한 조사 연구사업계획서를 작성하여 당시의 문화공보부

문화과에 제출했다가 두 번이나 퇴짜를 맞고, 다시 작성해서 계약승인을 받는 데까지의 과정을 간략하게 기록해 두었었다. 10년 전까지 내가 알고 있었던 사실은 거기까지가 전부였다. 그리고 7월에는 내가 미국 유학을 떠나게 되어 그 뒤의 실제 조사 과정 및 보고서에 대해서 누구도 말해 주지 않았었다. 유학을 마치고 귀국해서 조사 참가자들에게 물어도 반응이 없었다. 그런데 4년 전에 그 당시의 문화부 문화과 주무 담당관이었던 최종채 선생이 다락을 정리하다가 발견되었다면서 책의 종이가 누렇게 퇴색하고 부서지는 『한국생활문화 실태조사보고서』(문화공보부 1969, 333쪽)를 우편으로 나에게 보내 주었다. 그 책 표지에 쪽지를 첨부해서 지금부터 40년 전 당시의 조사 연구사업 경위를 짤막하게 적었다. 그 전문을 여기에 옮긴다.

한 교수님,

1968년 가을에 한 교수를 만나 기획되었던 "한국 문화 유형"을 조사 연구하겠다는 당시 문화공보부 문화과의 첫 사업인데, 여러 번의 토의 과정 속에 『한국생활문화 실태조사보고서』로 조사 발간된 책자입니다. 방법론상 다소 변경되어 나왔습니다. 베네딕트의 『문화 유형』을 염두에 두었는데 그렇게 되었습니다.

2004. 4. 최종채 배

다락을 정리하다가 발견되었습니다.

그 보고서의 내용과 필자는 다음과 같다.

서설(양재연, 중앙대 문과대 국어국문학과, 한국문화인류학회장)

1. 조사목적

2. 조사내용

3. 조사대상 지역선정(농촌, 산촌, 어촌, 소도시, 대도시)

4. 조사방법

제1장 사회구조(이광규, 서울대 사대 교육학과)

1. 가족

2. 혼인

3. 친족관계

제2장 사회경제적 제상(諸相)(이동원, 이화여대 문리대 사회학과)

1. 경제생활수준

2. 직업에 대한 만족도

제3장 신앙과 의례(최길성, 문화재 전문위원)

1. 신앙생활과 사회

2. 한국종교의 현황

3. 농촌 · 산촌 · 어촌 · 소도시 · 대도시의 신앙과 의례

제4장 민간전승과 예능(양재연, 중앙대 문과대 국어국문학과)

1.문학 2 음악, 3.연극 4. 세시풍속 5. 오락

제5장 물질문화(김광언, 문화재 전문위원)

1. 의생활 2. 식생활 3. 주생활

결론(양재연, 중앙대 문과대 국어국문학과)

우리 학회의 회원들 대부분이 기억조차 하지 못하고 알지도 못하는 위와 같은 대수롭지 않은 일에 대하여 이처럼 소상하게 기록하는 까닭은 아마도 내가 40년 전 30대 중반의 나이에 정성과 열정을 바쳐 추진했던 일이었기 때문일 것이다. 그것은 마치 한 마을에 평생을 살아온 어떤 고로(古老)가 지금에 와서는 흔적도 찾아볼 수 없는 옛일을 되뇌거나, 집안 어른이 옛날 자기 웃어른들의 이야기를 들려주거나, 노장이 젊은 날의 전투 장면을 회고하는 것과 다를 바가 없을 것이다. 실로 나에게는 한국문화인류학회가 오래 살던 고향처럼 그리운 곳이다. 거기에 돌아가서 옛 친구들을 만나 아주 오랜 옛날의 일들을 회상하며 함께 즐기고 싶은 그런 곳이 바로 한국문화인류학회다. 이런 느낌은 나뿐만의 것이 아닐 것이다. 전임 회장들뿐만 아니라 회원들 모두가 비슷할 것으로 생각된다. 지금 노년기의 회원들은 우리 학회가 고향처럼 느껴져 그리울 것이고, 지금 젊은 회원들은 멀지 않은 훗날에 노년기가 되면 그런 느낌을 또한 가지게 될 것이다.

그런 고향 한국문화인류학회가 지금 나에게는 자꾸만 멀어져가고 점점 낯설어진다. 정년퇴임하고 학회에 자주 못 나가는 데다가, 보지도 못하고 들어보지도 못한 새 세대의 젊은 회원들이 크게 늘어났기 때문이다. 그들이 학회의 주역을 맡아 열심히 일하는 모습이 우선 믿음직하고 자랑스러우며 장래에 대한 기대가 큰 것이 사실이지만, 또 한편으로는 나 자신이 처지고 소외되는 것 같아 학회가 낯설어진다는 것이 솔직한 심정이다.

4. 한국문화인류학회에 대한 건의

한국문화인류학회의 토박이 고로의 한 사람으로 학회에 건의하고 싶은 것 두 가지가 있다. 첫째는 우리 학회가 50년의 역사를 이루어 오면서 다양한 구성원들이 별의별 일들을 다해 왔다는 사실을 상기하고 싶다. 지금까지 창립 이후 10년이 지날 때마다 몇 주년 기념으로 전임회장과 고로들에게만 회고와 전망을 써달라고 부탁했던 관례(?)를 깨보는 것도 좋겠다는 생각이다. 지금까지는 그분들이 각자 스스로 쓰고 싶은 것만 썼다는 것이 사실이다. 그것도 중요하지만, 앞으로는 학회가 주도적으로 한국문화인류학회의 역사를 재구성하고 변화를 추적하는 동시에 현재의 실태를 확인하고 미래를 내다보는 계획을 세워 기록된 공식 문헌자료와 지금까지 각자가 쓰고 싶어 썼던 회고와 전망을 기초로 하여, 다양한 회원들을 대상으로 평소의 관찰 · 직관 · 면접 · 대화 · 질문 등을 통한 조사방법으로 자료를 수집할 것을 제안한다. 그렇게 하면 지금까지 알려지지 않았던 새로운 사실을 발견할 수도 있고, 그 사실에 대한 교차확인도 가능하며, 실물 사진과 영상 및 녹음자료와 문헌자료의 소재를 확인할 수도 있다. 그런 자료의 진품 또는 복제품을 학회가 수집할 필요가 있다. 문화인류학회 공동체에 대한 인류학 현지조사를 시행하여 보고서를 내고 살아 있는 자료를 보존하는 것이다. 둘째는 50주년이 되고 회원 수도 많아지고 조직과 행사가 복잡해진 우리 학회의 간략한 역사와 조직을 포함한 회원명부를 작성할 것을 건의한다. 그것은 우리 학회의 회원들뿐만 아니라 외부의 필요에도 없어서는 안 될 필수적인 것으로 생각되기 때문이다.

한국문화인류학회 민속지: 사관(私觀)에 기초하여

전경수(서울대학교 인류학과 교수)

1. 서언

인류학자들이 도맡아 놓고 하는 작업들 중의 하나가 민속지(民俗誌, ethnography)를 작성하는 것이다. 그것을 민족지라고 말하는 사람도 있고, 민속지라고 써야 한다고 주장하는 사람도 있지만, 상황에 따라서 양자를 적절하게 혼합하여 사용하는 것이 바람직하다고 나는 생각한다. 왜냐하면, 수입된 개념을 우리의 상황에 맞추어서 적용한다는 것이 딱 들어맞는 경우가 없기 때문에, 융통성을 갖고 대하는 것이 낫다는 생각이다. 학교나 병원을 대상으로 민속지를 작성하는 사람들이 그 단어를 '민족지'로 고집할 경우, 그 결과는 '학교민족지' '병원민족지' 등으로 귀결되어야 하는데,

이렇게 우스꽝스러운 일이 어디 있겠는가? 한국어의 기본을 무시해도 유분수지 않겠는가? 우리 동료들 중에서 뉴기니에 당지작업(fieldwork)을 나가신 분이 작성하는 모노그라프에 대해서 '뉴기니 민족지'라고 명명하는 것은 그리 큰 문제가 없이 접수가 가능하리라고 본다. 물론 '뉴기니 민속지'라고 해도 관계는 없다고 본다. 그러나 개인적으로 나는 '뉴기니 민속지'를 조금 더 선호한다. 왜냐하면, '뉴기니 민족지'라는 것은 좀 건방진 의미를 내포하고 있다는 생각이 든다. 마치 뉴기니 '민족'을 다루고 있는 것처럼 과장하는 면을 피할 수 없기 때문이다. '민족'이란 또 다른 복잡한 의미를 담고 있기 때문에, 그 복잡함을 해결해야 한다는 강박관념에서 벗어나기 위해서라도 나는 '민속지' 쪽을 선호하는 것이다.

민속지 쪽을 선호하는 또 다른 이유는 다음과 같다. 한 25년 전에 한국언론학회의 부름으로 그곳(한양대학교)에서 발표할 기회가 있었는데, 한 시간 동안의 발표가 끝나고 질문시간에 나는 크게 당황스러운 적이 있었다. 내가 '민족지'라는 용어로 질적 방법론상의 문제들에 대해서 장황하게 설명한 끝이었는데, 손을 든 사람의 질문 핵심은 "민족지라는 것이 '조선일보'를 말하는 것입니까? '동아일보'를 말하는 것입니까?"라는 황당한 질문이었다. 나는 당황스러울 수밖에 없었다. 그러나 그 자리에서 그 질문이 황당하게 들리는 사람은 나 혼자만이었다고 생각되고, 언론학회의 참가자들에게는 있을 법한 질문이었던 것이다. 이렇게도 의사소통이 되지 않는 용어를 혼자서 사용하였다고 생각하니 모골이 송연해짐을 느꼈다. 그 후 나는 'ethnography'의 번역어에 대해서 심각한 생각을 하지 않을 수 없었고, 일본의 학계에서는 다른 차원에서 용어의 번역으로 적지 않은 논란을 경험하였다고 듣기도 하였다.

주어진 지면의 기회에 나는 '학회 민속지'를 작성하고 싶은 마음이 생겼다. 학회라는 사회조직에 대한 인류학적 연구라는 관점을 갖고 한국문화인류학회를 들여다보는 기회를 갖고 싶은 것이다. 문화 개념의 측면에서 말한다면, 하위문화로서의 조직문화에 대한 관심의 표명이다. 지난 40년간 직간접으로 학회와 인연을 맺고 있는 나로서는 나름대로 학회 민속지를 작성해 볼 수 있는 위치에 있다고 생각할 수도 있지만, 그러한 작업을 조직적으로 할 기회를 갖지 못한 상태에서 그리고 '감'의 차원에서 학회에 대한 개인적인 소감을 피력하는 수준의 민속지를 작성해 보려는 만용을 부림에 대해서는 강호제현의 너그러운 양해를 구하는 바이다.

민속지를 작성한다는 것, 그리고 그 결과라고 나오는 것은 궁극적으로 세상을 바라보는 창을 설정한다는 얘기나 마찬가지다. 어떤 눈으로 사회적인 현상을 바라보고 있는가 하는 문제이기도 하다. 그렇기 때문에, 학회에 관한 민속지라고 나온 것은 학회를 향하여 바라본 나의 관점의 투영일 뿐만 아니라 학회라는 것이 우리 사회의 일부를 보여 주는 창구의 역할을 하기에 가능할 것이라고 생각한다. 물론 결과물이 좋을 때, 위와 같은 논평을 할 수 있을 것이다. 따라서 내가 작성하는 한국문화인류학회를 대상으로 한 학회 민속지는 내가 바라본 학회의 모습으로부터 출발하여 얼마나 많은 회원이나 제삼자의 공감을 얻어낼 수 있는지는 앞으로 두고 볼 일이다.

우리가 살아가고 있는 세상에 대한 '비하인드 스토리'를 들어보는 재미가 쏠쏠하다. 소문과는 다른 종류의 얘기이다. 그만큼 투명하지 않은 부분이 많다는 얘기도 된다. 이 지면을 빌려서 나는 내가 알고 있는 학회에 대한 학회와 관련된 일들을 가능한 한 소상하게 정리할 기회를 갖기로 하였다. 이런 기회도 그렇게 많이 주어지는 것이 아니기 때문에, 학회와 관련된 일들에 대해서 동료와 후학들이 한 가지라도 더 공유하는 것이 낫다는 생각에서 출발하였다. 물론 동일한 사건에 대해서 다른 시각을 갖고 있다는 점을 확인할 수 있는 계기도 될 수 있다고 생각한다. 내가 이러한 작업을 하는 것은 그 결과물을 거울삼아 나를 발견 또는 재발견함에 궁극의 목표가 설정되어 있다고 말하고 싶다.

2. '벨보이'로서의 만남

'한국문화인류학회'와 맺어진 나의 인연은 1968년도에 개최되었던 제1회 전국대회에서 비롯되었다. 당시 전국대회는 동숭동에 있었던 서울대학교 대강당(지금은 없어진 당시의 서울대학교 본관 건물 오른쪽 뒤편에 있었던 것)에서 개최되었고, 당시의 주제와 관련되어 언론에서는 "북방문화론" 대 "남방문화론"으로 비추어주기도 하였다. 구체적인 내용이야 어쨌건 간에 발표자의 한 분으로 나섰던 이광규 선생님께서 '남방문화론자'로 낙인이 되는 해프닝도 있었다고 기억된다. 그 대회에서 나에게 특별하게 주어진 역할이 있었다. 발표자들이 약속을 잘 지키지 않고 발표시간을 연장하는 행태를 규제하기 위해서 연단 아래에서 시간을 알려주거나 발표 중단을 요구하는 종소리를 내는 역할이 있었다. 이른바 대회장의 '벨보이' 역할을 하였던 것으로 학회와 나의 인연은 시작되었고, 그 자리에서 나는 지금은 고인이 되신 김철준 선생님으로부터 야단을 맞기도 하였다. 발표시간이 초과하여 벨소리를 여러 번 울린 나에게 "종소리 내지 마라"는 꾸중이었다. 그래도 나의 임무는 정해진 시간에 약속된 벨소리를 울려야 하는 것이었다.

그해 여름 한상복 선생님을 따라서 가거도와 하태도를 방문하였던 나는 선생님의 혜량으로 '논문'이란 것을 작성해 보는 기회를 얻게 되었다. 선생님으로부터 야단도 많이 맞았지만, 결과적으로 '초분'에 관한 그 내용은 『한국문화인류학』 제2호(1969)에 게재되었고, 선생님의 함자 뒤에 공저자로서 나의 이름자도 붙여보는 광영을 누렸다. 지금 인류학도로서의 길을 걷고 있는 내가 존재하는 커다란 계기가 된 사건이었다고 회고된다.

학회가 가장 열심히 추진하였던 것은 '월례발표회'란 이름의 연구발표를 하는 모임이었다. 세상이 변함에 따라서 지금은 200회를 끝으로 하여 '인류학 포럼'이란 이름으로 간헐적인 연구발표회가 이어지고 있지만, 당시는 월례발표회가 연구자들의 아주 중요한 모임이었던 것 같다. 그런데, 한 가지 이상하게 지금도 뇌리에 남아 있는 것은 고(故) 최상수 선생과 관련된 일이다. 나는 그분이 월례발표회에 참가하셨던 것을 분명하게 기억한다. 그분의 함자가 '최상수'라는 것은 아마도 나중에 안 것 같다. 두 번 참가하셨던 것으로 기억되는데, 키는 그렇게 작지 않으신 분이 항상 선글라스를 착용하고 계셨고, 머리숱은 많지 않았고, 앞머리가 좀 벗어졌으며 사각형의 얼굴을 하신 분으로 기억된다. 그 선글라스는 비교적 옅은 색깔이어서, 그분의 눈알이 유리알 너머로 유난히도 움직이고 있었다는 기억이 있다.

문리대의 강의실은 천정이 높아서 사람이 적게 들어앉으면 을씨년스럽기까지 한데, 월례발표회에 참석하는 인원이 항상 소수였다. 다른 선생님들이 앞자리에 모여 앉아 있으면, 그분은 항상 혼자 뒤에 따로 떨어져서 앉아 있었다. 그러한 모습도 이상하게 느껴졌으며, 발표회가 끝나면 임원들과 발표자로 구성된 소수가 문리대 앞의 '진아춘'이라는 중국집에 가서 한 그릇을 먹는 기회가 마련되는데, 그분은 그 자리에도 동석하지 않았다. 한 번은 어떤 연유에서인지는 기억이 희미하지만, 나도 그 자리에 동석하는 영광을 얻었고, 어른들께서는 '최상수' 선생에 대해서 좋지 않은 얘기를 나누고 있었던 것도 분명히 기억된다.

하기야 학회가 결성될 초창기에 '한국민속학회'라는 작명을 생각하기도 하였다는 진술도 있다. 그런데 당시 최상수 선생이 거의 홀로 운영하는

'한국민속학회'가 존재하였기 때문에, 학회의 명칭이 '한국문화인류학회'로 되었다는 임동권 선생님의 주장도 있는 것을 보면, 그분에 대한 한국문화인류학회 어른들의 껄끄러운 심기가 이런 저런 형태로 노출되고 있었던 모양이다.

3. 간사 직무를 수행함

1974년 봄에 군복무를 마친 나는 학교로 돌아오면서 학회 간사직을 맡게 되었다. 그때는 참으로 열심히 일을 하였다. 그 덕분으로 나는 학회의 어른 선생님들을 가까이서 모실 수 있는 기회도 얻었고, 공부하는 방법을 몸으로 배우는 기회도 가졌다. 그해 여름 학회는 충청북도에 대한 민속종합조사의 용역을 수행하고 있었고, 고인이 된 장철수 형이 그 일을 도맡은 간사로서 그야말로 많은 진땀을 흘렸다. 자료 수집을 위한 '조사단'의 구성과 운영에 있어서뿐만 아니라 연구자들의 임무인 원고수합 과정과 수합된 원고를 용역사업의 '갑' 지위에 있는 문화재관리국(지금의 문화재청)의 하급관리들 비위에 맞도록 정리해서 제출하는 것이 여간 까다로운 일이 아니었다. 원고 매수가 모자란다는 둥, 사진 숫자가 맞지 않는다는 둥, 옆에서 장형이 속을 끓이며 혀를 차던 일이 기억에서 지워지질 않는다. 덕분에 함께 소주잔도 많이 기울였다. 장형이 간암으로 돌아가셨는데, 아무래도 그때 마신 술도 전혀 영향이 없지 않을 것으로 생각이 된다.

그해 여름과 가을에 나는 '조사단'의 비공식적 조수로서 자료를 수집하러 충청북도를 헤맨 적이 있다. 임석재 선생님께서 지참하셨던 녹음기가 얼마나 무겁던지. 젊은 놈이 빈손으로 자기 짐만 챙겨서 움직일 수는 없고, 다니던 길은 산골이었기 때문에 어른들께서 고생하시면서 인터뷰를 하던 일도 지울 수 없는 기억들이다. 밤에는 늦도록 자료수집 작업이 진행되었다. 낮 동안에 일을 하고 돌아오신 동네 분들을 붙들고 말을 시킨다는 것도 쉬운 일이 아니었다. 임석재 선생님께서 인포먼트들을 독점하시는 바람에 다른 어른들께서 투덜거리던 일도 있었다고 기억된다. 덕분에 나는 영동군의 산골에서 닥나무 종이를 만드는 실습도 하여 보았고, 청풍의 한 농가에서 청우(靑牛)의 얼굴을 만져본 적도 있다. 소의 얼굴 한가운데 약간 푸르등등한 색깔이 비치는 소였다. 요즈음도 어딘가에 있는지는 몰라도, 그 뒤로는 그러한 소를 만난 적이 없다. 그 소가 사용하던 코뚜레 한 개가 나에게 보관되어 있다. 보은의 어느 농가에서 내버린 물레를 분해해서 보관한 것이 아직도 내 방 구석에서 돌아다니고 있다.

최근에 내가 학사에 관심을 갖고 자료를 정리하면서 생생하게 되새겨지는 사건을 하나 소개한다. 1974년 가을이라고 생각되는데, 당시 학회의 월례발표회에 이례적인 사건이 발생하였다. 발표자는 사회학자인 장윤식 교수(University of British Columbia)로서 주제는 '샤머니즘'이었고, 이론적인 내용은 '불확실성'에 관한 논의가 강조되었던 것으로 기억된다. 사건이라고 표현한 이유는 발표회의장에 등장한 사람의 숫자가 2백여 명이 되어서 사상 유례없는 대성황을 이루었던 것이다. 한국문화인류학회의 구성원들은 또는 한국문화인류학회에 대한 사람들의 인식은 그만큼 '샤머니즘'에 집중하고 있었던 것이다. 우리나라에서 문화인류학을 한 학자들의 업적이 가장 많이 집적되어 있는 부분이 '샤머니즘'이라는 점 또한 부인할 수 없다. 문화인류학회는 샤머니즘을 연구하는 학회로 인식될 만큼 무속은 인기 있는 연구주제였던 것 같다. 그것이 다 역사적인 맥락을 잇고 있는 학통이었던 것을 이제야 알게 되었다. 그럼에도 불구하고 아직도 이 분야에서 문화인류학계의 탁월한 업적이 생산되어 있지 않은 점도 이채로운 면이라고 아니할 수 없다.

1978년 가을 미네소타 대학으로 유학을 가 있는 나에게 함께 간사 일을 보았던 유명기 선생으로부터 한 통의 편지가 날아왔다. 학회 창립 20주년에 해당되는 "금년도 학회에서는 벌컥 뒤집어지는 사건이 발생하였다" 고. 소위 '정통성'과 관련된 발언과 논란이 있었으며, 그로 인하여 좋지 않은 분위기 속에서 퇴장하는 분도 계셨다고 했다. 그 뒤로 많은 분들이 학회를 외면하게 되었다고 이해된다. 1982년 가을에 다시 참가하게 된 전국대회는 아마도 민속촌에서 개최되었던 것으로 기억이 되는데, 전체 모인 회원의 숫자가 20명 정도나 되었을까. 그 이후로 전국대회는 학생들이 참여해주지 않으면 조촐하기 짝이 없는 모습을 유지할 수밖에 없었다. 그렇게 된 연유가 1978년도의 '정통성' 사건과 무관하지 않은 것으로 나는 지목하고 있다.

학생들이 학회에 적극적으로 참여하게 된 것은 좋은 일이지만, 전문학자들을 중심으로 진행되고 관리되어야 할 학회가 학생들의 보이지 않는 힘을 빌리지 않으면 안 되는 일이 발생된 점에 대해서도 생각해 볼 일이다. 지금 학회의 전국대회 운영에서 하나의 걸림돌로 작용하고 있는 것이 학생들의 참여방식이며, 그에 대한 학회의 지원이라는 문제이기도 하다. 과거 학회 행사의 전을 펼치기 위해서 '동원' 형식으로 학생들의 참여를 독려하였지만, 이제 와서 경비 문제가 발생하기 때문에 학생 참여를 재고하겠다는 발상은 어떻게 처리되어야 할까. 지혜로운 해결방법이 나올 수 있기를 기대하는 바이다.

4. 집행부의 일원으로

집행부라 함은 회장(또는 이사장)의 산하에 학회의 살림을 살기 위해서

구성하는 실무진을 말한다. 내가 맡았던 일들은 총무에서 연구와 편집에 이르기까지 해 보지 않은 일이 없다. 학회의 자질구레한 일들은 거의 다 해 보았다고 해도 과언이 아니다. 덕분에 학회의 어른들도 가까이서 모시는 영광도 누렸고, 그러한 경력을 인정받아서 나는 부회장직을 수행한 적이 있었다. 당시 회장은 고인이 되신 권이구 교수(영남대학교 문화인류학과)였고, 서울에 있는 부회장에게 적지 않은 일을 위임하셨다. 그러한 일들 중에 하나가 학회의 기금관리에 관한 문제였다. 기금을 관리한다는 것은 얼마 되지 않은 회비를 모으고 격려금을 저금하여 목돈을 마련하려는 희망이 담겨 있었던 일이다. 적은 돈을 불리는 것도 학회의 살림을 잘 하는 일이기 때문에 당시 유행하였던 주식투자에 학회기금을 투척하였다. 당시 주식의 전문가로 알려졌던 임 모 교수(서울대학교 경제학과)의 소개로 어떤 곳에 투자를 하게 되었고, 명의는 서울에 있는 부회장이 맡으라고 하여 나의 이름으로 학회의 기금은 주식에 투자되었다. 그 후 나는 예기치 않은 일로 곤욕을 치렀다.

서울의 집에 다니러 오셨던 어머니께서 하루는 퇴근한 나에게 좋지 않은 얼굴로 질문을 하셨다. "애비. 요새 주식투자하나?" "아니요." "정말, 안 해?" "그럼요. 무슨 돈이 있어서 주식투자를 합니까?" 이러한 대화가 오고 갔고, 옆에 계시던 아버님께서 "이제는 부모에게 거짓말하냐?"라고 언성을 높이셨다. 영문을 모른 채로 황당한 얼굴을 한 나에게 아내가 한 통의 편지를 건넸다. 투자회사에서 나에게 보낸 편지였고, 투자내역이 적힌 것이었다. 사실 나는 투자회사가 투자자에게 이렇게 정기적으로 보고를 하는지도 몰랐다. 봉투를 열어 보니, 정말로 상당한 액수가 나의 이름으로 투자되어 있었다. 말하자면, 학회의 '비자금'이 차명계좌로 개설되었던 것이다. 그제서야 자초지종을 설명하였지만, 뒤가 개운치가 않았다. 이미 오래 전에 무슨 일로 아버님께서 "주식투자는 절대로 해서는 안 된다"라고 엄명을 내리신 적이 있기 때문이었다.

결국 학회의 기금은 '깡통'구좌가 되는 신세를 면치 못했고, 학회 기금은 나의 명의 상태에서 공중으로 증발하여 버렸다. 후일 그 '깡통'구좌 때문에, 이런 부분에 맹탕인 나를 대신하여 당시 어느 기업의 연구소에 근무하고 있던 김창민 박사가 한동안 머리를 싸매고 왔다갔다한 적이 있다. 그 기금은 나의 명의로만 투자되어 있었지, 그 구좌에서 어떤 일이 일어났는지에 대해서는 아직도 나는 정확하게 모르고 있다. 한 가지 분명한 것은 학회의 기금이 '깡통'이 되어서 공중분해 되었다는 것뿐이다. 그 기금이 모였던 과정을 생각하면, 송구스럽기 그지없는 일이 아닐 수 없다. 재정이 워낙 빈약한 학회를 살려보겠다고, 역대 회장님들과 원로회원들께서 노심초사하여 당신들의 저서에서 나온 인세를 모아주신 것도 있고, 평생회원제도를 실시하여 목돈을 마련한 것도 그 속에 들었고… 당시 회장이셨던 권이구 교수께서 "괜찮다. 세상이 그렇게 돌아간 것을 어떻게 해. 모든 것은 회장의 책임이다"라고 격려는 하셨지만, 언젠가는 이 부분에 대한 일말의 책임을 져야 할 텐데….

5. 소결: 미완과 반성

80년대 중반 언젠가 20여 명만이 참석하는 것이 연례행사로 되어 버린 학회의 전국대회가 민속촌 절간에서 열린 때였다. 민속촌의 절간에서 학회를 연다는 것은 당시 민속촌의 사장직함을 갖고 계셨던 맹인재 선생님 덕분이었고, 그날 저녁은 민속촌에서 제공하는 좋은 막걸리가 참여한 회원들을 위하여 대접되었다. 학회 돈으로는 학회를 알리는 현수막 한 장 마련하기도 힘들었기에, 맹 선생님의 배려로 민속촌에서 현수막도 제공하였다. 학회에서는 여러 차례 맹 선생님의 덕을 보았던 것으로 기억된다. 우리는 점잖은 그 선생님을 '촌장님'이라고 부르기도 하였으며, 민속촌의 실무를 맡았던 홍 과장의 열의 있는 도움도 잊을 수가 없다.

그때 총회에서 나온 토의 주제가 학회 명칭의 개정에 관한 것이었으며, 참석한 회원들이 투표를 해야 하는 진풍경이 벌어졌다. 개정안은 '한국인류학회'로 제안되었고, 개표결과 '변경'과 '유지'의 숫자가 동수로 나왔다. 그래서 투표용지를 헤아리고 정리하고 있던 간사가 개명 반대쪽에 손을 듦으로써 학회의 명칭은 현상 유지되는 일도 있었다. 지금 생각해 보면, 무엇 하나 제대로 돌아가는 일이 없이 주먹구구로 일이 진행되었던 것 같아서 자괴감을 버릴 수가 없다.

나는 회원들의 배려로 2006년 7월 1일부터 학회의 회장직을 수행하게 되었고, 학회의 집행부를 구성하였다. 구성원들과 논의한 끝에 학회의 현안 문제들 중에서 가장 어려운 것이 사단법인으로서의 활동을 제대로 수행하는 것이었다. 사단법인이란 정부에 등록이 된 단체로서 일정한 기준의 감사를 받아야 하고, 통제도 감수해야 하는 부분이 있기 때문에, 회계연도의 기준이 정부의 것과 동일해야 한다. 그런데 학회는 별도의 회계연도를 적용하기 때문에 발생하는 어려움이 사무적으로 곤란한 부분이 있다는 것이었다. 그래서 가장 먼저 학회의 살림살이에서 수정하기로 한 것이 회계연도의 개정이었다. 그렇게 되니, 회장의 임기가 연도 말로 이전되어야 하고, 그로 인하여 본의 아니게 2년 임기를 받은 나는 2년 반의 임기를 하게 되었고, 차기회장으로 선출되어 있는 유명기 교수에게 2009년 1월 1일부로 학회의 사무를 넘겨드려야 하는 일정이 마련되었다.

학회의 근간을 흔드는 또 다른 일은 '월례발표회'의 개선 문제였다. 200회를 이어온 '월례발표회'는 초창기에는 학회의 구심점 역할을 하였으나, 최근에는 거의 유명무실해지는 상황이 참여도로부터 감지되었다. 연구위원장을 맡은 이태주 교수의 충심어린 제안으로 '월례발표회'는 '인류학 포럼'이라는 제목으로 개명되었고, 연 4회 정도 개최하는 예정이 마련되었다. 이러한 변경이 얼마나 잘 한 일인지는 앞으로 두고 볼 일이다. '월례발표회'란 명칭을 고수해 온 초창기의 원로 회원들에게 송구스러운 마음이 없는 것은 아니다. 송구스러운 마음이 있는 만큼 새로운 명칭으로 진행되는 '인류학 포럼'이 열심히 노력하기를 바라는 마음이다.

해방 직후와 6.25전쟁 사이에 존재하였던 조선인류학회(1948년 이후 대한인류학회)가 발행하였다고 하는 『인류학연구(人類學硏究)』 창간호는 아직까지 어디에도 그 흔적을 보여 주고 있지 않다. 그래서 그 학회는 구름 속의 안개와 같은 존재로 인식되고 있다. 학회의 얼굴이 나타나지 않기 때문이다. 이런 점을 고려할 때, 학회의 얼굴인 학회지의 양적/질적 개선이 궁극적으로 학회의 장래를 결정할 것이라고 생각된다. 나는 이 지면을 빌려서 학회지의 개선에 대하여 두 가지 방안을 제안하고자 한다. 첫째는 평가제도에 대하여, 현재와 같은 익명의 리뷰가 아니라 *Current Anthropology*의 체제와 같은 실명 리뷰와 반박이 함께 학회지에 실리도록 하는 것이다. 둘째는 학회지의 발행을 계간으로 하는 것이다. 얇아져서 모양새가 좋지 않을 것 같지만, 얇아지게 되면, 그 속에 회원들이 필요로 하는 다른 정보들을 담게 될 것으로 예상된다. 학회지를 발간하는 목적에는 회원들 간 그리고 문화인류학에 관심을 갖고 있는 사람들 간의 소통을 목적으로 하고 있다는 점도 유념해야 할 사항일 것이다. 많은 어려움이 수반될 것은 분명하지만, 회원의 적극적 동참이 이 방향으로 가는 에너지를 제공하게 될 것임은 명약관화한 사실이다.

유관 학회들과의 수평적 연대와 국제 학계에의 참여 또한 한국문화인류학회가 적극적으로 나서서 풀어가야 할 과제들이라고 생각한다. 학회의 실무진들이 사안별로 유관 학회와 연대하는 정도가 아니라 제도적으로 몸집을 불리는 일이 앞으로 젊은 학자들의 폭넓은 활동을 위한 무대 마련에 도움이 될 수 있을 것으로 생각된다. 체질인류학계와 고고학계 그리고 민속학계 및 전통문화 관련 제반 학계 등과 적극적인 교류를 시도하는 과제가 구체적으로 준비되기를 희망하는 바이다. 또한 세계인류학회(약칭)에도 회비를 내고 공식적으로 등록하여 한국문화인류학회는 세계인류학회의 회원이 되어 있다. 이 부분이 앞으로 어떻게 작동하게 될지에 대해서도 지켜볼 일이다.

나는 한국문화인류학회의 심부름꾼 노릇으로 시작한 인연을 정확히 40년간 유지하여 왔다. 벨보이로 시작하여 간사와 집행부의 일원으로 그리고 회장직에 이르는 업무를 하는 동안에 여러 선생님들의 가르침과 편달로 여기에 이르게 되었다. 내가 몸담고 있는 인류학과가 창립 30주년이 되는 해에 삼불(三佛) 김원용 선생으로부터 '글씨'를 하나 받았다. 문인화의 대가이시기도 한 선생께서는 그림과 어우러진 "전도요원(前途遼遠)"이란 글씨를 써 주셨다. 의미심장한 글이었기에, 그것으로 기념접시를 만들어서 나누어 가진 적이 있다.

반세기의 역사가 보여 주는 산전수전의 길들에 대해서 감사와 감개무량의 감동도 있지만, 다른 한편으로는 '전도요원(前途遼遠)' 의 측면이 없는 것도 아니다. 주변의 다른 학회들과 비교해 보면, 그리 어렵지 않게 수긍할 수 있는 점도 있다. 그러나 이러한 상황에서도 한 가지 확실한 희망이 있다면, 그것은 학회지다. 지금 간행되고 있는 학회지는 어디에 내놓아도 손색이 없는 내용과 모습을 갖추고 있다. 학회지가 여기까지 오게 된 데는 그동안 학회지를 만들어내는 데 심혈을 기울였던 여러분들의 노고에 힘입은 것으로 생각할 수 있지만, 사실 그 저변의 에너지는 회원들의 문화인류학에 대한 열정과 노력의 결실이라고 아니할 수 없다.

반세기의 역사를 되돌아보는 회고가 반성문으로 돌아오고 있음을 감지하게 된다. 앞으로 반세기 뒤, 어느 분이 또 이러한 반성문을 작성하게 될지… 그분을 기다리는 마음으로 합장을 하게 된다. 돈수백배.

한국문화인류학회와 함께 한 즐거운 데이트

임돈희(동국대학교 사학과 교수)

나는 1996년 6월 1일부터 1999년 5월 31일까지 제14대 한국문화인류학회 회장을 역임하였다. 1996년 5월 29일 전북대학교에서 개최된 제28차 전국대회 총회에서 학회장으로 선출되었다.

예기치 않게 학회장으로 선출되었지만 나로서는 여러모로 의미 있는 일이었다. 첫째는 한국문화인류학회는 1958년 11월 19일 개인적으로는 나의 아버님이신 임석재 선생님을 위시한 이두현, 장주근, 임동권 선생님 등의 8분이 창립하셨고 그리고 아버님은 초대회장을 역임하였다. 그래서 어려서부터 이 학회의 모임을 목격하였고 참가하였던 나로서 학회 창립 40년을 맞이하여 내가 이 학회의 회장으로 선출되었다는 것이 매우 뜻 깊은 일로 여겨졌다.

두 번째는 여성으로서 내가 처음으로 학회장이 되었다는 점이다. 그동안 우리 학회는 여성 회원들의 수가 많이 늘고 또 그들의 활약이 증가하였다. 그래서 여성 회원들 중에 가장 나이가 많은 내가 회장으로 선출된 것으로 여겨진다.

나는 인류학이라는 학문을 사랑하고 또 한국문화인류학회의 발전을 누구보다도 원하는 사람이었기에 학회장이라는 책임을 즐겁고 고마운 마음으로 행할 수 있었다.

내가 2년간 학회장으로서 한 일을 중심으로 서술하고자 한다.

1. 차기 학회장제도 신설

나는 1996년 5월 마지막 주 금요일에 학회에 참석하였다가 학회장으로 선출되었다. 그리고 6월 1일부터 학회 일을 떠맡게 된 것이다. 그 당시에는 5월 넷째 주 금요일과 토요일에 전국대회가 있었는데 그때 학회장을 선출하여 6월부터 학회 일을 맡도록 되어 있었다. 나는 학회장에 선출되리라는 생각도 없이 참석하였다가 학회장에 갑자기 당선되고 보니 학회 일을 파악하는 데도 많은 시간이 필요하였다. 또한 같이 학회 일을 맡아야 할 인선도 당선된 그 즉시 급박하게 선정해야 하는 어려움도 있었다.

그래서 가장 먼저 한 일은 차기 학회장은 현 학회장의 임기 1년 전에 뽑아서 차기 학회장에게 충분한 준비를 할 수 있는 시간적 여유를 주도록 하는 방안을 구상하였다. 이 계획에 많은 학회 회원들이 찬성하여 학회 일을 맡을 학회장을 1년 전에 미리 선출하기로 하였고 이 제도는 지금까지 계속되고 있다.

2. 한국문화인류학회 편 『낯선 곳에서 나를 만나다』의 출간

학회를 맡고 보니 학회의 재정상태가 매우 열악한 것을 알게 되었다. 인류학회 회원 수도 많지 않고 또 연회비는 걷기도 번거로워 잘 수납이 되지 않아 재정이 열악한 상황이었다. 사실 이러한 문제점은 우리 학회뿐만 아니라 많은 다른 학회들의 공통된 문제이기도 하였다.

인류학과는 많은 대학에 개설되어 있지는 않지만 교양으로서 인류학 강좌는 많은 대학에 개설되어 있고 인기가 많아 수강하는 학생들이 많았다. 한 강좌 당 수백 명씩 강의를 신청하는 곳도 많았다.

마침 학회에서는 전 회장 때부터 신세대에 맞는 인류학 교과서를 만들기로 계획을 세웠고 한경구 교수가 교재개발위원장을 맡고 있었다. 나는 회장이 되자마자 한경구 교수를 재촉하여 교과서 만들기를 강력하게 부탁하였다. 교과서를 만드는 일은 쉽지 않았다. 좋은 연구 인력이 있어야 하기 때문이다. 마침 외국 유수대학에서 학위를 마치고 열성을 가진 젊은 학도와 뜻을 같이하는 중진들이 모여 합숙을 해 가면서 교과서를 만들게 되었다. 고맙게도 저자들은 모든 인세를 한국문화인류학회에 기증하는 것으로 해 주었다. 『낯선 곳에서 나를 만나다』라는 책은 이런 과정을 거쳐서 나오게 되었고 다행히 큰 호응을 얻게 되었다. '대학생이 가장 선호하는 책'으로 선정되는 기쁨도 얻었다. 다행히 많은 학회 회원들이 인류학 강좌의 교과서로 채택함으로써 다량의 책이 판매되었고 학회도 많은 인세 수입을 얻게 되어 재정적으로 큰 도움이 되었다. 지금도 이 어려운 작업을 책임지고 해 준 한경구 교수와 학회에 봉사한다는 일념으로 귀한 글을 써 주신 저자 여러분들에게 깊은 감사를 드린다.

그 후 우리 학회에서는 한경구 교수가 『낯선 곳에서 나를 만나다』에 이어 『처음 만나는 문화인류학』이라는 교재를 다시 만들었다. 이 책도 한국

문화인류학회 편으로 또 다시 모든 저자가 학회에 인세를 흔쾌히 기증해 주었다. 이 두 책의 인세수입으로 한국문화인류학회는 재정적으로 많은 도움을 받은 것이다.

3. 학회지『한국문화인류학』의 연 2회 발간

한국문화인류학회는 그동안 일 년에 한 권씩『한국문화인류학』이란 학술잡지를 발간해 오고 있었다. 그런데 전임회장 때부터 일년에 두 권을 발간하기로 결정하였다. 하지만 내가 1996년 6월에 인수를 받고 보니 학회지 제27집(1994년)이 출판되지 않은 채 제28집(1995년)이 발간되어 있었다. 또 1996년 5월 31일 출간되어야 할 제29집 1호도 출간되지 않고 있었다.

따라서 나는 2년 임기 동안에 내가 책임 맡은 4권의 학회지 외에 제27집(1994년)과 제29집 1호(1996년 5월)까지 총 6권의 학회지를 발간해야 하는 입장에 서게 되었다. 그리고 이때까지는 학회지가 예정된 날짜가 지나서 출간되는 경우도 적지 않았다.

편집위원장인 박부진 교수가 이 어려운 일을 떠맡게 되었다.

나는 박 교수에게 간곡히 부탁하였다. 무슨 일이 있어도 우리 임기 내에 6권의 학회지를 출판하여야 할 뿐만 아니라 이제부터는 학회지가 밀리지 않고 제 날짜에 맞추어서 출판되도록 해 달라는 주문사항이었다. 즉, 앞으로 매년 5월 31일에는 제1호 그리고 11월 30일에 제2호가 발간되도록 해 달라고 하였다. 박부진 교수의 초인적 노력과 희생 덕분에 학회지가 모두 출간되었고 이제는 제 날짜를 지켜서 간행되는 것이 관례화되었다. 언젠가 박부진 교수의 남편 되시는 분을 만난 적이 있었다. 박 교수가 인류학회 일을 너무 열심히 해 주어서 고맙다고 말씀드렸더니 "나는 박 교수를

2년 동안 학회에다 바쳤다고 생각한다"라고 말해 주셨다. 이것으로 미루어보아 얼마나 박 교수가 학회지 만드는 일에 헌신했는지 짐작이 간다. 이 자리를 빌려 다시 한 번 박부진 교수에게 심심한 고마움을 표한다.

4. 『재외동포 생활문화 조사 연구』 학술용역

내가 학회를 맡자 국립민속박물관과 『재외동포 생활문화조사 연구』의 용역을 체결하게 되었다. 이 용역은 전임회장인 여중철 교수가 애를 써서 확보한 것으로 한국문화인류학회가 재외에 있는 한국 교포의 생활상을 조사 연구하는 용역이다.

1996년에는 "중국 길림성 연변조선족의 생활문화"를 연구하는 주제를 채택하였다. 이 연구는 김광억 교수를 연구책임자로 총 8분이 참여하여 7월부터 12월까지 짧은 연구 기간 동안 현지조사에 임하였고 보고서를 완성하였다. 지금은 중국이 많이 자유로워졌지만 1996년 당시 중국에서 학술조사를 한다는 것은 중국 당국의 허가를 얻기도 쉽지 않고 또한 감시와 통제도 심한 때였다.

중국 전문가 김광억 교수가 아니었으면 중국 조사는 가능하지 않았을지 모른다. 김 교수가 그동안 형성한 중국과의 인맥과 관계가 이 어려운 중국 조사를 가능하게 하였다. 이 자리를 빌려 김광억 교수에게 심심한 고마움을 표한다. 또한 열악한 환경에서도 훌륭한 조사를 행하여 주신 연구자들에게도 깊은 감사를 드린다. 또한 넉넉하지 않은 연구비에서 학회에다 기금을 희사한 연구자 여러분들께 다시 한 번 고마움을 보내드린다.

중국 재외동포 생활문화 조사는 1997년에는 중국 요녕성 한인 동포, 1998년에는 중국 흑룡강성 한인 연구로 3년 동안 이어졌다. 모든 중국 조사 연구는 김광억 교수가 연구 책임자로 애를 써 주었다.

이 해외동포 생활문화 조사 연구는 중국 동포뿐만 아니라 다른 지역, 즉 러시아 지역 그리고 미국, 남미 지역의 재외동포에 대한 생활문화 조사로 이어졌다. 한국문화인류학회가 1968년부터 1993년까지 실시한 한국민속 종합조사에 이은 또 하나의 중요한 업적이라고 볼 수 있다.

5. 학술행사

한국문화인류학회는 5월 마지막 주 금 · 토 양일간에 걸쳐 전국학술대회를 개최하고 3월과 4월 그리고 10월과 11월에 월례발표회를 그리고 12월에는 1박 2일로 워크샵을 개최하는 학술행사 일정을 가지고 있다.

이 모든 학술 일정의 주제 발표자, 토론자 선정 등의 모든 역할은 연구위원장인 유철인 교수가 애를 쓰고 담당하였다.

1997년 5월 30~31일에는 동국대학교 학술문화관에서 "문화비평으로서의 인류학"이라는 주제로 제29차 전국학술대회가 행하여졌고 총 22편의 논문 발표가 있었다. 첫째 날은 주제 발표가 있었고 학회 총회가 있었다.

학회 총회 후에는 한상복 교수와 강신표 교수의 회갑 논문 봉정식이 있었다. 한상복 교수의 회갑 논총집은 제28집으로 그리고 강신표 교수의 회갑집은 제29집 1호로 출간이 되어 봉정식을 같이 하게 되었다. 나는 개인적으로 후학들이 선학들의 학문적 업적을 기리는 이와 같은 봉정식을 하는 것을 찬성하는 입장이지만 앞으로는 아마 생략하는 것이 대세일 것 같은 감이 들었다. 나는 이 두 분의 봉정식이 아마 우리 학회의 마지막이 아닐까 하는 생각에 더욱 열심히 준비하였다. 이 봉정식은 화기애애한 분위기 속에서 아름답게 치러졌다. 두 분 선생님께 팔도에서 가져온 각종의 술과 다양한 떡을 드리는 순서도 마련하여 이 특이함 때문에 여러 신문에 봉정식에 대한 기사가 나기도 하였다. 또한 많은 학회 회원과 외부 인사들이 참여하여서 성황을 이루었다. 특히 당시 96세이신 우리 학회의 초대 회장님이시며 개인적으로는 나의 아버님이신 임석재 선생님께서 후학의 회갑연을 축하해 주기 위해 빗속을 무릅쓰고 참가해 주셔서 많은 사람들의 마음을 뭉클하게 해 주셨다. 아버님은 연세가 많으신데도 거의 한해도 빠짐없이 학회에 열심히 참가해 주신 모범회원이셨는데 이번이 마지막 학회 참가가 되었다.

6. 창립 40주년 기념 학술대회

1998년 제30차 전국학술대회는 우리 학회의 창립 40주년이 되는 뜻 깊은 학술행사이기도 하였다. 이 학술행사는 1998년 5월 29일부터 30일까지 서울대학교 교수회관에서 행하여졌다.

이 행사는 여러 뜻 깊은 주제로 이루어졌다. 회장 기조연설 때에는 단상에 창립 회원이신 이두현 선생님과 장주근 선생님을 모시고 하였다. 그러나 창립 회원이시며 초대 회장이셨던 임석재 선생님은 5월 2일 타계하셔서 모시지 못한 점이 너무 안타까웠다. 선생님께서 참가하셨더라면 얼마나 기뻐하셨을까 하는 마음이 학술행사 중에도 계속 떠나지 않았다.

학술행사는 회원들의 연구발표와 더불어 두 분과를 특별주제로 선정하여 마련하였다. 첫 분야는 "한국문화인류학 40년: 원로에게 듣는다"라는 분과를 마련하여 이두현, 장주근, 이광규, 한상복, 강신표, 김택규 교수님들의 학회에 얽힌 회고담과 학회에 대한 원로 학자들 견해를 피력하는 자리를 마련하였다.

학회를 창립하시고 어려움 속에서 이끌어 오신 창립회원들과 인류학과를 대학에 세우고 인류학을 제자들에게 가르치는 역할을 하신 분들이 나름대로의 학회활동과 학문적 활동에 대해 회고하는 뜻 깊은 자리를 마련하였다.

두 번째는 외국 인류학자로서 한국 문화를 전공하는 학자들이 참여하여 "외국 인류학자들의 한국 문화 연구"라는 주제로 발표를 하였다.

한국 문화를 전공하는 외국 인류학자들로서 프랑스의 Alexandre Guillemoz, 미국의 Roger L. Janelli, Laurel Kendall, Nancy Abelmann, 일본의 Ito, Shima, Asakura 교수들이 발표와 토론으로 참여해 주었다.

이분들은 한국 인류학을 위하여 참으로 귀중한 분들이다. 지금은 한국이 부유해지고 영향력이 높아져서 외국에서의 한국학도 많은 관심을 갖고 있지만 이분들이 한국학에 평생을 바치기로 시작한 60년대 말에는 한국학을 연구한다는 것은 하나의 모험이다. 취직도 보장돼 있지 않고 미래도 불확실한데 한국학 연구를 해 준 데 대한 감사의 정이 있었다. 70년대 초에 미국에서 많은 인류학도가 와서 현지조사를 하였다. 그러나 그들 대부분이 대학에 자리를 잡을 수가 없어 한국학을 계속하지 못한 것은 한국문화인류학계를 위해서 불행한 일이었다. 그런 의미에서 많은 어려움에도 불구하고 한국 문화인류학을 위해 평생을 바친 이분들에게 다시 한 번 감사의 마음을 표한다.

이 두 특별 분과 외에 많은 학회 회원들이 참여하여 좋은 논문들을 발표해 주었다. 총 32편의 논문이 발표되는 성황을 이루었다.

그리고 우리 학회의 창립 40주년을 축하해 주기 위하여 많은 외국 인류학자들의 참여와 축하 메시지가 있었다. Smithsonian Institute의 Chang-su Houchins 박사 그리고 Cornell 대학의 Theodore Bester 교수는 우리 학회에 참여해 주었고 Smithsonian Institute의 Provost인 Dennis O'Conner 박사는 축하의 메시지를 보내 주었다.

첫날 학회가 끝난 후에는 총회를 하였고 그 후에는 축하 잔치가 있었다. 이 자리에서 이광규(본 학회 제5대 회장), 한상복(본 학회 제6대 회장), 강신표(본 학회 제7대 회장) 그리고 김택규(본 학회 제8대 회장) 교수에게 한국문화인류학회 공로장 5, 6, 7, 8호를 금메달과 함께 증정하는 흥겹고 즐거운 자리를 마련하였다. 이 공로장은 학회 창립 30주년에 당시 학회장이셨던 한상복 교수가 제1대 회장인 임석재 교수, 3대 회장인 이두현 교수, 4대 회장이었던 장주근 교수 그리고 학회를 지원해 준 민속촌의 맹인재 선생께 제1, 2, 3, 4호 공로장을 수여한 전통을 이어 내가 학회 창립 40주년 기념에 맞추어서 다음의 회장님들께 드린 것이다. 금메달에는 한상복 교수가 디자인한 우리 학회의 상징인 호랑이가 새겨져 있다.

이러한 행사에는 많은 재정이 필요한데 그 당시 대우재단에서 지원을 받았다. 강신표 교수께서 나와 함께 직접 대우재단을 방문하여 지원을 받도록 해 주셨다. 그 고마움을 아직도 간직하고 있다. 그리고 나의 인류학과 동창인 이대영 씨가 미국에서 귀국하여 졸업하고 처음 만났는데 뜻하지 않게 우리 학회를 위해 희사금을 내놓은 것도 잊혀지지 않는 고마움으로 남는다.

이상이 내가 학회장으로서 학회 일을 한 내용이다. 쓰고 보니 좀 더 많은 일을 했었으면 하는 아쉬움이 남는다. 그러나 나는 그 당시 열정을 가지고 최선을 다하여 학회 일을 하였다고 생각한다. 그리고 이만큼의 학회 일을 하는 데는 많은 동료 후학들의 도움이 있었기 때문이라고 생각한다. 나만큼의 열정을 가지고 학회 일에 열심이었던 당시 임원들의 노고에 지금도 고마움을 느끼고 있다. 당시 총무를 맡았던 왕한석 교수는 학회의 모든 일을 총괄하여 세세한 부분까지 점검하여 학회 일정과 공식행사가 차질 없이 진행되도록 하였다. 권숙인 교수는 학회활동과 회원들의 소식을 뉴스레터로 자세히 알려서 학회를 활성화하는 데 많은 노력을 기울였다. 그리고 학회 일 중에 가장 바쁘고 힘든 간사 일을 열심히 해 준 진필수 교수에게도 이 자리를 빌려 고마움을 표한다.

02. 성찰의 한국 문화인류학

인류학자와 인류학회: 학회 창립 50주년에 생각하는 성찰의 인류학

최 협(전남대학교 인류학과 교수)

1.

한국문화인류학회가 올해로 창립 50주년을 맞는다. 내가 서울대학교 고고인류학과를 입학한 것이 1965년이었으니 인류학의 걸음마를 학회와 비슷한 시기에 시작한 셈이다. 1967년이었던가, 문리대 시청각실에서 가졌던 문화인류학회 전국대회의 조촐한 분위기가 생각난다. 고작 중형 강의실 정도의 시청각실이 크게 느껴질 정도로 사람이 적었고 학회의 정식 논문집조차 없던 시절이었다. 그 후 세월이 지나면서 많은 변화가 있었다. 전국에 하나밖에 없던 학과도 이제는 7~8개로 불어났고, 학회의 정회원도 대학이나 여러 연구기관의 교수 및 연구자들을 주축으로 하여 양적인 성장을 이루었다. 이러한 인류학의 양적 성장이 한국 사회에 대해 갖는 함의는 무엇일까? 한국 인류학의 목표와 방향은 무엇이며 어떠한 정체성을 갖는 것일까? 반세기의 역사를 축적한 한국의 인류학계에서 한 번쯤 생각해 보아야 할 문제가 아닐까 싶다.

어느 나라건 그 나름의 학문적 전통이라는 것이 있기 마련이다. 한국에서의 인류학의 출발에는 민속학과 고고학을 공부하는 분들의 역할이 컸고, 그러한 역사적 사실이 한국의 인류학이 모양을 갖추어 가는 데 영향을 미쳤다. 초기 문화인류학회의 주요 창립 멤버들이 민속학 연구자들이었고 서울대학교에 개설된 학과의 명칭이 고고인류학과였다는 사실이 이를 말해 준다. 현재 각 대학의 학과 명칭이 인류학과, 문화인류학과, 고고인류학과, 고고문화인류학과 등으로 다양하게 불려지는 것도 이러한 역사적 배경과 관련이 있다. 우리 학계가 걸어 온 이러한 발자취는 일견 혼란스럽게 비칠 수도 있지만 다른 한편으로는 한국 인류학의 특성과 독자성이 형성되는 배경이 되기도 한다. 이는 특히 그동안 한국의 인류학은, 다른 비서구 사회의 인류학자들이 그랬던 것처럼, 비교문화적 관점을 강조하면서도 항상 자신의 문화인 한국 문화 연구를 중심에 놓고 있었다는 점을 감안한다면 더욱 그렇다. 한국은 오랜 역사와 전통을 이어 온 복합사회이고 풍부한 문헌자료가 넘쳐나는 사회이기에 문자가 없는 단순사회를 주로 연구해 온 서구의 인류학적 전통만을 그대로 답습한다면 스스로의 한계를 자초하는 꼴이 된다. 한국 문화 연구는 민속학, 고고학에 더하여 역사학이나 사회학 같은 인접 분야와도 경쟁하고 협력하는 것이 필요하다. 이러한 현실은 한국 인류학계와 인류학자들이 항상 염두에 두어야 할 화두인 것이다. 그러나 지난 50년을 되돌아보면 인류학계는 민속학과 고고학과의 연계 고리를 단절시켜 왔고, 인류학 내에서도 체질인류학에 대한 소외를 당연시하면서 서구 인류학의 한 아류나 지역 연구의 한 갈래에 안주하는 경향을 보여 오지 않았나 하는 기우를 떨칠 수 없다.

또한 지난날을 되돌아보면 초창기 인류학계의 기초를 다진 선학들은 학문을 하는 데 뚜렷한 목표와 방향이 있었다. 대표적인 예로 초대 문화인류학회의 회장을 맡으신 임석재 선생은 일제 하 민족문화를 지켜내는 한 방편으로 민담과 설화의 수집에 전념했다. 중학교 교사로 재직하면서 그 누구의 요구나 지원도 없이 시작했던 그 작업을 선생께서는 일생을 통해 손을 놓지 않았다. 아마도 한국문화인류학회의 창립도 민족문화 연구는 민속학을 넘어서 보다 더 포괄적으로 접근하는 것이 필요함을 간파하였기 때문에 관여하셨을 것이다. 선생이 심혈을 기울여 채집한 자료는 수십 년간의 축적과 정리를 거친 후에야 요란스런 팡파르 없이 조용히 출판되기 시작하였고, 때문에 자칫 영원히 사라질 뻔했던 우리의 전래민속은 선생이 가신 오늘에도 남아 우리 사회와 후학들에게 공히 귀중한 보물이 되었다. 그에 비하면 오늘날 만나는 우리들의 어떤 모습은 부끄럽기만 하다. 인류학을 한다는 것은 그저 직업이며 학문을 수단삼아 개인적인 영달과 하찮은 명예를 우선시하는 생활인들이 넘친다. 연구비를 좇아 관심을 바꾸고 승진을 위해 논문을 생산해 내며 외국 교수의 제자임을 과시하는 속물이 오히려 행세를 한다. 이는 문제의식의 부재와 방향감각의 상실이 오늘의 학계를 풍미하고 있음에 다름 아니다. 그렇다면 인류학의 양적 팽창은 오늘의 한국 사회에 무엇을 의미할 수 있겠는가? 얼른 대답이 나오지 않는다.

2.

나이가 들면서 교수의 역할에 대하여서도 다른 각도에서 생각을 한다. 수년 전부터 뇌리를 떠나지 않는 문제의 하나가 풍납토성에 관한 것이다. 물론 나는 고고학자는 아니지만 풍납토성의 문제는 인류학 관련 분야의 일이고, 동시에 그것은 나로 하여금 교수나 학자에게 중요한 일이 과연 어떤 일인가에 대하여 고민하도록 만든 계기를 제공했다. 1965년 대학에 갓 입학한 몇 달 뒤 학과의 선배를 따라 풍납토성에 간 적이 있다. 주변에 민가 하나 없이 인적이 드문 한강변 빈터와 농경지 한복판에 자리한 토성을 둘러보며 백제의 비밀을 풀어 줄 유적이 바로 이런 곳이라는 선배의 말에 귀를 쫑긋했던 새내기 시절의 기억이 새롭다. 풍납토성은 1925년대 홍수 때 청동초두와 같은 주요 유물이 노출되어 주목을 받았고 백제 하남위례성의 가능성이 제기되기도 하여 이미 1936년에 고적으로 지정되었던 유적임을 아는 사람은 다 안다. 실제로 1967년 서울대학교 박물관의 보고서에는 풍납토성의 연대를 기원 후 1세기로 추정하는 논문이 실려 풍납토성의 중요성을 확인해 주었다. 그러나 그뿐이었다. 혹자가 '한국의 폼페이'라고 찬사를 보내는 풍납토성은 그저 방치되었고 1980년대에 땅값이 오르고 주택이 들어서면서 신흥주택가로 전락했다. 10여 년 전 전남대학교 인류학과 학생들의 답사팀을 이끌고 가서 목도한 풍납토성의 상황은 바깥쪽으로 고층아파트까지 들어서 꼴이 아니었다. 70년대와 80년대를 거치는 동안 풍납토성의 중요성을 잘 알고 있는 유명 대학의 전문가와 대가들이 빤히 눈뜨고 살아 있었는데 아무도 중요 유적지가 훼손되는 것에 몸을 던지지 않았던 것이다. 문화권력으로서 상당한 사회적 영향력을 행사하던 대가들은 그저 자신들의 일에만 열중이었다. 예외가 있다면 잘 알려져 있지 않은 선문대학교의 이형구 교수가 90년대에 홀로 유적지 보존을 위한 감시와 노력을 했다는 점이다. 그러나 역부족이었다. 1997년 아파트 공사를 하면서 유적을 파괴하는 것을 이 교수가 당국에 신고하여 마지못해 행한 소규모 발굴에서는 엄청난 양의 유물이 쏟아져 나옴으로써 풍납토성의 중요성이 다시 확인되었다. 그러나 80년대에 이미 빼곡히 들어찬 주택과 주민을 어떻게 할 수는 없는 노릇. 풍납토성의 보존 문제는 아직도 해결전망이 보이지 않고 있다. 우리 겨레의 엄청난 문화적 보고인 풍납토성을 제대로 지켜내지 못한 부끄러운 조상이라는 소리를 후손들로부터 듣게 된 이 지경을 생각하면 권위를 뽐내던 교수들의 수많은 논문과 저술, 수많은 학술상과 국제 강연 등이 실로 초라하고 의미 없어 보인다. 그러하기에 몇 년이 지나면 아무도 거들떠보지도 않는 논문들이 양산되는 현실을 생각하며 개인의 영달을 위한 학문보다는 사회적 함의를 갖는 실천적 노력이 중요함을 깨닫는다.

다시 인류학으로 돌아와 분단과 독재, 광주항쟁과 민주화, 사회적 편견과 차별 등 우리가 숨 가쁘게 살아온 현대사의 굴곡들을 떠올리며 사람들이 고통 받을 때 한국의 인류학자들은 어디서 무엇을 하고 있었는지 묻게 된다. 인류학자들은 많은 경우 사회적 약자들을 연구하여 논문을 쓴다. 힘없는 농민, 고생하는 빈민, 편견의 대상인 혼혈인, 차별받는 외국인 노동자 등이 좋은 보기이다. 어찌 보면 인류학자들은 이러한 사람들의 삶과 지식을 가공함으로써 전문가의 대접을 받는 것이다. 그래서 고고학자들이 자신의 학문적 지위유지의 수단으로서 발굴을 한 뒤 유적지에서 슬그머니 빠져나와서는 안 되는 것처럼 인류학자들도 사회적 약자의 현실을 자신의 학문적 성취에 이용하고 입에 발린 감사의 말만으로 삶의 현장을 외면할 수는 없다. 침팬지를 좋아해 아프리카로 가서 일생을 연구에 바친 제인 구달은 결국 침팬지를 위한 연구재단을 설립하고 모든 생명의 중요성을 설파하는 환경운동가로 거듭났다. 학문과 현실, 그리고 삶의 자세는 이렇게 모두 연결되어 있는 것이다. 이러한 성찰을 통해 한국의 인류학이 인간을 단순히 대상화하여 연구하는 것이 아니라 인간을 이해하고 인간을 위한 인간의 학문으로 발전해 나가기를 원한다.

3.

이제 앞으로 다가올 50년 동안 한국의 인류학은 어떤 학문이 될 것인가? 이 물음에 대하여 전문적 학술용어를 들이대며 복잡하게 말할 수도 있겠지만, 현실적이고 간단명료한 답은 한국의 인류학자들이 하는 일이 곧 한국의 인류학이라는 생각을 한다. 그런 점에서 학문이나 학회는 곧 사람이며 그들의 활동과 동일한 것이다. 다시 말해 한국의 인류학은 한국의 인류학자들이 하는 일로서 그 내용과 성격이 결정된다. 그렇다면 지금 활동하는 젊은 인류학자들이 모든 열쇠를 쥐고 있는 것이기에 그들의 인간됨과 문제의식, 그리고 세계를 보는 안목에 관심을 갖게 된다. 학회의 역사가 50년이기에 인류학계에는 3대의 인류학자가 있는 셈이다. 제1세대는 문화인류학회를 창립한 선학들로서 인류학이라는 학문의 존재를 우리 사회에 알렸고, 나를 포함한 제2세대는 인류학이 제도적으로 자리 잡도록 대학에 학과를 만들어 교육의 기반을 확충하는 데 심혈을 기울이는 역할을 했다. 이제 제3세대는 제도적 기반과 학습의 기회를 누릴 수 있어 새로운 도약의 잠재력을 충분히 갖춘 세대이다. 다행히 새로운 세대가 활동할 21세기는 도전과 기회로 가득 차 있다. 정보화의 진전과 세계화의 물결은 인류학의 지평에 커다란 변화를 가져오고 있으며, 인류학의 새로운 패러다임의 등장, 그리고 인류학자의 역할도 새롭게 재정립될 전망이다. 인류학이 비록 서구에서 시작되었지만 21세기의 이러한 환경은 한국의 인류학자들에게는 한국 나름의 인류학의 모색을 가능케 해 줄 것이다. 그래서 나는 큰 안목과 큰 성찰을 구비한 큰 인류학자의 등장을 젊은 세대에 기대해 본다. 한국문화인류학회의 50주년을 되돌아보며 자기 성찰을 하는 이유는 보다 나은 미래를 기약하기 위함이리라.

세계로 발돋움하는 한국 문화인류학

이문웅(서울대학교 인류학과 명예교수)

1. 머리말

아주 오래 전에 일본의 한 원로 문화인류학자로부터 들었던 말이 생각난다. "일본에서의 문화인류학에 대한 인기는 외무성에서 발행된 여권의 수와 평행선을 긋고 있더라"는 것이다. 즉, 더 많은 사람들이 해외로 여행을 나가게 되면서 이문화(異文化)에 대해 관심이 높아지게 되었고, 결과적으로 문화인류학 서적을 찾는 사람이 많아지면서 문화인류학은 일본 사회에서 인기 있는 학문분야로 자리를 굳히게 되었다는 것이다. 메이지대학과 일본방송대학의 교수를 역임한 소후에(祖父江孝男) 교수의 말이었다.

사실 이문화에 대한 관심과 관련해서는 일본은 우리와는 사정이 확연히 다르다. 식민지를 경영한 경험이 많기에 일본은 이문화에 대한 감각이 특히 발달되어 있다. 식민지를 효과적으로 경영하기 위해서는 피지배 민족의 문화를 제대로 아는 것이 필수적이다. 따라서 일본은 이문화에 대한 과학적인 이해, 즉 민족학이 발달했고 그 뿌리도 깊다. 일본 사회는 학문 풍토가 극히 보수적이기에 대학에서 새로운 학과의 신설이 어려워서 전국적으로 인류학과가 설치되어 있는 대학의 수는 극히 적다. 그러나 다양한 학과 그룹에 파고 들어가서 문화인류학 연구에 종사하고 있는 학자의 수는 놀랄 만한 정도로 많다. 그 한 증거로 일본민족학회(학회 명칭은 2004년 4월부터 '일본문화인류학회'로 바꾸었다)의 회원들이 적극 참여하여 방대한 양의 기념비적인 『문화인류학사전』(1977년, 436쪽)을 펴낸 것이 벌써 30여 년 전의 일이다. 이 사전 하나만으로도 일본 문화인류학의 규모가 어느 정도인지를 짐작하고도 남는다.

2. 민속학에서 출발한 한국 문화인류학

일본보다는 그 역사가 훨씬 뒤지지만 한국의 문화인류학이 이제 반백 년이 되었다는 점은 우리 자신을 되돌아보는 좋은 계기가 될 수 있을 것 같다. 한 가지 분명한 사실은 이문화를 접하고 연구할 기회를 별로 갖지 못했던 한국의 문화인류학은 시작부터 주로 민속학 연구에 종사한 학자들에 의해서 '문화인류학'에 대한 관심이 시작되었다. 따라서 한국 학계에서는 시작부터 민속학은 토착문화를 연구하는 분야이고 인류학은 해외의 문화를 연구하는 학문분야라는 이미지가 뿌리를 깊이 내렸다. 이 잘못된 인식은 지금까지도 양 진영 간에 갈등의 소지가 되고 있기도 하다.

뿐만 아니라 그 출발에서부터 국문학분야에서 훈련된 민속학자들이 주

또한 한국 문화인류학은 학문 분야 간 칸막이 의식이 강한 한국 학계에서 독자적인 정체성을 확립하는 데에 상당한 어려움을 겪어야 했었다. 즉, 우리나라에서는 일반적으로 민속학은 인문학에 속하는 것으로 간주된 반면에 문화인류학은 사회과학으로 분류된다. 따라서 민담, 전설, 신화, 무속 등을 연구하는 민속학자들은 "우리는 사회과학을 하는 것이 아니다"라는 입장을 강하게 드러내 왔고, 이런 주제는 마치 사회과학적인 연구의 대상이 아니라는 주장으로 받아들여지기도 했다. 그러나 한국에서 인류학 교육이 본격적으로 시작되고 많은 젊은 인류학도가 해외의 다양한 인류학 학문전통을 접하게 되면서 이제는 문화현상의 사회과학적인 분석에 이의를 제기하는 경향은 사라진 것 같다. 다만 아직도 "민속학은 사회과학이 아닌 인문학이다"라는 주장은 민속학자들 간에 거의 공통적으로 받아들여지고 있는 견해이다.

물론 한국의 민속학이 토착문화만을 연구한 것은 아니다. 외국에서 훈련 받은 민속학자들이 늘어나면서 연구주제와 방법에 있어서 시야가 넓어진 것이 사실이고, 다른 나라의 민속에도 관심을 가지면서 더 이상 민속학이 토착문화를 연구하는 학문분야라는 주장을 견지하기는 어려워졌다. 여기서 돌파구를 마련한 것이 '비교민속학'이라는 분야이다. 그러나 여전히 그것이 문화인류학과 어떤 차이가 있는지는 전적으로 간과되거나 아예 무시되고 말았다. 다만 민속학자로서 다른 나라의 민속을 비교연구한다는 수준에서 자신들의 연구 영역을 정당화하고 말았다. 국내든 외국이든 문화현상이라는 연구주제는 동일한 반면, 학문 연구의 전통이 다른 데서 발생하는 연구 영역의 싸움은 결국 학자들의 생존을 위한 전략에서 나타나는 갈등으로 간주할 수밖에 없다.

최근에 전개되고 있는 사회문화적인 변화의 흐름으로 점차 학문의 칸막이가 설 자리를 잃어가고 있는 추세이다. 문제를 공략하기 위해서는 특정 학문분야의 독점적인 영향력은 그 힘을 잃어가고 있는 반면 다양한 학문분야에서 종합적으로 접근하는 추세가 힘을 더해 가고 있는 것 같다. 이런 의미에서 이제는 어떤 현상이 특정 학문분야의 독점적인 연구대상이라는 말은 더 이상 성립되지 않는다. 학문의 목적은 현상의 적절한 이해이고, 이를 위해서는 다양한 학문적 관점과 연구방법이 동원되는 것이 도움이 된다면 그런 연구 풍토는 더욱 설득력을 얻을 수 있을 것이다.

3. 국력 신장과 문화인류학의 발전

모든 학문분야가 마찬가지이겠지만, '국력'이라고 부를 만한 국가 경제의 수준은 학문발전과 밀접한 상관관계를 맺고 있다. 학문 연구에 재정적인 지원이 충분하지 못하거나 전문인력을 양성해도 그 분야에서 취업하기가 어렵다고 한다면 교육 및 연구가 활성화되기를 기대하기는 어렵다. 한국문화인류학회의 반백 년 역사를 되돌아보면 1970년대 후반까지만 해도 교육 및 연구 환경은 열악했다. 인류학 관련 학과가 개설된 대학도 드물었고, 대학에 전임으로 있는 인류학자도 두 손으로 꼽을 정도였다. 이런 상황에서 인류학의 기본적인 연구활동이라고 할 수 있는 장기적인 현지조사는 책을 통해서나 접할 수 있는 남의 나라의 일이었다. 뿐만 아니라 장기간에 걸친 해외의 지역연구는 상상할 수도 없는 일이었다. 따라서 한국 인류학자들의 연구는 거의 한국 문화에 한정되었고, 연례적인 학회에서 해외의 지역 연구결과가 발표되는 사례는 극히 드물었다.

1970년대 중반 이후로 한국에서 인류학의 학부 또는 석사 과정을 마치고 해외로 유학을 떠나는 젊은이들이 늘어나면서 점차 자연스럽게 한국 인류학자에 의한 해외 지역 연구가 연례적인 인류학대회나 학회 기관지를 통해서 등장하기 시작했다. 해외에서 유학 중 학위논문 연구의 일환으로 경험했던 해외에서의 현지조사는 사실상 한국 문화인류학계에 새로운 바람을 몰고 왔다. 더러는 박사학위 연구의 대상을 한국 문화로 잡아서 귀국하여 장기간 집중적인 현지조사 연구를 하기도 했지만, 국내든 국외든 간에 전적으로 장기간에 걸친 현지조사에만 매달린 경험은 당사자들에게는 학문인생에서 다시 얻기 힘든 귀중한 경험이었다. 대부분의 경우 그들이 귀국해서 대학에 자리를 잡고 나서는 그만치 장기간에 걸쳐서 한 가지의 연구과제에만 몰두할 수 있는 기회를 다시 얻기란 사실상 어려운 일이었기 때문이다.

1980년대 중반을 넘기면서 한국의 경제발전은 학문발전에도 큰 영향을 미쳤다. 대학에 모집정원이 늘어나고 인류학 관련 학과가 증설되면서 전임교수들이 늘어났다. 또한 한국의 산업이 점차로 수출지향으로 전환되면서 해외시장 개척에 박차를 가하게 되었다. 교수들도 연구년을 맞아서 해외로 장기간의 현지조사를 떠나게 되는 경향이 점차 늘어나게 되면서 이제 한국의 문화인류학도 해외지역 연구의 비중이 점차로 증가하게 되는 등 학계의 연구 풍토에 변화의 조짐이 역력했다. 과거에는 해외에서 유학 중 해외의 재단으로부터 재정적인 지원을 받거나, 해외의 공동연구 프로젝트에 참여하여 현지조사를 하는 경우가 대부분이었다면, 이제는 국내의 재정적인 지원만으로 해외지역 연구가 이루어지는 사례가 점차 늘어나게 되었다는 점은 바로 한국의 국력신장 및 경제성장의 결과라고 할 수 있겠다.

여기서 잠깐 한국의 경제성장의 지표라고 할 수 있는 수출고의 통계를 인용해 보자. 무역협회의 공식통계에 의하면 1960년에 수출고가 3,200만 달러였다. 1964년에 처음으로 1억 달러의 고지를 넘어서 1억 1천 9백만 달러에 이르렀고, 1971년에는 10억 달러를 넘어서 10억 6천 7백만 달러, 그리고 6년 뒤인 1977년에는 드디어 100억 달러를 돌파하여 100억 4천 6백만 달러에 도달하였다. 이렇게 날개를 단 한국의 수출지향 산업은 불과 4년 만인 1981년에는 200억 달러, 1985년에는 300억 달러에 이르는 등 급속성장을 계속하다가 1995년에는 1천억 달러의 고지에 도달하게 되었다. 이어서 2004년에는 2,538억 달러, 2007년에는 3,714억 달러에 달할 정도로 고도성장을 계속해 왔다.

물론 수출고만을 경제성장의 지표로 삼는다는 것은 설득력이 없다. 수출이 늘어날수록 그에 못지않게 수입량이 증가하고, 실제로는 수출입 통계상으로는 국제수지 적자를 기록한 해가 더 많기는 하다. 이런 통계에도 불구하고 해방 후 우리의 경제가 이만한 규모로 성장했다는 점은 분명한 사실이라고 생각한다. 우리 경제가 수출주도의 성장을 계속하면서 이제 점차로 세계무대가 우리의 시장이었고, 결과적으로는 한국 기업들의 활동무대가 세계의 다른 문화들로 확대되어 나갔다. 기업들이 해외로 눈을 돌리고, 시장 개척에 나선다는 것은 곧 이문화와의 접촉이요, 그 문화에 대한 적절한 이해가 선행되어야만 성공적인 기업활동을 벌일 수 있을 것이다. 문화인류학은 이 상황에서 긴요한 역할을 할 수 있는 학문분야라고 생각한다.

인류학, 특히 문화인류학은 비교문화론적인 시각에서 문화현상을 분석하는 것을 기본적인 관점으로 삼고 있다. 인문사회과학 중 다른 어떤 학문분야보다도 문화인류학은 이문화에 관심이 높다. 즉, 문화인류학은 이문화 속으로 들어가서 사람들이 어떻게 살고 있는지를 관찰하고, 그들이 왜 그런 식으로 행동하고 사고하는지를 비교문화론적인 시각에서 파악하고자 한다. 사회문화현상은 한 나라나 민족, 또는 한 집단의 것만을 철저히 파악하고 기술하는 것만으로는 그들이 왜 그런 식으로 살고 있는지를 이해하기 어렵다. 이것을 비교문화론적인 시각에서 접근하여 여러 다른 사회에서는 비슷한 상황에서 어떻게 다른 식으로 행동하는지를 파악하여 비교연구를 함으로써 우리는 사회문화현상을 더욱 설득력 있게 해명할 수가 있다. 생활 과정에서 직면하는 문제를 해결하는 방식은 문화마다 다양하게 나타난다. 사회문화현상은 비교문화론적인 시각에서, 그리고 사회문화적인 환경 및 자연환경을 포함하여 총체적으로 접근되어야 할 문제이기에 문화인류학은 이문화의 이해에 귀중한 열쇠를 제공해 줄 수가 있다.

4. 한국 문화인류학의 해외지역 연구

한국 사회가 경험한 바의 급속한 경제성장은 분명히 한국 문화인류학의 전개 과정에도 반영되었을 것이다. 본인이 문화인류학회 회장을 맡았던 1990년부터 1994년까지 4년간의 기간에 인류학자들의 연구 및 학회활동에서 이문화에 대한 관심이 어느 정도로 반영되었는지를 잠깐 살펴보기로 하자. 이를 통해서 한국의 고도 성장기에 인류학자들의 시야가 어느 정도로 넓어지고 있는지를 짐작할 수 있을 것 같다.

학자들의 관심은 우선 연례적인 학술대회의 발표에 반영되고 있다는 점에서 전국대회에서 발표된 논문들을 살펴보았다. 1991년 10월의 제23차 전국대회에서는 "한국문화 연구 방법론 모색"이라는 특집 세션의 논문 4편과 개별논문 4편이 발표되었는데 그중 두 편(한경구, 정병호)이 일본 연구였다. 여기에서 해외유학파 제2세대의 학위논문 연구의 일환으로 이루어진 해외지역 연구들이 한국 학계에 등장하고 있는 점이 주목할 만하다. 이전의 제1세대 해외유학파가 주로 한국 문화를 다루었다면, 제2세대에 들어서는 해외에서 지역 연구를 하고 나서 귀국하는 경향이 늘어나고 있다.

1991년의 전국대회에서 발표된 논문은 『한국문화인류학회』(제23집,

1991)에도 반영되어 위의 두 편의 일본 연구가 게재되어 있다. 여기에는 또 다른 한 편의 일본 연구 논문(황달기)도 게재되었는데 이 논문도 일본 대학에서의 박사학위논문 연구의 후속으로 이루어진 것이었다. 그러나 전체로 보면 여전히 제23집의 논문 9편 중에서 해외지역 연구는 3편에 불과했지만 한국 인류학자에 의한 해외지역 연구 논문이 이 정도의 비중을 차지하게 되었다는 사실만으로도 큰 발전이라고 하겠다.

1992년도의 제24차 전국대회에서는 "현대사회와 친족"을 특집으로 내세웠는데, 한 초청강연(이광규)과 7편의 개별논문이 발표되었다. 이 중 두 편이 해외지역 연구였다. 그중 한편은 일본 대마도 어촌의 사회조직(한상복)을 다루었고, 다른 한편은 우즈베키스탄의 콜호즈(전경수)를 다루었다. 그 해의 『한국문화인류학회』(제24집, 1992)에는 총 11편의 논문이 게재되었다. 이 중 위의 대마도 어촌 연구와 함께, 일본 군마 현의 농촌가족 및 여성에 관한 연구(문옥표), 인도의 힌두 자즈마니 체계(김경학), 일본 미야자키 현의 난코촌의 시와스 축제를 다룬 조사보고서(이종철, 정승모, 김삼기) 등 4편이 해외지역 연구였다. 일본 군마 현의 연구는 영국에서, 그리고 인도의 힌두 자즈마니 연구는 인도에서 유학한 연구자에 의해 박사학위논문 연구에 이어서 이루어진 연구논문으로 한국 인류학자들이 해외유학을 거쳐서 점차 해외지역 연구의 영역을 넓혀가고 있음을 보여 주고 있다는 점에 주목할 필요가 있다. 또한 일본 미야자키 현의 축제를 다룬 것은 한국 국립민속박물관 연구팀에 의한 해외현지조사의 보고서라는 점에서 우리의 국립연구기관도 이제 우리의 재원으로 해외현지조사를 나간 사례이기에 주목할 만한 부분이라고 생각한다. 이 모두가 한국 인류학자들의 연구의 지평이 넓어지고 있다는 점과 함께 우리의 국력신장을 상징적으로 보여 주고 있는 것으로 간주될 수 있겠다.

1993년의 제25차 전국대회에서는 7편의 논문이 발표되었으나 그중 한편을 제외하고는 모두 국내 연구였다. 한 편의 해외 연구는 피지 원주민의 영혼관을 다룬 논문(성시정)이었는데, 이 논문도 역시 해외(독일)에서 유학한 인류학자가 자신의 학위논문에 기초해서 작성한 것이었다. 그러나 이 논문은 한국 문화인류학계에서 점차 주목을 받고 있는 해외지역 연구를 위한 현지조사에 찬물을 끼얹는 듯한 인상을 주고 있어서 흥미롭다. 즉, 이 논문은 '현지조사에 대한 해체적 분석'이 최근 유럽 인류학계의 일각에서 일어나고 있는 새로운 사조의 흐름이라고 하면서 '민족사 문헌 연구'를 제시하고 있다. 이는 "지금까지 인류학에서 사뭇 지배적이었던 것처럼 보이는 '현지조사의 적실성'을 해체하는 데서 출발한다"고 했다. 이는 현지조사를 위해 현지에 발을 들여놓지도 않고 인류학 학위논문 연구를 문헌 연구에만 의거해서 수행하는 독일 학계의 일각에서 전개되고 있는 전통을 반영한 것으로 영미 중심의 인류학 전통이 뿌리를 내리고 있는 한국 인류학계로부터 좋은 반응을 기대하기는 어려웠다. 여하튼 이 시기에 이런 논문이 현지조사가 안고 있는 문제를 제기한 것은 한국 문화인류학의 기반을 다지는 데에 기여했다고 생각한다.

1993년도의 전국대회의 전체 총회에서 이전부터 제기되어 왔던 가을 전국대회를 봄으로 옮기려는 안건이 확정되어 1994년부터는 한국문화인류학회의 전국대회가 봄에 열리게 되었다(많은 학회의 연례적인 전국대회가 가을에 집중되어 있기에 개최 일을 잡기가 어려웠다. 이 문제를 해결하기 위해서 추계대회를 춘계대회로 전환하기로 한 것이다). 따라서 나의 회장임기도 1994년 6월에 끝났다. 나는 전국대회가 열릴 때마다 한국 문화인류학계가 한국 경제의 세계화 추세에 걸맞게 해외지역 연구에 좀 더 주목해야 한다는 점을 강조해 왔다. 지금은 석사학위논문 연구에서도 해외지역 연구를 드물지 않게 찾아볼 수 있고, 박사학위논문 연구를 위해 해외로 현지조사를 계획하고 있는 사례를 쉽게 찾아볼 수 있을 정도로 한국의 인류학 교육 풍토가 바뀌었지만 적어도 1990년대 초반까지만 해도 해외지역 연구는 전임교수들이나 해외에서 유학한 젊은 인류학도에 거의 국한되었다. 물론 이런 변화도 우리의 경제발전에 따른 국력의 신장으로 가능했던 것이었다.

사실 1980년대를 넘기면서 세계화의 물결은 한국 사회에도 더욱 거세게 몰아쳤다. 아마도 1988년의 서울 올림픽은 한국 사회가 세계무대로 도약할 수 있는 중요한 발판을 마련해 준 것 같다. 지금까지 항시 남의 일로만 생각해 왔던 지구촌 전체의 축제가 바로 '내 나라' 안에서 개최되면서 세계의 갖가지 문화들이 적어도 텔레비전을 통해서 안방으로 실감 나게 전해졌다. 비록 단편적일 수밖에는 없었지만, 이문화의 다양한 측면들을 이렇게 집중적으로 접해 보기는 한국의 역사상 그 유례가 없었던 축제기간이었다. 이의 여파로 이듬해인 1989년에는 해외여행 자유화 조치가 내려졌고, 내국인의 총 출국자 수도 121만 명에 달했다. 2006년의 통계로는 총 출국자 수가 1천만 명에 달한 것에 비하면 그리 많지 않다고 생각될 수도 있겠지만, 처음으로 연간 100만 명 이상의 내국인이 해외여행에 나섰다는 것은 세계화의 문턱을 넘어서는 거대한 첫 걸음으로 간주해도 좋겠다.

물론 더 많은 사람들이 해외여행에 나선다는 것은 관광을 목적으로 한 여행이든, 해외시장 개척 및 교역과 관련된 여행이든 간에 이문화(異文化)로 발을 내딛는 것이기에 여행지 문화에 대한 정보가 불가피하게 문제가 된다는 점에 우리는 주목할 필요가 있다. 해당 문화에 대한 더 많은 정확한 정보를 가지고 있을수록 그 여행은 더욱 흥미롭고 알찰 것이고, 비즈니스는 더욱 효과적일 것이다. 한국 경제의 비약적인 발전은 종래와 같은 보세가공식의 임가공에 의존하는 단계를 훨씬 뛰어넘어 이제 자체 브랜드로 세계시장을 공략하는 것을 의미하는 산업 체제로의 전환으로 이어졌다. 이를 위해서는 해외시장에 대한 충실한 정보가 필요했다. 여기서의 정보라는 것은 바로 이문화에 대한 정보이다. 사람들이 어떻게 살아가는지, 어떻게 생각하고, 또 어떻게 행동하는지에 대한 정확한 정보를 확보하는 것은 새로운 상품 및 프로젝트 개발에 필수적인 부분이다. 그러나 산업계의 이런 수요에 부응할 만한 문화정보를 제시하는 데에 한국 문화인류학계가 기여했다고 할 만한 사례를 찾기는 힘들었다.

무엇이 문제였을까? 사실 한국의 학계에서는 학자들이 순수한 학술 논문 이외에, 일반 대중이 쉽게 읽을 만한 책을 출판한다는 것은 마치 외도를 하는 것으로 간주하는 경향이 있는 것 같다. 기업체나 단체로부터 특강의 형식으로 요구가 있을 때에는 자신들의 현지조사의 경험을 중심으로 강의를 하는 것은 거절하지 않으면서도, 이런 경험을 중심으로 이문화를 쉽게 풀이해서 일반인들의 이해를 돕고 쉽게 접할 만한 책을 쓰는 데에는 인색했다. 아마도 이것은 특정 지역을 오랜 시일에 걸쳐서 깊이 있게 연구한 사례가 적은 데에서 생긴 것이기도 하다. 사실상 우리나라의 문화인류학자들 중에서 한 지역을 거의 평생의 연구대상으로 삼아서 학문생활을 계속하는 사례를 찾아보기는 힘들다. 산업계에서는 당장 시장 개척이나 새로운 상품개발에 도움이 될 만한 문화정보가 필요하지만 학계에서는 이런 수요에 부응할 만한 준비가 되어 있지 않은 셈이다. 학자들의 세계와 산업계의 수요가 서로 다른 데에서 이런 문제가 생긴 것 같다. 실제로 지금은 일선에서 물러나 있는 초기 해외시장 개척에 나섰던 분들의 경험담을 들으면 구구절절이 시행착오의 연속이었다. 그들은 해외시장 개척에 필요한 문화정보로 무장할 만한 준비도 없이 이문화에 직접 부딪치면서 실패를 거울삼아 경영전략을 세워나갔다. 문화인류학자들의 해외지역 연구는 그들이 실제적으로 활용하기에는 너무 멀리 있었기에 사실상 도움을 얻으려고 기대하지도 않았다.

5. 기업의 해외 지역전문가 양성 프로그램

해외시장 개척을 위해서나 글로벌 경영에서 이문화 정보가 필수적이라는 점은 해외에서 이문화에 직접 부딪치는 기업인들이 더 먼저 실감하고 있었음이 틀림없다. 이런 상황에서 한국의 대기업들은 이런 문제를 자체적으로 해결하려고 시도했다. 아직 문화인류학의 해외지역 연구가 일천한 상황에서 학계의 연구결과를 마냥 기다릴 수만은 없었던 것 같다. 해결책은 기업들이 자체로 해외지역 전문가를 양성하는 프로그램이었다. 이의 대표적인 사례가 삼성그룹이었다.

삼성은 해외의 시장 개척에서 이문화에 대한 정보가 절대적으로 필요하다는 점을 간파하고 1990년부터 입사한 지 3년을 넘긴 직원을 대상으로 일정 인원을 선발해서 해외에 1년씩 파견하는 자유방임형 해외지역 전문가 제도를 실시해 오고 있다. 이들에게는 국가별로 약간의 편차가 있기는 하지만, 기본 연봉 외에 현지의 활동비, 어학연수 과정 및 전문연수에 필요한 경비 일체를 실비 정산하는 등 연간 1억 원 내외로 지원하는 파격적인 프로그램을 운영했다. 이 제도를 통해서 지금까지 (2008년 파견자 포함) 세계 67개국 700여 개 도시에 3,700여 명의 직원을 파견했다고 한다. 이들 각자에게는 회사에서 구체적인 임무가 주어지는 것도 아니고 출발에서부터 숙소를 마련하고, 생활하는 구체적인 계획까지 모두 스스로 짜야 하고, 심지어는 해당 지역에 위치한 삼성의 현지지사까지도 접촉하는 것을 피해야 하는 등 철저하게 자신들이 직접 몸으로 부딪치면서 현지생활을 경험할 것이 요구된다. 또한 다양한 주제에 대해 매주 2건의 '생생 리포트'를 작성하여 실시간 사내망에 업로드 할 것이 요구된다. 파견 후 6개월 시점에는 상반기 활동을 점검하고 어학실력이 어느 정도 향상되었는지를 측정하며 가족도 만날 수 있는 10일간의 중간 귀국자 과정을 운영하고 있다고 한다. 1년 후 최종 귀국 시에는 귀국자 과정을 운영하고, CEO 배석하에 현지활동 결과를 발표함으로써 활동 내용을 사원들이 공유하도록 기획되어 있다.

이렇게 해서 구축된 삼성의 해외지역 문화정보 데이터베이스는 실로 방대하다고 한다. 이 정보는 삼성 내부 사이트에 공개되어 전 직원들이 마음대로 찾아볼 수 있지만, 외부에는 철저하게 공개되지 않는다고 한다. 삼성으로서는 이것이 귀중한 자산이고, 새로운 제품개발 및 해외시장 개척이나 경영전략에서 '민족지적인 정보'가 실제로 효과적으로 활용되고 있는 것이다.

이렇게 삼성그룹은 해외지역 정보의 문제를 자체로 해결하고 있다. 사실상 삼성의 해외지역 전문가 양성 프로그램은 국내의 다른 대기업으로부터 벤치마킹의 대상이 되었다. SK, LG 그룹 등도 비록 규모는 작지만 이런 프로그램을 운영했다고 한다. 이제 세계화 시대의 과학기술 수준은 사실상 지구촌의 거의 모든 나라가 공유하고 있는 셈이다. 그러나 같은 상품이라도 그것을 사용하는 방식이나, 그 상품에 대한 의미, 취향 등은 문화에 따라서 다양하게 나타난다. 이런 것이 바로 문화정보이다. 따라서 현지 문화를 아는 것은 새로운 상품의 기획 및 설계단계에서부터 수요자를 찾아서 시장을 개척해나가는 데에 핵심적인 부분이다.

인류학자 김중순 (한국디지털대학교) 총장의 저서 『문화를 알면 경영전략이 선다』(일조각, 2001년, 398쪽)는 바로 이런 사정을 잘 다루고 있다. 이 책이 부제로 달고 있는 "문화맹 CEO, 컴맹보다 무섭다"는 말은 기업전략에서 '문화'가 얼마나 중요한 것인지를 적절하게 암시해 주고 있다. 전경수 교수의 저서 『문화가 장사밑천: 인류학의 무역성공론』(지식마당, 2003년, 255쪽)도 이런 맥락에서 주목할 만한 저술이다. 그러나 한국 문화인류학계에서는 아직 이문화에 대한 정보를 찾는 일반사람들에게 지혜의 샘을 제공해 줄 만한 풍토가 조성되어 있지 않았기에, 아직 인류학자들의 저작들은 학문의 세계 안에만 머물러 있다는 생각을 지울 수가 없다.

6. '통섭 시대'의 문화인류학

오랫동안 학문세계에서는 각 분과 학문의 정체성을 내세우면서 마치 자체만의 울타리를 높이 쌓고 그 속에서 안주하듯이 칸막이를 튼튼히 하는 데에 몰두해 왔다. 적어도 과학의 목표는 현상을 정확하게 이해하는 데에 있다. 현상을 자기 식대로 주관적으로 해석하는 것이 아니라 어느 사람이 그 문제를 다루더라도 꼭 같은 해석에 도달할 수 있을 만치 증거에 의해 뒷받침되어야 하는 것이 이상적인 과학적 해석이다. 혹자는 그런 이상형의 과학은 결코 이루어질 수 없다고 하지만, 그렇다고 과학을 포기할 수는 없는 일이다. 학문세계에서 끊임없이 새로운 해석이 등장해서 설득력을 얻고, 패러다임의 전환이 일어나는 것 그 자체가 학문의 발전인 것이다.

목표가 분명하다면, 어떤 길을 통해서 어떻게 가든 효과적인 방식이 설득력을 얻게 된다. 이제 우리의 교육 및 연구 풍토는 점차로 '지식의 통합' 또는 '학문의 융합'이라는 방향으로 가닥을 잡아가는 것 같다. 인문사회과학과 자연과학, 심지어는 공학의 경계도 넘나들면서 공동의 목표를 향해서 힘을 합쳐서 공략하려는 노력이 곳곳에서 포착된다. 이른바 '통섭(統攝, consilience)'의 프로그램들이 대학의 여러 분야에서 개발되어 설득력을 얻고 있다. 공동의 연구주제를 단일의 학문 관점에서만이 아니라 가능한 대로 여러 분야에서 공동으로 공략하여 종합적으로 접근하는 것이 더 효과적이라면 주저할 이유가 없다.

이런 '통섭의 시대'에 문화인류학은 특히 이점이 있다고 나는 확신한다. 즉, 문화인류학은 적어도 인문사회과학의 다른 분야에서 다루고 있는 주제들 중 어느 하나도 관심 대상에서 제외되는 것이 없을 정도로 우리의 관심분야는 사회문화현상 그 자체이다. 사회문화현상 중 문화인류학자가 다루지 않는 분야가 없을 정도로 우리의 시야는 넓고, 사물을 총체적으로, 그리고 종합적으로 보고자 하는 바로 이 관점이 우리의 이점이다.

이런 관점에서 본다면 문화인류학은 이 '통섭의 시대'에 다른 분야와 협력하면서 새로운 프로그램을 구축할 수 있는 유리한 고지를 점하고 있다. 세계로 향해서 기업활동을 벌이고 있는 산업계의 해외지역 문화정보에 대한 수요를 간과해 왔다는 것은 한국 문화인류학계의 책임이다. 대학의 캠퍼스 내에서도 적어도 인류학은 경영학 및 경제학 분야와 협력하면서 해외지역 문화정보 데이터베이스를 구축하고 해외시장 개척의 일선에 나설 글로벌 리더를 양성하는 데 기여할 만한 프로그램을 개발하기 위해 적극적으로 나설 필요가 있다. 기업인들이 공략할 해외지역의 문화에 대한 정확한 정보와 총체적인 관점을 가진다는 것은 새로운 시장을 열 수 있는 기반을 다지는 데에 기여할 것이다.

법학 교육의 분야에서도 문화인류학이 기여할 수 있는 잠재력은 크다고 생각한다. 인류학자들의 현지조사에서 가장 중점적인 관심 대상 중의 하나가 그 사회에서 질서가 유지되는 방식이다. 어느 사회를 막론하고 구성원들 간에 크고 작은 불화나 갈등은 불가피하다. 이런 문제는 어떤 식으로든지 여과되고 조정되면서 사회질서가 유지된다. 이것이 바로 법인류학의 관심 대상이지만, 어느 사회를 막론하고 이런 측면은 피할 수가 없다.

2008년에 우리나라의 법학교육은 로스쿨 체제를 도입할 준비를 갖추게 되었다. 종전의 사법시험제도의 틀에서 벗어나 로스쿨 체제에서는 갈등하는 당사자들의 문화적인 배경을 분석하고 논의하는 훈련 과정이 더욱 주목 받을 수밖에 없다. 우리의 로스쿨이 지향하고자 하는 미국식 로스쿨 체제에서는 문화인류학자들이 교육 과정에서 적극적으로 참여할 뿐만 아니라, 재판 과정에서도 당사자들의 문화 간의 충돌이 주로 거론된다는 점에 주목할 필요가 있다. 뿐만 아니라 문제 해결방식에서 문화 간에 나타나는 차이에 대한 이해는 이제 세계화 시대에 미래의 법조 인력을 양성하는 교육 과정에서 필수적으로 다루어져야 할 부분이다. 따라서 앞으로 우리의 로스쿨 교육 현장에서도 문화인류학에 대한 수요가 높아질 것으로 기대된다. 실제로 로스쿨 체제로의 전환을 준비하면서 문화인류학과 로스쿨 양쪽에서 훈련을 받은 학자가 교수로 채용된 사례도 있어서, 이제 문화인류학계의 차원에서도 로스쿨과 공동으로 교육 및 연구 프로그램을 개발할 차비를 갖추는 것이 좋을 것 같다.

7. 맺음말

지난 반백 년의 기간에 한국 문화인류학이 장족의 발전을 거듭해 왔다는 점은 부인할 수 없는 사실이다. 인류학자도 현저하게 많아졌고, 세계로 향해 시야도 넓어졌다. 한국 문화인류학은 실로 세계로 발돋움해 왔다. 또한 문화인류학에 대한 일반의 인식이 높아진 것도 사실이다. 학회의 한 섹터에서는 응용인류학 및 실천인류학에 대한 관심이 높아지고 있는 것도 사실이지만, 여전히 학문을 위한 학문 연구의 테두리 속에 안주하고 있는 것은 아닌지 반성해 볼 여지가 많다. 문화인류학은 문화인류학만으로 살아남으려는 생각에서 탈피해서 여타 학문분야와의 협력과 공존을 위한 전략을 수립하는 데에 좀 더 적극적인 노력을 기울일 필요가 있다. 국내 대학의 MBA 프로그램과 이제 막 출범하는 로스쿨 교육 과정에서 문화인류학이 기여할 수 있는 잠재력을 학회 측에서 설득력 있게 제시할 필요가 있다. 국내의 기업체들과의 산학협동 프로그램 개발에도 적극 나서야 할 것이다. 문제는 우리가 협력관계를 이끌어내고자 하는 대상은 아직 문화인류학이 어떻게 기여할 수 있는지에 대해 분명한 아이디어를 갖고 있지 않다는 점이다. 여기에서 문화인류학회는 분명한 이니셔어티브를 쥐어야 할 것이다. 이런 노력은 한국에서 문화인류학의 입지를 굳힐 수 있는 좋은 기회이기도 하거니와 그 자체가 문화인류학의 지평을 넓히는 사업으로 간주될 수 있겠다. 우리가 주목해야 할 부분은 이런 협력 프로그램은 문화인류학만의 문제가 아니라 기대 이상의 시너지 효과를 거둘 수 있는 호혜적인 상생의 '윈윈'전략이 될 수 있을 것이라는 점이다.

한 작은 성찰: 2000년대 첫 문턱의 한국 인류학계

김광억(서울대학교 인류학과 교수)

제목이 암시하듯이 이 글은 내가 회장을 맡았던 2004~2006년의 학회활동을 간단히 기록하고 당시 우리 인류학계의 흐름의 특징을 반추해 보려는 것이다. 사실 두 해가 무슨 뚜렷한 변화를 만들 수 있는 시간이 될 것인가. 다만 중장기적인 안목으로 우리들이 성취한 것과 놓쳐버린 것을 차분히 생각해 보기 위한 단서를 마련해 보고자 함이다.

1. 학회활동의 성찰

당시 학회에는 두 가지 변화가 요구되고 있었다. 하나는 학회의 운영방식과 조직의 개선이고 또 하나는 학회가 고도의 전문성을 확보한 학술단체로서의 면모를 확립하는 일이었다. 학회가 근 50년을 지나오면서 시의에 따라 변화를 거듭하지 않은 것은 아니지만 어느덧 그 구성원들의 성격에 큰 변화가 왔으며 또한 전반적인 학술단체의 성격과 입지가 바뀌었기 때문이다.

2000년을 전후하여 나타난 우리나라 학계 전체의 큰 변화는 모든 연구인력이 학술진흥재단에서 선택과 집중이라는 정책적 구호 아래 지원하는 각종 연구과제의 홍수 속에 행복에 겨운 익사상태에 허덕이게 되었다는 점이다. 그래서 학회 임원진을 구성하는 데에도 거의 모든 회원들이 너무나 많은 프로젝트에 매어 있거나 새롭게 조직된 다양한 연구회에 중복적으로 얽혀 있어서 일을 맡을 여유가 없다는 대답에 부딪치기가 일쑤였다. 그런 면에서 귀한 시간과 에너지를 바친 임원들에 대하여 감사하고 또한 우리 학회의 활동에 대해 관심을 베풀어 준 대중매체에도 고마움을 표한다.

우선 우리는 학회의 면모를 일신하는 일을 취하였다. 첫째로 학회를 사단법인체로 바꾸는 작업을 종결지었다. 공공기관으로부터 조사 연구사업을 수주하거나 학술지원재단에 연구과제를 신청할 수 있는 자격을 갖추기 위한 것이었다. 원래 사단법인으로 출발하였으나 중간에 해지하였던 것인데 근래에 들어서 학술단체의 활동 여건이 많이 달라졌다. 지루하고 자질구레한 일들이 많이 들어가기 때문에 그동안 지지부진하였던 것을 임원진이 끈기를 가지고 마무리를 지어 문화부에 등록하였다.

둘째, 학회장의 선출에 관한 새로운 방식을 도입하였다. 편지로 후보자를 내고 또한 학회 당일 참석치 못하는 회원을 위한 부재자 투표를 병행하는 것으로 하였다. 이러한 선출방식은 차차기 회장을 뽑는 데 처음으로 적용되었다. 또한 학회 감사를 두 명으로 늘렸다.

행정적인 면에서의 변화와 함께 학회의 분위기에 약간의 변화를 시도

하였다. 우리가 학회 업무를 인수하였을 당시에 학회가 주관하는 학술행사는 장터와 같은 열기가 있었다. 그 열기는 새로운 사회적 관심사에 인류학자들의 참여를 촉구하고 계몽하는 데에 역점을 둔 프로그램과 지방대학에서 인류학과의 입지 확보를 위한 교육전략을 개발하는 활동이 주류를 이루어 자아내는 것이었다.

이는 물론 중요한 것이고 일층 진보한 의미도 되지만 학회가 인류학적인 관심(이러한 말이 논란의 여지가 있을 수 있다)을 학술적 차원에서 보다 차분하게 연구하고 학회의 행사가 인류학자 내부로 향한 모임이 되기를 염원하는 욕구가 또한 강하게 대두되었다. 우리는 회원 다수의 의견을 받들어 전국대회를 보다 엄정한 학술대회로 확립하는 시도를 하였다. 전국학술대회는 거의 모든 회원이 참여하였고 잔치의 성격에서 나아가 자신의 연구 성과를 발표하고 상호 학습을 심화하는 학술적인 모임으로 확립되었다는 평을 듣게 되었다.

2005년 5월 20일과 21일의 이틀간 서울대학교에서 개최한 제37차 정기학술대회는 "변화하는 세계 속의 남성성과 남성문화"라는 특별한 대주제의 기획 하에 한국 사회에서 남성 만들기와 이슬람, 멕시코, 중국 등 타 문화사회의 남성성에 대한 논문들이 발표되었다. 또한 "시민사회 인류학"을 주제로 한 라운드 테이블에서는 국가와 시민사회의 접점에서 법, 환경운동, 탈북자 청소년의 교육, 공공자원의 활용, 글로컬리제이션과 지역사회 운동 등의 주제 발표와 토론을 통하여 한국 인류학이 당면하게 될 새로운 분야에 대한 예비적 탐구를 하였다. 이 대회에는 그 외에도 현대 한국 사회의 전문직 집단에 대한 연구, 민중생활사의 맥락에서 보는 집과 가족의 문화사, 글로벌 시대의 이주에 대한 문화정치학적 분석, 동아시아 사회주의 국가의 변혁, 멕시코의 한인동포 생활문화 조사 보고 등의 분과와 자유발표 및 대학원생 분과 등 7개의 분과가 조직되었다. 대회 전체를 통틀어

38편의 논문이 발표되고 84명이 발표자, 토론자, 사회자로 참여하였으며 이는 학회의 전국대회 역사상 가장 많은 논문이 발표된 대규모 행사였다.

제38차 전국대회는 5월 19~20일 이틀간 전북대학교에서 개최되었다. 오랜만에 "현대한국사회의 일상의례와 세시의례: 변화와 지속"이라는 전통적인 관심을 대주제로 삼아 출산, 혼례, 상장례, 제례, 세시, 명절제사 등의 다양한 실천 양상이 도시, 현대, 계층, 가족 등과의 연관 속에서 분석되는 논문들이 발표되었다. 또한 "현대인류학의 뉴프런티어"라는 주제의 기획 분과에서는 국제관계, 문화유산, 문화예술의 소비와 향유, 과학기술과 사회 등의 영역에 인류학이 어떻게 결합되는가를 모색하는 논문과 토론이 있었다. 그 외에 종군 위안부와 4.3 희생자 등 주변인의 해원과 위령의례, 민중생활사 아카이브의 활용방안, 도시 속의 축제가 갖는 사회적 의미 등의 분과와 인도인의 디아스포라, 위성 TV와 걸프 지역의 여성 지위, 한국 학자들의 오키나와 연구의 현황 등의 지역 연구 분과들과 자유주제 및 대학원생 분과를 합하여 7개의 분과가 조직되었다. 총 38편의 논문에 대한 34명의 토론자와 11명의 사회자가 초빙되었다.

학회에서는 초여름에 모든 회원의 다양한 연구를 모으는 대규모 학술대회를 개최하는 데 비하여 늦가을에는 워크숍을 열어서 인류학 내부에서 중요한 주제나 이론이나 방법에 관한 전문적인 논의를 하는 프로젝트를 정착시켜 왔다. 구술사, 한국적 인류학의 개발, 문화 '컨텐츠' 개발 등의 주제를 심화하고 방법론을 개발하는 데에 상당한 공헌을 했다고 평할 수 있다. 그러나 새 회장단에서는 이를 없애고 일 년에 두 번의 큰 학술대회를 개최하는 포맷을 천명하였다. 규모의 면에서 더욱 진전된 것으로 볼 수 있겠는데 그 안에 종래의 워크숍과 같은 프로그램이 계속되기를 희망한다.

2005년에는 우리 학회가 국립민속박물관의 용역사업으로 행한 10년간의 재외한인동포의 생활문화 조사가 끝났다. 어려운 여건 속에서도 성공적으로 수행된 10권의 보고서 발간 작업은 우리 학회의 역사적 공헌 중의 하나로 남을 것이다. 그러나 판권과 처분권을 가지고 있는 민속박물관 측에서 이를 일반 독자와 학계에 보급하는 일에 소극적이어서 사장(死藏)이 되는 결과를 가져온 것은 참으로 애석한 일이 아닐 수 없다. 심지어 인류학회 회원에게까지도 배부가 되지 않았으니 민망하다. 그러므로 나는 미래에 학회가 주체가 되어 그 후속사업을 수행하여 본격적인 인류학적 연구서 시리즈를 간행하게 되기를 희망한다.

지나간 시절의 못다 한 일을 거론하는 것은 어리석은 짓이지만 그래도 회원들의 연구실적 및 신상에 관한 데이터베이스 혹은 아카이브를 구축하는 일(아주 작게는 회원주소록 혹은 수첩을 만드는 일)과 아시아 인류학계의 네트워크 형성에 대한 꿈을 실현할 수 없었던 아쉬움을 여기서 언급하는 이유는 앞으로 이 일이 어떤 경로를 통해서든 성사되기를 염원하는 까닭이다. 우리 학계에서 정기적 학술지는 『한국문화인류학』 외에 서울대학교에서 발행하는 『비교문화연구』만이 있어서 지면의 제한 때문에 다른 분과학문의 학술지에 투고를 하는 경우가 많아졌다. 따라서 회원들의 실로 다양한 연구실적들이 학회지에 더 이상 집적되지 않고 산재되어 서로 알 수 없게 되므로 공동의 데이터베이스를 만드는 것은 내외적으로 절실히 필요하게 될 것이다.

2. 인류학계의 흐름에 대한 생각의 편린

내가 회장을 맡았던 두 해는 2000년대에 들어서 한국 인류학계에 일어난 중요한 역사성 있는 변화를 반영한다고 해도 틀린 말은 아니라고 생각한다. 어느덧 새로운 세대의 인류학자들이 부쩍 증가하였고 한국보다 타 사회 전공자가 수적으로 훨씬 많게 되었다. 회원들이 전공한 연구 지점을 지도에 찍어 보면 세계의 거의 모든 지역을 망라할 정도로 지역 연구 영역이 확산되었다. 동시에 인류학자들이 우리 주위의 유행하는 사회적 관심거리에 활발히 참여하였다. 사람과 문화의 초국적 이동과 교류라는 거대 흐름 속에서 이주노동자, 국제결혼, 다민족 및 다문화사회, 한류, 관광, 문화 정체성 변화 등의 현상과 고령화 사회, 노인 문제, 아동 문제, 여성 문제, 교육 문제, 대중문화, 신중산층과 신빈곤층, 탈북자의 적응 등의 주제에 대한 연구가 유행하였으며 사회적 소수자 혹은 주류에서 이탈 배제된 사회적 영역에 대한 관심이 적극적으로 표명되었다.

이러한 흐름의 근저에는 세계 인류학계의 변화가 담겨 있다. 2000년에 들어와서 공공의 인류학(public anthropology)이란 주제가 종래 문화에 집중되었던 해체주의의 풍조를 대체하기 시작하였다. 이는 결국 인류학의 지식사회학적 문제에 관한 전환점을 모색하는 시도로서 공공에 의미가 있는 지식을 생산하고 공공이 이해할 수 있는 방법과 언어로 재현과 서술을 하는 인류학을 추구하고, 해결해야 할 사회적 문제 영역에 인류학의 필요성을 증명하는 행동력을 증진할 것을 말한다.

우리는 세계 인류학계의 지적 흐름을 수용하는 동시에 한국 사회에 적실한 인류학을 위하여 끊임없이 변화를 시도하여 왔으며 최근의 변화도 그러한 자연스러운 역사적 과정이라고 볼 수 있다. 80년대 이래 새로운 세대의 인류학자들은 문화항목에 대한 민속학 전통의 연구를 벗어나서 현재적 삶의 세계에 대한 정치경제학적 연구와 개인의 세계관, 상징, 문화의 정치적 생산과 실천 등에 대한 관심으로 그 영역을 확대시켜 왔다. 90년대에는 구조, 이데올로기, 경계, 식민지 등의 단어에 post-, trans-, cross- 등의 접두사가 붙은 용어가 유행하였다. 이는 인류학적 이론과 연구 영역을 확장하고 다양화하는 데 중요한 발전을 보인 것이다. 최근 들어서 인류학자들이 인권과 복지에 관계되는 현실적인 문제에 참여함에 있어서 질적 접근, 현지조사, 민족지적 방법, 그리고 탈경계적 시각과 비교문화적인 지식 등의 장점을 살려서 타 학문분과에 비하여 두드러진 활약을 전개해 오고 있다.

이러한 과정에서 문화의 고정성, 보편성, 일방적 구속력에 대한 의문을 제기하고 현실이란 상상과 언어적 규정에 의하여 감지되는 것으로 취급하고, 전략적 존재로서의 인간의 속성과 주체성에 결정력을 부여하거나 현상 자체에만 눈을 집중시키는 풍조가 점차 주류를 형성하고 있는 것으로 보인다.

나는 여기서 '문화'가 우리들의 논의에서 주변화가 되어가는 경향을 짚어 볼 필요가 있음을 발견한다. 우리는 언제나 문화를 강조한다. 심지어 오늘날 다민족 다문화사회라고 규정짓고 문화적 이해를 위한 프로그램을 개발할 것을 사회 문제의 한 해결책으로 거론하기를 좋아한다. 그러나 정작 어떤 문화가 어떻게 작용하고 있는지 그리고 그러한 문화와 행위자인 개인이 어떤 관계를 맺고 있는지에 대한 연구는 많지 않다. 탈문화적인 인간 주체성과 그가 속한 문화체계 (비록 고정불변의 것이 아니라 할지라도) 사이에 어떤 역동적 관계가 실천되는가를 간파하는 것이야말로 인류학이 다른 사회과학과 인문학의 분과학문들에 비하여 뛰어남을 인정받는 이유일 것이다.

90년대부터 도입된 해체주의는 기존의 지식체계를 재검토하는 신선한 발상과 방법론을 촉발하였지만 어느덧 사회의 역사적 과정이 만들어내는 구조 혹은 문화체계를 천착할 여유를 포기하는 경향을 조장하였다. 그러나 한국처럼 국가의 역사가 오랜 사회의 연구에서 이러한 방법론적 절름발이 성향은 심각히 재고되어야 할 것이다. 이런 맥락에서 우리의 인류학에서 점차 가족, 친족의 단어가 사라지고 있고 종교, 이데올로기, 상징, 의례 등에 대한 고려는 아직도 충분하지 않으며 민속 연구와 인류학이 별개의 학문분과로 분리되고 있음을 심각하게 지적하고자 한다. 문화 연구(cultural studies)의 사람이 없는 문화론이나 문화사회학의 탈지역적 문화론에 이끌려 인류학이 어느덧 탈문화적 지역학을 생산하는 동안 우리 사회의 근본적인 구조와 의미와 가치체계의 영역에 대한 연구를 포기하고 있음을 주목해야 하겠다.

물론 이러한 문제는 인류학자의 수가 (그간 많이 배양되었다고 말했지만) 아직도 절대적으로 부족한 현실에도 그 원인이 있을 것이다. 몇 안 되는 인류학자들이 끊임없이 다양하게 변하는 학문세계의 조류를 적시에 수용 소화해야 하는 부담과 새로운 것에 대한 강박감 때문에 우리는 더 긴 안목으로 많은 시간을 들여서 한 주제나 부문을 심화할 것을 포기하기 쉽다. 이미 장기간의 현지조사와 참여관찰 대신 여러 지점을 단기 방문하여 키인포먼트나 현지의 전문가와의 면담을 통한 자료(심지어 해석까지)의 수집(multi-sited와 in-move라는 단어가 뒷받침하는)이 선호되는 성향이 나타나고 있다. 이러한 방법의 장점을 증명하는 데 성공적인 연구도 있지만 동시에 해당 지역의 역사와 언어 그리고 여러 사회적 부문에 대한 심층 지식을 갖추지 않음으로써 다른 분과학문과 마찬가지로 단발적으로 사회적 관심을 촉구하는 일회성 논문이나 선지자의 선언문을 생산하는 일도 적지 않게 되었다.

이런 상황에서 인류학계에서도 "하자" 류의 글쓰기와 "이다" 류의 글쓰기 사이에 긴장이 생기고 있다. 전자는 인류학의 사회적 참여와 새로운 조류에 대한 민첩한 적응을 강조하는 글을 말하며 후자는 인류학적 지식 탐구와 학문의 정체성 확립에 보다 집중해야 한다는 주장을 반영하는 것들이다. 현재 한국의 학문 풍토에 비추어 볼 때 인류학의 대중성 확보를 주장하는 것은 자연스럽다 못해 당연하다. 그러나 신조류를 좇는 경쟁적인 반응의 시도는 앞서가는 신선함 대신에 구체적인 지식의 축적에 소홀할 가능성을 가지고 있다. 몇몇 학문분과들이 화려한 용어와 현학적인 이론 그리고 신비한 도표로 그 학문적 논의를 포장함으로써 대중적 지지를 확보하여 사회과학적 연구과제의 주제와 방향을 주도하고 있다. 그 현실과 타협하는 과정에는 인류학자들이 자칫 다른 분과학문들이 젖어 있는 게으른 관찰과 오만한 해석으로 담론 분석에 치중하는 경향에 편승할 위험(risk)이 숨어 있다. 이에 비하여 기초학문으로서의 인류학의 위치를 지향하는 측에서는 사람과 지역과 문화에 대한 구체적이고 심층적인 이해와 현실에 대한 중층적인 파악을 더 강조한다. 물론 학문의 특성을 고려하지 않고 단거리 경주와 소비자 입맛에 맞는 요리시합을 시키는 평가방식이 주도하는 현실 속에서 이러한 시도는 그 방법과 지식의 유용성을 의심 받거나 학문의 사회적 참여 윤리에 소극적이라는 지적을 받을 수도 있다. 그러므로 "이다"와 "하자"를 결합하는 것이 그리 쉬운 일은 아니다. 학문세계에서 소수자 집단인 인류학계에서는 당분간 개인의 선택사항으로 남겨질 수밖에 없다. 그것은 비록 산뜻한 발언으로 대중의 탄성을 자아내게 하지는 못하더라도 깊은 지식으로서의 인류학을 추구하는 학문적 일관성을 어떻게 견지할 것인가에 관한 문제이다.

우리는 흔히 인류학을 'a discipline without discipline'이라고 한다. 이는 고정된 틀이나 지식에 얽매이지 않고 끝없이 창의적인 노력으로 새로운 지식의 지평을 열어가는 학문세계라는 뜻이다. 이 점이 곧 근래 한국 인류학의 폭발적 확산과 다변화의 입지를 만들어 준 것이다. 그러나 이 말을 학문적인 글로서의 틀을 갖출 필요가 없다는 것으로 오해해서는 안 된다. 우리들 중에는 백화점식 지식 제공에 급급하여 선행연구에 대한 섭렵을 충실히 하지 않고 독자적 형식의 글쓰기를 고집하거나 '최신' 경향의 경박성을 비판하는 나머지 아예 동시대의 연구 성과들을 간과해 버리는 것을 마치 학문적 순수성을 옹호하는 자세인양 스스로 착각하는 경향은 없는지 성찰할 필요가 있다. 고정된 틀이 없다는 말은 또한 인류학이 지니는 종합학문의 성격으로 인하여 그 중요성이 새롭게 인식되고 있는 것과도 연결된다. 2005년을 지나면서 우리나라 학계에서는 인문학과 사회과학 그리고 자연과학적 지식과 아이디어가 초(탈)경계적인 드나듦을 통하여 소위 통합적 학문을 추구하는 실험적 흐름이 나타나기 시작하면서 인류학의 역할에 대한 기대가 커지고 있다. 우리에게는 또 하나의 도전이 다가오고 있는 것이다. 그간 인류학계 내부에서나 타 학문분과와의 관계에서 우리가 개척성(開拓性)과 선도성(先導性)의 추구에 치중해 왔다면 이제는 학문적 정치성(精緻性)의 확보에 노력을 기울여야 할 것이다.

나와 문화인류학

이두현(서울대학교 국어교육과 명예교수)

1.

내가 처음 민속학(民俗學)을 알게 된 것은 대학 3학년 2학기(1949년) 고정옥(高晶玉) 교수의 강의 "민요 연구(民謠研究)"를 수강하면서부터였다. 그때 고정옥 교수는 『조선민요연구(朝鮮民謠研究)』(1949)를 갓 출간하고 교재로 썼는데 "민요(民謠)는 오직 민속학(民俗學)의 대상(對象)인 것이다"라고 하여 영국의 민속학(Folklore)을 소개하였다. 이때 소개한 샬럿 소피아 번(Charlotte Sophia Burne)의 *The Handbook of Folklore*(1914)는 오카 마사오(岡正雄)의 일역 『민속학개론(民俗學槪論)』(1927)을 입수하여 나중에 자세히 읽었다.

민속학은 민족과 문화 또는 인간과 사회를 연구하는 과학으로 인류학 계열의 한 분과이며 문화인류학의 여러 분야, 예컨대 1947년에 발표된 클러크혼(Clyde Kluckhohn)의 미국식 인류학 분류에 따르면 archaeology, ethnology, folklore, social anthropology, linguistics, culture and personality와의 학제적 연구가 필수적이라고 생각하였고, 어느 한 분야의 specialist가 되기 전에 general anthropologist가 되어야 한다는 제언에도 동감하여 좀 이른 감이 있었으나 장주근 씨와 논의하여 임석재 선생을 모시고 1958년도에 문화인류학회(文化人類學會)를 결성하기로 하였다. 이때 임동권, 김동욱, 강윤호 씨 등 창립동인으로 참가했었다. 당시 대한체질인류학회와 함께 한국인류학회로 출발하려고 하였으나 나세진 회장이 동의하지 않아 따로 출발한 것이다. 1972년에서 74년까지 학회 이사장을 맡았고 1968년부터 10여 년간 계속한 한국민속종합조사사업에 해마다 방학에 회원들과 현지답사하던 일과 현재 심사정 맹호도로 전하는 그림을 기본으로 하여 학회 로고를 만든 것이 추억으로 남는다.

1960년 9월에 피바디 프로젝트(Peabody Project)의 파견 교수로 1년간 도미하였다. 나에게 주어진 과제는 교육과정기술방법 연구차 파견한다는 것이었다. 국어 교육에 있어서의 화법(話法)과 교재극화(教材劇化) 등이 내가 신청한 내용이었다. 이때 연세대학교(延世大學校)의 박창해(朴昌海) 선생이 워싱턴의 국회도서관의 한국 사서로 있는 양기백(梁基伯) 선생을 소개해 주셨고, 양 선생은 다시 스미스소니언 자연사 박물관의 큐레이터이며 한국을 연구분야로 하고 있는 인류학자인 크네즈 박사(Eugene I. Knez)를 소개해 주셨다. 이 두 분은 이때의 미국 체류기간뿐만 아니라 그 후로도 미국 방문 때마다 신세를 진 분들이고 이제껏 우정을 나누고 있다. 크네즈 박사는 1945년 11월에 대위로서 한국 근무를 발령받고 군정청 문교부 교화국장으로서 1946년 5월 임기 중 서울에서 많은 일을 하였다. 그중에서 우리와 관련 있는 일로서는 송석하(宋錫夏) 씨를 관장으로 한 민족학 박물관 건립을 도왔고, 국립중앙박물관에 의해 해방 후 처음 실시한 신라 호우총(壺杅塚)과 은령총(銀鈴塚) 발굴 작업은 전적으로 그의 주선에 의해 이루어졌었다. 그러나 그가 우리에게 준 가장 큰 공헌은 미 대사관 공보국 지부운영국장으로 부임했던 1951년 1.4후퇴 때 2회에 걸쳐 국립중앙박물관 소중품들을 부산까지 무사히 운반하게 하여 전화(戰禍)를 면하게 한 일일 것이다. 그는 귀국 후 1959년에서 79년까지 자연사박물관의 아시아 인류학 큐레이터였다. 그는 1951년에서 81년까지 김해 삼정동(金海 三政洞)을 현지조사(fieldwork) 하여 그 결과를 1997년에 *The Modernization of three Korean Villages, 1951-1981: An Illustrated Study of a People and Their Material Culture* (Smithsonian Institution Press, Washington, D.C. 1997)로 발간하였다. 그는 이 저술에 대하여 "'살아 있는 고고학'으로서 한국에서의 최근의 문화적 진보의 역사를 물질문화를 통하여 증명하려 하였다"고 하고, 한국 학자들이 이를 정당히 평가해 줄 것을 바란다고 하였다. 그러나 지금껏 한국어 번역판이 나오지 않아 안타깝기 짝이 없다. 전남대학교 인류학과의 최협(崔協) 교수가 한국어 번역본을 주선해 보겠다고 하였으나 아직 실현을 보지 못해 우리들의 빚으로 남아 있다. 나와 최협 교수가 서평을 낸 것뿐이다.

미국에서 처음에는 테네시주 내슈빌의 피바디 대학에서 스피치(Speech)와 연극 제작(Play Production)과 영어와 교육과목을 청강했고, 이웃의 스카릿(Scarritt) 대학의 브라운(Brown) 교수의 인류학 강의를 들었다. *Understanding Other Culture*가 교재였다. 한국 인류학에 대해 걱정했더니 미국의 초창기 인류학도 그러했으니 너무 염려하지 말라고 하던 이야기가 생각난다. 그러나 이곳에서는 가을 한 학기만 지내고 워싱턴의 국회도서관과 스미스소니언의 자연사박물관에 다닐 것을 목표로 가톨릭대학으로 옮겨

연극학과 인류학 강의를 최소한도로 청강하고 대부분의 시간을 국회도서관과 자연사박물관에서 지냈다. 국회도서관에서는 서고에 드나들면서 북한의 민속학과 연극사 자료를 살폈고 자연사박물관에서는 전시뿐만 아니라 여러 자료와 도서도 볼 수 있었고 한국 관계 전시를 돕기도 했다. 크네즈 박사의 동료들이 친절하게 대해 주었고 특히 중남미 선사학 전공인 에번스 박사(Dr. Evans) 내외가 고마웠다. 그 부인인 메가즈 박사(Dr. Meggers)는 저명한 인류학자인데 이분의 추천으로 워너-그랜(Wenner-Gren Foundation for Anthnopological Research)이 스폰서인 *Current Anthropology*를 1960년 발간 첫 호부터 구독하여 오늘날까지 계속 구독하고 있다. 이 밖의 외국 학회지로는 *American Anthropologist, Ethnology, Journal of Folklore Research*, 『민족학연구(民族學硏究)』 등을 구독하였으나 오늘까지 계속 40여 년간 구독하고 있는 것은 *Current Anthropology*이다. 이때의 워싱턴 체류가 계기가 되어서 연극학에서 민속학과 문화인류학 쪽으로 내 관심과 흥미가 기울어진 것은 사실이다.

1961년 8월 귀국길에 하와이 대학을 돌아보았는데 때마침 그곳에서 제10회 태평양학술회의가 열려 있었고 이때 일본의 민속학자들인 에가미 나미오(江上波夫), 이시다 에이이치로(石田英一郎), 야하타 이치로(八幡一郎), 오노 스스무(大野普) 등이 참가하여 일본 문화 기원 문제로 기마민족설을 발표하고 있어 청강하였다. 이때 이시다(石田) 교수와의 대화가 계기가 되어 그의 소개로 도쿄대학의 문화인류학교실의 이즈미 세이이치(泉靖一, 1915~70)를 찾게 되었다. 그때 그는 경성대학 졸업논문인 "濟州島-그 社會人類學的 硏究"의 원고를 내보이면서 출판할 가치가 있겠느냐고 물어왔다. 1930년대의 제주도 민족지로서 출판할 가치가 충분히 있으므로 출판할 것을 종용하였다. 이 원고는 1966년에 『東京大學 東洋文化硏究所報告 濟州島』(도쿄대학 동양문화연구소 보고 제주도)로 출판되었다. 이즈미 교수와는 그 후로 1970년에 그가 급서하기까지 지우를 받았고, 1968년에는 도쿄대학 객원교수로 초빙해 주어 문화인류학교실의 대학원생들에게 한국어와 한국 민족지를 강의했다. 이때의 성과로 두 사람의 인류학 한국 전문가가 나왔는데 이토 아비토(伊藤亞人, 동경대학 인류학과 교수)와 요다 지호코(依田千百子, 오사카 세쓰 민족학 교수)이다.

이시다 교수(1903~68)는 빈 대학 민족학과 출신으로 슈미트 교수의 제자이며 신봉자였고 전후에는 미국 인류학자인 크뢰버(A. L. Kroeber)의 이론에 많이 동조하였었다. 이시다 교수가 일본의 야나기타(柳田國男)의 민속지를 기본자료로 하여, 말과 수신(水神), 소와 수신에 대한 유라시아 대륙의 동서에 걸친 유사자료와 대비한 비교민족학적 연구의 성과로 내놓은 주저 『河童駒引考』(Kappa Komahiki Ko, 東京大學出版會, 1966)는 나에게 많은 도움을 주었다. 1954년에 동경대학 총장의 요청에 따라 이시다 교수는 이즈미 교수와 함께 문화인류학 전문코스를 발족시켰는데 인류학과 민족학계로부터 많은 반대비판을 받았으나 반론으로 맞서며 관철시켰다. 1965년 11월 두 분이 서울을 방문하여 대학과 학계를 돌아보고 그때 한국문화인류학회 회원들과도 만나 앞으로 양국 학자들의 공동연구와 조사도 의논하였으나 두 분의 이른 서거로 실현을 보지 못했다. 그러나 같은 대학의 저명한 여류 사회인류학자인 나카네 지에(中根千枝) 교수가 뒤를 이어 한일합동조사도 하고 한일 인류학자들의 공저로 『韓國農村の家族と祭儀』(東京大學出版部, 1973)를 내는 데 산파역을 했고, 한국 학자들의 동경 유학에도 많은 도움을 주었다.

1966년에 크네즈 박사의 주선으로 스미스소니언 연구소 주최의 인류학회의 "Planning Conference Smithsonian Research Program on Changing Culture"에 한국 대표로 참석하였다. 오늘날 세계 도처에서 기계문명화에 눌려 급속도로 변모해 가는 고유문화의 인류학적 조사와 그 기록 · 보존의 시급함을 논의하였고 그 구체적인 방안들을 토의하였다. 이때 47명의 각국 대표가 모였는데 그중에는 택스(Sol Tax), 머독(G.P. Murdock), 미드(M. Mead), 레비스트로스(Levi-Strauss) 등 석학들도 만날 수 있었다. 이 회의에 앞서 시카고 대학에서 워너-그랜 재단후원의 심포지엄으로 "Man in the Hunter-Gathering"이 있었고 이때 Viking medalist로 레비스트로스 교수의 수상식이 있었다. 심포지엄이 끝난 뒤 워싱턴으로 가는 비행기 안에서 레비스트로스 교수의 옆자리에 앉게 되어 대화를 나누고 그것이 인연이 되어 그 이후로 오늘날까지 그를 사숙(私淑)하는 인연을 맞게 되었고 해마다 연하카드를 교환하고 있다. 인류는 "Equal but Different"할 뿐이라는 그의 인류학에서 얻은 철학에 깊이 동조했다.

미국에서의 2주간의 힘든 일정을 마치고 유럽 여행을 떠났다. 런던 · 파리 · 로마 · 아테네 · 인도와 홍콩, 대만까지 40일간의 숨 가쁜 세계일주였다. 가는 곳마다 낮에는 대학과 박물관 등을 돌아보았고, 밤에는 극장에서 관극하였다. 이때 대영박물관, 루브르박물관, 바티칸박물관, 뉴델리국립박물관, 그리고 아그라의 타지마할, 대만의 고궁박물관과 역사박물관 등에서 깊은 감명을 받았다.

이 후의 인류학 관계 국제회의 참석은 1968년 동경에서 개최된 VIII Congress of Anthropological and Ethnological Sciences에 참석하여 "Folk-beliefs of Sacred Poles in Korea"를 발표하였고 1973년 제9차 시카고에서의 회의에는 우리나라 복장제인 초분 "Burial Custom of Korea: Chobun"에 대해 발표하였다 (The Realm of Extra-Human, Ideas and Action, Mouton Publishers, 1976). 제10차 인도에서의 회의에는 내가 고증한 기록영화 "초분"을 갖고 영상인류학 분과에 참석하여 영화 상영과 논문 "A Brief History of Ethnolographic Films in Korea"를 발표하였다. 회의 후 네팔의 카트만두를 방문하였다.

1960년대와 1970년대에는 문화재위원으로서 주로 가면극을 조사하여 봉산탈춤을 위시하여 12종목의 가면극을 중요무형문화재로 지정하였고, 1970년대와 80년대에 각 지방의 무속과 장제를 조사하고 점차 무속의 역사 민속학적 고찰에 흥미를 갖게 되어 1987년에 『내림무당과 쇠걸립』, 1993년에 『단골무와 야장』을 발표하였다.

1971년 8월부터 이듬해 2월까지 뉴욕의 JDR 3rd 재단 수혜자로서 뉴욕에서 지냈고 2월 초부터 3월 말까지 2개월 동안 유럽과 일본을 시찰여행할 수 있었다. 재단에서 정해 준 방문목적은 "Research on Theatre History, Ethnography and Cultural Anthropology Using Faculties of American Libraries and Archives to Survey Pedagogic Approaches to Their Fields" 였다. 9월과 10월은 뉴욕 대학에서 오르토라니(Ortolani) 교수의 "Asian Theater Arts" 과 헤이즐(Hazel) 교수의 "History of Theatre Arts," 그리고 인류학과의 실린(Silin)이란 젊은 교수의 "People of Asia" 을 청강하였다. 11월에는 미 인류학회(American Anthropological Association)의 연찬회의에도 참석하였다.

미국에 온 김에 많은 독서와 자료 수집을 충분히 하려고 마음먹었으나 여러 곳에서 강연을 맡게 되었다. 강연 제목은 "Korean Mask-dance Drama" 와 "Korean Folkbelief" 였는데 그때마다 슬라이드 강연(Slide lecture)을 하였다. 10월 중순 캔자스 대학에서부터 시작하여 인디애나 대학, 노스캐롤라이나 대학, 11월에는 아시아 소사이어티(Asia Society), 뉴욕 대학, 12월에는 웨슬리언 대학, 센트럴코네티컷 스테이트 칼리지, 12월 들어 캐나다 토론토 대학에서 2일 연속 강의하였고, 컬럼비아 대학의 한국 세미나(Seminar on Korea)에서 발표, 72년 1월 26일 미국에서의 마지막 강연은 예일 대학에서 "Korean Folklore and Mask-dance Drama" 를 강연하였다. 마치 한국학의 세일즈맨과 같다고 느꼈었다. 미국 여행 중에는 여러 대학과 민속박물관을 애써 돌아보았고 많은 학자들을 만날 수 있었다.

2월 6일 유럽의 첫 방문지인 더블린에서 시작하여 런던, 암스테르담, 헤이그, 파리, 취리히, 바젤, 빈, 뮌헨, 보훔, 베를린, 스톡홀름, 웁살라, 코펜하겐까지 유럽 14개 도시를 돌고 3월 23일에 귀국길에 올랐다. 유럽에서도 여러 대학과 각종 박물관과 연극과 인류학 그리고 한국학과 관련이 있는 교수와 전문가들을 만났다.

더블린에서는 아일랜드 민속위원회(Irish Folklore Commission)를 찾아 소장인 오설리번(O'Sulleabhan) 박사의 안내를 받았다. 그들의 자료실(Folklore Archive)이 부러웠다. 영국의 750년이나 되는 지배 하에서도 금세기에 들어 1937년에 독립선언을 하고 유럽의 최빈국에서 20년 만에 국민소득 5만 달러로 유럽 2번째 부국을 이룩한 나라, 우리와 닮은 꼴 나라이기에 애란 연극이 일제 하에 우리 신극사에 많은 영향을 주기도 했다. 나는 72년, 84년, 93년 세 번 아일랜드를 방문했었는데, 93년 방문 시 더블린 대학을 방문했더니 위원회는 이 대학 민속학과에 이관이 되어 있었고 오설리번 소장도 서거한 뒤였다.

런던에서는 런던 대학에서 한국학을 가르치는 스킬랜드(Skillend) 교수가 친절하게 대영박물관 등을 안내해 주었다. 영국 민속학회를 찾아서 사무장인 뉴월(Newall) 여사를 만났는데 그녀와는 국제회의에서도 다시 만났고 오랫동안 크리스마스 카드를 교환하였다. 암스테르담에서 라이덴 대학의 일본학 교수인 포스(Vos) 교수를 예방하고 민속박물관을 돌아보았는데 일본 전시관은 훌륭한 반면 한국 것은 전무하다시피 하였다. 저녁에 헤이그 시에서 한국-화란 협의회(Korean-Dutch Association) 주최의 강연을 하였다. 청중은 40명 정도였는데 주로 무역관계 실업가들과 한국 고아들의 양부모들이었는데 진지한 분위기였다. 강연이 끝나자 한국 공보관이란 사람이 수고했다는 말은커녕 한국의 발전상을 보여 주지 않고 후진 슬라이드만 보여 주었다고 핀잔을 주었다.

파리에서는 레비스트로스 교수를 예방하고 그의 30년 연공의 주저인 *Mythologigues* 4부작 중 첫 권인 *The Raw and the Cooked*의 영역본을 기증받았다. 나중에 영역본으로 4권을 다 갖추었다. 이 첫 권은 임봉길 교수가 번역하여 2005년에 한길사에서 출판되었고 2권인 『꿀에서 재까지』는 금년 초에 출간되었다.

그의 저서로는 『구조인류학』, 『슬픈 열대』, 『야성적 사고』, 『가면의 길』, 『원근의 회상』 등을 비롯하여 일역본과 영역본으로 입수되는 대로 다 읽었다. 1981년 10월에 한국정신문화연구원 초청으로 레비스트로스 내외가 내한하여 3주 동안 세미나와 현지답사를 하셨다. 이때 강신표(姜信杓) 교수가 힘을 많이 썼다. 나중에 그의 편저로 『레비스트로스의 인류학과 한국학』(한국정신문화연구원, 1983)이 발간되어 그 성과를 기록으로 남겼다.

인류학박물관과 기메박물관도 이때 다시 찾았지만 새로 문을 연 국립민속박물관(Musée National des Arts et Traditions Populaire)은 참으로 훌륭했고 새로운 전시방법에 감탄했다. 뮌헨에서는 민족박물관, 연극박물관, 독일박물관 등이 퍽 인상적이었고 뮌헨 대학의 민족학과의 샤머니즘 전문가인 Vajda 교수를 만나 그의 집에 저녁 초대를 받고, 한국 무속관계 슬라이드를 보여 주었는데 "Treasure!"를 연발하면서 기뻐하였고 그는 나중에 자기 학생 한 사람을 한국 민속신앙 연구로 서울에 보내주었고 샤머니즘 관계 책도 보내 주었다. 베를린에서는 달렘(Dahlem) 민족학박물관과 동양미술관에서 하루를 보냈는데 여기서도 최신 전시법과 많은 소장품에 감탄하였다. 스톡홀름에서는 노르딕 박물관(Nordic Museum)과 세계 최초의 야외박물관으로 유명한 스칸센(Skansen) 야외박물관에서 한나절을 보냈다. 코펜하겐에서도 국립야외박물관인 Frilands Museet를 찾았다. 시의 북쪽 원시림 같은 숲 속에 자리 잡은 이 야외박물관도 스칸센처럼 대부분 18세기 산업화 이전의 덴마크 각 지방의 농가와 어촌의 건물들을 옮겨오고 가구 일체를 안에 갖추었으며 자연경관도 본래 있던 고장의 모습대로 조경하여 놓았다. 한국민속촌을 건립할 때 문화재위원으로서 자문에 응하면서 스칸센과 이곳 덴마크의 야외민속박물관을 예로 들어 본격적인 야외민속박물관을 만들 것을 건의했으나 종시 받아들여지지 않고 지금과 같은 한낱 관광민속촌으로 용두사미격으로 되고 말았다. 귀국길에 일본 나고야의 메이지무라(明治村)를 끝으로 2개월에 걸친 유럽 견학여행을 끝냈다.

1973년 1월에 워너-그랜 인류학재단의 연구비를 받아 오키나와의 세골장(洗骨葬)과 우리의 복장제(複葬制)인 초분과의 비교연구를 위해 오키나와 현지조사를 하고 "장제(葬制)와 관련된 무속연구(巫俗硏究)"와 "한국 고대의 장례(葬禮)"를 발표했다.

1975년 10월에 한국학 전공의 Eikemeier 교수의 주선으로 독일 보훔 대학의 객원교수로 초빙되어 동아시아 연구소 세미나에서 한국 연극사와 한국의 샤머니즘을 강의하였다. 2월 들어 취리히의 Deuchler 교수의 주선으로 리트베르크 박물관(Reitberg Museum)에서 일반 공개로 "Korean Mask and Mask-dance Drama"를 슬라이드를 곁들여 강연하였다. 청중은 50명 이상으로 강연이 끝난 후 한 중년 부인이 찾아와 "You are real ambassador of Korean Culture"라고 치하해 주던 것이 그렇게 고마울 수 없었다. 취리히 대학의 동아시아 연구소에서도 한국 샤머니즘에 대한 슬라이드 강연을 하였다. 보훔에서 2월 중순 종강하고 파리로 가서 23일 Maison de L'asie에서 저녁에 한국 샤머니즘에 대한 슬라이드 강연을 했고, 25일에는 한국 가면극에 대해서도 강연을 했다. 두 번 다 한국학을 전공하는 Deschanp 씨가 불어로 통역을 해 주었다. 2월 말에서 3월 초까지 남부 독일의 필링겐(Villingen)을 위시해서 그 일대의 카니발인 Fastnacht를 구경하였다. 이때 튀빙겐(Tübingen) 대학의 민속학연구소를 방문하고 소장인 Bausinger 교수를 만났고 훗날 장철수(張喆秀) 군을 이곳에 유학시켰다. 3월 4일에 런던으로 건너가 솔즈베리평원의 스톤헨지(Stonehenge)와 랜드 엔드(Land End) 일대의 고인돌과 거석들을 돌아보았다. 런던에서는 스킬렌드 교수 집에서 신세를 지고 9일 오전에 런던 대학의 스킬렌드 교수의 한국어 클래스에서 한국의 사찰과 마을의 슬라이드를 보여 주고 저녁에는 일반 공개로 한국 샤머니즘의 슬라이드 강연을 하였다.

보훔에 있는 동안 1월 하순에 벨기에의 스코텐(Schoten)이란 곳에 초대되어 그곳에서 해마다 열리는 여름축제의 조직위원회의 간부들에게 슬라이드로 한국 가면극을 소개하였는데 이곳 축제는 국제민속체기구조직위원회(약칭 CIOFF, Conceil International des Origanisations de Festivals de Folklore et D'Arts Traditionnels)의 회원국 축제이다. 이때의 한국 가면극 소개가 계기가 되어 1978년에 CIOFF 7개국 축제에 초청받아 6월에서 9월까지 봉산탈춤을 이끌고 순회공연을 하였다. 1980년에 한국도 이 기구의 회원국이 되고 1988년부터 2007년까지 한국 위원장을 맡아 해마다 총회에 참석했었다. 이보다 앞서 77년 3월에 미국에서의 그간의 나의 노력이 주효하여 아시아협회에서 봉산탈춤을 초청하여 1개월간의 순회공연을 하였다. 1980년에도 봉산탈춤 일행 17명을 인솔하고, 5월 하순에서 7월 초까지 유럽 5개국을 순회공연하였다. 내가 조사하고 무형문화재로 지정한 가면극을 해외공연으로 소개할 수 있어 그간 고생도 많았지만 자기 학문을 실천하는 데 대한 보람을 느끼기도 하였다. 그 공로로 1981년에는 정부로부터 은관문화훈장을 받았다. 1981년에는 일본국립민족학박물관에 객원교수로 다녀왔다. 1982년 8월에 뉴욕의 워너-그랜 재단후원의 "Theatre and Ritual" 국제심포지엄에 참석하여 "Role Playing through Trance Possession?"을 발표하였다(*By Means of Performance-Intercultural Studies of Theatre and Ritual*, Cambridge University Press 1990).

1989년 8월 31일자로 서울대학교에서 정년퇴임하고 명예교수가 되었다. 1962년에 조교수가 된 이래 31년을 근속하였다. 국민훈장 동백장을 받았다. 1982년에 대학민국학술원 회원이 되었고 1985년에는 『한국민속학논고(韓國民俗學論考)』로 학술원 저작상을 받았다.

나의 주요 저서는 다음과 같다: 『한국신극사연구(韓國新劇史研究)』(1966), 『한국가면극(韓國假面劇)』(1969), 『한국연극사(韓國演劇史)』(1973), 『한국민속학개론(韓國民俗學概論)』(共著, 1974), 『한국민속학논고(韓國民俗學論考)』(1984), 『조선예능사(朝鮮藝能史)』(日文, 1990), 『한국무속과 연희(韓國巫俗과 演戲)』(1996), 『한국연극사(韓國演劇史)』(中文, 2005).

이 회고록을 마치면서 그간 많은 분들에게서 신세를 졌고, 또 필드에서 만났던 많은 어른들에게 배운 지혜와 영감에 감사하여 한평생을 내가 하고 싶었던 일—학문의 길을 걷게 된 것에 감사한다.

03. 나의 문화인류학

나와 문화인류학

이광규(서울대학교 인류학과 명예교수)

학부에서는 역사학을 전공하였기에 인류학에서도 역사인류학 특히 전파주의 학파의 영향을 받아 지금도 역사인류학 방면의 책을 읽으면 마음이 훨씬 편하다. 그러나 공부를 하다 보면 자기의 의지대로만 공부의 방향이 정하여지는 것이 아니라 외부의 힘에 의하여서 또는 인류학계의 유행에 따라 학문의 방향이 정하여지기도 한다. 인류학에 들어서기 어언 40여 년이 지나면서 과거를 회상하여 보면 인류학 내에서도 몇 번이고 전공의 영역을 달리하면서 오늘에 이르렀다.

비엔나 대학에서 학위를 받고 귀국하여서는 비엔나 학파 식의 전파주의에 입각하여 한국 문화사를 정리하기 시작하였다. 한국 역사에서의 모계사회 문제, 거석문화 문제 등에 관심을 가졌다. 특히 벼농사의 기원과 전파 문제 등에 관심을 갖고 예컨대 쌀농사 이전에는 우리 민족이 무엇을 먹고 살았을까 하는 생각에서 화전민의 연구에 집중하였다. 1960년 당시만 하여도 강원도에 몇 대가 내려오는 화전민이 있었고 때마침 한국 정부에서 화전민 정착사업이 있어 산중에 거주하는 화전민을 평지에 옮기는 이주사업이 진행되어 화전민들이 평지생활에 적응하느라 고생이 많았다. 화전민이 완전히 사라지기 전에 이들을 연구하느라 강원도 산행이 잦았다. 쌀 이전에는 도토리를 먹었을 것이라 생각하고 도토리를 먹는 화전민이나 토란을 먹는 화전민 등 중국 남부 산간지방에 있는 화전민을 비교하면서 한국 고대사의 생활상을 구상하고 있었다.

그러나 한국 고대사의 층위 설정도 하기 전에 고대사 연구를 포기하게 된 것은 당시 학술대회가 있은 후였다. 1960년대 후반으로 기억하는데, 당시 한국문화인류학회가 주관하여 한국 문화의 기원을 주제로 5개 학문분야에서 심포지엄이 있었다. 고고학에서 김정학 교수, 역사학에서 김철준 교수, 언어학에서 이기문 교수, 신화학에서 장주근 교수 그리고 인류학에서 필자가 참가하여 자기의 학문분야에서 한국 문화의 기원 문제를 언급한 것이다. 당시 필자가 인류학의 입장에서 한국 문화의 원류를 언급하면서 한국 고대사나 민속에는 말하자면 북방적인 요소도 있으나 남방에서 유입된 문화요소도 있어 이것을 과학적으로 잘 규명하여야 한다고 하였다. 그러자 김철준 교수가 한국 문화는 북방에서 온 것이지 남방적인 요소가 있다는 것은 말도 안 된다고 연단에서 호통을 치고 인신공격을 가하는 것이었다. 대선배인 김철준 선생이 호통을 치는 바람에 아무 답도 하지 못하고 특히 인신공격에는 응답을 못하고 말았다. 문제는 그 후의 일이다. 말하자면 필자가 남방논자가 된 것이다. 말이 말을 더하여 가는 곳마다 수군거리며 "저자가 한국 문화가 남방에서 왔다고 한대"라는 말이 꼬리를 물고 따라다니는 것이 일일이 답변을 할 수도 없었고 참으로 힘든 때가 있었다.

현실을 도피하듯 1년간 하와이 대학 동서문화센터에 갈 결심을 하였다. 연구의 대상을 고대부터 시작하여 후대로 내려올 것이 아니라, 현대의 자료에서 구조를 파악하고 이것을 역으로 거슬려 올라가겠다고 결심하고 연구 영역으로 선택한 것이 한국의 가족이다. 한국 문화의 특성을 볼 수 있는 영역이 여럿이지만 친족을 포함한 넓은 의미의 가족이 한국의 전통문화를 가장 잘 볼 수 있다고 생각하였다. 또한 당시 인류학에서도 가장 기초가 되는 영역이 가족, 친족 결혼 등의 사회인류학이었다. 한국 가족의 구조를 파악하고 이것을 역으로 역사적인 증명을 하여야 하겠다는 결심을 하고 연구하면서 만난 사람이 당시 노스웨스턴 대학의 프랜시스 슈 교수와 일본의 나카네 지에 교수였다. 프랜시스 슈는 하와이에서 1년간 같이 있으면서 많은 것을 배웠고 같이 토론하는 시간도 많이 가졌다. 프랜시스 슈는 심리인류학이 전공이어서 그로부터 미국식 심리인류학을 배웠으며, 그는 중국인이기 때문에 동양과 서양의 가족, 친족 등을 비교하여 나의 한국 가족 연구에 큰 영향을 주었다. 또 한 분이 동경대학의 나카네 지에 교수였다. 그로부터 직접 배운 것이 아니라 책을 통하여 알고 후일 동경에서 몇 번 만나 토론할 기회를 가졌으며 그로부터는 영국식 사회인류학을 배웠고 한국 가족 연구에 그의 이론을 도입하였으며 한국 가족과 일본 가족의 비교연구에 큰 도움을 받았다.

그리하여 처음 학계에 등장한 저서가 『한국가족의 구조분석』(1975)이다. 귀국한 지 꼭 10년이 되던 해에 첫 작품을 발표한 것이다. 그간 현지답사하느라 전국 방방곡곡을 다니며 유명하다는 반촌, 민촌, 산촌, 어촌, 동족 마을, 잡성 마을 등에서 모든 형태의 가족을 조사하였는데, 이때 한국문화인류학회의 전국민속종합조사가 큰 도움이 되었다. 한국의 가족을 설명하기 위하여 중국 그리고 일본의 가족과 비교하면서 한국 가족의 기본 구조는 직계 수직 구조를 가진 전형적인 부계가족이라고 결론을 지었다. 그러나 이곳에서 제시한 기본적 구조가 옳은지 다른 영역에서 반론을 제기하면 어쩌나 하는 것으로 잠을 이루지 못할 지경이었다. 따라서 바로 착수한 것이 그 가설을 역사적으로 증명하는 것이었다. 한국에서 구할 수 있는 모든 역사자료 이를테면 고려사, 이조실록은 물론 계후등록, 반제기 등을 분석하여 2년 뒤에 『한국가족의 사적(史的)연구』(1977)를 출판하고 나니 안심이 되는 것이었다. 한국 가족을 역사적으로 분석하면서 선덕여왕과 같은 여왕의 출현이 모계사회 유물이 아니라는 것도 증명할 수 있었고, 양자를 기록한 계후등록이나 상속문서인 분제기 등을 분석하면서 한국 가족이 17세기에 대전환을 경과한다는 것도 알 수 있었다.

두 권의 저서를 출판하면서 당시 인류학의 선배 분들이 대부분 국문학에 학문의 기초를 갖고 있었기 때문에 이들을 좀 더 가까이 이해하기 위하여 민요를 위시하여 속담, 전설, 구비문학 심지어 고대소설, 신소설까지를 탐독하면서 문제의 초점을 고부 문제로 하였다. 한국 가족에서 고부 문제는 구조적 필연에서 생기는 문제로서 전통사회에서 이 문제를 어떻게 처리하였느냐, 라는 것을 쓴 저서가 『한국가족의 심리문제』(1981)이다. 이와 같이 한국 가족에 관하여 3권의 저서를 쓰고 일단락한 셈이다. 그 후 가족에 관한 저서는 방송 강연한 것을 종합한 『한국의 가족제도』(1984)와 대학출판부의 부탁으로 대중용으로 저술한 『현대 한국가족의 이해』(1994)가 있다.

가족 연구의 또 한 가닥은 관혼상제로 이어진다. 관혼상제는 말하자면 통과의례로서 모든 문화에 존재하지만 우리나라에서는 이것을 가정에서 행하는 의례로 '가례'라 하여 왔다. 특히 전국민속종합조사 시 내가 담당한 영역이 가족과 친족, 마을 공동생활과 관혼상제였기에 인류학회의 민속종합조사 시 많은 자료를 수집할 수 있었고 가례를 정리하여 『한국인의 일생』(1985)을 출판하였다. 가례를 정리하다 보면 조대비의 상복을 문제 삼는 '예론'까지 취급하여야 한다.

한국 가족에 관한 저서 3권을 쓰면서 계속하여 관심을 갖고 탐독한 것이 레비스트로스였다. 물론 한국 가족의 구조 분석의 구조는 영국식 사회구조와 기능차원의 구조이지 레비스트로스의 구조주의가 말하는 심층 구조는 아니다. 그러나 레비스트로스를 깊이 연구하다 하루는 구조주의에 입각하여 한국 문화를 분석하여야겠다는 생각이 들기 시작하였다. 그러나 이것은 가족만이 아니라 문중과 같은 친족제도, 마을과 같은 공동생활 등 사회현상에서, 세시풍속, 민속놀이 관혼상제 등의 의례생활에서 그리고 더 나아가 역사에 흐름에서 심층적인 기본 구조를 파악하려는 것이기에 가족 연구에서와 같은 정력을 낼 수가 없었다. 따라서 이것은 후일로 미루고 우선 레비스트로스에 관한 책으로 『레비스트로스의 생애와 사상』(1973)이라는 소책자와 『한국전통문화의 구조적 이해』(1994)를 출판하는 것으로 만족하여야 했고, 구조주의에 입각한 한국 문화의 분석은 몇 편의 논문만을 남기고 말았다.

레비스트로스의 구조주의에 의한 한국 문화의 심층 분석은 보다 긴 평생의 작업으로 연구의 뒤안길에 두고 보다 정력을 집중한 곳이 민족의 문제, 민족 정체성의 문제, 소수민족의 문제였다. 1970년대 인류학계에서 유행한 소수민족 정체성의 문제를 취급하기 위하여 내가 택한 것이 해외한인, 해외동포의 문제였다. 교포 문제로 전환한 큰 계기는 1980년 하와이 동서문화센터에서 주최한 "이민족 간의 접촉과 갈등"을 주제로 2년에 걸친 공동연구이다. 애리조나 주립대학의 브라이언 교수와 동서문화센터의 데이비드 우 교수가 주관하고 6개국의 인류학자가 모여 공동으로 설문지를 만들어 자기들이 연구한 지역에서 자료를 모아 같이 분석을 한 것이다. 당시 필자는 일본의 동포를 대상으로 2년간 집중적인 연구를 하였다. 이것의 결과이자 교포관계로 출판한 첫 작품이 『재일한국인』(1983)이었다.

『재일한국인』에 이어 착수한 곳이 미국의 동포이다. 애리조나 주립대학에 교환교수로 있으면서 미국 각지를 다니며 교포들과 면담조사를 하고 두 번째 저서인 『재미한국인』(1989)을 출판하였고, 아산재단의 후원금으로 전경수 교수와 구 소련 지역 중앙아시아의 카자흐스탄과 우즈베키스탄을 조사하고 다음해 러시아 동부인 연해주 사할린 등을 조사한 후 세 번째 저서인 『재소한인』(1993) 그리고 네 번째 저서인 『재중한인』(1994)을 출판하였고 이것을 위하여 많은 해외 답사를 하였다. 1980년대와 1990년대에는 사회 일반에서도 동포에 관한 관심이 많았으며 언론기관에서 동포에 관한 글을 부탁하는 곳이 많아 동포에 관한 많은 잡문을 쓰고 이것을 엮어 책으로 출판한 것이 3권이나 되었다. 서울대학교 출판부에서 대학교양총서로 출판한 이를테면 『한민족의 세계사적 소명』(1994) 『새로운 민족관의 수립을 위하여』(1995) 『국제화시대 한민족의 진로』(1997) 등이 이런 저서이다. 대중의 교양서로 출판한 것이 『세계 속의 한민족 선택받은 한민족』(1992)이다. 이것은 말하자면 교포를 중심으로 한민족의 진로를 생각하는 대중용 교양서이다.

정년을 맞이하기 전에 학교에서 수업시간에 강의한 것을 정리하여 출판함으로써 학교생활이 어떠하였던가를 알리고 또 정리하는 의미에서 수업하던 『문화인류학개론』(1980)을 위시하여 『문화와 인성』(1991), 『가족과 친족』(1992) 그리고 『민족과 국가』(1997)를 출판하였다. 매학기 "문화인류학개론"을 가르쳤고, 격 학기제로 심리인류학인 "문화와 인성" 그리고 사회인류학인 "가족과 친족"을 강의하였으며, 대학원에서는 민족 문제, 정체성의 문제인 "민족과 국가" 수업을 하였다.

1998년 정년을 맞이하여 학교를 떠나게 되었다. 다행히 집문당에서 그간 학술지에 게재하였던 논문들을 단행본으로 모아 주겠다고 하여 108편의 논문들을 주제별로 정리하여 6권의 책으로 출판하였다. 이것이 『한국가족의 사회인류학』, 『한국친족의 사회인류학』, 『한국문화의 역사인류학』, 『한국문화의 구조인류학』, 『한국문화의 심리인류학』 그리고 『재외한인의 인류학적 연구』이다.

이들 편저의 제목에서 보는 것과 같이 그간 역사인류학, 사회인류학, 심리인류학, 구조인류학의 영역을 드나들며 공부를 하고 이들 영역에서 한국 문화를 분석한 것이다. 이것은 학생들에게 늘 이야기하던 '나는 개론학자'라는 것을 잘 보여 주는 것이기도 하다. 개론학자란 자기의 특수한 영역 없이 모든 것을 두루 가르친다는 의미에서 개론학자라 하였고 비유하자면 마치 구멍가게와 같이 모든 잡화를 조금씩 가져다 파는 소매상에 비유하기도 한 것이다. 이것은 초창기 학자가 거스를 수 없는 숙명의 길을 이야기하는 것이기도 하다. 유럽에서 나와 같이 공부한 친구들은 현재 자기의 전공 영역에서 깊이 있게 공부를 하여 한 영역에서도 전문가가 되고 대가가 되었으나 나는 그럴 수 없었던 사정을 변명하는 것인지도 모른다. 이것저것 구색을 맞추어 점포를 차린 것과 같이 인류학의 여러 영역을 학생들에게 가르쳤기 때문에 좋게 말하여 개론학자이고 심하게 말하면 구멍가게를 열었던 것이다. 학생들에게 이러한 이야기를 하는 것은 우리 다음 세대의 학자는 한 곳으로 심도 있게 공부하여 대가가 되어 달라는 부탁의 말이기도 하다.

30년간 서울대학교에 재직하면서 68회의 크고 작은 국제회의에 참가하였고, 교환교수로 1년씩 외국에서 강의한 것이 6회나 되었다. 하와이 동서문화센터에 간 것이 1969년이었고, 1973년에는 Plymouth State College, 1979년에는 University of California at Berkely, 1985년에는 Arizona State University, 1994년에는 Seattle에 있는 University of Washington, 그리고 1998년에는 University of Missouri St. Louis에서 영어로 강의한 것을 정리하여 출

판한 것이 *Korean Traditional Culture*(2003)이고 그에 앞서 *Korean Family and Kinship*(1997) 그리고 *Overseas Koreans*(2000)를 출판하여 영어로 된 저서를 가질 수 있었다.

가족을 통한 한국 문화의 기본 구조를 파악한 것도 잘하였다고 생각한다. 그것은 한국 전통문화에서 가족이 가장 중요한 위치에 있기 때문이다. 위에서 언급한 것과 같이 관혼상제도 가례라 하는 것과 같이 우리 전통문화는 모든 것이 가족으로 집중이 되고 가족 중심적인 생활을 하기에 한국 전통문화는 가족으로 파악하는 것이 가장 유리하다고 할 수 있으며 유교도 달리 표현하면 가족 종교라 할 수 있다.

그러나 동포를 연구하고 나니 우리 민족이 무엇이고, 우리 민족이 어떻게 살아야 하나 하는 민족의 철학을 찾을 수 있었다. 한국의 가족을 통하여 전통문화에 자신이 있기 때문에 한민족의 정체성을 말하고 한 민족의 철학을 논할 때 누구보다 자신이 있다고 말할 수 있다. 해외동포 특히 중국의 동포를 연구하면서 그리고 러시아, 우즈베키스탄, 카자흐스탄, 사할린 등지의 동포를 연구하면서 많이 울기도 하였고 이들을 통하여 한민족의 특성, 이를테면 역경을 성실로 극복하려는 강한 생활력을 읽을 수 있었다. 그리고 이들 불우한 동포들에게 무엇을 하여야 하나를 알게 되어 정년퇴임 전부터 특히 1990년대 후반에 들면서 한국에 와서 사기를 당하고 갖은 고생을 다하는 중국 조선족 동포를 위하여 일을 시작하였다. 말하자면 상아탑에서 벗어나 응용학문으로 교포 연구를 활용한 것이 된다. 정년퇴임 후에는 중앙아시아에서 연해주로 이주하여 오는 러시아 동포를 위하여 동북아평화연대라는 NGO 활동을 시작하였다. 러시아 동포를 도와준다고 하지만 그것이 나에게는 큰 공부가 되었다.

이것이 연계가 되어 정년 후에 생각지도 못한 재외동포재단 이사장을 맡아 보기도 하였다. 3년간의 공직생활에서 또한 배운 것이 많고 얻은 것도 많았다. 보통 동포를 연구하면서 답사 시 만난 사람들은 모두 어려운 처지에 있는 힘든 삶을 영위하여 가는 사람들이 대부분이었다. 그러나 재외동포재단 이사장을 하면서 만난 동포들은 한인회장이나 단체장 또는 사업에 성공한 리딩 CEO와 같은 세계적인 갑부가 된 동포 등 말하자면 교민사회에서 성공한 사람들이 대부분이었다. 이를테면 현지답사에서 한인 사회 저변에 있는 사람 그리고 재단 이사장을 하면서 동포사회 상층에 있는 사람까지 만날 수 있어 나로서는 해외동포의 전체상을 얻을 수 있게 된 것이다. 이들에게 필요한 글도 쓰고 이들에게 위로하고 충고하는 강연도 할 수 있었던 것은 학문으로 동포를 다루었기 때문일 것이다. 자기가 공부하고 전공한 지식을 사회에 환원할 수 있는 기회를 가졌다는 것이 무척 다행한 것이라 생각한다.

재외동포재단 이사장 임기를 끝내고 미국 코네티컷 주의 뉴헤븐에 있는 동암문화연구소에 1년간 가 있었다. 이곳은 뉴욕에 가까운 곳이기 때문에 뉴욕을 부지런히 드나들면서 뉴욕 한인들의 생활상을 보고 자료를 모아 재미한국인을 다시 한 번 저서로 출판하기로 하였다. 뉴욕 동포들은 더욱 역동적이었으며 한국어 보급이 중요하다는 것을 이들을 통하여 보았다.

귀국하여 다시 연해주를 돕는 동북아평화연대에서 일을 하면서 이곳에서는 연해주에 집중하기로 하고 그간 연해주에 관하여 서술한 두 권의 저서를 기반으로 다시 세 번째 저서를 준비하는 중이다. 말하자면 공부하고 저술할 작업이 무한히 쌓여 있고 나를 기다리는 일이 많아 잠시도 쉴 사이가 없다. 학교에 몸담고 있을 때는 학생이 나를 필요로 하였고 학계가 필요하였다면, 학교를 떠난 후에는 한국 사회가 그리고 해외동포들이 나를 필요로 하고, 무엇보다 나의 인류학적 배경을 필요로 하는 것이 무척 다행이라 생각한다.

인류학을 공부한 것이 다행이라 생각하는 것은 세 가지 이유 때문이다. 비엔나 대학에서 인류학을 공부하여 오랜 전통을 가진 독일어 사용권에서 학문하는 태도를 배운 것이 그 하나이고, 하나는 레비스트로스와 같이 학문의 획을 긋는 거물을 공부한 것이며, 또 하나는 상아탑의 학문을 사회에 환원할 수 있는 기회를 가진 것이라 하겠다.

03. 나의 문화인류학

인학(人學), 연구대상방법론[1)]

강신표(대만 다예대학 다문화연구 국제석좌교수)

1. 인학, 누구를 위한 공부(工夫)[2)]인가

2005년 5월 31일 대구경북연구원에서 프랑스 파리 고등사회과학연구원 인류학교수 조엘 또하발(Joël Thoraval)의 흥미로운 발표가 있었다. 발표

1) 이 논문을 완성하는 데는 臺灣 大葉大學에서 나를 International Chair Professor of Multicultural Studies로 초청 받은 기회로 연구 가능했다. 이 대학의 여러분들이 나를 도왔다. 施英隆, 許立廣, 陳美玲 교수들을 위시하여, 謝昆恭, 任世雍, 李城忠, 王于寧 교수들과의 토론, 강의, 대화는 특히 많은 것을 일깨워 주었다. 그리고 전북대 함한희 교수는 이 논문을 읽어 주고 중요한 논평을 해 주었다. 아울러 이 논문을 완성할 수 있은 것은 "전주 한옥마을 스토리 계발 연구"에 참여하도록 주선해 준 것이 직접적인 계기가 되었다. 모든 분들께 감사함을 여기에 표기해 둔다.

2) 정순우, 2007,『공부의 발견』, 현암사. 한국 전통사회에서 공부한다는 것이 어떤 것인가를 명

제목은 "철학과 인류학의 사이에서: 중국의 '신유학(성리학)사상'에 대한 인류학적 고찰(Entre philosophie et anthropologie: Quelques remarques sur une approche anthropologique du ≪Néo-confucianisme contemporai≫ en Chine)" 이었다.

그는 자신을 소개하면서, 현재 파리 고등사회과학연구원 원장이며, 박사 과정 학생을 상대로 내용이 서로 다른 두 과목을 담당하고 있다고 한다. 첫 번째 과목은 "중국 남부 사회의 문화인류학적 연구"에 관한 것인데, 연구지역은 하이난 도(海南島)로 이 지역에서 일어나고 있는 한족과 비한족문화의 현대적 변화에 관한 현지조사다. 특히 그는 상이한 두 민족의 특성이 현재 급속히 진행되는 변화 과정에서 어떻게 새로운 자아정체성을 형성하여 가고 있는가를 관찰 분석하는 것이다. 두 번째 과목은 몇 해 전부터 중국인 철학자 안청 교수와 공동으로 진행되는 것으로 "중국사상과 현대성"이다. 이 수업은 유교사상을 표방하는 '현대 중국 철학'에 대한 문제를 중점적으로 다루고 있다.

하나는 인류학이고 다른 하나는 철학 및 역사를 다루는 강의인데, 이 두 수업 간에는 한 가지 연결고리가 있다. 즉, '유교'라고 불리는 매우 '애매한 개념'으로 서로 연결된 '사상적 전통'과 '사회적 실체의 현대적 생성'에 관한 연구이다. '유교의 애매모호함'이라는 것은 오늘날 중국 문화가

쾌하게 설명하고 있다. 우리 학문의 역사적 연원을 밝히고, 오늘의 학문하는 학자들에게 조선 전통문화 맥락에서 선비들의 공부하는 자세와 대상 그리고 방법이 무엇인가를 탐구해 보여 주고 있다. 이러한 연구가 갖고 있는 의미는 오늘을 사는 '많은 한국인의 삶의 뿌리'에 접근하는 길잡이 역할을 하게 될 것이다. 그러나 유감스럽게도 나의 이러한 추가설명이 얼마나 이해될 수 있을까 하는 점이 의심스럽다. 그만큼 현대 한국 인문사회과학자들은 이미 돌이킬 수 없는 '길 잃은 아해들(아이들)'이 되어 버렸다. 길을 잃었다는 표현은 자기(학자)들의 문화적 배경에 대한 기본적인 이해를 상실하고 있다는 뜻이다. 그러나 새로운 조짐이 서서히 나타나고 있다. 정순우의 이 연구도 그러한 변화의 조짐을 알리는 징표다. 조선 선비 학자들이 그토록 소중히 여겼던 '자기 성찰'이 다시 꽃피기 시작한 것으로 풀이된다는 뜻이다.

겪어 온 격동의 과정, 즉 파괴[3]와 재형성[4]이라는 현상과 관계가 있으며 이는 20세기 유교적 전통의 기저에 깔려 있다.

따라서 과거에는 유교사상을 중심으로 제도, 관습 및 학문 등이 서로 비교적 일관된 전체를 이루던 것이 오늘날 후기 유교사회가 된 중국에서는 단절적이고 괴리된 현상이 나타나게 되었다. 현재 중국에는 '유교'적 맥락으로 이해될 수 있는 현상이 존재하기는 하나, 이는 매우 분열되고 혼란스러운 양상을 보이고 있다. 이 양상은 이데올로기(정치적, 사회적, 경제적), 철학이론, 일상적 행동 (가족 혹은 커뮤니티의) 등에서도 나타난다. 현재 이 문제는 철학에서부터 사회학에 이르는 다양한 학문적 분야에서도 '괴리 현상들'로 나타나고 있다.

나는 또하발 교수의 발표를 들으면서 한국인이 살고 있는 우리 사회와 한국 학계에서 진행되고 있는 학문의 관계에서 내가 어렴풋이 느끼던 것을 명확하게 정리해 주는 것 같았다. 중국 사람과 중국 학계의 이야기가 아니고 우리의 현실을 지적하고 있었다. 유교사상의 이념과 이에 기초한 과거의 중국 학문은 일관된 연결고리가 있었다. 그런데 이제 그러한 학문을 서양 문화전통에서 전개된 '철학(Philosophy)'으로 접근할 때 많은 문제가 등장한다는 것이다. 중국의 철학자들은 이를 의식하지 못한다는 것이 또하발의 지적이다. 여기에 인류학적 접근이 필요하다고 역설한다. 그는 이 점을 탐색하기 위해 중국의 학자들이 서양 '철학이라는 학문'을 어떻게 수용하여 왔는가를 역사적으로 검토하고 있다.

---

3) 1911년 신해혁명, 1919년 5.4운동. 즉, 반충효, 반봉건운동의 핵심에는 반유교사상이 있다.

4) 1980년대 초 덩샤오핑의 개혁 개방정책으로 인한 사회주의 정치 체제와 자본주의 경제 체제 사이에서 새로운 중국적 정체성을 찾는 노력은, 새삼스럽게 공자의 유교적 전통에 눈을 돌리지 않을 수 없게 된 것이다.

다른 한편으로는 서양 철학의 수용이 단순히 '역사적 우연성'에 기인한 것이라는 점도 주목해야 한다고 말한다. 계속해서 "서양 철학은 서양 종교, 예술 등과 마찬가지로 '의미론'적 개념이고, '분류'적 개념일 뿐만 아니라, 오스틴(Austin)이 말하는 '수행적(performance)' 개념이다"라고 한다. 이를 내가 풀이하면 의미론적이라는 말은 서양 언어로 사용하는 개념은 그 지시 대상을 그 나름으로 '한정(delimit)'함을 뜻한다. 언어에는 역사와 문화전통이 깔려 있기 때문이다. 분류적이라는 개념은 더욱 심각하다. 서양 철학자들은 각자 자기 식으로 '거대한 이론체계'를 제시하였다. 아리스토텔레스부터 데카르트, 칸트, 헤겔, 마르크스, 그리고 현재도 무수히 많은 유행적 개념과 이론들이 축적되고 부침하여 왔다. 레비스트로스가 철학을 떠나 인류학을 연구하게 된 이유가 바로 이러한 '인위적 분류체계'로 세상을 설명하려는 철학의 독단성[5]을 '성찰'하고 난 다음 취했던 것이라고 그의 자서전『슬픈 열대』에서 고백하고 있다.

또하발은 이러한 철학의 분류체계가 연구대상을 재해석하고 재분류하는 데 그치지 않고, 대상을 '변형'시키는 위험이 따르고 있음을 경고한다. 예를 들어 노자의 도덕경 같은 텍스트나, 공자, 왕양명 같은 사상가를 서양 철학으로 접근하고 보면, 새로운 이름으로 분류하는 데 그치지 않고, 이들의 '본질'을 왜곡하는 결과를 가져오고 있다. 그는 다음과 같이 말하

5) 이 점에 대하여 좀 더 많은 논의가 필요하다. 우선 서양 학문체계가 헬레니즘과 히브리즘으로 구성된 것은 모두 아는 이야기이고, 이에서 출발하여 전개된 여러 학문 가운데 철학체계는 '진리'라는 것이 어떻게 구성되어 있는가를 두고 오랜 논쟁의 축적 과정이 있었다. 형이상학의 존재론, 지식체계의 인식론, 논리학, 과학철학, 일상 언어 분석을 중심으로 한 분석철학 등의 전개 과정은 오늘의 서양 학문 역사와 궤를 같이한다. 비서양의 사람들의 역사와 문화는 이들과 무관했다. 이제 글로벌라이제이션의 시대에 와서 다소 달라지고 있지만 철학자들의 논쟁은 '저희들끼리의 논쟁'이라는 점에 깊은 회의를 표하며 레비스트로스는 반성했다. 그러나 그의 그러한 회의도, 그리고 다른 민족의 여러 제도를 연구하고 논의를 전개하는 데에는 서양 학문체계의 틀 위에서 '수행'했다는 점도 우리는 유의해야 한다.

고 있다.

"지금으로부터 한 세기 전에 〔'역사적 우연성'으로〕 이루어진 서양 학문의 갑작스런 〔중국으로의〕 도입은 〔결과적으로〕 중국 사회에 매우 복합적이고 모순적인 양상을 불러왔다. 이는 긍정적 효과와 부정적 효과를 동시에 가져왔다. 이른바 전 세계적으로 전문적 논의가 통용되는 바로 '대학철학'이 된다는 것은 긍정적 효과이다. 그러나 인류학적 접근으로 바라보게 되면, 신유교사상(성리학)을 '대학철학'적으로 다루게 될 때 부정적 효과를 자아낸다. 이는 예전의 '제도와 관행'[6]이 사라지고 배제된 것이다. 인류학적으로 분석해 보면 모우 종산(牟宗三, 1909~1995) 세대로 통하는 현대철학의 강력한 부상[7]은 중국 문화전통의 근본적 변형을 불러왔다. … 따라서 중국의 현대철학교육기관〔대학철학〕은 파르마콘(pharmakon)의 역할을 담당하고 있다고 하겠다. 원래 그리스어인 이 단어는 여러분이 아시는 바와 같이 '치유(治療)'와 '독(毒藥)'

6) 서당이나 서원 등에서 스승과 제자가 함께 생활하면서 옛날 경전을 공부하던 '제도와 관행'을 말한다.

7) 또하발은 유교사상을 표방하는 중국 현대 대학철학은 삼사단계에 거쳐 형성되었다고 볼 수 있다고 하면서 다음과 같이 정리하고 있다.

> 첫 번째 세대(리안 슈밍梁漱溟이 대표적)는 1919년 5월 4일의 일어났던 반봉건혁명 당시 활동했던 세대이다. 이 신유교주의 사상가들은 5.4 운동의 이상(과학과 민주주의)은 받아들였으나 유교적 가치는 고수하려 하였고, 근대화의 지나친 '서양적' 개념에는 반대하였다.
> 두 번째 세대는 공산주의자와 민족주의자 간의 전쟁 및 일본의 중국 침략전쟁 시기에 나타났다. 이들은 1949년 공산주의 정권을 피해 홍콩과 타이완에 정착한다. 이 세대는 아마도 철학적 관점에서 가장 중요한 세대일 것이다. 모우 종산(牟宗三, 1909~1995)은 그중에서도 가장 독보적인 철학자이다.
> 1980년부터 두각을 나타낸 세 번째 세대는 중국 정부의 개방과 개혁정책에 찬성하며 일어난 대륙으로의 회귀운동 및 세계화의 전 지구적 확산과 맞물린다. 그러나 중국 대륙에서는 새로운 유교사상의 물결이 일어나는 것처럼 보인다. 두 번째 세대의 철학적이고 형이상학적인 관점과는 반대로 세 번째 세대는 유교 교육의 실제적이고 사회적인 영역을 강조한다.

을 동시에 의미하는 것이다.”

이상과 같은 또하발의 분석은 우리에게 많은 것을 시사하고 있다. 한국 철학계에 대한 메시지이기도 하고, 동시에 한국 문화인류학계에 대한 메시지 같기도 하다. 한국문화인류학도 이러한 점에 대한 ‘자기성찰’이 절실히 요구되는 시기를 맞았다. 학회 50주년을 맞고 보니 더욱 그러한 반성이 있어야 할 것 같다. 그러한 점에서 나는 길게 또하발 교수의 이야기를 여기에 소개하고 있다.

그는 이러한 중국 사회와 학계를 관찰한 경험으로 한국에 대한 이야기도 하였다. 그는 한국을 방문(1999년)하면서 매우 중요한 사실을 발견하였다고 고백한다. 실로 한국은 20세기의 극적 역사를 거치면서도 중국에서는 이미 사라진 ‘(유교 중심의) 연계성’을 간직하고 있다. 한국에서 나타나는 태도나 관행이 현대(혹은 초현대)사회로 접어든 한국에서 자연적으로 재정립되었다 하더라도, 그가 보기에는 한국 사회의 서로 다른 영역들이 유교적 속성과 서로 소통되는 연관성을 발견할 수 있었다고 한다. 따라서 (한국의) 공식적 사회와 비공식적 사회, 혹은 도시 엘리트문화와 시골문화 사이에서, 중국에서 발견할 수 없는 연계성이 존재한다고 결론 내리고 있다.

그는 계속해서 말하기를 아직 한국 문화에 대해 아는 바가 매우 적은 관계로 더 많은 것을 언급할 수가 없지만, 박성용 교수의 도움으로 한국의 경상북도 청도의 한 마을을 방문하면서 중요한 사실을 발견하게 되었다고 설명한다. 양반선비문화의 전통이 이어지고 있는 한국의 시골에서 아직도 조선 시대의 의례와 학문적 논의가 계속되고 있다는 것은 매우 놀라운 사실이다. 물론 한국의 정치, 경제, 문화 등 여러 분야의 지식인 세계에 있어서 '유교적 사상'에 대하여 반박하는 논의가 한편에서는 지속적으로 계속되고 있음도 알고,[8] 다른 한편에서는 유교사상을 재활성화해야 한다는 기류가 형성되고 있음도 알고 있었다. 그러나 이를 지금 일어나고 있는 중국 사회의 상황과 비교해 본다면 엄청난 차이점이 드러난다고 하였다. 또하발의 지적은 경청해 볼 만한 것임에는 틀림없다. 그러나 한국 학계의 실태를 심층적으로 접한다면 중국과 별다른 차이가 없음을 알게 될 것이 아닐까, 라고도 생각해 본다.

한국문화인류학회 창립 50주년을 맞이하여 이를 기념하는 국제학술대회(2008. 11. 14~15)를 "초(超)경쟁시대의 문화와 인류학(Culture and Anthropology in the Age of Super-Competition)"이라는 주제로 개최한다. 이러한 주제를 선택하게 된 취지를 설명하는 글을 다음과 같이 적어 놓고 있다.

"전 지구화(Globalization)된 환경 속에 살고 있는 우리는 과도한 경쟁을 요구하는 시대에 살고 있습니다. 이전에는 경쟁이 중요하지 않았던 영역들에서도 거의 예외 없이 '자유경쟁' 혹은 '무한경쟁'이란 이름으로 경쟁의 원리를 받아들여야 한다는 목소리가 높아가고 있는 것입니다. 최근 한국의 모습을 살펴보아도 거의 모든 분야에서 새로 도입되는 여러 제도나 정책들은 하나같이 '경쟁력 향상'을 표방하고 있음을 볼 수 있습니다. *경쟁을 통해 '효율성'과 '생산성'을 증대시켜야 한다는 담론이 사회 전반으로 확산되고 있으며, 일부에서는 이것이 '시대정신'이라고까지 일컬어지고 있습니다. 이제 '경쟁'은 현대인들의 일상생활 전반을 설명하는 가장 중요한 키워드의 하나*가 된 것입니다.

8) 『공자가 죽어야 나라가 산다』 같은 책이 1990년대에 많은 논의를 일으켰다.

…전통적으로 인류학에서는 개인 단위의 이익추구보다는 '공동체' 단위의 집합적 이익추구라는 논리로 많은 것들이 연구되고 설명되어 왔습니다. *문화가 각 개체의 이익추구 차원으로 결코 환원 해석될 수 없다고 하는 논리에 따라 문화(혹은 사회) 그 자체의 차원으로 발생하고 작동되는(sui generis) 문화체계 연구가 인류학의 역사에서 비교적 주도적인 흐름을 이어왔습니다.*

그렇다면 이제 거의 예외 없이 대다수의 일상과 정치, 경제, 문화적 영역의 활동들이 '경쟁'의 틀 속에서 자리 매겨지고 의미가 해석되며 그 생존과 존재의 의의를 평가받는—말 그대로 우리의 모든 생활과 문화 영역이 '평가 시스템'의 대상이 되기에 이른—오늘날은 분명 매우 독특한 문화적 시대를 구성하고 있는 것이 분명합니다. … 뿐만 아니라 *인류학의 정보 제공자들이자 인류학의 소비자인 일반시민들은 우리가 살고 있는 초경쟁의 시대란 과연 어떤 것이고 우리는 여기서 어떠한 선택을 할 수 있는지를 충실히 설명해 주고 분석해 주는 담론이 생산되기를 절실히 요구하고 있습니다.*

이에 한국문화인류학회 연구위원회는 한국문화인류학회 50주년 기념국제학술대회의 주제를 "超경쟁시대의 문화와 인류학(Culture and Anthropology in the Age of Super-competition)"으로 정하고 이와 관련된 논문들을 요청하기로 하였습니다. 위의 문제제기를 바탕으로 다양한 연구 주제가 가능하다고 생각합니다. 예를 들어, *신자유주의와 문화론, 교육과 경쟁, 한국에서의 영어와 경쟁력 신화, 외모 가꾸기와 개인의 경쟁력, 과시경쟁과 상징, 세대 간의 경쟁, 도시 간의 경쟁, 경쟁과 시장원리, 초경쟁 시대의 가족관계 그리고 젠더의 변화, 초경쟁 시대의 고용과 분배, 호혜성과 공동체의 현대적 의미, 경쟁과 위계, 경쟁과 효율성, 초경쟁 시대의 환경위기, 진화 인류학에서의 경쟁의 의미* 등 많은 하위 주제들을 생각해 볼 수 있습니다. 이 밖에도 그와 관련된 여러 가지 창의적인 주제가 가능하오니, 회원 여러분들의 적극적인 관심과 참여를 기다리겠습니다."

(기울임체는 인용자 가미)

이러한 취지문에서 나는 한국 문화인류학의 현주소를 읽는 것 같다. 전지구화 시대에 '경쟁'이라는 단어가 '시대정신'을 나타내는 키워드가 되고 있음은 부정할 수 없다. 한걸음 더 나아가 '과도한 경쟁을 요구하는 시대'라는 뜻으로 '초(超)경쟁시대'라는 표현을 사용하고 있다. 그러면서 '인류학의 정보 제공자들이자 인류학의 소비자인 일반시민들은 우리가 살고 있는 초경쟁의 시대란 과연 어떤 것이고 우리는 여기서 어떠한 선택을 할 수 있는지를 충실히 설명해 주고 분석해 주는 담론'을 생산해 보자고 하는 의도는 시의 적절하다.

여기서 나는 우리 학회에 대하여 조금 다른 기대를 가져 본다. '초경쟁의 시대는 어떤 것이고, 우리는 여기서 어떠한 선택'이 가능한가를 논의하는 가운데 나올 수 있는 이야기(담론)가 되겠지만, 왜 보다 근원적으로 "초경쟁의 시대는 '존재' 하는가?"라는 물음을 넣지 않았을까, 라는 바람이다. 가능한 연구 주제의 예를 나열한 것을 보면 '초경쟁의 시대정신'을 부추기는 연구 주제만 나열한 것같이 보인다. 한국의 역사와 문화전통에서 보이는 '사람들의 지혜와 성찰'을 연관지어 보는 연구 주제의 가능성을 하나쯤은 열거해 볼 수 있을 것이다. 연구 주제를 공모하는 발제문이기 때문에 나의 지적은 지나친 것일지도 모른다. 그리고 문화 자체가 사람을 떠나 객체적으로 존재하는 것일까? 그러한 서양 인류학 내지는 사회학의 학문적 전통이 과연 옳은 전제일까?

이러한 지적은 위에서 논의한 또하발의 논의와 연관된다. '대학인류학'이 한국 사회에 살고 있는 사람들의 삶에서 '괴리'되어 있는 것은 아닐까, 라는 생각이 들기 때문이다. 한국에서 들리는 여러 가지 소식 가운데 얼마 전 KBS TV 다큐(2008년 5월 17일)에서 "그들은 왜 행복한가?"라는 주제로 학교 교육을 보류하고 전북 김제에 있는 '옛날 서당'에 아이들을 보냈더니 어른과 아이들이 함께 공부하는 서당식 교육에서 부모 걱정과는 달리 행복해 하고 있다는 것이다. 학교 교육이 '무한경쟁'으로 달리는 것과 달리 '옛날 서당'에서 아이들은 '자기를 성찰'하는 가운데 '새로운 자기정체성'을 확립하는 데서 오는 행복감을 느끼고 있다는 내용이라고 한다. 서당의 훈장 선생님은 83세의 노인 학자라고 한다. 학생들은 이미 대학을 나온 어른부터 어린 학생까지 다양하고, 벌써 3,000명 이상의 학생들이 다녀갔다고 한다. 여러 가지 대안 학교도 여기저기 많이 생겨나 있다. 경남대학교 사회학과 교수 김종덕의 "슬로 라이프, 슬로 음식" 문화운동은 또 다른 '반-초경쟁시대' 흐름을 읽게 한다. 이러한 사례들이 또하발이 지적하는 중국 사회와 다른 한국의 '연결고리'이다. 강암 송성용과 화제 이우섭의 후손과 제자들은 "유교적 '자기성찰'과 실천"이 면면히 이어지고 있다. 여기서 다시 또하발의 지적을 상기하지 않을 수 없다.

"우리가 자주 망각하는 것은 단순히 개념이나 이성의 〔차원〕이 아니다. 이는 하나의 제도이며, 일단의 가치 및 새로운 행동방식을 전제로 한다. 따라서 전통적인 유교 교육기관(書院)에서 현대 대학의 철학과로 이전되는 것을 단순하게 생각해 볼 수 없다. 비록 우리가 계속해서 맹자나 왕양명을 강조한다 해도 (모우 종산과 같은 현대철학자들처럼), 유교사상의 전통은 제도적 기구(대학 철학과)가 의도하지 않은 효과로 인해 매우 새로운 방식으로 받아들여질 것이다. 예전의 서원에서 이루어진 교육은 전반적으로 의식(儀式)이나 심리적이고 신체적 생활습관(靜坐) 등과 불가분의 관계에 있었다. 역사적 우연성에 따라 '서양 철학'의 수용은 유럽에서 도입된 현대 대학 공간과 불가분의 관계가 있다. 서원에서 대학으로의 이동은 사용되는 언어뿐 아니라 사제 간의 관계 및 정신과 신체관계의 혼란을 의미하는 것이다."

나는 이미 오래전부터 동아시아를 연구하는 서양 학자들의 눈에 한국의 유교문화가 본고장인 중국보다 더 유교적이라는 이야기를 들어왔다. 한국에서 중국을 전문으로 연구하는 학자들도 중국은 유교보다는 도교 중심이라는 지적을 많이 해 왔다. 나는 지금 대만(臺灣) 창화 현(彰化縣) 대촌향(大村鄉)이라는 시골에서 인류학적 관찰을 하고 있다. 현재 소속되어 있는 다예 대학으로 들어오는 골목길 초입에 마조(媽祖)를 모시는 천궁(天宮)이 있다. 대학 캠퍼스 뒷산 언덕 위에도 복천궁(福天宮)이 있다. 한국에서 교회가 곳곳에 산재해 있는 양상과 같다.

유교라고 말할 수 있는 공자(孔子)의 문묘(文廟)는 대도시에 한정해서 존재한다. 창화 시는 인구 약 35만 명으로 대만에서 4번째로 큰 대도시이다. 내가 작년 (2007년) 9월 27일 대만으로 왔는데, 다음날 28일이 문묘제례(文廟祭禮)날이었다. 한국에서는 지금까지 정(丁)일에 제례를 올렸다가 작년(2007년)에 처음으로 9월 28일 공자 탄신일에 제례를 올리게 되었다. 중국, 대만, 홍콩, 싱가포르, 마카오 등지에서 모두 9월 28일에 제례를 올리는 것에 맞추어, 한국도 이날에 행사를 치르도록 현재 성균관장 최근덕 교수가 주도하여 진행하였다. 이에 대하여 기존의 관행과 벗어난다고 반발이 많았다 한다. 국제화 시대에 문묘제례 날짜도 이웃나라와 보조를 같이하는 것은 중요한 개혁이었다. 대만에서는 이날을 교사절(敎師節)로 정해 놓고 있었다.

다예 대학 뒷산인 팔괘산맥(八卦山脈) 북쪽 끝자락 창화 시에 '팔괘산 대불(大佛)'이라는 절이 있다. 절 입구에는 창화 시내 어디에서나 볼 수 있는 크나큰 불상이 높은 언덕 위에 앉아 있다. 중국이나 일본에서 관광객이 오면 아리산(阿里山)과 창화 팔괘산 대불을 꼭 찾는 관광 명소라고 한다. 이 대불 뒤쪽 본당에 올라가면 엄청난 규모의 대웅전을 마주한다. 3층 규모의 거대한 건물에 각 층마다 모셔놓은 주인공의 인물이 다르다. 1층은 공자를 중심으로 유교식 문묘, 대성전(大成殿)이다. 안내원 설명에 의하면 중국 산동성 곡부의 문묘양식을 따른 것이라는데, 과장된 표현이다. 2층은 관성제〔關聖帝, 삼국지에 나오는 관운장(關雲長)〕를 모셔 놓은 은주전(恩主殿)이다. 3층은 부처님을 모셔 놓은 대불전(大佛殿)이다. 유교, 도교, 불교가 한 건물에 모셔져 있는 특이한 양식이다. 이곳에 참여하는 신도들의 의식은 어떻게 진행되느냐고 물으니 1970년대까지는 3종교가 함께했는데 이제는 제각각 따로 의식을 행한다고 한다. 전 세계에서 이렇게 유교, 도교, 불교의 성현을 한 건물에 모셔 놓은 곳으로는 이곳이 유일하다는 자랑은 어딘지 상업적인 의도로 조성한 것 같은 인상을 받는다.

여기서 내가 새삼스럽게 주목하게 되는 것은 모두가 초월적인 하나님의 유일신이나 성모마리아가 아니라, 역사 속의 '사람'이라는 점이다. '만세사표(萬世師表)'의 공자(孔子), '충의상존(忠義常存)'의 관성제군(關聖帝君, 관운장), '천상천하유아독존(天上天下唯我獨尊)'의 불타(佛陀) 등이다. 이른바 만세의 스승이오, 충절의 장군이오, 자성(자기 자신의 내면적 성품)을 깨우친 각자(覺者)이다. 신유학, 즉 성리학은 훌륭한 '성현(聖賢)'의 가르침을 실천으로 '자기화'하는 데 있다. 이 가운데는 고전적 유교, 불교, 도교가 다 용해되어 있다. 그러하기 때문에 한곳에 3개의 종교적 성현이 봉안될 수 있는 것이다. 우리가 공부한 인류학은 '총체적 접근'을 중요한 특징으로 삼는다. 그러나 이러한 종교현상을 다룰 때 사회조직이나 정치 · 경제활동과 별개의 것으로 다루고 있다. 사람들의 일상생활을 총체적으로 접근해야 한다고 하면서 기존의 분석틀은 '살아 있는 사람'이 일반화의 이론 속에 매몰되고 만다. 여기서 중국 철학에서 현대화되는 과정에서 중요한 역할을 한 모우 종산(牟宗三)의 노력을 평가하는 또하발(J. Thoraval)의 지적이 다시 생각된다.

"그는 칸트(Kant)의 철학을 표방하기도 하고 그에 반대하기도 하면서 중국에서 발전된 교육의 목표로 '성현' 또는 '성불(成佛)'에 해당하는 '자기 변환' 혹은 '자기 완성'이라는 의미를 달성하는 이론적 체계를 만들었다. 다분히 천태종의 불교에서 차용된 용어로 이 과정을 설명하는 단계는 변증법적이고 사변적인 표현으로 이루어져 있다. 그러나 그의 교육은 의식, 명상, 울력[9] 등의 상징적이고 실천적인 측면의 수행을 도외시하고 있다. … 그 결과 (서양적 의미로) 철학적인 개념화가 되어가면서, 신유교주의(성리학)의 개념이나 불교의 개념들은 실천적 '기반'으로부터 철저히 구분되고 단절되었다.

따라서 이 개념들은 스스로에게 실제적 의미를 부여하던 심리적 · 물질적 다이너미즘을 잃게 되었다. 그러므로 '현대 신유교사상'의 대표 주창자들 간에는 구조적 모순을 발견하게 된다. 그들이 주장하는 교육목표(궁극적인 자기 변환)와 현대 철학교육의 특이한 방법(객관적 사변적 논의) 간의 모순이 발생한다. 이 모든 모순의 기원은 이론의 결함이 아니다. 이것은 유럽의 제도적 모델(대학)을 무비판적으로 받아들인 결과일 뿐이다."

한국의 문화인류학도 '대학인류학'으로 출발했다. 또하발의 지적은 중국 철학에만 해당할까? 사실 중국의 '신유교사상'은 서양적 분과학문으로서의 철학보다 그 연구대상과 방법이 포괄적인 문사철(文史哲)의 총체적 학문(學問)이었다. 그리고 궁극적으로는 '자기완성'이라는 구도자적 자기 수행(修行)을 하는 것이 중요한 학문의 목표였다.

내가 주장하는 인학(人學)은 바로 또하발이 지적하는 문제의식과 맥을 같이한다. "사람을 연구한다"는 문화인류학이 사람을 제대로 연구하고 있는 것인가라는 문제의식이다. 도대체 누구를 위한 문화인류학 공부(工夫)

---

9) 불교적 수행의 일환으로 행하는 여러 가지 노동행위를 말한다. 청소, 밭농사 일 등을 뜻한다.

인가를 묻지 않을 수 없다. 서양 인류학의 학문적 역사는 200년의 역사 속에 성장한 것이다. 그리고 그것은 '서양제국주의 식민지 지배'를 합리화하고, 효과적인 통치를 위한 수단으로서 점철된 과거가 있음을 누구도 부인하지 못한다. 그 잔재(residue)는 곳곳에서 발견된다. 박현수와 전경수는 이러한 일본 제국주의 시대의 인류학 내지는 민속학의 성격이 어떠한 연원을 가지고 있는가를 상세히 밝혀내고 있다.

한국문화인류학회가 이제 반세기의 역사를 자축하기에 앞서서 우리 자신이 하고 있는 인류학이라는 학문을 '성찰'할 필요가 있다. 그리고 성찰에서 한걸음 더 나아가 대안을 제시해야 한다. '사람을 연구'한다는 학문이니 '누구를 위한 것'이냐를 묻지 않을 수 없다. '제국주의 식민지 통치자'를 위한 학문은 아니다. 지금에 와서 '식민지 시대'가 종언을 고한 지가 언제인데 이러한 이야기를 하느냐고 반문할지도 모른다. 그렇다면 구체적으로 만약 이러한 질문을 제기한다면 "누구를 위한" 학문 내지는 공부라고 답할 수 있겠는가? 윤리적인 문제라고 제외되어야 할 질문일까? 가치판단의 문제라고 간단히 처리해 버려야만 할까?

내가 생각하건대 조선 전통문화에서 학문한다는 것은 '자기 자신'을 끊임없이 '성찰'하면서 '더불어 함께' 살아가는 사람들을 위한 '공부(工夫)'였다. 하늘과 땅의 이치를 스스로 깨닫는 구도자적 '수행의 역정'이었다. 이는 한 개인으로 끝나는 일이 아니라 대를 이어 학맥으로 존속하는 역사와 전통을 만들어왔다. 이러한 역사와 전통을 한국 문화인류학은 접목해야 한다. 나는 그러한 역사와 전통이 살아 있는 한국 '사람들'을 아직도 많이 보고 있기 때문이다. "사람이 하늘이다(人乃天)"라는 말을 단순히 "그건 동학(東學)사상이야!"라고 아는 척하고 넘어갈 것이 아니다. 현대 지식인의 병폐는 간단히 자기의 분류체계에서 변별하는 것으로 끝나는 자세를 취하는 경우가 많다. 사람을 연구한다는 인류학은 달라야 한다.

'더불어 함께' 살아가는 사람들을 위하여 우리는 무엇을 할 수 있는가를 '성찰'해야 한다. 여기서 무엇보다도 '자기 자신'을 제대로 알고 있는가를 물어야 한다. 끊임없이 변화하는 환경 속에서, 자기 자신도 끊임없이 이에 적응해 가면서 살고 있는 자기 자신을 보아야 한다. 인류학자는 전통문화의 맥락에서 본다면 '학문'하는 사람임을 부인할 수 없다. 시대가 바뀌었지만 한국 문화전통을 도외시한 학문은 성립할 수 없다. 또하발이 지적하는 '구조적 자기모순'을 냉철하게 '성찰'할 필요가 있다. 자기의 중심을 갖지 못한 사람이 어떻게 다른 사람에게 공부하는 사람으로서의 '학자' 노릇을 할 수 있겠는가? 직장에서 사람을 구할 때도, 혼담이 오고 갈 때도, '사람 됨됨이'를 많이 따진다. 대학이 기술 전문학교로 전락한 것이 문제다. 자기의 중심이 서 있는 사람은 기술적인 것을 배우는 것은 시간문제다.

나는 지금까지 사람을 연구한다고 무수히 많은 사람들을 여러 가지 방식으로 여러 가지 상황에서 만나고 교류하였다. 내가 배운 인류학적 분류 개념과 의미론으로 그들을 이해한다는 것은 언제나 절대적인 한계를 느꼈다. 차라리 '새로운 만남의 연속'이라 함이 옳다. 그들은 바로 나 자신을 비춰보는 거울이었다. 한 사람 한 사람이 또 하나의 자기만의 '우주' 속에 살고 있었다. 함부로 범접함을 거부하는 세계였다. 마치 '신대륙'을 발견하는 것에 비유되기도 하였다. 따지고 보면 내 자신, 나도 제대로 이해 못하는 처지에 더구나 다른 사람을 함부로 자기 식으로 이해하는 것이 얼마나 무모한 것인가를 통절하게 체험하기도 하였다. 역사와 전통을 무시하는 자연과학적 방법론, 문화적 배경을 무시한 사람을 대상으로 하는 학문에 순치되어서 그런 것일까?

나의 이러한 주장은 영남대학교 박현수 교수가 중심이 되어 연구하고 있는 "20세기 민중생활사 연구"와 전북대학교 함한희 교수 연구팀의 "전주 한옥 마을 스토리(Story-telling) 계발 연구"에 참여하고서 느낀 결론이다. 20세기 한국인의 삶의 역정은 단순히 기존의 문화인류학적 분석틀로서는 미흡함을 느낀다. 그것은 역사와 전통의 단절에서 기인하는 것이다. 내가 현재 머물고 있는 대만의 시골 마을에서 느끼는 것도 맥을 같이한다. 나는 매주 만나서 중국 전통문화에 대한 토론을 하고 있는 사곤공(謝昆恭) 교수로부터 많은 것을 새로 배운다.

당나라 때 한유(韓愈)의 유명한 글귀를 가지고 논할 때였다. "도(道)를 듣는 것은 선후가 있고, 기술과 생업은 전공이 있다(聞道有先後, 術業有專攻)." 도(道)가 무엇을 뜻하느냐고 물었다. 그는 다음과 같은 단어를 주저하지 않고 나열했다. '학문(學問), 진리(道理), 가치(價値), 관회(關懷, 다른 사람에 대한 고려), 존재(存在), 시비(是非)'를 적어 주었다. 그리고 또 나열할 수 있다는 말도 했다. 그는 중국 전통문화에 대하여 해박한 지식을 가지고 있다. 도(道)는 막연한 것이 아니고 학문(學問)이고, 사람으로서의 도리(道理)를 찾아가는 것이다. 그것은 가치판단을 제대로 해야 하는 것이고, 다른 사람에 대한 깊은 고려를 해야 하고, 존재하는 것의 의미를 이해하고, 시비를 가릴 줄 아는 능력이다. 그런데 여기서 주목해야 할 점이 있다. 그것은 선후(先後)가 있다는 개념이다. 학문에도 먼저 익혀야 할 것이 있고, 뒤에 가서야 깨치게 되는 것이 있다. 진리(道理)를 행하는 것도 어느 것이 먼저 해야 하는가를 가려야 한다. 앞에서 설명한 체용(體用)과 본말(本末)의 개념이 연관되고 있다. 생업을 위한 기술을 익히는 것은 전문적으로 파고들면 될 뿐이다.

우리 선인들은 "공부(工夫)해야지…", "도(道), 닦아야지…"라는 표현을 자주해 왔다. 결국 자기 자신의 '마음의 중심 축(軸)'을 세우는 수행을 의미하는 것이다. 이러한 수행 과정은 끊임없는 자기 '성찰'의 과정이라 하겠다. 인학(人學)은 '사람'에 대하여 성찰하는 것이다(연구대상). 그것도 바로 자기 자신의 '사람됨을 성찰하는 과정'이다(연구방법). 법구경(法句經)의 한 게송을 읊어본다. "으뜸가는 노력과 주의력으로 마음을 집중하여, 잘 억제되고 단련된 자기 자신을 의지처로 삼는다면, 거센 홍수도 그를 휩쓸어 가지 못하리(發行不放逸 約以自調心 慧能作定明 不返冥淵中)." 사람은 사람 속에 산다. 인학(人學)은 '홀로와 더불어'를 위한 학문(學問)이고, 공부(工夫)인 것이다. 모든 것은 나로부터 기인하는 것이다. 한국의 선비학자들이 소중히 여기던 위인유기(爲仁由己)라는 표현도 생각난다.

끝으로 시인 구상(具常)의 시 한 편을 소개하는 것으로 이 글을 끝맺는다.

네 마음에다

요즘 멀쩡한 사람들 헛소리에 / 너나없이 놀아날까 두렵다.

길은 장님에게 물어라 / 해답은 벙어리에게 들어라 / 시비는 귀머거리에게서 밝히라 / 진실은 마음에서 구하라.

아니 아니 그게 아니라.

길은 네 마음에다 물어라 / 해답은 네 마음에서 들어라 / 시비는 네 마음에서 밝히라 / 진실은 네 마음에다 구하라.

※ 편집인의 후기

이 글은 강신표 교수의 후학들에 대한 한국 인류학 연구방향에 대한 긴 '덕담'의 논문이다. 서문에서 지나온 이야기보다 앞으로 후학들이 생각해 보아야 할 점을 적었다고 밝혔다. 다른 분들의 원고 길이와 균형을 맞추기 위하여 필자의 양해 속에 편집진이 축약하였다.

참고로 이 논문의 구성 장(章)의 제목만을 적어둔다.

Ⅰ. 들어가는 말

Ⅱ. 대대문화문법, 나의 話頭

Ⅲ. 전통문화문법과 선비예술론: 천지인으로 푼다

Ⅳ. 인학, 누구를 위한 工夫인가

Ⅴ. 나오는 글

2부

한국 문화인류학 반세기의 성과

01. 한국 인류학자의 한국 문화 연구

02. 한국 인류학자의 타 문화 연구

한국 인류학에서 가족 · 친족 연구의 성과

함한희(전북대학교 고고문화인류학과 교수)

이 글은 지금까지 한국 인류학계에 발표된 가족과 친족분야의 연구에 대한 성과를 회고해 보는 것이 목적이다. 인류학에서 가족과 친족은 기본 분야에 해당되기 때문에 축적된 성과물이 타 분야에 비해서 많으며, 주제도 다양하다. 근래에는 가족과 친족에 대한 연구가 다소 주춤한 듯 보이지만, 1990년대까지만 해도 인류학의 이론과 방법론을 선도하였다. 그 결과 구조기능주의, 페미니즘, 심리학적, 언어사회학적, 역사적 연구 등과 같은 이론적 접근을 통해서 한국 가족과 친족의 특성이 밝혀졌다. 이처럼 방대한 연구성과를 제한된 지면 안에서 리뷰하는 것이 어렵다고 판단되어 이 글에서는 연구의 시대별 흐름을 찾아보는 정도에서 그칠까 한다. 그렇게 되면, 리뷰의 범위는 좁아지지만, 이론적 배경과 방법론적 특성 및 주제에 따른 시기별 연구의 차이를 부각시킴으로써 전체적인 연구의 흐름을 짚어볼 수 있다고 생각된다.

한국의 인류학계에서는 1960년대 후반부터 가족제도, 동족(씨족)부락, 조상숭배 등의 연구가 본격적으로 진행되었다. 대표적인 학자로는 김택규와 이광규를 들 수 있다.[1] 김택규는 '동족부락 구조'로, 이광규는 '한국 가족제도'로 각각 방대한 연구를 수행했고, 그 후 한국의 가족과 친족분야의 견인차 역할을 해냈다(김택규 1964; 이광규 1969, 1975b, 1977a, 1983, 1988, 1990). 이 두 학자는 각기 양반집성촌과 상류가족을 중심으로 구조적 원리를 파악하였고, 그것을 통해서 한국 사회의 문화적 '기초체계' 또는 '문화원리'를 밝힐 수 있다고 보았다. 이 두 학자 모두 구조기능주의적인 접근방법을 기본으로 해서 한국의 마을공동체와 가족 · 친족집단의 구조적 · 유형적 특징을 분석해 내는 데 주력했다. 다시 말해서 이 두 학자들의 초기 연구는 사회 구조의 지배 원리를 찾는 데 궁극적인 목적을 두었다. 그러나 이들이 기본적인 사회관계를 분석할 때, 규범적인 것만을 대상으로 한다는 것이 한계로 지적되곤 한다. 규범과 실제는 당연히 차이가 있기에 관념적인 조직의 원리에만 치중하다 보면 실재하는 가족과 친족의 모습을 밝히는 일은 어렵게 된다. 이러한 문제 제기는 곧 사회인류학의 구조기능주의적 연구에 대한 비판이기도 하다.

이러한 한계를 인지했음에도 불구하고 '관념적으로 존재하는 사회의 추상적인 모델'로서의 가족 · 친족제도 연구는 일정기간 동안 꾸준히 지속되었다. 1970년대와 80년대에 걸쳐서 연구된 주제를 살펴보면, 동족과 비동족 마을의 사회 구조적 특징과 비교, 상속 및 출계율에서 보이는 한국

1) 최재석도 가족 · 친족분야의 대표적인 연구자 가운데 한 사람이다. 그의 연구는 주로 사회학자들에 의해서 계승 · 발전되었으므로 여기에서는 그의 업적을 언급하지 않기로 한다.

가족제도의 특성, 조상숭배로 나타나는 사회조직의 원리, 통혼권, 친족호칭체계(여중철 1974, 1977, 1978, 1979, 1980; 최신덕 1976; 유명기 1977; 최협 1982, 1983, 임돈희 1983; 정승모 1983; 김광억 1986) 등이다.

가족 · 친족 연구에서 제도와 원리 탐구를 중시했던 접근방법을 극복하기 시작한 것은 1980년대 이후이다. 현지조사에 무게가 더해지고, 사람들의 실천 행위를 중시하는 방향으로 연구가 활기를 띠기 시작하면서 논문편수도 증가했다. 한국문화인류학회지에 실린 논문 편수가 1970년대에는 10여 편 정도에 불과했으나 1980년대에는 25편 이상으로 약 2.5배가 증가하였다. 연구자도 많아지면서 편중된 주제와 연구방법에서 어느 정도 벗어날 수 있었다. 1980년대를 특징지을 수 있는 이론과 방법론을 몇 가지로 정리하면 다음과 같다. 첫째는 주로 상류(양반)계층의 규범으로 알려진 제도에 대한 연구에서 벗어나서 다양한 계층의 일상적인 실천행위로서의 가족과 친족의 문제를 다루게 되었다.[2)] 1980년대 이후가 되면 산업화 · 도시화로 인한 가족 · 친족의 현실적인 변화가 사회 문제로 자주 거론되었다. 이러한 현실이 반영되어서 농촌가족의 갈등 양상, 혼인 및 문중의 변화 등이 연구되었다(박부진 1981; 전경수 1987; 조강희 1987; 조옥라 1989).

둘째로 가족과 친족이 정치, 경제, 종교 등과 긴밀하게 연관되어 있다는 점이 실제 연구에 반영되기도 했다. 로저 자넬리와 임돈희의 "조상의례에 대한 연구"가 여기에 해당된다(Janelli & Janelli 1982; 임돈희 1988).

셋째로는 인접 학문분야와의 교류를 통해서 연구방법의 지평을 넓히고자 하였다. 초기에는 인류학과 역사학과의 교류가 비교적 활발한 편이었다. 역사학에서도 인류학적 연구방법을 활용하여 고대 가족을 분석했고,

2) 이 연구방법은 이미 강신표(1974)에 의해서 실행된 바 있다. 그는 전남 함평군에 위치한 내정자 마을의 가족생활을 조사하면서 실제로 일어나는 일들을 있는 그대로 기록하고 그것을 바탕으로 가족 관계를 분석하였다.

왕위계승을 연구했다. 마침내는 논쟁이 일어나서 인류학자들이 참여하기도 했다(이광규1977b; 이문웅 1985). 그러나 출계나 거주율 등에 대한 단순한 논쟁보다는 가족제의 변화를 유도한 국가 정책도 충분히 고려했어야 한다는 반성을 하면서 국가와 가족의 긴밀한 관련성이 검토되기도 했다(김광억 2002; 윤형숙 1997; 조옥라 1991b; 함한희 1998).

넷째로 국가의 개발정책에 따른 사회문화적 영향에 대한 조사가 시작된 시기였다. 국토개발사업의 일환으로 건설한 댐 공사는 수몰지구를 생성했고, 이에 대한 조사가 수행되었다. 인류학자들이 포함된 조사팀에서는 충주댐, 안동댐, 탐진댐 등 수몰지역을 조사하면서 가족의 위기, 갈등, 변화를 조망하기도 했다(김택규 1982, 1990; 김택규 · 이영진 1998; 김주희 1995b; 윤형숙 2001).

다섯째로 1980년대 가족과 친족분야에서 일어난 가장 중요한 발전은 가부장제에 대한 여성학적 논의가 시작되었다는 점이다(조한혜정 1986a, b, 1988; 조옥라 1988; 김진명 1989, 1990, 1992; 윤형숙 1990). 한국 가부장제에 대한 연구는 다각적으로 이루어졌다. 역사적인 연구를 통해서 현대 한국 가부장제가 변형되어 온 과정을 밝히기도 하고(조한혜정 1986a, b), 남성에 의한 억압기제인 '남존여비' '남성 우위'와 같은 유교적 이데올로기가 어떻게 여성들에게 내면화되어서 나타나는가를 살피기도 했다(김진명 1989, 1990, 1992). 또 여성의 다양한 역할을 보여 주는 것이 진정한 여성주의적 연구라는 주장도 있다(윤형숙 1990). 같은 맥락에서 계층에 따른 여성 역할의 다양성과 주체적인 여성의 삶을 강조하는 연구도 있다(박부진 1994: a, b).

여성주의적 인류학자들의 구체적인 작업은 한국의 가부장제가 안고 있는 여러 가지 문제점을 제시하는 데 초점이 맞추어졌다.[3] 기존의 남성 중

3) 한국문화인류학회에서는 한국문화인류학 22호(1990년)에 "여성인류학의 모색"이라는 특집을 실었다. 김정희, "부계 원시농경 사회에서의 여성종속의 구조화," 윤형숙의 "Feminism에

심의 시각으로는 보기 힘들었던 가족 내부의 권력관계를 치밀하게 분석하는 일이 그 중심에 놓였다. 조한혜정은 그의 저서 『한국의 남성과 여성』에서 한국의 가부장제가 시대에 따라서 변형되어 왔다는 사실을 지적하였다. 조선 시대, 식민지 시대, 전쟁 전후의 혼란기 그리고 산업화 시대에 이르기까지의 과정은 결국 남성이 주도하는 공적 영역의 확대라고 규정하였다. 한편, 여성들은 전통적 유교 이데올로기에서 자유롭지 못한 채 극도의 억압을 받기는 했지만, 이면에서 가부장의 어머니이자 안채의 주인으로서 '안채문화'를 실현시켜 온 주인공들이었다(조한혜정 1986a: 187). 역사적 가족 관계의 변화에 대한 그의 분석을 좀 더 살피면 다음과 같다. 근대사의 격동기에는 한국의 가족은 비공식적인 모 중심적 성향을 강하게 띠게 된다. 현모양처 이데올로기까지 합세하여 여성들은 가부장적 명분에 충실하면서 가족이라는 아성을 지키고자 하였다. 산업화가 진행됨에 따라서 남성의 활약이 커지고, 공적 영역도 월등 중요해졌다. 공사의 구별이 엄격해지면서 사적 영역으로서의 가족은 주부 중심의 핵가족화로 진행되었다. 이러한 과정에서 여성들이 공적 영역으로부터 더욱 배제되어 공식적인 남성 지배와 실질적인 여성 지배의 이중 구조가 공고히 되었다. 부부보다는 모자의 관계를 더 중시하게 되어 여성들은 비공식적인 채널을 통해 가족의 지위상승을 도모하는 것도 정당화되었다. 모 중심의 편협한 가족이기주의는 공식적인 영역의 규칙을 변칙화시킨다는 점에서 사회적 문제가 된다. 게다가 아들과의 동일시는 여성으로서의 자의식을 성장시키지 못하여 서구에서와 같은 중산층 주부 중심의 사회운동이 전개되지 못하고 있음도 지적하였다(조한혜정 1986a: 191-191). 현대 가족 안에서 과거의 현모양처의 변형인 '자녀와 남편을 모두 출세시킬 수 있을 정도로 현

서 본 친족연구," 김진명의 "가부장적 담론을 통해 본 전통적 여성의 세계," 조옥라의 "여성 인류학적 시각에서 본 도시빈민 지역운동" 등의 논문이 발표되었다.

명하면서도 부드러운 아내'상에 스스로 매몰되어서 여성들은 경쟁적으로 가정 내 활동에 중요한 가치를 부여하게 된다(박부진 외 2000: 6). 오늘날 여성들의 사회적 활동이 증가되고, 전문적인 일에서도 여성의 몫이 커지고 있다. 똑똑한 여성은 집안일과 바깥일을 동시에 완벽하게 할 수 있어야 한다는 사회적인 이데올로기에 의해서 여성들 스스로 지배를 받고 있다.

1990년대에도 가족 · 친족 연구자들이 꾸준히 새로운 주제와 접근방법을 개발해 나갔다. 가족과 친족의 변화가 산업화나 도시화의 결과라는 일률적인 설명으로부터 벗어나서 계층과 지역에 따라서 차이가 있다는 주장도 나왔다. 더 나아가서 가족의 변화를 문화적인 특성으로 이해하려는 시도도 나타났다(조옥라 1992: 문옥표: 1992, 1993; 김은희 1993, 1995; 박부진 1994a; 임돈희 · 자넬리 1995). 서구에서도 일찍이 핵가족과 산업화의 상관관계를 밝히고자 노력한 바 있다. 대표적인 사회학자 윌리엄 구드(Goode)는 핵가족이 산업사회에 여러 측면에서 적응하기 좋은 가족제도라는 가설을 제기하였다(Goode 1964: 108-109; 임돈희 · 자넬리 2002: 321-322에서 재인용). 다시 말해서 사회가 산업화하면 과거의 확대가족이 해체되어 핵가족으로 변모한다는 것이다. 신분제 아래서 인간관계를 중시하는 확대가족이 산업사회가 되면 비효율적인 제도로 여겨져서 계급적 · 지역적 이동이 용이한 부부 중심의 핵가족화가 일어난다고 본다. 한국의 가족은 인구학적인 측면에서 보면 이 핵가족설을 뒷받침하는 것처럼 보였다. 출산율 감소에 따른 인구의 수적인 감소가 가족의 수를 줄였고, 아울러 진행되는 산업화는 농촌의 인구를 도시로 흡수하면서 가족의 해체가 일어났다고 보는 것이 대세였다. 그러나 이러한 통계적 수치나 가족의 형태가 과연 가족의 변화를 얼마나 보여 줄 수 있는가를 두고 고민이 시작됐다.[4] 인류학자들은

4) 임돈희 · 자넬리의 연구에서는 통계적으로도 도시가족보다 농촌가족에서 오히려 핵가족의 비율이 점점 더 높아졌다는 점을 지적하였다(임돈희 · 자넬리 2002: 322-323).

핵가족화는 산업화의 결과만은 아니라는 결론을 내리고 있다(박부진 1994a; 김은희 1993; 임돈희 · 자넬리 2002). 이 논의를 종합해 보면, 한국 가족의 주기, 산업화의 역사적 상황, 한국 가족에 대한 문화적 이해 등을 통해서 핵가족설은 수정되어야 한다. 예를 들면, 농촌에 살던 장남 가족이 도시로 이동하면서 부모와 주거상 분리되는 일이 불가피해진다.[5] 이상적인 직계가족을 유지할 수 없는 상황이 자주 발생하게 된다. 이러한 상황에서도 농촌에 남은 부모들이나 도시로 나간 자녀들의 의식과 행위가 금방 변화했다고 단정 지을 수는 없다. 이들의 의식에는 겉으로 드러난 가족의 변화된 모습과는 다른 전통적인 문화요소들이 내재해 있다(박부진 1994: 193). 장남 가족이 부모와 별거를 결정할 때, 분리거주로 인한 외형상의 부부가족(핵가족)은 잠정적인 것으로 여긴다. 이러한 '한 가족' 또는 '우리 가족' 의식이 현대 가족에서도 직계혈연가족이 유지되고 있는 증거라고 본다. 또한 같은 맥락에서 현대 한국인들이 만들어내는 다양한 가족 형태는 가구 구성상의 변화일 뿐이지 가족 구조의 변화는 아니라는 지적도 있다(김혜숙 외 1999, 2005). 이는 예전 사회인류학에서 가족과 가구의 개념을 구분했던 시도를 되살려내서 현대 한국 가족에서 일어나는 독특한 문화적인 현상을 설명하는 시도라고 생각된다.[6]

이처럼 1960년대 이후 영향력이 있는 이론으로 자리 잡았던 '핵가족 보

---

5) 이러한 현상에도 불구하고 여전히 결혼한 자식과 부모가 동거하는 비율이 상대적으로 높기 때문에 직계가족의 원리가 붕괴되었다고 하기는 힘들다고 보는 경우도 있다.

6) 잭 구디(1958)는 가족과 가구 또는 가내집단이라는 용어의 개념을 정리하였다. 가족(family)은 재생산이 중시되는 개념이고 가구(household)나 가내집단(domestic group)은 생산이 중시하는 개념이라고 보았다. 이러한 구분은 결국 가족과 가구의 기능이 서로 다르다는 점을 부각시켜 복잡하게 전개되는 가족의 다양성을 설명해 보고자 한 시도였다고 볼 수 있다. 가족과 가구의 구성적 측면에서도 차이가 있다는 점에 주목해서 나눈 구분도 있다. 가족은 부부와 자식으로 구성된 친족집단이며 가내집단이나 가구는 비혈연적인 사람들도 그 구성원이 될 수 있다고도 한다.

편설'은 1990년대가 되면 크게 흔들리기 시작한다. 또 '전통가족 해체설'도 다시 검토되었다. 공동거주라는 측면만을 강조할 경우에 직계가족은 해체되었다고 할 수 있다. 그러나 한국인들의 가족생활에서 보면 육아, 제사, 상속, 경제적 상호 의존 등의 영역에서는 여전히 공동체적 삶의 방식으로 꾸려간다(김혜숙 외 2005). 현대 도시중산층가족에서 결혼한 아들이 부모로부터 독립해서 핵가족을 구성하면서도 경제적으로 독립하지 못하는 경우가 많다. 아들 가족들이 부모로부터 보조를 받는 것을 스스로 당연하다고 생각하는 경우도 있다. 이러한 의식은 한국 가족을 이해하는 데 중요한 단서가 된다. 가구의 구성상으로는 핵가족이면서 가족관계는 여전히 직계가족의 특징을 가지는 경우가 흔하다. 이러한 현상을 직계가족의 변형으로 보기도 하고, '한 가족', '우리 식구의식' 또는 '지역적 확대가족'으로 부르기도 한다(박부진 1994b; 임돈희 · 자넬리 1995, 2001, 2002). 오늘날 도시 중산층에서 일어난 핵가족화를 이해하는 방법으로 김은희는 문화적 관념체로서의 가족 연구를 주장했다. 서구 문화의 산물인 서구의 핵가족과 한국 문화가 만들어낸 한국의 핵가족은 서로 다른 실체일 수밖에 없다는 점이 강조되었다(김은희 1995).

일찍이 한국 가족 · 친족 연구에서는 가족을 보편적인 제도로서 인식하지 않고, 문화적 특수성을 찾아보려는 노력이 꾸준히 진행되어 왔다. 특히 동양 삼국—중국, 일본, 한국—의 조상숭배를 비교고찰해서 유교문화권 안에서 발생한 관행의 차이를 분석하였다. 조상숭배의례의 차이는 결국 사회적 · 문화적인 맥락과 깊은 관련이 있다는 점이 지적되었다(김광억 1986; 김성철 1997).

2000년대의 연구에서 주목할 만한 주제는 결혼이민 여성과 그 가정에 대한 연구이다. 1990년대 중반 이후 한국인 남성과 외국인 여성의 결혼이 조금씩 가시화되다가 1998년도 개정국적법 시행을 계기로 국제결혼이 크게 증가하면서 양상도 달라졌다. '조선족' 중심의 한국계 중국인 여성들의 결혼이민이 대세를 이루었으나 중국, 필리핀, 베트남, 태국, 몽골, 우즈베키스탄 등 여러 지역에서 온 여성들로 다양해졌다. 이 여성들이 결혼하게 되는 과정에서 인권침해의 위험에 노출되어 있을 뿐만 아니라 결혼 후에도 가정과 사회 그리고 국가로부터 소외를 당하는 사례가 크게 늘고 있다고 보고된 바 있다.[7] 주로 경제적 동기에서 결혼이민을 선택하며, 결혼 상대자인 한국인 남편과 그의 가정에 대한 정확한 정보를 갖고 있지 않은 경우가 대부분이라고 한다(한건수 2006: 210). 이들은 입국과 동시에 가난한 남편과 그의 가족들, 그리고 열악한 한국의 농촌 주거환경 등으로 충격을 받는다.

지금까지 국제결혼이민 여성과 관련된 연구는 주로 인권 문제 등과 같은 사회병리적인 수준에 머물러 있었던 셈이다. 시민단체나 인권단체 및 여성단체들은 여성들의 극단적인 인권침해나 가정폭력과 같은 긴급한 사례를 해결하는 데 집중하느라고 절대다수의 결혼 이민자 여성들이 한국사회에 적응하는 과정에서 발생하는 문화적 갈등과 부적응에 대해서 체계적인 대응을 하지 못하였다(한건수 2006). 최근 몇몇 연구자들을 중심으로 문화적 갈등현상에 초점을 두는 연구가 이루어지고 있음은 다행한 일이다(윤형숙 2004; 김민정 외 2006; 한건수 2006). 이 연구에서는 결혼이민자 가정에서 일어나는 문화적 갈등을 줄이기 위해서 문화 차이를 제고하는

7) 2000년도 이후에 나온 결과물을 중심으로 해서 보면, 보건복지부에서 2005년 중앙정부 차원에서는 처음으로 결혼이민 여성에 대한 실태 조사가 실시되었다. 2003년부터 2005년까지 정부는 각 지역의 시민단체를 지원해서 이주 여성 관련 단체의 실태보고서나 교육자료집 등을 발간하도록 하였다. 국립국어원에서는 국제결혼 이주 여성의 언어 및 문화 적응에 관한 실태 조사를 수행하기도 했다(왕한석 · 한건수 · 양명희 2005). 최근에 나온 보고서로는 한국여성정책연구원에서도 나온 다민족 · 다문화사회로 이행하기 위한 관련 보고서가 출간되었다(김이선 · 김민정 · 한건수 2006). 관련 주제의 논문은 주로 석사학위논문이 많다.

방법을 제안하고 있다. 최근에는 다문화가정의 자녀들에 대한 관심도 커지고 있으며 "다문화가정 자녀의 문화인류학"이란 주제로 연구결과가 발표되었다(전경수 2008; 김민정 2008).

다문화사회로의 이행기에 있는 한국 사회가 다문화가정에 대한 관심 못지않게 사회에서 소외되어 있는 또 다른 가족들에 대한 연구도 필요하다. 그 가운데 하나가 북한 이주민 가족에 대한 연구이다(김주희 1995a; 정병호 1999; 윤택림 · 함한희 2005).[8] 그런가 하면 우리 사회에서 점차 다양해지고 있는 가정들—한 부모 가정, 무자녀 가정, 독신자, 생활공동체 등—을 담아낼 진정한 개인적 · 사회적 성찰과 학문적인 패러다임이 필요한 시기이다(정진웅 2002).

앞으로 한국 사회는 부단히 변화를 거듭해 나갈 것이다. 이 변화 속에서 인류학자들은 할 일이 더욱 많아질 것이 분명하다. 다양한 문화가 교류하면서, 새로운 문화가 끊임없이 만들어지는 역동적인 사회에서 문화 연구자들의 연구 영역은 확장되어야 하며 접근방법도 개발되어야 한다. 가족이나 친족분야도 예외는 아닐 것이다.

8) 북한의 친족 연구는 이문웅(1977, 1989)에 의해서 일찍이 시작되었으나 당시의 정치적 상황에 비추어보면 지속적인 연구가 나오기는 어려웠다.

참고문헌

강신표, 1974. "내정자마을의 가족생활: 사회인류학적 연구," 『영대문화』 7.

강신표 외, 1988, "한국사회의 고부갈등연구를 위한 이론적 시론," 한양대 민족학연구소, 『인간과 경험』 1.

김광억, 1986, "조상숭배와 사회조직의 원리: 한국과 중국의 비교," 『한국문화인류학』 18.

______ 1994, "가부장적 담론과 여성억압," 『아세아연구』 33.

______ 2002, "국가와 사회, 그리고 문화: 가족과 종족 연구를 위한 한국인류학의 패러다임 모색," 『한국문화인류학』 35(2).

김민정, 2008, "국제결혼 가족과 자녀의 성장: '여러 종류'의 한국인이 가족으로 살아가기," 『한국문화인류학』 41(1).

김민정 · 유명기 · 이혜경 · 정기선, 2006, "국제결혼 이주여성의 딜레마와 선택: 베트남과 필리핀 아내의 사례를 중심으로," 『한국문화인류학』 39(1).

김성철, 1995, "종자 명제, 지역 명제, 직위명제: 보조 친족 명칭과 개인의 인식법," 『한국문화인류학』 27.

______ 1997, "종족과 사회-한국과 중국의 비교," 『비교문화연구』 3.

김용환, 1989a, "전통한국의 의사-결합 가족의 구조 분석—Sorensen의 적응이론 비판," 『한국문화인류학』 21(1).

______ 1989b, "안동지방 사회계층화에 있어 씨족집단의 역할," 『한국문화인류학』 21.

______ 1991, "한국 출계집단의 분파기제 분석," 『한국문화인류학』 23.

김은희, 1993, "도시 중산층에서의 핵가족화와 가족 내 위계관계 변형의 문화적 분석," 『한국문화인류학』 25.

______ 1995, "문화적 관념체로서의 가족: 한국 도시 중산층을 중심으로," 『한국문화인류학』 27.

______ 1999, "가족주의와 도덕적 자본주의," 『한국문화인류학』 32(2).

김이선 · 김민정 · 한건수, 2006, “여성결혼이민자의 문화적 갈등 경험과 소통증진을 위한 정책 과제,” 한국여성개발원.

김정희, 1990, “부계 원시농경 사회에서의 여성 종속의 구조화,” 『한국문화인류학』 22.

김주희, 1988, “친족과 신분제: 심리인류학적 접근,” 『한국문화인류학』 20.

______ 1995a, “북한의 여성과 가족,” 한국민족문화연구소 편, 『북한사회의 이해』.

______ 1995b, “수몰이후: 종족촌 복원의 사례,” 『한국문화인류학』 28.

______ 2005, “조선시대 출계율 논쟁 ‘족(族)’ 관련 개념들을 중심으로,” 『한국문화인류학』 38(1).

김진명, 1989, “가부장제 이데올로기의 성립에 대한 일고찰: 민족지적 제 사례의 분석을 중심으로,” 『한국문화인류학』 21.

______ 1990, “가부장적 담론을 통해 본 전통적 여성의 세계: 경북 A마을의 사례를 중심으로,” 『한국문화인류학』 22.

______ 1992, “의례 및 일상생활을 통해 본 가부장적 담론과 권력—호남 삼리마을을 중심으로,” 서울대학교 박사학위논문.

김택규, 1964, 『同族部落의 生活構造研究』, 青丘大學 출판부.

______ 1979, 『氏族部落의 構造研究』, 서울: 一潮閣.

______ 1982, “충주댐 수몰지역의 사회와 민속,” 충주댐수몰지구 문화유적 발굴조사보고서, 충북대학박물관,

______ 1990 “수몰민생활의 문화인류학적 연구— 댐 수몰지역 주민의 이주와 재적응,” 『인문연구』 12(1).

김택규 · 이영진, 1998, “합천댐 수몰지역 주민의 이주와 적응에 관한 연구,” 『인문연구』 10(1).

김창민, 1992, “범주로서의 친족: 제주도의 궨당,” 『한국문화인류학』 24.

______ 2001, “흑산도의 친척,” 『비교문화연구』 7(2).

김혜숙 · 김은희 · 김향원 · 유철인 · 장현섭, 1999, “한국가족/친족연구의 쟁점,” 『가족과 문화』 11(1).

김혜숙 · 김은희 · 김향원 · 유철인, 2005, "공동거주의 의미와 한국가족의 변화," 『가족과 문화』 17(1).

김현미, "국제결혼의 전 지구적 젠더 정치학," 『경제와 사회』 70.

문옥표, 1992, "도시중산층의 가족생활과 주부의 역할," 『도시중산층의 생활문화』, 한국정신문화연구원.

_______ 1993, "농촌가족과 농촌여성: 한국농촌가족의 변화와 여성의 위치," 『한국의 사회와 문화』 21.

_______ 2007, "가정 제례의 변용을 통해본 현대 한국인의 가족관계와 젠더," 『한국문화인류학』 40(2).

박부진, 1981, "한국 농촌 가족의 고부관계," 『한국문화인류학』 13.

_______ 1987, "상속에 있어서 여성의 권리와 실제," 『한국문화인류학』 19.

_______ 1988, "현대호적자료를 통한 한국가족연구," 『한국학보』 51.

_______ 1990, "변화하는 가족연구에서의 상징론적 접근방법," 『가족학논집』 2.

_______ 1992, "공간 이용을 통해 본 가족관계의 변화: 한국 농촌 가족을 중심으로," 『한국문화인류학』 24.

_______ 1994a, "한국농촌가족의 문화적 의미와 가족관계의 변화에 관한 연구," 서울대학교 박사학위논문.

_______ 1994b, "전환기 한국 농촌사회의 가족 유형," 『한국문화인류학』 26.

_______ 2000, "세시풍속의 변화를 통해 본 가족생활의 변화," 『여성가족생활연구』 5.

_______ 2001, "정보사회의 가족문화," 『여성가족생활연구』 6.

_______ 2002, "한국현대가족에서의 가부장의 지위," 『여성가족생활연구』 7.

_______ 2004, "서평: 굴레 속의 한국여성," 『한국문화인류학』 26.

_______ 2007, "신혼여행의 문화사: 새로운 통과의례의 시작과 현재," 『한국문화인류학』 40(1).

박부진 · 김숙자 · 류정아, 2000, "성차별 의식구조의 형성배경과 표현양태—한국 중산층 가족을 중심으로—," 명지대학교 여성가족생활연구소, 『여성가족생활연구보고서 1』..

박성용, 1995, “통혼권의 공간적 의미－청도 신촌의 사례,” 『한국문화인류학』 27.

______ 2000a, “한 농촌사회 주민의 통혼권에 나타난 관념적 지리적 경계와 그 변화: 경남 울주군 온산면 종동의 사례,” 내산 한상복 교수 정년기념논총 간행위원회, 『한국문화인류학의 이론과 실천』, 서울: 소화.

______ 2000b, “청도 양반의 혼인전략,” 영남대학교 민족문화연구소, 『민족문화논총』 22.

______ 2002, “묘지의 공간 구성과 사회관계의 배열,” 『비교문화연구』 8(2).

성태규, 1988, “분단으로 인한 가족구조의 이질화와 문제점,” 『영대문화』 21.

신인철, 1991, “한국의 혼인 체계,” 『한국문화인류학』 23.

______ 1992, “친족인류학의 두 가지 이론,” 『인간과 경험』 4.

여중철, 1974, “동족집단의 제 기능,” 『한국문화인류학』 6.

______ 1977, “한국 농촌의 가족주기와 가족 유형,” 『한국문화인류학』 9.

______ 1978, “한국농촌의 지역적 통혼권,” 『신라가야문화』 10.

______ 1979, “한국산간부락에서의 분가와 재산상속,” 『한국학보』 15.

______ 1980, “제사분할상속에 대한 일고, 『인류학연구』 1.

왕한석, 1988, “한국 친족용어의 내적 구조,” 『한국문화인류학』 20.

______ 1989, “택호와 종자명 호칭,” 『의민 이두현교수 정년퇴임기념논문집』 서울대학교.

______ 1990, “북한의 친족용어,” 『국어학』 20.

______ 1991a, “한국친족영어의 분포범위,” 한국의 사회와 역사, 『최재석 교수 정년퇴임기념논총』, 일지사.

______ 1991b, “한국 친족 호칭체계의 의미 기술,” 『한국문화인류학』 24.

______ 1995, “‘집’의 이름과 ‘친족관계’에 대한 명칭,” 『한국문화인류학』 28.

왕한석 · 한건수 · 양명희, 2005, “국제결혼 이주여성의 언어 및 문화적응 실태 연구,” 전라북도 임실군 일원 사례보고서, 국립국어원.

유명기, 1977, “동족집단의 구조에 관한 연구,” 『인류학논집』 3.

______ 1990, “출계론의 전개와 동향,” 『사회문화논총』 9.

______ 1991, "가사노동에 대한 인류학적 접근," 『여성문제연구』 19.
윤택림 · 함한희, 2005, "남북한여성 생활문화의 이해," 『가족과 문화』 17(2).
윤형숙, 1990, "Feminism에서 본 친족 연구," 『한국문화인류학』 22(1).
______ 1997, "조선 초기 왕실 친인척에 관한 一 硏究," 『여성연구』 5.
______ 2000, "가족사를 통해 본 지방사," 『한국문화인류학』 33(1).
______ 2001, "탐진댐 수몰지역 주민의 가족갈등에 나타난 가족 이데올로기," 『한국문화인류학』 34(2).
______ 2004, "국제결혼 배우자의 갈등과 적응," 최협 · 김성국 · 정근식 · 유명기 편, 『한국의 소수자, 실태와 전망』, 서울: 한울아카데미.
______ 2005, "외국인 출신 농촌주부들의 갈등과 적응," 『지방사와 지방문화』 8(2).
이광규, 1968, "모계사회에 관한 제 연구," 『한국문화인류학』 1.
______ 1969, "한국의 가족구조," 『이홍식박사 회갑기념 한국사학논총』, 신구문화사.
______ 1971, "한국의 사회구조와 문화유형," 『한국문화인류학』 4.
______ 1975a, "은거제도의 분포와 유형에 관한 연구," 『한국문화인류학』 7.
______ 1975b, 『한국가족의 구조분석』, 서울: 일지사.
______ 1976, "동성동본 불혼의 사적 고찰," 『한국문화인류학』 8.
______ 1977a, "친족집단과 조상숭배," 『한국문화인류학』 9.
______ 1977b, 『한국가족의 사적연구』, 서울: 일지사.
______ 1983, "한국의 가족제도," 『한국문화인류학』 15.
______ 1988, "한국의 종족체계와 종족이념," 『한국문화인류학』 20.
______ 1990, 『한국의 가족과 종족』, 서울: 민음사.
______ 1992, "한국 인류학의 진로: 가족과 친족, 소수민 문제를 중심으로 연구논문 — 한국 사회문화," 『한국문화인류학』 24.
______ 1997a, 『한국친족의 사회인류학』, 서울: 집문당.
______ 1997b, 『한국문화의 구조인류학』, 서울: 집문당.

______ 1997c, 『한국문화의 심리인류학』, 서울: 집문당.

______ 1998a, 『한국문화의 역사인류학』, 서울: 집문당.

______ 1998b, 『한국가족의 사회인류학』, 서울: 집문당.

이문웅, 1977, "공산체제하에서의 친족조직: 북한의 경우," 『한국문화인류학』 9.

______ 1978, "Family System in North Korea: Continuity and Change," *Korean Journal* 18.

______ 1985, "신라친족연구에서 혼인체계와 출계의 문제," 『한국문화인류학』 17.

______ 1989, "북한의 가족과 친족제도: 연속과 변용," 『평화연구』 14.

임돈희, 1975, "한국조상숭배 의식의 연구," 『한국문화인류학』 7.

______ 1983, "Ownership Rights to Lineage Property in Rural Korea," 『한국문화인류학』 15.

______ 1988, "한국조상의 두 얼굴: 조상 덕과 조상 탓 유교와 무속의 조상의례의 비교," 『한국민속학』 21.

임돈희 · 자넬리, 1995, "한국농촌가족의 변화: 내아리 마을연구," 『비교민속학』 12.

______ 2000, "개인주의, 조상의례, 그리고 사회정체성," 『비교민속학』 19.

______ 2001, "한국의 효문화의 변용," 『비교문화연구』 8(1).

______ 2002, "한국가족 변화의 의미," 『비교민속학회』 22.

장주근, 1983, "한국 민간신앙의 조상숭배," 『한국문화인류학』 15.

장철수, 1985, "가구의 성격규명에 대한 일시론," 『한국문화인류학』 17.

전경수, 1987, "진도 하사미의 대바구 혼인: 그 민족지적 의미와 비교문화적 위상," 『한국문화인류학』 19.

______ 2006, "진도 사람들의 이름에 적용된 '-바'와 '-다니'에 관한 민속지적 보고: 처거제(妻居制)와 종모향명제(從母鄕名制)의 관련성을 중심으로," 『한국문화인류학』 39(1).

______ 2008, "차별의 사회화와 시선의 정치과정론: 다문화가정 자녀의 관한 예비적 연구," 『한국문화인류학』 41(1).

정병호, 1999, "북한 어린이 기아와 한국인류학의 과제," 『한국문화인류학』 32(2).
정승모, 1983, "통혼권과 지역사회체계연구," 『한국문화인류학』 15.
_______ 1993, "동족촌락의 형성배경," 『정신문화연구』 10(4).
정자환, 1995, "한,미,일 3사회의 가구구성비교를 통해 본 후기산업사회 가족형태전망," 『가톨릭대학교 성심교정 논문집』 1.
정진웅, 2002, "가족 들여다보기," 『철학과 현실』 55.
조강희, 1987, "근대화와 문중조직의 변화," 『영대문화』 20.
_______ 1988, "동족 · 문중관계 연구사," 『비교민속학』 3.
_______ 1989, "문중조직의 연속과 변화: 상주지역 한 문중의 사례를 중심으로," 『한국문화인류학』 21.
조승연, 1998, "농촌 가족 구성의 변화와 가족농 생산 형태," 『한국문화인류학』 31:(1).
조옥라, 1988, "가부장제에 관한 이론적 고찰," 『한국여성학』 3.
_______ 1989, "농촌마을에서 가족, 문중 그리고 지역조직," 『가와 가문』, 서강대학교 인문과학연구소.
_______ 1990a, "여성인류학적 시각에서 본 도시빈민 지역운동: 서울 사당 2동 사례연구를 중심으로," 『한국문화인류학』 22.
_______ 1990b, "도시빈민가족과 영세민가족 비교연구," 『한국가족론』, 서울: 까치.
_______ 1990c, "농촌여성의 가족관계," 『농촌여성』, 한국여성개발원.
_______ 1991a, "농촌여성의 경제활동 증대가 농촌가족구조에 미친 영향," 한국의 사회와 역사, 『최재석교수정년퇴임기념논문집』, 일지사.
_______ 1991b, "한국초기가족에 대한 인류학적 연구," 『여성 · 가족 · 사회』, 한국여성사연구회.
_______ 1992, "농민가족과 도시빈민가족에서 여성의 경제활동에 대한 비교 연구," 『한국문화인류학』 24.
_______ 1998, "농민가족의 현대성과 보수성," 『한국문화인류학』 31(2).

조한혜정, 1985, "한국의 사회변동과 가족주의,"『한국문화인류학』 17.
______ 1986a, "한국의 가부장제에 관한 해석적 분석,"『한국여성학』 2(1).
______ 1986b, "한국의 사회변동과 가족주의,"『한국문화인류학』 18.
______ 1988,『한국의 여성과 남성』, 서울: 문학과 지성사출판사.
최길성, 1983, "한국조상숭배의 연구,"『한국문화인류학』 15.
______ 1988, "한국 조상숭배 연구의 회고와 전망,"『한국문화인류학』 20.
최신덕, 1976, "비동족마을의 사회구조,"『한국문화인류학』 8.
______ 1982,『한국 농촌에 관한 사회인류학적 연구』, 서울: 삼일당.
최 백, 1985, "문중에 관한 사회학적 고찰—특히 안동군 임하면 삼전리 의성김씨를 중심으로,"『한국문화인류학』 17.
______ 1988, "한국의 친족조직에 있어서의 문화체계와 사회체계,"『한국문화인류학』 20.
최 협, 1982, "동족부락과 비동족부락의 사회구조적 특성,"『호남문화연구』 12.
______ 1983, "동족부락과 비동족부락의 한 비교,"『호남문화연구』 13.
한건수, 2006, "농촌 지역 결혼 이민자 여성의 가족생활과 갈등 및 적응,"『한국문화인류학』 39(1).
한경구, 2000a, "한국 인류학 연구의 문제," 社會科學論評 19, 95-142. 한국사회과학협의회.
______ 2000b, "한국인도 잘 모르던 한국인의 조상의례," 社會科學論評 19, 235-244. 한국사회과학협의회.
한상복, 1988, "한국 문화인류학 30년,"『한국문화인류학』 20.
______ 1995, "한국 인류학의 적실성,"『한국문화인류학』 28.
함한희, 1998, "일제식민지 시대의 가족제도의 변화,"『한국인류학의 성과와 전망』, 서울: 집문당.
Goody, Jack, 1958, *The Development Cycle in Domestic Groups*. Cambridge University.
Janelli, Roger and Dawnhee Yim Janelli, 1982, *Ancestor Worship and Korean Society*, Stanford University Press.

한국 종교에 대한 인류학적 연구 50년

강정원(서울대학교 인류학과 부교수)

1. 서론

본 리뷰 논문은 『한국문화인류학』과 『비교문화연구』 두 인류학 관련 학술지에 발표된 한국의 종교현상에 대한 논문을 대상으로 한다.[1] 본 리뷰 논문은 지난 반세기 동안 한국 종교 관련 인류학 연구에서 드러난 주제나 방법론, 이론 등의 변화 과정을 개괄적으로 검토하는 데에 목적을 두고 있다. 따라서 본 논문에서 인류학자들이 쓴 저서나 여타 학술지에 발표된 논문들을 검토하지 않았다고 해서 상기 목적을 달성하는 데에 큰 문제

1) 이 외에 다른 인류학 잡지들도 있지만, 두 학술지가 가장 순수한 의미의 인류학 학술지라고 간주하였다. 여타 학술지에는 다른 학문들의 논문도 함께 포함되기 때문이다.

가 있다고 보지는 않는다.

1974년도에 간행된 제6집과 1988년에 간행된 제20집에 학회 15주년과 30주년을 기념한 "한국문화인류학 종교 연구의 회고와 전망"이 있었다. 여기서는 종교 연구보다 민간신앙 연구라는 표현이 선택되고 있다(장주근 1974; 1988). 자료 중심의 민속학에서 사용하는 민간신앙 연구라는 표현을 통해 기초 자료의 축적이 여전히 필요했다는 점을 강조한 것으로 이해할 수 있다.

19세기 후반에 정립된 인류학은 문화에 대한 총체적인 이해를 기치로 내걸고, 종교현상을 문화나 사회현상과 연관시켜서 이해하고자 하였다. 종교의 내적 구조나 본질의 규명에 관심을 두지 않은 것은 아니지만, 주된 관심은 사회적 맥락 속에 종교를 자리매김하고, 종교의 여러 현상을 통해서 사회를 이해하는 것이었다. 인류학의 이론적 출발점이었던 진화론이나 전파론 등도 종교현상에 대한 연구를 통해 그 모습을 드러낸 것은 주지의 사실이다. 그 이후에 나타난 기능주의나 생태인류학, 마르크시즘 인류학 등에서도 종교에 많은 관심을 보인 바가 있다. 해석인류학자인 클리퍼드 기어츠도 기존 종교 연구를 비판하면서 새로운 종교 연구의 필요성을 주장하였다(기어츠 1998). 하지만 1980년대나 1990년대에 들어서서 미국 인류학계의 대표적 이론이 된 포스트모더니즘 계열의 학자들은 종교라는 문화현상에 이전과 비교해서 상대적으로 관심을 덜 표명하였다.

인류학계에서 종교는 항상 주술과 함께 연구되어 왔는데, 합리성이라는 개념이 큰 논쟁거리로 등장하게 된다(Tambiah 1990). 또한 종교의 기능이나 종교인들의 정체성, 상징과 의례의 의미, 사회적 갈등과 종교 등도 주요한 논쟁거리였다. 신화도 종교 연구에서 빼놓을 수 없는 부분인데, 말리노프스키나 레비스트로스가 이에 주요한 학문적 기여를 한 바가 있다. 본 리뷰 논문에서는 이러한 서구 인류학계의 큰 흐름을 염두에 두고 한국

인류학계의 종교 연구에 대하여 검토하고자 한다. 하지만 한국 사회의 흐름과 이데올로기적 지형 및 지배적 담론과 개별 연구자의 지적 배경 및 의도 등을 지식사회학적으로 분석하는 것은 본 리뷰에서 다루지 않는다.

1958년에 출발한 한국문화인류학회는 1968년도에 첫 학회지를 출판하였다. 1973년과 1974년에 합본호를 낸 것을 제외하고는 매년 학회지를 출판하였고, 1996년부터는 한 해에 2권씩 발행하고 있으며 현재 제41집 1호까지 출판하였다. 『한국문화인류학』과 함께 본 리뷰의 대상 학술지인 『비교문화연구』는 서울대학교 비교문화연구소가 1993년부터 출판하고 있는 인류학 학술지로서 현재 14집 2호까지 출판된 상태이다. 이 두 학술지의 논문 중에서 본 리뷰 논문의 대상이 되는 한국 종교 관련 논문은 근 100여 편에 달한다. 이는 두 학술지에 발표된 논문에서 상당히 큰 비중을 차지한다.

본 연구의 목표와 한계를 다시 한 번 정리하고자 한다. 본 연구는 기존의 종교 관련 인류학 연구를 유형화하고자 한다. 아울러 10년 단위로 시기를 나누고, 각 시대마다 나타나는 이론이나 방법론, 주제 선택 등에서 중요한 경향성 및 자의적으로 나눈 이 시기를 뛰어넘어 나타나는 특징을 해석해 내는 것을 목표로 한다. 이러한 평가 위에서 전반적 한계점과 향후 전망에 대한 간단한 논의를 할 것이다.

본 리뷰의 서술 순서에 대해서 간단히 기술하도록 하겠다. 2장에서는 1970년대까지, 3장에서는 1980년대, 4장에서는 1990년대, 5장에서는 2000년대의 연구 경향에 대해서 검토하고자 한다. 주제나 대상, 혹은 이론 별로 논문들을 유형화하고 그 특성에 대해 기술하는 방식도 있을 수가 있지만 논문 수에 비해서 연구대상은 상대적으로 다양하며, 이론적 방향이나 방법론은 단순한 편이어서 시대에 따라 분류하는 것이 바람직하다고 판단하였다.

2. 1970년대까지의 연구

1958년에 한국문화인류학회가 출범했지만 1968년에 이르기까지 학회지를 발간하지 못하고 월례발표회만을 유지하여 왔다. 발기인들과 민속학과 문화인류학이 가진 관계에 대해 여러 주장이 있지만, 본고에서는 민속학적 관심을 문화인류학적으로 해결하고자 문화인류학회를 출범시켰다고 본다. 이렇게 출범한 문화인류학회였지만 민속학적 논문이 주를 이루었고 문화인류학적 연구논문은 충분히 작성되지는 못하였다(한상복 1998: 64).

1958년부터 1968년까지 진행된 연구발표회에서 무속과 한국 종교 연구가 중요한 역할을 하였다고 지적되는데,[2] 한국문화인류학회가 발족된 1968년부터 1970년대 후반까지도 지속이 된다. 〈표 1〉에서 보듯이 1979년 제11집까지 한국 종교와 관련된 논문[3]의 수는 총 53편이다. 이 중에서 무속에 관련된 논문의 수는 24편이다. 월례발표회에서 차지한 비율보다 조

---

2) 총 44회에 걸쳐서 진행된 월례발표회에서 한국 종교와 관련된 연구발표의 경우, 1970년대까지 유지된 경향성에서 크게 벗어나지 않는다. 가장 먼저 한국 종교와 관련해서 발표된 논문이 1960년 6월 27일 장주근의 "서사무가와 신화"이다. 14회 발표회에서 이부영이 무병을 정신의학적으로 검토하는 논문을 발표한다. 23회 발표회에서 김정학이 웅제에 대해서 발표하며, 25회에서 임동권이 도깨비에 대해서, 26회에서 장주근이 한국민간신앙에 대해서 발표한다. 27회에서 김열규가 도깨비에 대해, 29회에서 방선주가 타계신앙에 대해, 30회에서 진성기가 제주도 당신에 대해 발표한다. 1964년 이후가 되면 점차 종교에 대한 발표가 증가하는 것을 볼 수가 있다. 31회에 최신덕이 신흥종교에 대해, 김태곤이 국사당에 대해, 32회에 장주근이 영남 지역의 부락제에 대해 발표한다. 33회에 조성이 무속과 광대, 37회에 김태곤이 성조무가의 근원설화에 대해, 39회에 이두현이 완도 장좌리 당신에 대해, 40회에 서대석이 경무에 대해 발표한다. 42회에 임석재가 한국 무가에 대해 발표를 하고, 조성이 '미지'의 굿에 대해, 44회에 이부영이 샤머니즘에 대해 다시 발표한다. 한국 종교와 관련해서 발표된 논문이 전체에서 약 4분의 1 정도를 차지하였고, 한국 종교 중에서도 무속 관련 논문이 절반을 넘어가는 것을 위에서 잘 볼 수가 있다. 발표문의 내용은 확인하기가 어렵지만 논문 제목을 보건대 연구보고에 초점이 맞추어졌을 것으로 짐작된다.

3) 전국대회의 발표논문은 논문에 포함을 시켰지만 서평은 포함시키지 않았다.

금 낮기는 하지만 60년대에 활동을 시작한 학자들이 주도적인 활동을 하고 있기 때문에 크게 달라진 것은 없다고 볼 수 있다.

60년대와 70년대에 발표된 논문 중에서 그 이후에는 보기 힘든 이론으로 종교현상을 분석한 논문이 있는데, 프로이트 정신분석이론에 기반을 둔 김광일의 논문과 융의 분석심리학에 근거한 이부영의 논문들이 그것이다. 김광일은 정신분석학에 기반을 두고 역사학적 접근이나 기능주의적 접근보다는 샤만 개인의 생활사와 정신세계에 대한 분석을 하고자 하였다. 〈표 1〉의 일련번호 28의 논문에서 그는 2명의 무녀를 선택하고 여러 심리 검사와 면접을 실시하였는데, 굿의 치료적 효과를 암시나 카타르시스, 설득 등을 통해 설명하고 있다. 이부영의 경우 환자들의 임상 사례에 심리적인 분석을 시도하고 있다. 김광일이나 이부영의 논문은 무녀들의 정신세계에 대한 체계적인 조사와 자료 정리를 시도함으로써 한국 종교에 대한 인류학 연구에 기여하였다.

무악에 대해 종족음악학적 시도를 한 이보형의 논문들도 특색이 있다고 할 것이다. 〈표 1〉 9번의 논문에서 이보형은 전북 지방 당골굿의 장단을 유형화하고 있다. 최길성은 사회인류학적인 차원에서 무당조직이나 무당 은어에 대한 연구를 하였고, 무신당의 장식에 대한 연구도 수행하였다. 이러한 최길성의 연구는 무속 그 자체의 연구에 머물러 있던 그 당시로서는 사회 속에서 무속을 연구할 중요한 계기를 제공해 주었다.

김태곤은 무신이나 신화 등에 대해 연구를 수행하였는데, 〈표 1〉 11번 논문에서 김태곤은 273종의 무신이 있다고 보고, 자연신 계통, 인신 계통, 기타 신으로 유형화하고 있다. 무속에 대해서 가장 많은 비중을 차지하는 논문은 무속 민속지라고 할 수 있는 여러 연구보고논문일 것이다. 이를 통해서 제주도나 여타 지역의 특색 있는 굿이나 무가가 기록되고 채집되어서 거의 소멸된 현재와 미래에 중요한 자료로 활용되고 있다. 이 당시에

〈표 1〉 1970년대까지의 『한국문화인류학』 한국 종교 관련 논문

번호	저자	논문 제목	발표집
1	최길성	*배송굿과 소놀이굿*	1
2	서대석	*경무고*	1
3	이두현	고창읍 오거리 당산	1
4	김광일	한국신화의 정신분석학적 연구	2
5	한상복 · 전경수	이중장제와 인간의 정신성	2
6	김광언	*문호장굿*	2
7	이부영	*입무과정의 몇가지 특징에 대한 분석심리학적 고찰*	2
8	이부영 · 이철규 · 장환일	*토속신앙과 관련된 정신장애 삼례(三例)의 분석*	3
9	이보형	*무악 장단고*	3
10	김열규	노적봉전승고	3
11	김태곤	*한국무신의 계통*	3
12	강용권	*부산지방의 별신굿고*	3
13	최길성	*무속연구의 과거와 현재*	3
14	김재붕	난생신화의 분포권	4
15	신동익	*심청설화의 무속적 전승에 관한 일고*	4
16	이보형	*시나위권의 무속음악*	4
17	이종철	서도부락제의 고찰	4
18	진성기	제주도 고산리 민간신앙	4
19	탁명환	한국신흥종교 여교주들의 생태	4
20	최길성	*동해안지역 무신당장식조사*	4
21	장주근	*서사무가의 시원과 민속문예사상의 위치*	5
22	현용준	고대 한국 민족의 해양 타계	5
23	진성기	*본향당의 신앙과 당신의 유형*	5
24	김광일	*한국 민간 정신의학 II 굿과 정신치료*	5
25	최길성	*동해안 지역 무속지 서설*	5
26	임동권	세시풍속에 나타난 양귀속	5
27	이두현	*장제와 관련된 무속연구*	6
28	김광일	*무녀 이례(二例)의 정신역동학적 연구*	6
29	장철수	중국의례가 한국의례 생활에 미친 영향	6
30	박계홍	대전시 주변부락의 민속신앙 연구	6
31	탁명환	제주도의 신흥종교에 대한 소고	6

32	유동식	불교사찰의 삼성각과 삼신신앙에 대하여	6
33	Janelli	Anthropology, Folklore and Korean Ancester Worship	6
34	장주근	한국문화인류학의 반성과 지향: 민간신앙분야	6
35	Gullemoz	삼신할머니	7
36	김기탁	경북 상주지역의 부락제 연구	7
37	장철수	급변하는 사회에서의 한국 문화의 전통성: 관혼상제 분야	7
38	유동식	급변하는 사회에서의 한국 문화의 전통성: 신앙분야	7
39	Janelli · 임돈희	한국 조상 숭배 의식의 연구	7
40	이보형	*신대와 농기*	8
41	유동식	한 · 일 불교 수용형태의 비교적 고찰	8
42	임돈희	신앙과 윤리성 문제	8
43	이광규	친족집단과 조상숭배	9
44	최길성	*무당사회의 첩에 관한 소고*	9
45	Kendall, Laurel	*Caught Between Ancestors and Spirits*	9
46	최길성	*오끼나와의 샤먼에 대하여*	10
47	현길언	풍수 설화에 대한 일고찰	10
48	탁명환	제주 사신 신앙에 대한 소고	10
49	유동식	*무교적 구조의 방법론적 의미*	10
50	최인학	도깨비의 사회적 기능에 대하여	10
51	진성기	제주도의 뱀신앙	10
52	장주근	전국민속종합조사의 회고와 전망: 민간신앙분야	10
53	최길성	*무당 은어의 분석*	11
54	정승모	의례를 통한 의미의 구상화 과정	11

(이탤릭체는 무속 관련 논문)

발표가 집중된 지역이 제주도와 동해안이었다는 점도 특기할 만하다.

전반적으로 볼 때, 1970년대까지 무속에 대한 논문 중에서 총체론에 입각한 연구는 드문 편이며, 사회나 문화와 굿이나 무속 일반과 연결짓기보다는 현상 그 자체에 대한 연구에 충실한 것을 볼 수 있다. 이러한 논문의 생산은 식민주의와 제국주의로부터 탈피하기 위한 불가피한 시도였다고 보인다. 이를 경우에 따라서는 근대 학문적 범주에서 볼 때 보고에 그친다고 보기도 하지만, 종교현상학적 접근에 기반을 둔 자료 중심의 객관적 접근이라고 보는 것이 적당하다고 생각한다. 자료에 대한 충실하고 객관적인 기록은 민속학이나 인류학 두 학문 모두에 중요한 업적이기 때문이다.

무속 이외에도 많은 연구가 행해졌는데, 가장 많은 관심이 쏟아졌던 영역은 동제였다. 동제는 마을공동체가 마을의 안녕을 위해서 공동으로 행하는 종교의례를 의미하는데, 공동체에 대한 관심과 함께 많은 학자들의 주목을 받았다. 주로 진행되는 상황에 대한 보고나 유형화 등에 초점을 맞춘 논문들이 생산되었고, 이러한 논문들은 동제가 가진 고유성을 입증하였으며, 현재 동제 연구의 초석이 되고 있다. 마을제와 공동체 조직, 혹은 공동체 구성원과의 연관성에 대한 연구는 기능주의나 상징주의에 대한 소개가 좀 더 이루어지고 나서 이루어진다.

동제 이외에 조상숭배나 신관, 불교와 전통신앙의 결합관계 등에 대한 논문이 보인다. 조상숭배에 대한 연구는 1980년대에 가서 좀 더 주목을 받게 되는데, 그 시초가 1970년대에 놓인 것을 알 수가 있다. 불교와 한국 종교의 전통 신격 중에서도 도깨비나 삼신할머니에 대한 연구도 보인다. 의례나 사회조직 등이 아닌 신격 그 자체에 대한 연구는 1980년대 이후가 되면 찾아보기가 어렵게 된다.

1970년대의 논문들은 많은 경우에 학자들이 단기 조사를 통하여 1차 자료를 수집하고, 이를 정리하여 발표한 것이다. 즉, 영미인류학에서 발달한 민족지적 조사방법, 즉 참여관찰이나 1년 동안의 현지조사 등을 활용한 경우는 많지 않으며 기본적으로 면담을 활용하였다.

3. 1980년대의 연구

1980년대에 들어서면서 한국 무속이나 동제를 구성하는 부문별 연구는 점차 줄어들고 종교현상에 대한 연구가 증가한다. 즉, 영미권에서 발달한 종교인류학적 이론이 소개되고 국내 학자들이 소화를 함과 동시에 70년대에 이 지역으로 유학을 갔던 학자들이 귀국하면서 총체론적이고 비교론적인 종교 연구논문과 사회문화와 종교를 연결시켜서 연구한 논문, 민족지적 방법론에 기반을 둔 논문들이 발표되었다.

〈표 2〉 1980년대 『한국문화인류학』 한국 종교 관련 논문

번호	저자	논문 제목	발표집
1	진성기	제주도민과 풍수지리	12
2	정승모	마을공동체의 변화와 당제	13
3	이두현	*동해안 별신굿*	13
4	임돈희	한국농촌부락에 있어서의 묘자리의 영향: 풍수와 조상탓	14
5	이두현	*하회별신굿 탈놀이*	14
6	이보형	*메나리토리 무가 · 민요권의 음악문화*	15
6	장주근	한국 민간신앙의 조상숭배	15
7	최길성	한국 조상숭배의 연구—연구사와 개념을 중심으로	15
8	重松眞由美	재수굿—서울상가에 있어서의 사례를 중심으로	15
9	유동식	한국인의 영성과 현대문화	15
10	강득희	부정에 대한 인식 및 의료행태에 관한 연구	15
11	김성경	군대와 종교: 한국과 미국의 경우	16
12	김성례	*신들림 체험과 은총에의 추구*	16
13	장윤식	*신앙체계로서의 무속*	16
14	최길성	풍수를 통해 본 조상숭배의 구조	16
15	박계홍	당제의 제일에 대하여	17
16	이종철	장승의 현지유형에 관한 시고	17
17	임재해	놋다리 밟기의 유형과 풍농기원의 의미	17

18	진성기	*제주도 무속과 당신앙*	17
19	伊藤亞人	옹기와 주부	17
20	장주근	고대사 연구와 신화연구	17
21	최길성	도참설과 고려, 조선의 종교문화	18
22	강신표	조상숭배와 전통문화	18
23	금장태	조상숭배의 유교적 근거와 의미	18
24	김광억	조상숭배와 사회조직의 원리: 한국과 중국의 비교	18
25	송석구	불교와 조상숭배—불교의 효도관	18
26	유동식	기독교와 조상숭배—한국적 상황에 대한 사적고찰	18
27	윤서석	식생활과 조상숭배	18
28	임돈희	한국 조상숭배의 미래상	18
29	장주근	*무속의 조상숭배*	18
30	최길성	조상숭배의 한일 비교	18
31	최근덕	조상숭배와 의례	18
32	최재석	촌락사회에서의 양자와 제사상속의 변화	18
33	김택규	한국 농경세시의 이원성	20
34	장주근	인류학 30년: 민간신앙 연구	20
35	최길성	한국 조상숭배 연구의 회고와 전망	20
36	김창민	동제 수행의 규범적 규칙과 실제적 규칙	21
37	임재해	단오에서 추석으로: 안동지역 세시풍속의 지속성과 변화	21

(이탤릭체는 무속 관련 논문)

〈표 2〉에서 볼 수 있듯이 전체 37편의 논문에서 무속 관련 논문은 7편으로 줄어들었고, 무속 그 자체에 대한 논문은 4편에 불과하다. 무속에 대해 연구하더라도 무속 그 자체보다는 무속과 여타 종교/사회현상과의 관련성에 좀 더 많은 관심이 집중되었음을 알 수 있다. 1970년대까지와 비교했을 때 변화를 읽을 수 있는 부분이다.

1980년대에 많은 학자들이 관심을 가진 것이 조상숭배인데, 〈표 2〉에서 보듯이 『한국문화인류학』 18집에서는 조상숭배가 특집으로 꾸며진 바가 있을 정도이다. 조상숭배는 친족제도에 대한 관심과 함께 주목을 받았는

데, 한국의 급격한 경제성장에 따른 친족제도나 제사제도의 변화와 관련이 있었던 것으로 보인다. 조상과 풍수가 현재 사람들의 생활에 미친 영향을 검토한 임돈희의 연구나 사회조직과 조상숭배를 비교한 김광억의 논의도 주목할 만하다.

정승모와 김성례, 김창민 등은 무속이나 동제 그 자체보다는 개인과 사회/문화와의 관련성에 많은 주목을 하였고, 개인이나 집단의 선택 등에 따른 결과로 새롭게 종교현상이 구성되는 것에 관심을 기울이기 시작하였다. 정승모는 당제를 통해서 공동체의 변화를 읽어 보고자 하였는데, 이는 동제 연구에서 중요한 분기점을 제공하였다. 김성례의 경우에 신들림을 무병으로 간주하고, 무속의 특성을 분리하려는 유형론적 시각에서 탈피하여 무당이 신들림을 경험하고 이를 자신의 체험으로 만들어가는 과정에 주목하는 논문을 작성하였다. 김창민도 동제의 수행 과정에서 사회적 규범을 읽어 내는 사회인류학적 시각을 제공하고 있다.

기존의 세시 연구가 기초 자료에 충실한 연구였다면 김택규와 임재해는 이를 기반으로 사회적 시간이 표현된 상징으로 세시를 간주하고 이에 대한 연구를 수행하였다. 즉, 종교적 현상의 사회적 기능이나 의미에 좀 더 많은 학자들이 주목하기 시작한 시기였다고 간주할 수 있다.

4. 1990년대의 연구

1990년대가 되면 좀 더 다양한 차원의 논의가 이루어지게 되는데, 자료 중심의 객관적이고 다양한 보고논문이 사라지는 단점 또한 등장한다. 이론 중심의 논의를 중시하는 경향에 대해서 문제 제기를 하고 싶은 생각은 없으나 사회과학 중에서 가장 경험적인 인류학에서 연구보고를 연구논문과 동일하게 취급하는 평가방식은—요즈음 점차 개선되고는 있지만—필요하다고 생각된다.

정치적 권력을 종교를 통해 분석하려는 시도가 나타나는데, 김광억의 연구가 대표적이다. 김광억은 저항이라는 정치적 행위가 무속 의례를 통해서 이루어지는 것을 역사적 관찰을 통해 분석하였다. 포스트 모더니즘적 시각에서 새롭게 무속 연구를 수행한 김성례는 한국에서의 무속 전통이라는 담론에 대한 해체 작업을 통해 새로운 무속 연구를 꾀하였다. 문화연구 차원에서 행해지는 종교 연구는 송도영이나 김진명, 권헌익을 통해서 성공적으로 시도되었다. 이러한 연구의 단점인 의례나 특정 공간이 가지는 종교적 신성성에 대한 관심 결여는 사회나 문화와 의례가 가지는 관계성에 대한 참신하고 설득력 있는 논의를 통해 극복된 것으로 보인다. 전경수도 의례적 윤간이라는 현상을 통해 한국 종교의 뒷면에 숨어 있는 의

〈표 3〉 1990년대 『한국문화인류학』 한국 종교 관련 논문

번호	저자	논문 제목	발표집
1	김창민	*제주도의 역사와 당제*	22
2	김성례	*무속전통의 담론분석: 해체와 전망*	22
3	최길성	*한국 샤머니즘의 기원과 특징*	22
4	김광억	*저항문화와 무속의례—현대 한국의 정치적 맥락*	23
5	전경수	사자를 위한 의례적 윤간: 추자도의 산다위	24
6	김진명	호남지방의 의례생활에 대한 일고	24
7	송도영	의례공간 소비의 '키치'화	28
8	Guillemoz	*'같음'과 '다름' 사이의 대화: 외국 사람이 무속을 이해할 수 있느냐?*	31-2
9	Kendall	*소비하는 영혼들*	31-2
10	권헌익	*전생에 맺은 사회관계: 신화분석과 비교문화*	32-1
11	김진명	*찰나적 환상과 영겁의 종속: 의례 분석에 종속적 시각의 도입을 위한 일고찰*	32-2

(이탤릭체는 무속 관련 논문)

미를 효과적으로 읽어 내고 있다. 켄들(Kendall)은 한국 무속에 대한 오랜 연구로 잘 알려져 있는 대표적 연구자 중의 하나이다. 연구 초기부터 무속 그 자체에 대한 연구보다는 무속과 한국 사회, 여성의 상관관계성에 주목을 했던 그녀는 무속이 자본주의의 발전 과정에 맞추어 변해 가는 과정을 심도 있게 추적하고 있으며, 무속이 가지는 일반적 특성에 대해 체계적인 해석을 하고 있다.

〈표 3〉에 기록된 모든 논문들은 방법론과 인식론 모두에서 영미나 프랑스에서 발달된 사회문화인류학에 충실한 것을 볼 수가 있다. 즉, 서구의 인류학이 한국 학자들에 의해서 충분히 소화되어 있다는 것을 위의 논문들이 보여 주고 있다. 아울러 이론적으로도 종교와 여타 사회제도와의 상관관계를 논하던 기능주의 일변도에서 벗어나 상징주의나 포스트모더니즘, 구성주의 등을 통해 사람들이 종교에 부여하는 가치나 의미를 통해 사회나 문화를 해석하려는 경향도 보인다. 재미있는 것은 한국 종교현상에 대한 전체 논문의 수는 줄었지만 무속에 관한 논문이 차지하는 비중은 늘었다는 점일 것이다.

〈표 4〉 1990년대 『비교문화연구』 한국 종교 관련 논문

번호	저자	논문 제목	발표집
1	김헌선	*제주도 안덕면 당신본풀이의 구비전승적 위상*	5
2	문무병	*제주도 무조신화와 신굿*	5
3	양종승	*한국 무신의 구조 연구*	5
4	최길성	*동북아세아 샤머니즘의 비교*	5

(이탤릭체는 무속 관련 논문)

1990년도에 서울대학교 비교문화연구소의 『비교문화연구』가 새로운 인류학 학술지로 선보이게 되는데, 이 학술지에 실린 한국 종교 관련 논문

의 수는 『한국문화인류학』에 비해 더 적다. 그나마 실린 논문도 5집에 집중적으로 실려 있으며, 무속에 대한 논문들이 대부분이며, 문헌학적인 연구 경향을 보여 주고 있다.

5. 2000년대의 연구

2000년대에 들어서면 한국 종교와 관련된 인류학적 논문의 수는 더욱 감소하여 두 학술지에 발표된 논문을 모두 합친다고 하여도 총 9편에 불과한 실정이다. 이는 여타 사회 문제에 대해 관심이 증가하고 종교 문제에 대한 관심이 감소한 것과 한국 인류학자들의 관심이 이제 전 세계의 인류 문화로 확대되었다는 점에 기인한다고 생각된다. 90년대부터 두드러지게 나타난, 타 문화 연구를 통한 보편적 문화 이해라는 한국 인류학계의 연구 경향은 한국 관련 연구논문의 감소를 가져왔다. 한국 관련 논문의 경우 신화에 관한 논문, 동제, 장례와 상례, 제례에 관한 논문이 『한국문화인류학』에 각 1편씩 발표되고 있다. 이 시기에 특기할 만한 것은 1970년대부터 90년대까지 많이 발표된 무속에 관한 논문이 한 편도 실리지 않았다는 점일 것이다.

〈표 5〉 2000년대 『한국문화인류학』 한국 종교 관련 논문

번호	저자	논문 제목	발표집
1	이정재	한국의 신화와 문화영웅	34-2
2	강정원	근대화와 동제의 변화	35-1
3	송현동	한국 장례연구의 경향과 과제	37-2
4	김시덕	현대 한국 상례문화의 변화	40-2
5	문옥표	가정 제례의 변용을 통해 본 현대 한국인의 가족관계와 젠더	40-2

(이탤릭체는 무속 관련 논문)

1990년대의 포스트모더니즘적 연구 경향은 보이지 않지만, 종교 그 자체의 연구보다는 연구자가 확인 가능한 의례와 의례를 통해서 해석해 낼 수 있는 사회현상에 연구자들의 관심이 몰려 있는 것을 볼 수 있다. 아울러 근대화 과정을 통해 나타난 종교생활의 변화를 읽어 내려는 시도가 이루어지고 있다. 문옥표의 경우에 가정 제례를 통해서 한국인들의 가족관계나 젠더를 보고자 하였고, 강정원은 동제가 근대화 과정 속에서 지속되고 변화되는 과정과 그 원인을 역사적으로 분석하고 있다. 김시덕이나 송현동은 상례나 장례의 변화를 급속도로 변화하는 현대사회와 연관시켜 설명하고자 한다. 이정재의 경우에는 신화에 대한 연구를 문헌학적으로 수행하고 있는데, 대부분 현지조사에 근거한 논문들 속에서 특이한 위치를 차지하고 있다.

〈표 6〉 2000년대 『비교문화연구』 한국 종교 관련 논문

번호	저자	논문 제목	발표집
1	가와가미 신지	*한국 강신무에게 수호신령으로서 내려온 사령에 관한 연구: 서울과 전라남도 진도의 비교*	6-2
2	박성용	묘지의 공간구성과 사회관계의 배열—신촌의 사례	8-1
3	송현동	한국 사회의 죽음에 대한 태도: 죽음의 경관을 중심으로	11-1
4	송도영	종교와 음식을 통한 도시공간의 문화적 네트워크	13-1

(이탤릭체는 무속 관련 논문)

비교문화 연구에도 4편의 종교 관련 연구가 실려 있는데, 무속에 관한 논문이 1편, 죽음과 묘지에 관한 논문이 2편, 종교와 음식의 상관관계를 통해 도시를 연구한 논문이 1편이다. 가와가미 신지는 한국 인류학자들이 놓치고 있는 무속의 신관 변화를 꼼꼼하게 검토하고 있으며, 박성용과 송현동은 죽음과 묘지, 사회와의 상관관계에 주목한다. 송도영은 이태원 일대에 들어서고 있는 이슬람 음식점을 통해 도시공간의 변화에 연구 초점

을 두었다. 이렇게 여러 변수들 사이의 관계에 대한 고민과 천착은 현대 사회의 복잡성과 그에 대한 치열한 인류학적 연구를 잘 보여 준다고 할 수 있다.

6. 결론—기존 연구의 성과와 한계 및 향후 전망

본 리뷰 논문은 한국문화인류학회 50주년 기념으로 한국 종교에 관하여 발표된 논문들을 리뷰하고 전반적 경향성을 읽어 내고자 하는 목적으로 작성되었다. 종교와 관련하여 발표된 논문의 수가 100편 정도이기 때문에 개별 논문이나 개별 학자 별로 꼼꼼하게 검토하지는 못하였다. 본문에 첨부한 6개의 표를 통해서 전반적인 변화 과정을 파악해 볼 수 있다.

무속에 관하여 특별한 관심을 가지고 검토해 본 결과, 1970년대는 전체 종교 관련 논문에서 근 40%에 달할 정도로 무속 관련 논문의 비중이 높았다. 이는 그 당시의 지적 분위기를 일부 반영하는 것이라고 볼 수 있는데, 무속이 한국 기층문화를 상징하는 것이라고 간주하고 이의 연구를 통해서 한국 문화의 자부심을 회복하고자 하는 학문 외적 목적이 중요하게 작용했으리라고 보인다. 이러한 무속 대상의 논문은 1980년대에 들어서면서 점차로 감소하고, 2000년대에 들어서면서 격감하게 된다.

시기별로 조금씩 차이는 있지만 전반적으로 볼 때 이론을 통해 종교현상을 연구하는 경향은 점차 강해지고 있지만 종교현상 그 자체에 대한 연구나 자료 중심의 연구는 감소하고 있는 것을 볼 수 있다. 논문 수가 그렇게 많지 않기 때문에 주도적인 이론적 경향을 읽어 낸다는 것이 큰 의미는 없지만, 서구에서 중요하게 다루어진 이론들은 소개되고 있는 것을 볼 수 있다.

한국 문화인류학 50년 동안 다루어진 종교현상은 매우 다양하지만, 종교인류학의 핵심 중의 하나인 신격에 대한 연구나 합리성과 한국 종교의 상관관계 연구, 불교나 기독교를 비롯한 기성 종교에 대한 연구는 취약함을 알 수 있다. 아울러 한국 종교의 다양한 현상에 대한 보고나 이론적 성찰작업, 비교연구를 통해서 한국 문화나 사회의 특성이나 기본 원리를 밝히는 노력도 그렇게 성공적이었다고 할 수는 없다. 그리고 인류학의 출발점이라고 할 수 있는 원시종교들에 대한 서구 인류학의 업적을 기반으로 한국 전통종교, 특히 샤머니즘을 연구하는 것도 불충분하게 이루어졌다. 이는 서구에서 발달한 여러 이론들을 소화하는 작업과 한국인과 그들의 종교에 대한 기본 자료 집적 작업을 많지 않은 학자가 동시에 수행해야 하는 데에서 온 결과라고 생각된다.

향후 한국에서 종교 사이의 갈등이 사회에서 중요하게 해결해야 할 문제로 등장할 조짐이 보이고 있는 현재 시점에서, 충실한 보고서 작업을 통한 자료집적 작업의 중요성을 다시 한 번 강조한다. 동시에, 예측하기 힘든 미래에 대한 전망을 하기보다는 한국 종교현상에 대한 인류학자들의 관심을 촉구하는 것으로 본 리뷰 논문을 마치고자 한다.

참고문헌

기어츠, 클리퍼드(문옥표 역), 1998, 『문화의 해석』, 서울: 까치.

장주근, 1974, "한국 문화인류학의 반성과 지향: 민간신앙분야," 『한국문화인류학』 6: 201-205.

______ 1988, "인류학 30년: 민간신앙 연구," 『한국문화인류학』 20: 85-100.

한상복, 1998, "문화인류학 40년의 일화," 『한국문화인류학』 31(2): 187-203.

Tambiah, Stanley Jeyaraja, 1990, *Magic Science, Religion, and the Scope of Rationality*, Cambridge Univ. Press.

한국 문화인류학의 한국 농촌 연구와 한국 농민사회

안승택(전북대학교 쌀 · 삶 · 문명연구원 HK연구교수)

1. 한국 농민사회와 1948년 체제

1948년 한국 사회는 '경자유전(耕者有田)'의 이념을 헌법 제86조에 삽입하여 '농민사회'(혹은 '소농사회')의 질서를 법제화하고 이듬해 농지개혁법을 제정하여 농지개혁에 돌입하였다.[1] 이에 의해 구축된 사회 체제를 잠정적으로 1948년 체제라고 부르기로 하자(안승택 2007: 449). 1948년 체

1) 1948년의 헌법 제86조는 다음과 같이 적고 있었다. "농지는 농민에게 분배하며 그 분배의 방법, 소유의 한도, 소유권의 내용과 한계는 법률로써 정한다." 농지개혁에 의해 구축된 사회 체제의 역사적 성격에 대한 경제사 관점에서의 논평으로는 조석곤(2001)을, 역사인류학 관점에서의 논평으로는 안승택(2008)을 참조.

제는 조선/한국 사회에서 17세기에 성립한 국가 체제로서의 농민사회가 구현한 최종적인 형식이며, 그 성립은 신생 대한민국의 자본주의가 그 이념적 기원을 재래의 농민사회에서 찾았음을 의미한다. 따라서 역사적 농민사회로서 1948년 체제의 성격과 특징을 규명하는 일은, 현대 한국 사회와 문화를 이해하는 데에서도 결정적인 의의를 지닌다.

한편 1948년 체제가 규정한 법제로서의 농민사회는, 그것을 규정하던 세계체제의 전환과 더불어, 국제무역질서에서 농업의 일반적인 예외적 지위의 인정을 폐기한 1994년의 우루과이라운드 협상 타결에 의해 해체를 보게 되었다.[2)] 이는 대한민국의 자본주의가 이념적 양친(養親)과의 관계를 청산하고, 신자유주의적 세계체제에 투탁하였음을 내외에 선언한 사건이라 할 수 있다. 그럼에도 불구하고, 1990년대 이후 한국의 사회와 문화를 설명하려는 논의들 역시, 이 1948년 체제의 성격과 특징에 대한 이해를 기반으로 삼을 필요가 있다. 조선/한국의 농민사회, 그리고 그 특수 형식으로서 1948년 체제가 구축한 사회문화적인 질서는, 이후 한국 사회의 전개 궤적에 강력한 관성으로 작동하면서, 새 체제의 새로움을 형성하는 오랜 것들과 진정 새로운 것들을 분별하는 위력적인 참조 지점이 되기 때문이다.

이 글은, 한국문화인류학회의 50년에 걸친 연구를 정리하려는 기획의 일환으로서, 한국 농촌의 연구에 대하여 간략한 논평을 제출하는 것을 목적으로 작성되었다. 그런데 그 기획 내에는 이 글 외에 가족과 친족, 정치, 경제, 종교, 언어 등 각 분야별 논평이 포함되어 있었고, 이 글이 맡은 바

2) 제헌헌법과 농지개혁법에 나타난 농민사회의 이념은 현재도 농지 소유의 상한을 규정한 농지법 조항으로 잔존하여 있다. 그러나 1948년 체제의 해체와 더불어, 농지 소유의 상한 역시 1949년 농지개혁법 제정 이래의 3ha에서 1994년 10ha(농업진흥지역에 한함. 농지관리위원회의 확인을 받아 지방자치단체장이 농지매매증명을 발급하는 경우 20ha)로 조정되었다. 이 두 현상의 '더불어'는 당연히 우연이 아니다.

농촌 연구의 논평은 그것들과 같은 수준의 또 다른 분야를 담당하는 것으로 이해되지 않았다. 따라서 기획의 문제의식을 받아들여 다른 분야와의 중복을 피하면서도, 별도의 원리에 의해 기존의 농촌 연구를 재조직하는 서술방식이 필요하다고 판단되었다. 이 글이 상기한바 조선/한국 농민사회와 그 특수 형식으로서 1948년 체제에 대한 해명을 서두의 문제의식으로 제시한 것은 이러한 판단과 관련이 있으며, 이 진술이 내용적으로 함의하는 바는 이하의 서술을 통해 확인될 수 있을 것으로 생각한다.[3)]

2. 자연환경과 물적 토대

농촌의 물질생활은 무엇보다도 농업이라는 생산력적 기초에 의해 규정된다. 농업은 인간이 자연 속의 사물들과 맺는 연속적 관계를 기반으로 하여 이로부터 물질, 에너지를 전유하는 활동이다(조경만 1993: 295-296). 이 전유를 통해 인간은 자연을, 그리고 자연과 인간이 맺는 생태학적 관계를 변형시킨다(같은 글: 298). 이 변형의 성격은 수렵채집이나 어업 등 다른 생계양식과의 대조를 통해 이해되었다. 농업은 동식물에 대하여 상호 의존적 공생관계에 있지만 어업은 일방적 기생관계에 있다고 본 것은 한상복(1976: 88)이었고, 농업은 야생의 자연을 인간의 영역으로 끌어들여 길들이는 관계에 있지만 수렵채집이나 어업은 인간이 자신의 노동을 자연의 성

3) 당연한 이야기이지만, 한정된 분량의 원고에서 한국 문화인류학계가 생산한 농촌 연구 전체를 다룰 수는 없었다. 이는 논평의 집필자에게 일정한 취사선택을 요구하였고, 집필 중 실제로 그러한 선택이 이루어졌다. 이 과정에서 핵심적인 의의를 지닌 논저들에 대한 언급이 누락되었을 수 있으며, 이는 다소간의 문제를 야기하는 것으로 생각된다. 기본적으로는 집필 의도와 관련한 문제라는 점에서 일단 독자 제현의 양해를 구한다. 그러나 이와 관련하여 발생한 문제들이 전적으로 집필자의 책임이라는 점은 두말할 나위가 없다.

상에 부응시켜 생계의 자료를 얻는다고 한 것은 조경만(1993: 298)이었다. 이 차이는, 전자가 농촌에서 인간과 자연의 공생이 인간의 기술혁신에 의해 점진적으로 보장받을 수 있었다는 시각에, 후자는 그것이 인간에 의해 오히려 점점 더 위기에 처하여 왔다는 시각에 기반을 둔 결과가 아닌가 생각된다.[4)]

이 변형 과정 속에서 자연-인간관계 및 인간의 사회적 관계가 조직되며, 생활양식과 사고방식 역시 특정한 체계와 지향성을 가진 것으로 변형된다(같은 글: 299). 김택규(1982)는 추석을 중시하는 지역과 단오를 중시하는 지역의 차이에 착안하여, 그러한 체계들의 지역적 구성물로서 잡곡재배문화를 기층으로 하는 한반도 북부의 단오권, 수도재배가 가장 일찍 정착된 서남부의 추석권, 양자의 복합 양상이 현저한 동남부의 추석단오복합권이라는 삼대 기층문화 영역을 설정하였다. 이어서 그는 반례(班禮)와 민속의 관계에 대한 주목을 요구하면서, 중요 세시의례에는 모두 잡곡재배문화와 수도재배문화의 양면이 내재해 있으며, 이는 잡곡재배문화가 선행적으로 형성된 상태에서 수도재배문화가 반례의 영역부터 유입되어 확산된 결과라고 주장하였다(김택규 1988: 110-115). 이와 관련하여 임재해(1989)는 안동 지방이 김택규에 의해 단오 · 추석복합권으로 구분되었지만 단오권에 속하며, 이러한 속성이 추석의 공휴일 지정과 이농현상에 의해 점차 추석권적인 성격으로 변했다고 하였다.

임재해의 지적 중 전자는 김택규 자신도 '소백산맥 남록지대'의 문제로서 염두에 두었던 것이다(김택규 1985: 454; 467). 또 김택규가 문화 영역 구

4) 내적 차이에도 불구하고 존재했던 양자 간 공통성—농업의 기본성격을 인간의 자연 변형에서 찾았던 점—은 인류학적 농업 연구의 전통 내에 존재하는 하나의 정향을 지시하는 것으로 보인다. 유기농 등 소위 '자연친화적 농업'에 대한 일련의 연구들에서 나타난바, 그들의 기술과 이념, 활동이 내세우는 '자연성'에 대한 비판적 성향은 그 한 예가 될 것이다.

분의 지표로 사용한 문화요소가 다양하였기에(같은 글: 455; 김택규 1988: 124-125) 이에 대한 재검토의 요구 역시 보다 다면적인 것이 될 필요도 있다. 그럼에도 불구하고 김택규의 작업에서 세밀한 지리적 경계 등 공간차원의 탐구에 미진함이 있었음은 대개 인정할 수 있다. 임재해의 지적 중 후자는, 이농에 따른 생계양식 및 촌락사회 구성의 변화가 세시의례 주기의 변화를 추동한 사례라는 점에서, 세시의례 주기에 대한 환경과 생업의 규정력을 전제한 김택규의 주장을 뒷받침하는 논지이기도 하다. 기반 형성으로부터 양식적 고도화는 물론 현대적 변용에 이르기까지 농촌생활의 모든 역사단계에서, 지리환경과 농업생산의 여러 차원에 대한 탐구는 그만큼 긴요한 문제가 되는 것이다.

이러한 견지에서 연구의 궤적을 되짚어보자. 우선 동아시아 수준에서 농업기술체계의 편성을 보면, 한국의 농기구체계는 기본적으로 한 · 중 · 일 삼국 간의 유사성에 의해 규정되며, 그 가운데 나타나는 일부의 한국적인 특징들은 문화적 독창성보다는 지리적 적응의 결과로 이해될 수 있다는 지적이 있었다(Knez 1972: 307). 환경적 특성에 의해 규정되는 지역경제의 생계 유형은 가족 구조와 가족 재생산방식에도 영향을 미친다. 농촌은 어촌에 비해 여자의 초혼연령과 가족계획의 수용 및 실천율이 높았음에도 불구하고 출산 수준이 상대적으로 높았고, 가족의 해체가 잘 일어나지 않는 위에 재혼율도 낮았으며, 축첩이나 부부 간의 동침서거부 또는 별거의 사례도 거의 관찰되지 않았다. 이는 농업지역에서 강세를 보이는 동족마을의 전통에 의해 농촌가족이 보다 강력한 결속과 안정을 이룬 결과로 해석되었다(한상복 1977: 171). 또 농업에 전념하는 가족의 임신빈도는 농한기가 막 시작되는 양력 12월에 가장 높게 나타난 반면, 고기잡이와 김양식까지 겸하는 반농반어민 가족은 김 양식 작업이 집중되는 12월 대신 9 · 10월에 임신빈도가 높았다(전경수 1977b: 161). 가족성원 중 혼인이 있는 시기의 평균생산력지수는 아이의 출산이나 차남의 분가 시기보다 높았는데, 이는 혼인, 출생, 분가의 시기와 생산력을 극대화하기 위한 경제전략이 상호 관련되어 있음을 보여 주는 것이다(박성용 1991: 69). 이러한 논의들은 모두 문화의 능동성이나 독창성의 결여에 대한 확인(또는 실망)보다는, 인간과 문화가 처한 지리적 · 환경적 조건과 농업생산력에 대한 세밀한 탐구를 촉구하는 것이라고 할 수 있다. 이러한 차원들에 대한 탐구가 다시 조선/한국 사회의 독자적인 문화논리에 대한 이해와 논쟁을 촉진할 것임은 의문의 여지가 없다.

한상복 등에 따르면, 수리시설과 같은 농업생산의 기본설비가 갖추어지지 않는 한 정책적인 농업개량이나 농촌지도가 원활히 이루어져도 농민의 소득증대로 이어지기 어려우며, 기술개량과 농촌지도가 보다 큰 효과를 나타내는 것은 전형적인 답작지대나 전작지대보다는 양자가 섞여 있는 혼작지대에서였다(한상복, 문승규, McCann 1968: 17-19). 농업개발에 대해서뿐만 아니라 농업위기에 대한 대응에서도 지리적 · 환경적 조건과 농업생산력 편성 형태상의 차이—울프(1978)의 용어로 생태형(ecotype)에 해당하는—는 농민사회 내에서 서로 차별화된 양상을 만들어낸다. 전남 곡성 지역 내 인접한 두 농촌에서 1990년대 말 IMF 구제금융기의 위기국면을 맞아 나타났던 환금경영부문의 도입 양상 및 농업 현실의 인식과 태도상의 차이는, 주요하게 벼농사 중심의 영농을 해 왔던 집단적 경험과 마을 형성 초기부터 잠사 등 환금경영부문에 종사했던 집단적 경험의 차이에 의해 규정된 것으로 해석되었다(홍성흡 2000: 78).

물론 농민사회 내의 주요한 문화적 속성들이 단지 지리적 · 환경적 조건 및 농업생산력 조건에 의해서만 규정될 수는 없다. 기실 상기한 연구들 역시 이러한 기계적 결정의 관계를 전제하기보다는, 그것들이 산출하는 고유한 문화적 논리와 물적 조건들과의 상관관계를 해명하려는 기획이었다고 할 수 있다. 즉, 농촌문화의 다양한 측면들 중 지리적 · 환경적 조건으로부터 강한 영향을 받아 구성되는 영역으로부터 덜 그러한 영역들을 향해 나아가려는 구도가 있었다고 보아야 할 것이다. 그럼에도 불구하고 지리적 · 환경적 조건의 탐구, 이것이 규정하는 농업생산 형태상의 특수성들이 문화적 논리의 전개에서 차지하는 변수로서의 지위에 대한 탐구가 체계적인 성취를 이루었다고는 하기 어려운 것도 농촌 · 농민문화 연구의 현실이었다. 이 아쉬움은 농촌의 사회세계와 이념체계에 대한 인류학적 분석들에 의해 부분적인 보상을 받을 수 있을 것이다.

3. 사회세계와 이념체계

한국 농촌의 사회세계와 이념체계에서 나타나는 주요한 속성들이 단지 지리적 · 환경적 조건의 반영이거나 농업생산력 편성 형태의 귀결로 간주될 수 없음은 분명하다. 그것들이 갖는 독자적이고 능동적인 영력들은 앞서 언급한 전남 곡성의 사례에서도 발견된다. 이 사례에서는 두 마을 공히 상층농들이 국가의 정책적 보조에 의존하면서 빚의 부담을 자신과 금융기관이 공유하는 경영전략—한국의 '재벌'들에게서도 특징적인—을 구사하고 있었다(같은 글: 76-77). 이는 현대 한국 농민사회에서 문화적 가치에 대한 인식을 위축시키고 경제주의를 강화시키는 기반이 주요하게는 개발논리를 앞세운 국가의 힘에 있다는 분석(진필수 1999: 95-96)과 공명하는 것이기도 하다. 이 공명지점이 현대 한국 자본주의가 갖는 독특한 속성의 농촌적 발현 형태라는 인식은 상당히 설득력이 있다.

한편, 이러한 한국 자본주의의 속성—농촌에서의 그것이든 도시나 공장에서의 그것이든—은, 한국 재래 농민사회가 가졌던 문화적 속성의 자본주의적 발현 형태(또는 현대 한국 자본주의의 모습을 한편에서 규정한 한국 농민사회의 역사적 관성)처럼 보이기도 한다. 식량 경작자 일반과 구분되는 농민을 출현시키는 것이 국가에 의한 농촌의 편성이라 할 수 있다면,[5] 이 점은 자본주의 이전의 한국 재래 농민사회라고 하여 예외일 수 없다. 또 위기에 닥친 농민들이 보이는 중앙집권적 국가에의 강한 의존은, 잉여농산물의 절대다수가 호혜적 교환이나 시장교환보다는 환곡 등 국가적 재분배체계(이헌창 1996; 손병규 2007)에 의해 지배되던 한국 재래 농민사회에서 흔히 나타나던 모습이기도 하다. (농민)사회와 국가 사이의 직접적이고 강력한 상호 의존관계, 그리고 양자 간 교섭—그 당장의 승리자가 국가이든 사회이든—의 개시(와 지속)를 통한 국가의 사회에 대한 지배력 강화는, 한국 재래의 농민사회가 현대 한국 자본주의에 물려준 유산으로 평가될 만한 여지가 있다. 미 군정기의 농지개혁 과정에서 현재주의적·경제주의적 입장에서 정책을 추진하던 군정당국에 대하여 나주 '궁삼면' 농민들이 역사주의적·문화주의적으로 대응하였던 사례(함한희 1991; 1998)는, 이 땅의 농민사회가 국가적 편제 안에서 그것과의 유구한 세월에 걸친 실랑이를 통해 한편으로 문화적 논리를 형성하면서 동시에 현실적 이익을 취하는 방식으로 스스로의 역사적 현재를 구성해 왔음을 재인식하게 한다. 이와 유사한 문화적 논리와 사회적 상징 투쟁의 전개 양상이, 1990년대 이후 농업·농촌의 위기에 대한 농민들의 문화적 대응 양상을 분석한 사례들(함한희 1992, 1995; 김주희 1995; 조경만 1998)에서도 관찰됨은

5) 울프(1978: 24-27)는 다음과 같이 적고 있다. "농민이라는 말은 잉여생산자와 지배자 사이의 불평등한 구조적 관계를 가리키는 데 지나지 않는다.…식량 경작자 일반과 농민 사이의 경계를 긋는 것은 국가의 출현 여부다. 그러니까 경작자가 국가사회로 통합되어 자기와는 계층이 다른 권력자의 요구와 제재에 따르는 경우라야만 진정한 의미의 농민사회라고 말할 수 있는 것이다."

결코 우연이 아닐 것이다.

물론 이러한 농민들의 역사주의적 문화논리가 농민들 모두에 공유되거나 고르게 분포하는 것일 수 없다. 가령 수백 년 세거지가 댐 건설로 수몰되어 집성촌이 해체될 위기에 처하자 이를 이주 복원시킨 전주 류씨 수곡파의 사례(김주희 1995)를 보면, 집단이주에 동참하지 않은 구성원은 크게 세 부류가 있었다. 첫째, 대종가와 한 소종가, 둘째, 노속(奴屬) 출신 타성가구들, 셋째, "고향 개념을 박기 위해" 동참은 하였으나 실제 상주하지는 않는 전주 류씨들. 이 세 유형은 한국 농촌사회의 내적 분화와 관련하여 어떤 핵심적인 지점을 지시하는 것으로 생각된다. 세 번째 것에서부터 차례로 보기로 하자.

우선 세 번째 유형과 관련하여, 실제 상주하지 않으면서 형식적으로 이주에 동참한 종족원들의 배경에는 무엇보다도 '고향'과의 유대를 끊는 데에 대한 부담이 있었다고 할 수 있다. 이것이 단지 특정 수몰민만의 사례가 아니라는 점은, 도시 이주 후에도 고향 마을 상포계원의 자격을 유지하는 이농민들과 이들의 계원 자격 유지를 허용하는 상월동 농민들의 사례(嶋 1983: 185)에서도 확인된 바 있다. '타향에 가서 살아도 묘는 고향에 두고 싶고 장례를 위해 돌아오면 동민(洞民)의 도움을 받을 것'이라는 이농민들의 이해와, "함께 삶으로써 형성된 유대는 타향에 살아도 끊이지 않는다"는 농민들의 신념이 만남으로써, 마을의 물리적 공간범위를 넘어서는 마을조직이 형성되었던 것이다. 골드버그에 따르면, 본디부터 '상놈'으로 대접받는 이들의 공통점은 모두 외부로부터 온 사람들이고, '양반'도 고향을 떠나 동족집단에 속하지 않게 되면 천대를 받아 '상놈'이 되고 말기에, 자기의 동족이 살고 있는 곳으로서의 '고향' 개념은 곧 스스로의 신분과 귀속감의 표현이 된다(Goldberg 1973: 163-165). 이 '신분과 귀속감 유지의 부담'이 이농민과 동족 마을 잔류자라는 상이한 집단이 하나의 공동체 의식으로 결집하게 만드는 동력이 되었던 것이다.

이 배경에 단지 정서적인 차원만 아니라 경제적 차원의 힘이 작용하였다는 점은, 이농을 다루었던 초기단계의 연구들에서 '부분이농'의 개념을 통해 이미 확인되었다. 농촌이 아니라 도시에서 희망을 찾게 된 농민들[6]이 대개 택하는 방식은 도시에서의 취업을 목표로 자녀를 도시에 내보내 교육시키는 것이었으니, 이는 농촌가족원 미혼자녀의 도시 취업이나 근교 농촌 자녀의 도시 출퇴근 등과 함께 광범위하게 '부분이농'의 맥락을 구성하였다. 농업인구의 급격한 감소와 상치되는 농가호수의 완만한 감소현상(김춘동 1983a: 165), 부친으로부터 장남으로의 재산권 이양을 전제로 아우들을 차례로 분가시키는 방식에서 장남부터 차례로 재산을 분할해서 독립시키는 방식으로의 상속방식 변화(김춘동 1983b: 172-173), 도시 이출 자녀들로 인한 농업 잉여의 도시 소비성 자본으로의 이전과 노동력 부족으로 인한 농지개혁 이후 지주-소작관계의 재발흥(김춘동 1983a: 167-168)[7] 등은 모두 이 부분이농의 결과로 파생된 현상이다. 이는 다시 농업에 대한 자포자기적인 이데올로기를 확대재생산하는 한편, 과다한 교육투자에 의한 대농의 확대재생산 능력 상실과 농민층 분해 저지, 분해가 저

6) 더 이상 농촌에 기대할 것이 없기에 도시로 나가 교육을 받고 직업을 얻어야 한다는 믿음은, 이농이 막 본격화하던 1970년경 상대적으로 사정이 나은 편이었던 재래 동족 마을에서도 이미 확고한 것이었다(최신덕, 김채윤 1972: 303; 여중철 1973: 115). 마을이 비교적 안정되어 사정이 나았던 마을에서도 상층농민일수록 도시의 번영에 따른 상대적 박탈감이 클 수밖에 없었던 점(최협 1988: 30-32), 그렇지 않았던 경우 본래 역사적으로 삶 자체가 유동적일 수밖에 없었던 점(최신덕 1976: 30-31) 등이 그 배경이 되었을 것이다.

7) 변화된 상속방식 아래에서 피상속자들이 토지를 처분하기보다 소작을 주거나 부모에게 경작토록 한 후 그 수확물을 도시로 이출시킴으로써 '부재지주'화 하게 된다. 이 피상속지와 그 '소작료'는 불안정한 도시생활에 적응하기 위한 수단이자 적응에 실패할 경우를 위한 최후의 보루가 되며, 부재지주와 소작인 모두가 농업생산에 대한 모험을 기피하게 되는 가운데 소작제의 재흥을 보게 되었던 것이다. 이 경우 농촌에서 대농의 계급적 우위는 소멸해 가는 경향이 있다. 세부는 김춘동(1983a, 1983b) 참조.

지된 농촌 노동력의 도시산업부문 유입과 도시산업부문의 소득 양극화에 의한 이중노동시장 성립 등과 서로 톱니바퀴처럼 맞물리며 70년대 이후의 한국 사회를 구성하게 된다(양희왕 1984). 이 운동의 동력과 결과가 어떠하였는지는 조승연(1999)이 잘 보여 주었다. 부분이농 등을 통해 한 가족이 다가구로 분화한 것은, 도시와 농촌을 막론하고 가족부양이 어려운 현실 아래, 가족원들이 각자의 생계를 스스로 책임진다는 입장에서 이를 극복하는 하나의 생존전략이었다. 그리고 현재 농촌에 팽배한 노인 단독 가구는 그 자연스러운 귀결이다.

그런데 이 '고향' 이데올로기의 배후에 '양반' 이데올로기와 농민층 분해의 문제, 그리고 농촌의 잉여를 도시로 이전시키는 공간적 착취관계가 있다는 점은, 이러한 공동체 내의 균열이 과연 산업화 이후의 현상으로 제한되어 파악될 수 있는가 하는 의문을 불러일으킨다. 전주 류씨 수곡파의 사례에서 파악된 두 번째 유형은 이와 관련한 현상이라 할 수 있다. 종래 이 '고향'으로서의 농촌에 대한 학계의 인식은 그 공동체적인 성격을 강조하여 사회 통합의 기능에만 주목하는 경향이 있었다. 이에 대해 한국 농촌의 지역공동체적 성격은 일본이나 남중국에 비해 자발적인 요소가 약한 편이었고, 공동체라는 이상적 규범의 실제적 의미는 생활보장책에 가까웠다고 한 것은 조옥라(1981: 59-60)였다. 1940년경 충남 추양리의 사례 분석을 통해서도 이 점이 확인된다. 동족촌락의 경제적 기능은 친족원에 대한 경제적 보호라고 할 수 있는데, 미세하고 분산된 토지의 소작이라는 형태로 나타나는 이 보호는 몰락하는 농민들이 유랑의 현실에 처하지 않도록 하는 의미에서 보호의 장치이되, 지주-소작관계의 착취-피착취관계를 전제로 하는 보호의 장치였다(조경만 1987: 122-123).

같은 점을 인상적으로 파고든 것은 시마(嶋 陸奧彦)였다. 그는 50여 세대로 이루어진 마을에 30명 가까운 머슴이 있었고, 동민들 스스로 "예전에는 머슴들이 많았기 때문에 품앗이가 거의 필요 없었다"고 말하는 상월동의 사례를 통해, 폐쇄된 조직으로서 농촌공동체 개념의 자명성에 대해 문제를 제기했다(嶋 陸奧彦 1983: 189). 이어 시대의 변화에도 불구하고 유지되는 '동네의 크기'—일찍이 여중철(1973: 115)도 확인한 바 있고 그 밖에 대부분의 마을 조사에서도 확인되는—의 기저에는, 실은 비동족원뿐 아니라 동족원 내에서도 상당한 규모로 진행되었던 지속적인 인구이동추세가 존재하였다는 논의를 제기하게 된다(嶋 陸奧彦 1998). 현재 동족 마을에 살아남은 이들의 입장에서 보자면 마을의 규모가 유지되어 왔고, 이 중 동족원의 비중도 대개 일정하였지만, 이는 동족원 내에서 재생산된 인구 전체에 비하면 극히 일부에 불과하였다. 마을에 잔류하지 못한 나머지 동족원들과 항상 유입유출이 잦았던 비동족원들을 포함하면, 실제 동족 마을 내 인구의 유동성은 상당한 수준이었다는 것이다.

이러한 견지에서 다시 사례들을 보면, 우리는 1960~70년대의 산업화 및 이에 따른 이농이 본격화하기 이전에 농촌 촌락을 떠난 어떤 사람들에 관한 정보를 발견하게 된다. 최신덕(1976)이 확인한 비동족 촌락의 사례는 300여 년 전의 마을 개척 이래 무수히 많은 인구의 전출입이 있었음을 언급하고 있다. 또한 현재 진도에서 중심지 기능을 담당하는 북부 지역이 거주지로서 본격적으로 개발된 것은 18세기 중엽의 개간과 19세기 들어 산발적으로 전개된 이 지역에서의 거주지 확산의 결과였으니(전경수 1977a: 61), 이 거주지 확산이 단순히 진도 내에서 이루어진 인구재생산에 기원하는 것이라고는 보기 어렵다. 모두 전근대 시기의 광범위한 인구이동을 지시하는 사례들이다.

해방 무렵의 인구이동을 지시하는 사례로는, 골드버그가 조사한 동족 촌락에서 과거 많았던 '상놈들', '하인들'이 해방 후 다 떠났고, 그 후 양반, 상놈을 가리지 않게 되었다는 서술이 있다(Goldberg 1973: 173). 가장 일반적인 농업노동조직이 품앗이임에도 불구하고 양반과 상민의 직접적인 노동력 교환이 존재하지 않던 필산리에서 양반을 대신해서 노동력을 제공하던 머슴들(박성용 1991: 76-77), 1940년경 추양리의 가호(家戶)가 한 세대 전에 비해 크게 는 것이 아니라면 이 시점에 거주하던 126호의 동 항렬 친족원들, 이 집에서 일하던 머슴들, 그리고 상민으로 취급받으면서 혼례 가마와 상여를 메고 전주이씨 문중의 시제에서 잔심부름을 하던 16가구의 타성들(조경만 1987: 122) 역시 그 행방이 묘연하다. 부여 월광리에서는 해방 전 양반 성씨와 타성을 합쳐 40여 호가 거주하였는데, 해방 후 1960년을 전후하여 양반 성씨 10여 호가 떠났음에도 불구하고 인구는 오히려 늘어 129호에 이르렀다고 하였으니(김유동 1989: 139-141), 도시로부터 귀농한 것이 아닌 한 이들은 1940~50년대에 어딘가 다른 농촌을 떠나온 부류일 것이다.

이들이 어디에서 왔고 어디로 갔는가보다 더욱 중요한 것은, 이들을 움직인 힘이 무엇이고 그것이 한국 농민사회의 성격과 어떠한 관련을 가지는가 하는 점일 것이다. 그리고 그 기원과 동력을 단지 1960~70년대의 산업화에서만 찾을 수 없다면, 우리는 그 이전부터 내연해 온 어떤 다른 사회적 에너지에서 그 동력을 찾지 않을 수 없다. 앞서 확인한 전주 류씨 수곡파의 집단이주에 동참하지 않았던 첫 번째 유형—종중재산 문제와 관련하여 이주하지 않았던 대종가와 잦은 접객에 지쳐 이주하지 않았던 한 소종가—은 그러한 사회적 에너지와 관련하여 일정한 시사를 준다.

종가의 가장 중요한 임무가 '봉제사 접빈객'이라고 했을 때, 이 임무의 담당 주체가 무엇보다도 종손과 종부, 그리고 그 가족원들임은 물론이다. 그러나 실제 이 일이 수행될 때는 그들 외의 종중원들, 그리고 마을 내의 중인, 하인, 머슴 등 비종중원들을 광범위하게 동원하지 않을 수 없다. "예전에는 상계(喪契)도 필요 없고, 품앗이도 별로 안 하고, 품을 사지 않아도 척척 일이 돌아갔다"는 평가 이면에는, 당연히 그것을 지탱하던 이와 같은 사회경제적 현실이 있었다.[8] 그런 의미에서 1948년 체제의 위대함은 무엇보다도 농촌에 잔존하며 이 체제를 작동시키던 오랜 톱니바퀴들—갑오개혁에 의해 철폐되었음에도 불구하고 농촌에 잔존하던 반상관계의 유제, 그리고 서로 기원을 달리함에도 불구하고 일제 식민자들과 사실상 일체가 되어 버린 후 그들의 패퇴와 함께 무너져 버린 전근대적 지주제로 대표되는—을 일거에 쓸어버릴 정도의 폭발력을 지녔다는 점에 있었다고 할 수 있다.[9] 동족 마을 집단이주에 동참을 거부한 종가의 피로감은 그 당연한 귀결이다.

이는 우리에게 1948년 체제를 실질적으로 구성해 냄으로써 그에 의해 구성된 주체들과 관련하여 또 다른 과제를 제기하는 것이기도 하다. 중인과 하인 등 상민들이 떠난 뒤 다시 새로운 정착민들을 맞아들이고, 반상관계와 지주제 등 구체제의 톱니바퀴들이 일소된 후 조선 후기 이래 농민사회의 이상인 경자유전의 이념이 물리적으로 구현된 농촌에서, 이들은 비유로서가 아니라 말 그대로 새롭게 나라를 만들어야만 하였다. 거기에서 농민들은 분배받은 경작지에서 독자적인 영농을 하며 스스로 농사를 짓게 되었고, 옛 양반들은 친인척의 상여뿐 아니라 예전 같으면 거들떠보지도 않던 상민들의 상여까지 메어야 했으며, 이것을 거부하려면 무엇이든 금전적인 대가를 치러야만 하였다. 현재의 대한민국은 현재 농촌을 지키고 있는 이들—십대에 해방을 맞이하고, 십대 후반 내지 스무 살 무렵에는 한국전쟁에 휩쓸려 다니면서 격렬한 생활과 이념의 투쟁현장을 목격

8) 19세기 이래 반상관계의 해체—그리고 지속—와 관련되어 전개된 상장례 조직의 변화 양상에 대한 지역-유형적 분석으로는 성승보(2002)를 볼 것.

9) 1948년 체제 성립 이후의 재생소작제가 이전의 소작제와 질적으로 다르다는 점이 여타 사회과학의 도식적 인식론에 대하여 문화인류학적 농촌 연구가 제기한 가장 중요한 논점 중의 하나라는 점은 앞서 본 바와 같다.

하였으며, 휴전 후 반상의 구별이 없어진 마을의 실질적 운영을 이전 세대들보다 다소 일찍 떠맡았고, 사십대에 새마을운동/산업화 시대의 주역이 되었으며, 육십대에 기성세대로서 민주화 운동세대의 약진을 바라보았던—이 조선/한국의 역사적 농민사회의 마지막 중추세대로서 구축한 체제라고 할 수 있다. 농촌을 떠나온 농민의 자식들이, 농촌을 지키는 마지막 농민들의 지지를 바탕으로, 한편으로 농촌 해체 및 농민사회와의 단절을 추구하면서, 다른 한편으로 농민사회적인 도덕률로 산업사회를 규율하려 드는 대한민국 자본주의의 근대적이면서 농민적인 기원, 이것이야말로 문화인류학자들에 의한 총체적 해명을 기다리는 우리 시대의 역사적 연구과업인 것이다.

참고문헌

김유동, 1989, “농촌사회의 문화변동과 정치적 갈등에 관한 연구: 지도자의 역할을 중심으로,” 『한국문화인류학』 21.

김주희, 1995, “수몰 이후: 종족촌 복원의 한 사례,” 『한국문화인류학』 28.

김춘동, 1983a, “이농이 소농의 재생산구조에 미친 영향,” 『인류학논집』 6.

______ 1983b, “대농의 지주화 과정을 통해서 본 현대소작제의 성격: 도계리의 사례,” 『한국문화인류학』 15.

김택규, 1982, “한국기층문화론시고 I,” 『인류학연구』 2.

______ 1985, 『한국농경세시의 연구: 농경의례의 문화인류학적 고찰』, 경산: 영남대학교 출판부.

______ 1988, “한국 농경세시의 이원성,” 『한국문화인류학』 20.

박성용, 1991, “농업생산, 교환, 그리고 사회적 공간: 필산리의 민족지,” 『한국문화인류학』 23.

손병규, 2007, “조선시대 국가경제의 운영원리: 국가재분배의 관점에서,” 『조선시대사학보』 42.

안승택, 2007, 『식민지 조선의 근대농법과 재래농법: 경기남부 논밭병행영농의 환경 · 기술 · 역사에 대한 인류학적 연구』, 서울대학교 인류학과 박사학위논문.

양희왕, 1984, “농가가계구조를 통해 본 농민분화에 관한 일 연구,” 『인류학논집』 7.

여중철, 1973, “동족부락의 제기능: 경북 월성군 강동면 양동리를 중심으로,” 『한국문화인류학』 6.

울프, 에릭 (박현수 역), 1983, 『농민』, 서울: 청년사.

이헌창, 1996, “조선시대 국가의 재분배기능과 국내상업정책,” 『성곡논총』 27(1).

임재해, 1989, “단오에서 추석으로: 안동지역 세시풍속의 지속성과 변화,” 『한국

문화인류학』 21.

전경수, 1977a, “거주지의 확산과정: 전남 진도의 경우,”『 한국문화인류학』 9.

______ 1977b, “노동주기와 출산력의 상관관계: 진도와 의령의 사례비교,”『한국문화인류학』 9.

정승모, 2002, “장례와 관련한 동계(洞契)의 변화와 ‘유학’계: 19세기 후반 이후의 경기지역 사례를 중심으로,”『역사민속학』 15.

조경만, 1987, “농업노동 형태의 생태, 경제적 맥락에 관한 일고찰: 1940년 전, 후 추양리 두레를 중심으로,”『한국문화인류학』 19.

______ 1993, “인간의 자연 변형과 자연-인간 연속성,”『한국문화인류학』 25.

______ 1998, “세계화에 대한 농업부문의 반응과 변화: UR 협상 반대론과 반대 시위를 중심으로,”『한국문화인류학』 31(2).

조석곤, 2001, “20세기 한국토지제도의 변화와 경자유전 이데올로기,” 안병직 편,『한국 경제성장사: 예비적 고찰』, 서울: 서울대학교 출판부.

조승연, 1999, “농민의 대응전략과 농업생산형태의 변화,”『한국문화인류학』 32(1).

조옥라, 1981, “인류학적 관점으로 본 한국 농촌부락 연구,”『한국문화인류학』 13.

진필수, 1999, “경제주의의 확산과 문화의 위기: 택지개발에 따른 토지보상 사례를 중심으로,”『한국문화인류학』 32(2).

최신덕, 1976, “비동족 마을의 사회구조,”『한국문화인류학』 8.

최 협, 1988, “촌락구조와 태도의 차이에 관한 사례 연구,”『한국문화인류학』 20.

한상복, 1976, “농촌과 어촌의 생태적 비교,”『한국문화인류학』 8.

______ 1977, “한국의 인구과정에 관한 인류학적 연구(중간보고),”『한국문화인류학』 9.

한상복, 문승규, Glen C. McCann, 1968, “한국농촌의 혁신과 관련된 사회문화적 제요인의 분석,”『한국문화인류학』 1.

함한희, 1991, “해방 이후의 농지개혁과 궁삼면 농민의 사회경제적 지위 및 그 변화,"『한국문화인류학』 23.

______1992, "농민들의 역사의식에서 나타난 민족주의적 담론의 의미,"『한국문화인류학』 24.

______1995, "농민들의 경제적 위기와 문화적 대응,"『한국문화인류학』 27

______1998, "미군정의 농지개혁과 한국농민의 대응,"『한국문화인류학』 31(2).

홍성흡, 2000, "경제위기에 대한 농민들의 인식: 곡성의 두 마을 사례의 비교,"『한국문화인류학』 33(1).

嶋 陸奥彦, 1983, "한국농촌구조 연구 노우트,"『한국문화인류학』 15.

______1998, "한국 농촌에 있어서의 세대의 장기적 유동성과 그 함의,"『한국문화인류학』 31(2).

Charles N. Goldberg, 1973, "양반, 상놈과 인류학자: 인류학적 이론과 cross-cultural studies를 비추어 본 한국사회계급과 동족집단의 조사,"『한국문화인류학』 6.

安勝澤, 2008, "韓國/朝鮮農民社會の性格と韓國文化研究: 歷史人類學的地平の構成,"『韓國朝鮮の文化と社會』 7.

최신덕, 김채윤, 1972, "A Traditional Clan Village: Hyo-Ri, Kyongsang-Namdo,"『한국문화인류학』 5.

Eugene I. Knez, 1972, "Some Implications of Material Culture in Contemporary Korean Villages: A Preliminary Report,"『한국문화인류학』 5.

경제에 대한 인류학적 연구의 개관: 회고와 반성

홍성흡(전남대학교 인류학과 부교수)

1. 개관의 지침

경제인류학은 '비교론적 시각에서 생산과 분배 및 교환(인간의 경제행위 일반)을 연구하는 것, 특정 경제체계에 대해 민족지적 기술을 하는 것, 전자본주의적 · 반자본주의적(혼합적) · 자본주의적 경제 구성체를 분석하는 것, 국민경제와 다국적 경제 · 세계경제를 분석하고 이것의 소규모 공동체나 지역사회에 대한 영향을 분석하는 것 등을 중심으로 다양한 경제현상에 대해 연구하는 학문분야'(Charlotte Seymour-Smith 1986; 87)이다. 이러한 정의를 따르면, 한국의 인류학계가 그동안 해 왔던 연구 작업의 대부분은 경제인류학에 해당한다고 할 수 있겠다. 그렇다고 이 모두를 개관에 포함시키는 것은 그 범위를 너무 넓게 잡는 것이 되어 다른 분야의 개관과 혼란을 일으킬 가능성이 높다고 생각한다. 그래서 본 개관에서는 한국 내에서 발간하는 사회문화인류학 분야의 가장 대표적인 논문집인 『한국문화인류학』과 『비교문화연구』로만 한정하여 살펴보고자 한다. 이는 이 두 논문집이 한국의 사회문화인류학의 전반적인 경향을 가장 잘 대변하고 있으며, 관련 학자들에게 가장 널리 읽히기 때문이다. 또한 다른 국내외 논문집에 실린 경제인류학 분야의 다수의 논문이 있지만, 이 모두를 포함시키는 것은 현실적으로 무리라고 판단하였기 때문이기도 하다. 그리고 본 개관에 포함된 논문들은 한국에 대한 다른 리뷰 영역들, 지역 연구에 대한 다른 리뷰 영역들에 속하는 논문들과 일부 중복되는 것을 피할 수 없다고 생각한다. 특히 초창기의 경제인류학에 대한 연구는 농민을 대상으로 한 것이 많았기 때문에 농민에 대한 리뷰와 많이 겹칠 것으로 예상하고 있다. 이러한 문제는 관련된 리뷰들 모두에서 언급해 주는 것이 좋을 것으로 생각한다.

본 개관에서는 경제인류학 분야에 대한 논문들이 간헐적으로 발표되었던 한국 문화인류학계의 초기부터 1982년까지를 제1기, 경제인류학 분야에 대한 본격적인 논문들이 나타나기 시작했던 1983년부터 1993년까지를 제2기, 경제에 대한 다양한 인류학적 관심들이 표출되기 시작한 1994년부터 현재까지의 시기를 제3기로 나누어 살펴보도록 하겠다.

2. 제1기: 경제인류학의 여명기(~1982)

1968년 『한국문화인류학』 제1집이 나온 이후 1982년 제14집이 발간되기까지 경제인류학적 연구논문은 매우 간헐적으로만 선을 보였다. 한국

문화인류학회 20주년을 기념한 1978년의 제10집에서조차 경제 영역을 다루고 있는 논문이 없을 정도였다. 이 기간 동안 경제와 관련된 인류학적 연구는 총 6편 정도가 게재되었다. 이 6편도 농어촌이나 환경 문제를 다룬 것이 대부분이었기 때문에 과다하게 계산된 면이 없지 않다.

우선 제1집에 실린 한상복·문승균·맥켄(G. C. McCann)의 글은 가족단위의 미·맥작(米·麥作) 기술과 가사 제 관행의 혁신과 부락공동사업의 혁신에 대한 분석을 통해 혁신에 영향을 미치는 사회문화적 요인들을 밝힘으로써 계획적 변화에 대한 정책결정에 유용한 자료를 제공하고자 하는 목적에서 작성된 것이다. 따라서 이 글은 현실 문제에 대한 실천적·응용적 목적에서 쓰인 것이라고 할 수 있다. 이러한 실천적·응용적 연구 경향은 한국 남해안의 한 어촌에서 전개된 지방사업을 기업 과정으로 분석한 한상복의 연구(Han 1972)라든지 한국의 인구 과정을 인류학적인 미시적 접근으로 접근해 봄으로써 실질적인 인구정책을 수립하는 데 공헌하고자 한 한상복의 다른 연구(1977)에서도 발견할 수 있다.

제1기에서 좀 더 본격적인 경제인류학적 연구로 들 수 있는 것은 교환과 호혜성에 대한 두 편의 글이다. 김광억(1974)은 충청북도의 한 농촌 마을을 대상으로 노동력 동원의 형태에 영향을 미치는 요인들을 분석하였다. 이 연구에서는 친족 유대가 기계적으로 노동력을 동원하는 데 영향을 미치지는 않으며, 인척관계가 매우 중요하게 작용하고 있고 전통적인 신분적 질서가 경제적으로는 다른 관계를 배태하는 동시에 지연성에도 주목할 필요가 있음을 지적하고 있다. 한편 전경수(Chun 1982)는 교환에 내재하는 경제적·상징적 호혜성의 원리에 대해 이론적으로 검토하면서 교환의 경제성뿐만 아니라 상징성에 대한 분석이 필요하다는 것을 지적하고 있다.

나머지 한 편의 글은 인류학이 농촌부락 연구에 기여할 수 있는 바와 거꾸로 다른 학문분야로부터 인류학이 도움을 받아야 할 것에 대해 정리한 조옥라(1981)의 글이다. 이 글에서는 농촌부락 연구의 기존 성과를 검토한 후에 인류학이 기여할 수 있는 바를 연구 주제와 방법의 측면에서 새롭게 검토할 필요성을 제기하고 있다.

이상의 검토를 통해서 볼 때, 제1기에는 양적으로나 질적으로 경제인류학적 연구가 채 본격화되지 않았다고 평가할 수 있다. 특히 경제인류학적 연구라 할지라도 농촌이나 어촌 마을을 대상으로 한 것이 거의 대부분이라는 것을 알 수 있다.

3. 제2기: 경제인류학적 연구의 성장(1983~1993)

1988년 한국문화인류학회 30주년을 기념한 제20집에서 경제분야를 별도로 다루고 있지 않았음에도 불구하고, 제2기에는 경제인류학적 연구의 양적 성장과 함께 제1기에 비해 분석의 시각이나 방법이 다양해지기 시작하였다. 이 기간 동안 『한국문화인류학』(제15집~제25집)에 실린 경제인류학 논문은 총 11편이다. 여전히 농촌을 대상으로 한 논문이 8편으로 다수를 차지하고 있지만, 빈민에 대한 연구도 4편 포함되어 있다(이 중 1편은 농민과 빈민에 대한 비교연구를 수행하고 있음). 이 11편 중 농민이나 빈민에 대해 여성 또는 여성인류학적 시각에서 쓴 논문이 3편 포함되어 있는 것이 눈에 띈다. 또한 문옥표의 두 논문(1983, 1990)은 일본 농촌이나 한국과 일본의 여성의 경제활동에 대한 비교연구를 하고 있다는 점에서 이전의 연구와 구별되는 특징을 보여 준다. 그리고 1983년에 4편이 나온 이후 3년 동안 경제인류학 논문이 없다가 1987년부터 한두 편씩 발표가 된 것도 특기할 만한 점이다.

우선 농민에 대한 논문 8편을 간단하게 살펴보도록 하자.

김춘동(1983)은 대농층(大農層)의 영세지주화와 부재지주화가 경제적 요인(농업자본의 도시 유출, 노동력 부족)과 경제외적 요인(교육, 상속제 변화)에 의해 이루어지고 있다는 것을 전라북도의 한 농촌마을의 사례를 통해 규명하고 있다. 문옥표(1983)는 일본의 한 산촌 마을을 대상으로 관광업이라는 새로운 경제적 기회가 전통적인 이에 집단이 유지될 수 있도록 해주고 사회조직에 새로운 변화가 나타나는 양상에 대해 분석하고 있다. 자넬리와 임돈희(Janelli & Yim Janelli 1983)는 한국 농촌의 종중재산에 대한 소유권의 구조와 역사에 대한 고찰과 함께 상속관행, 종토의 매각 사례를 동아시아의 다른 사회와의 비교를 통해 살펴보고 있다. 이덕성(Lee 1983)은 20세기에 제3세계의 농촌에서 나타나고 있는 발전과 근대화 과정에 대해 이론적으로 고찰하면서 이 문제에 대해 인류학적 접근이 기여할 수 있는 바에 대하여 정리하고 있다. 이 4편의 경제인류학 논문이 제15집에 함께 수록된 것은 전례가 없었던 것으로 이 시기에 한국의 인류학계에서 경제인류학에 대한 관심이 매우 고조되어 있었다는 것을 반영한다.

앞에서도 언급했듯이, 1984년부터 1986년까지 『한국문화인류학』에 경제인류학 논문이 실리지 않았다고 하여 경제인류학에 대한 관심이 줄어든 것은 아니다. 왜냐하면 대학원 석사 과정 논문들 중 다수가 경제인류학 관련 논문이었기 때문이다. 이는 당시의 석사학위논문들을 잠깐 살펴보기만 해도 쉽게 알 수 있는 사실이다. 특히 농민을 연구대상으로 한 생산양식접합론(사회 구성체론)의 이론적 경향을 띤 석사학위논문이 많이 작성되었다. 그러한 경향의 일단을 보여 주는 것이 조경만(1987)의 논문이다. 조경만은 1940년 전후의 충청남도의 한 농촌 촌락을 대상으로 논농사 작업의 노동 형태 속에 생태 · 경제적 맥락이 개입되는 구체적인 양상을 분석하고 있다. 특히 공동노동 형태인 두레의 두벌매기 작업 속에는 사적, 계층적 변수가 강하게 작용하고 있다는 것을 밝히고 있다.

한편 한국의 농촌을 대상으로 경제사적, 사회사적 접근을 하고 있는 논문도 2편 실렸다는 점이 특이하다. 함한희(1991)는 전라남도의 한 농촌 마을을 대상으로 해방 이후의 사회경제적 변화 과정과 문화적 대응의 양상에 대해 살펴보고 있다. 그는 과거의 빈부격차를 해소시키지 못한 농지개혁과 정치적 이념 대립 속에서 공동체의 위기를 맞게 되었고 이를 극복하기 위해 위친계가 결성되는 맥락을 마을 내외의 다양한 변수를 고려하면서 밝히고 있다. 박성용(1991)은 경기도의 근교농촌 마을을 대상으로 농업생산과 경제적 교환, 사회적 공간 사이의 상관성을 고찰하면서 지역사회가 더 넓은 사회와 관계를 맺는 과정에서 나타나는 사회문화적, 경제적 변화에 대해 살펴보고 있다. 상당히 급격한 변화가 이루어짐에도 불구하고 가족이 여전히 생산과 재생산의 기본단위로 기능하고 있다는 점을 밝히고 있다.

그리고 조옥라(1992)는 여성의 시각으로 농민가족과 도시빈민가족에서의 여성의 경제활동에 대해 비교연구를 수행하였다. 그는 저소득계층에서 여성의 경제활동이 가부장적 이데올로기와 연결되는 방식에 주목하면서 여성의 경제적 기여와 잠재력에도 불구하고 자신들의 사회적, 경제적 지위를 향상시키지 못하고 있다는 점을 밝히고 있다. 또한 농촌에서는 노동력 동원을 통한, 도시에서는 정보교환과 자금융통을 통한 여성들 간의 연대가 여성의 지위향상에 기여하기보다는 기존의 가족 내 역할을 강화시키고 있다는 점을 분석하고 있다.

빈민에 대한 연구가 처음 등장한 것은 정채성(1989)의 논문이다. 그는 서울 난지도의 빈민을 대상으로 빈곤과 사회관계의 상호 관련성을 밝히고자 시도하였다. 이곳의 주민들은 경제적 불안정에 대응하기 위해 가족원들의 작업 참여, 주거비 지출의 최소화, 작업 동료관계를 기축으로 한 재화와 용역의 상호 교환이 이루어지고 있으며, 사회경제적 동질성 이외에도 물리적 거리와 관계를 지속할 수 있는 장치가 있는지 여부가 중요하다는 점을 주장하고 있다. 조옥라(1990)의 연구는 여성인류학적 관점에서 서울시 사당 지역의 도시빈민 지역운동을 살펴보면서, 여성의 경제참여가 상당한 중요성을 지니고 빈곤이라는 공감대가 여성들의 운동 참여를 불러일으키지만 여성들 자신의 정체의식이 미약하기 때문에 단순한 동원력 이상의 역할을 지니지 못하는 현실을 조망하고 있다.

그리고 문옥표의 논문(1990)에서는 거시적인 통계적 자료에 의거하여 한국과 일본의 여성의 경제활동 참여를 비교하고 있다. 여성의 노동시장 참여에 직접적인 영향을 미치는 것은 문화적 요인보다 산업 구조의 변화, 노동력 수요-공급관계의 변화 등의 경제적 요인이라고 주장하고 있다. 그렇지만 가부장적 가치관으로 인해 한일 공히 산업의 후진부문, 저임금 직종, 단순노동부문, 단시간고용부문을 중심으로 여성노동의 진출 영역이 제한되는 경향이 있음을 지적하고 있다. 동시에 한국보다는 일본에서 산업 구조의 변화와 노동력 부족부문의 등장으로 인해 여성의 경제 참여를 증대시키고 있고 성 역할관의 변화가 나타나기도 한다는 점을 밝히고 있다.

한국 인류학계는 1993년 『비교문화연구』가 창간되어 전국적인 규모의 논문집이 두 개가 되었다. 이 논문집의 창간호에 중국 농촌 경제체계에 대한 서경택(1993)의 논문이 실렸다. 이 글은 중국의 농업경제 관리 체제 개혁과 농촌 유통 체제 개혁의 전반적인 윤곽을 살펴본 것으로 엄밀한 의미에서의 경제인류학적 논문이라고 하기는 어렵지만, 1978년 이후의 중국 농촌의 경제적 변화 과정을 조망하는 데는 일정한 시사점을 준다.

4. 제3기: 경제인류학 연구의 다양화와 질적 심화(1994~)

제3기에는 제2기에 이어 경제인류학 논문이 양적으로 크게 증가했을 뿐만 아니라 연구대상과 범위가 크게 확대되는 동시에 다양해졌다. 이 시기에 『한국문화인류학』과 『비교문화연구』에 실린 경제 관련 논문은 총 57편으로 양적으로 크게 성장했다는 것을 알 수 있다. 제3기에는 제2기의 대표적인 연구 주제인 농민이나 빈민, 여성노동에 대한 논문 이외에도 소비문화(음식소비, 관광, 축제 등), (공장)노동자, 비공식부문, 유통부문(시장, 소상인 등), 지역 산업과 지역개발(지역 활성화, 재개발 등), 가구경제, 부동산부문, 해외 한인경제, 국제이주노동, 다국적기업, 기업문화, 경제인류학적 주제에 대한 이론적 논의에 이르기까지 다양한 연구 주제가 다루어졌고 연구 내용도 질적으로 심화되었다. 특히 경제적 측면을 정치적, 사회적 측면과 결합시키거나 문화변동의 한 양상으로 파악하고자 하는 논의들이 두드러지게 나타났다. 또한 한국을 중심으로 중국이나 일본 정도에 한정되어 있던 지역 연구의 범위가 말레이시아, 인도네시아, 태국, 베트남, 미국, 멕시코, 오스트레일리아, 러시아 등으로 크게 넓혀졌다는 특징도 나타났다.

제3기에도 여전히 농민에 대한 논문이 11편, 어민에 대한 논문이 1편으로 많은 부분을 차지하고 있다. 그런데 특기할 만한 점은 2000년대에 들어서 농민에 대한 논문이 현저하게 줄어들었다는 점이다. 이는 경제인류학적 관심이 사회의 복합화와 다양화에 따라 서서히 변화되고 있다는 것을 반영하는 것으로 생각한다. 농민에 대한 논문 중 눈에 많이 띄는 것이 농지개혁이나 농업부문 개방 등으로 인한 경제변화에 농민들이 대응하는 양상을 살펴보는 것이다. 이에 속하는 것으로는 함한희(1995, 1998), 김춘동(1996), 조승연(1999), 홍성흡(2000), 양영균(2001a, 2001b), 주종택(2007) 등을 들 수 있다. 그리고 농민층의 내부 구성과 농업경영 형태에 대한 논문도 홍성흡(1997), 조승연(1998) 등 2편이 있다. 또한 농민가족의 성격을 살펴본 것으로 조옥라(1998)를 들 수 있다. 그리고 어민에 대한 연구로는 제주도의 사례를 다룬 안미정(2006)의 논문이 있다.

빈민에 대한 논문으로는 서영민(1994), 윤형숙(1996)을 들 수 있고, 여성노동에 대한 연구로는 자인(Shobhita Jain 1995)과 자넬리와 임돈희(Janelli, R. I. & Dawnhee Yim 1999)의 논문이 있다. 빈민과 여성노동에 대한 관심은 양적인 측면에서 제2기보다 오히려 줄어들었지만, 한국뿐만 아니라 미국이나 동남아시아의 사례를 다루고 있다는 점에서 지역 연구로 관심의 초점이 서서히 옮겨가고 있다는 것을 알 수 있다.

제1기와 제2기에 경제인류학적 연구 주제의 대부분을 차지하던 영역들에 대한 연구가 양적으로 줄어들었고, 비교적 높은 비율을 차지하던 농어민에 대한 연구가 2000년대에 들어서 눈에 띄게 감소했다는 사실은 경제인류학적 연구의 전반적인 성장을 감안하면 커다란 변화가 있었다는 것을 의미한다.

그 대신에 새롭게 많은 연구가 이루어진 연구 영역이 소비문화와 지역개발에 대한 것이다. 소비문화에 대한 연구는 주로 관광이나 축제, 음식문화를 중심으로 이루어졌는데 총 8편이 발표되었다. 관광이나 축제에 대한 연구로는 하회 마을을 대상으로 하여 관광의 생산과 소비를 다룬 문옥표(2000)의 논문, 일본 대중문화의 한국 내 팬덤층에 대한 사례 연구를 한 김현미(2003)의 논문, 태국의 전통 목공예와 관광 발달의 상관성에 대해 살피고 있는 김이선(2004)의 논문, 중국 상류층의 탈사회주의 모더니티 관광을 다룬 양한순(2007)의 논문, 일본 오키나와의 한 지역에서의 관광지 조성에 따른 변화를 다룬 정광중(2001)의 논문, 일본의 외래축제에 나타난 소비문화의 양상을 살펴본 임경택(2006)의 논문 등 6편을 들 수 있다. 음식문화에 대한 연구로는 문화소비로서 음식의 생산을 총론적으로 다루고 있는 김광억(1994)의 논문과 춘천 닭갈비의 소비에 나타난 사회문화적 의미를 다룬 황익주(1994)의 논문 등 2편이 있다. 음식문화에 대한 연구는 한국 문화인류학계의 소비문화에 대한 관심을 촉발시킨 중요한 계기가 된 것으로 평가할 수 있다. 비록 이 글에서 리뷰하고 있는 논문집에는 많은 편수의 논문이 발표되지 않았지만, 좀 더 폭넓은 시각에서 문화소비의 양상을 다룰 수 있는 이정표가 되었다고 할 수 있겠다.

지역개발에 대한 연구 역시 제3기에 가장 두드러지게 연구관심이 높아진 영역으로 총 10편의 논문이 발표되었다. 이 분야의 연구 주제는 지역 활성화나 재개발에 대한 변화를 살펴보는 것이 대부분이다. 눈에 띄는 것은 강원도의 석탄산업지대에 대한 생태나 역사, 경제생활 등을 다룬 논문이 김용환 · 김재동(1996), 채수홍(2004), 김세건(2004) 등 3편에 이른다는 점이다. 그리고 부동산개발에 따른 토지보상 사례를 연구한 진필수(1999)의 논문, 일본의 지역 활성화운동의 사례를 분석한 김춘동(2000)의 논문, 전라남도 장성군의 영화촌 개발사업을 대상으로 한 사례연구와 문화와 발전 간의 상관성에 대한 이론적 고찰을 하고 있는 김명혜(2001)의 논문, 인천의 차이나타운의 재개발사업의 추진 과정에서 나타난 의미의 경합에 대해 고찰한 이창호(2008)의 논문, 일본 도서지역의 지역개발과 지역 활성화에 대해 살펴보고 있는 정광중(2000a, 2000b)의 논문들, 실천인류학적 관점에서 농촌개발에 대해 논의하고 있는 김예겸(2005)의 논문 등이 이러한 주제를 다루고 있다.

그리고 경제인류학적 주제에 대한 이론적 논의를 하고 있는 논문도 5편 발표되었다. 이덕성(1998)은 시장체계의 성격과 기원 및 발달에 대한 논문을, 김은희(1999)는 한국 경제 일반을 대상으로 역사적 시각에서 가족주의와 도덕적 자본주의를 검토한 논문을, 홍석준(1999)은 말레이시아 경제의 자본주의화와 이슬람이라는 가치체계, 민족주의 등의 상관성 속에서 문화적 대응양상을 검토한 논문을, 김현미(1997)는 다국적기업을 문화의 교차지대로 파악하고 인류학적 연구대상으로 포착하는 방식과 함의에 대해서설적으로 검토한 논문을, 김성례(2005)는 증여론을 전개한 대표적 학자들의 논의를 정리하고 증여의 윤리와 선물경제에 대해 논의한 논문을 발표하였다. 이러한 논문들은 국민경제 일반을 사례로 한 경우도 있지만, 경제인류학적 이론에 대한 논의를 하고 있다는 점에서 새로운 경향이라고 평가할 수 있다.

다음으로는 다양한 개별 경제부문에 대한 사례 조사를 토대로 작성된 논문이 많이 발표되었다. 이는 농어촌이나 빈민에 국한되었던 연구 영역이 크게 확대되었다는 것을 보여 준다.

우선, 공장노동자나 이주노동자들에 대한 연구가 꾸준히 발표되었다. 성남의 공장노동자를 대상으로 세계화에 따른 노동부문의 변화를 추적한 황익주(1998)의 논문, 경제적 위기 상황 속에서 숙련된 남성노동자들의 일 경험과 정체성의 변화와의 관련성을 다룬 김현미(2001)의 논문, 중국의 실업노동자들이 탈사회주의화되는 과정을 분석한 원재연(2006)의 논문, 중국 북경의 지방 출신자 집거마을의 유동인구의 사회계층분화와 국가-사회관계를 분석한 정종호(2000, 2003)의 논문, 러시아 공장에서의 시공간과 신체의 문제를 다룬 남영호(2006)의 논문, 베트남에 귀환한 이주노동자를 통해 동아시아의 노동 교류를 다룬 채수홍(2007)의 논문 등 7편이 있다. 이처럼 노동이나 노동자에 대한 연구가 지속적으로 이루어진 것이 제3기의 중요한 특징 중 하나라고 할 수 있다.

또한 유통부문과 소상인, 비공식부문 등을 다룬 논문들이 많지는 않지만 간헐적으로 발표되었다. 세계화에 따른 유통부문의 변화가 한국의 대자본, 국가정책, 소비자, 중소소매상 등에게 미친 영향을 지역사회의 재생산이라는 시각에서 다루고 있는 이정덕(1997)의 논문, 비공식경제의 시각에서 1990년대 한국 의류 산업의 생산과 유통을 분석한 진필수(1998)의 논문, 광주의 한 정기시장을 대상으로 유통시장의 분화가 야기한 중소상인의 대응양상을 분석한 홍성흡(2002)의 논문, 인도네시아 북 슬라웨시 소상인들의 이탈적인 교역활동을 다룬 김예겸(2004)의 논문 등 4편이 있다.

그리고 해외에 진출한 한인들이나 한인 기업의 현지 적응 과정이나 기업문화에 대한 연구논문도 꾸준히 발표되고 있다. 오스트레일리아의 한인 기업의 경영 과정에서 종족자원이 미치는 영향에 대해 분석한 설병수(2002)의 논문, 중국에 진출한 한인 기업의 현지 적응 과정과 공장 내에서의 문화적 갈등을 다룬 장수현(2003)의 논문, 뉴욕의 영세상점을 대상으로 다인종 상황 속에서의 기업문화를 다룬 이정덕(1997)의 논문, 중국에 진출한 한인 기업의 현지법인화 과정에 미치는 문화적 영향을 다루고 있는 정종호(2004)의 논문, 베트남 호치민시의 개혁 과정에서 나타난 한인사회의 사회경제적 분화와 정체성을 다룬 채수홍(2005)의 논문 등 5편이 있다. 또한 칠레의 자유무역지대에서의 감시문화와 도덕경제에 대해 다루고 있는 조경진(2005)의 논문이 있다.

이 밖에도 『비교문화연구』에는 특정사회의 경제적 영역에 대해 다루고 있는 논문 2편이 발표되었다. 송영복(1999)은 고대 마야 사회의 빠딴(Pathan)이라는 조세제도의 성격과 특징을 살펴보고 있고, 채수홍(2003)은 정치경제학적 관점에서 베트남 호치민시의 개혁 과정을 다루고 있다. 향후 경제인류학적 시각으로 지역 연구를 수행하는 논문들이 더욱 많이 발표될 것으로 보인다.

이상에서 본 것처럼 제3기에는 이전 시기에 비해 경제인류학적 논문이 많이 증가했을 뿐만 아니라 질적으로도 다양한 주제와 심화된 분석이 이루어졌다. 특히 전통적인 연구대상이었던 농어민이나 빈민 이외에도 다양한 경제부문을 대상으로 포착하여 국내뿐만 아니라 해외지역 연구를 통해 분석한 논문들이 크게 늘어났다는 점이 특기할 만하다.

참고문헌

(발표연도를 기준으로 작성함)

Charlotte Seymour-Smith, 1986, *Macmillan Dictionary of Anthropology*, London and Basingstoke: Macmillan Press Ltd.

·『한국문화인류학』

한상복 · 문승규 · Glenn C. McCann, 1968, "한국농촌의 혁신과 관련된 사회문화적 제요인의 분석,"『한국문화인류학』 1: 13-23.

Han, Sang-Bok, 1972, "The Effects of Local Enterprise on Social Change in a Korean Fishing Village: An Analysis of the Entrepreneurial Career,"『한국문화인류학』 5: 255-267.

김광억, 1974, "한국 농촌에 있어서 노동력동원의 형태분석,"『한국문화인류학』 6(1973 · 74년도 합병호): 168-174.

한상복, 1977, "한국의 인구과정에 관한 인류학적 연구(중간보고),"『한국문화인류학』 9: 167-174.

조옥라, 1981, "인류학적 관점으로 본 한국농촌부락연구,"『한국문화인류학』 13: 53-68.

Chun, Kyung-Soo, 1982, "Economic Anthropology: The Question of Reciprocity"『한국문화인류학』 14: 103-111.

김춘동, 1983, "대농의 지주화 과정을 통해서 본 현행소작제의 성격—도계리의 사례,"『한국문화인류학』 15: 159-175.

문옥표, 1983, "경제구조의 혁신과 사회조직: 일본 농촌에서의 관광사업과「이에」를 중심으로,"『한국문화인류학』 15: 193-206.

Janelli, R. I. & Dawnhee Yim Janelli, 1983, "Ownership Rights to Lineage Property in Rural Korea,"『한국문화인류학』 15: 281-294.

Lee, Duck-Sung, 1983, "An Assessment of Anthropological Approaches to Modernizing

Peasant Societies,"『한국문화인류학』 15: 305-328.

조경만, 1987, "농업노동형태의 생태 · 경제적 맥락에 관한 일고찰—1940년대 전후 추양리 두레를 중심으로,"『한국문화인류학』 19: 113-166.

정채성, 1989, "난지도 주민의 빈곤과 사회적 관계의 성격,"『한국문화인류학』 21: 367-399.

조옥라, 1990, "여성인류학적 시각에서 본 도시빈민 지역운동: 서울 사당2동 사례연구를 중심으로,"『한국문화인류학』 22: 111-140.

문옥표, 1990, "여성의 경제활동 참여에 관한 한일 간의 비교,"『한국문화인류학』 22: 141-176.

함한희, 1991, "해방 이후의 농지개혁과 궁삼면 농민의 사회경제적 지위 및 그 변화,"『한국문화인류학』 23: 21-62.

박성용, 1991, "농업생산, 교환, 그리고 사회적 공간— 필산리의 민족지,"『한국문화인류학』 23: 63-84.

조옥라, 1992 "농민가족과 도시빈민가족에서 여성의 경제활동에 대한 비교연구,"『한국문화인류학』 24: 67-94 .

김광억, 1994, "음식의 생산과 문화의 소비: 총론,"『한국문화인류학』 26: 7-50.

황익주, 1994, "향토음식 소비의 사회문화적 의미,"『한국문화인류학』 26: 69-94.

서영민, 1994, "뉴욕 시의 무거주자 문제에 대한 소고: 뉴욕 시 브롱스 구의 한 무료 숙식소를 중심으로,"『한국문화인류학』 26: 259-294.

함한희, 1995, "농민들의 경제적 위기와 문화적 대응,"『한국문화인류학』 27: 119-144.

김춘동, 1996, "농촌의 위기와 대안: 도농생활 공동체를 중심으로,"『한국문화인류학』 29(1): 131-168.

김용환 · 김재동, 1996, "석탄산업의 생태와 역사: 태백 지역을 중심으로,"『한국문화인류학』 29(1): 193-244.

윤형숙, 1996, "목포 지역 빈민에 관한 연구,"『한국문화인류학』 29(2): 361-398.

홍성흡, 1997, "일본 전업농의 사회 · 경제적 내부 구성과 농업 경영 형태,"『한국문화인류학』 30(1): 183-210.
이정덕, 1997, "세계화에 따른 유통 부분의 변화: 각 부분의 대응과 지방 사회의 변화," 『한국문화인류학』 30(2): 53-85.
황익주, 1998, "세계화와 노동부문의 변화: 경기도 성남 지방 공장노동자들의 사례연구," 『한국문화인류학』 31(1): 119-149.
조승연, 1998, "농촌가족 구성의 변화와 가족농 생산형태," 『한국문화인류학』 31(1): 151-187.
진필수, 1998, "1990년대 한국 의류산업에서의 생산과 유통: 비공식적 경제(informal economy)를 중심으로," 『한국문화인류학』 31(1): 189-245.
이덕성, 1998, "시장체계의 기원과 발달에 대한 시론," 『한국문화인류학』 31(1): 247-267.
조옥라, 1998, "농민가족의 현대성과 보수성," 『한국문화인류학』 31(2): 377-406.
함한희, 1998, "미군정의 농지개혁과 한국 농민의 대응," 『한국문화인류학』 31(2): 407-437.
조승연, 1999, "농민의 대응전략과 농업생산형태의 변화," 『한국문화인류학』 32(1): 211-251.
Janelli, Roger I. & Dawnhee Yim, 1999, "Gender and Household Economy among Seoul's New Middle Class," 『한국문화인류학』 32(1): 313-340.
김은희, 1999, "가족주의와 도덕적 자본주의," 『한국문화인류학』 32(2): 3-32.
홍석준, 1999, "경제위기에 대한 문화적 대응: 말레이시아의 사례," 『한국문화인류학』 32(2): 33-60.
진필수, 1999, "경제주의의 확산과 문화의 위기: 택지개발에 따른 토지보상 사례를 중심으로," 『한국문화인류학』 32(2): 61-100.
홍성흡, 2000, "경제위기에 대한 농민들의 인식: 곡성의 두 마을 사례의 비교," 『한국문화인류학』 33(1): 57-83.
문옥표, 2000, "관광을 통한 문화의 생산과 소비: 하회 마을의 사례를 중심으로," 『한국문화인류학』 33(2): 79-110.

김춘동, 2000, “니시지마 화지와 지역활성화,” 『한국문화인류학』 33(2): 139-172.

김현미, 2001, “경제 위기와 남성 숙련 노동자의 일 경험과 정체성의 변화,” 『한국문화인류학』 34(1): 139-167.

김명혜, 2001, “문화와 경제개발과의 관계에 대한 인류학적 사례 연구,” 『한국문화인류학』 제34(1): 169-197.

양영균, 2001, “기업가의 활동과 경제 변화: 개혁 · 개방 시대 중국의 한 농촌마을의 사례,” 『한국문화인류학』 34(2): 97-128.

설병수, 2002, “호주 내 한인들의 소규모 산업과 종족 자원의 두 얼굴,” 『한국문화인류학』 35(2): 275-301.

장수현, 2003, “중국 내 한국 기업의 현지적응 과정과 문화적 갈등: 칭다오 소재한 신발공장에 대한 인류학적 연구,” 『한국문화인류학』 36(1): 83-118.

김현미, 2003, “일본 대중문화의 소비와 ‘팬덤(fandom)’의 형성,” 『한국문화인류학』 36(1): 149-186.

정종호, 2003, “이농민에서 기업가로: 북경 ‘절강촌(浙江村)’ 유동인구(流動人口)의 사회계층 분화,” 『한국문화인류학』 36(2): 37-72.

김이선, 2004, “상품과 비상품 사이에서: 관광 발달과 반타와이 목공예의 의미체계 변화,” 『한국문화인류학』 37(1): 183-214.

원재연, 2006, “중국 실업 노동자들의 탈사회주의화 과정에 관한 연구,” 『한국문화인류학』 39(2): 45-84.

안미정, 2006, “바다밭(海田)을 둘러싼 사회적 갈등과 전통의 정치: 제주도 잠수마을의 나잠(裸潛)과 의례,” 『한국문화인류학』 39(2): 307-347.

양한순, 2007. 11, “부자와 순례자들: 중국 제일 부촌에서의 탈사회주의 모더니티 관광,” 『한국문화인류학』 40(2): 3-47.

주종택, 2007. 11, “멕시코의 국제노동이주와 농촌지역의 사회문화적 변화,” 『한국문화인류학』 제40집 2호: 93-124.

이창호, 2008. 5, “차이나타운의 재개발과 의미의 경합: 인천지역의 사례를 중심으로,” 『한국문화인류학』 제41집 1호: 209-248.

·『비교문화연구』

서경택, 1993, "중국 농촌 경제체제 개혁 개황," 『비교문화연구』 창간호: 185-197.

Shobhita Jain, 1995, "Women Workers in a South Asian Plantation System," 『비교문화연구』 2: 253-270.

김현미, 1997, "새로운 문화지평으로서의 다국적 기업 연구," 『비교문화연구』 3: 3-30.

이정덕, 1997, "다인종 사회에서의 영세 기업 문화: 뉴욕시 영세 상점의 사례연구," 『비교문화연구』 3: 31-57.

송영복, 1999, "고대 마야 사회의 공동(共同) 재정(財政) 운용에 나타난 정치 경제적 특징—빠딴(Pathan)의 성격과 특징을 중심으로—," 『비교문화연구』 5: 197-235.

정광중, 2000, "오키나와 나고시 야부지구의 지역개발의 실태와 전망," 『비교문화연구』 6(1): 283-317.

정종호, 2000, "중국의 '流動人口'와 국가-사회관계 변화—北京 '浙江村' 사례를 중심으로—," 『비교문화연구』 6(2): 127-170.

정광중, 2000, "庵美大島 小湊 마을의 地域 活性化 問題에 대한 探索과 論議," 『비교문화연구』 6(2): 283-315.

양영균, 2001, "얻은 자와 잃은 자: 개혁·개방시대 중국의 한 농촌마을의 사례," 『비교문화연구』 7(1): 29-64.

정광중, 2001, "오키나와(沖繩) 이라부초(伊良部町)의 관광지 조성과 지역변화의 가능성," 『비교문화연구』 7(1): 189-225.

홍성흡, 2002, "유통시장의 새로운 분화와 중소상인의 대응—광주 말바우시장의 사례를 중심으로—," 『비교문화연구』 8(2): 79-105.

채수홍, 2003, 7 "호치민시의 개혁과정에 대한 정치경제학적 연구," 『비교문화연구』 9(1): 75-108.

김예겸, 2004, "인도네시아 북 슬라웨시 이주지역 소상인들의 이탈적 교역활동,"

『비교문화연구』 9(2): 39-82.
정종호, 2004, "재중 한국계 기업의 경영 현지화에 대한 문화적 영향: 개혁 · 개방기 중국의 '정 · 리 · 법 문화구성(情 · 理 · 法 文化構成)'을 중심으로," 『비교문화연구』 9(2): 83-123.
채수홍, 2004, "탄광촌의 쇠락과 폐광촌의 미래: 태백시 철암의 사례," 『비교문화연구』 10(1): 63-104.
김세건, 2004, " '찌들은 몸': 사북 지역의 탄광개발과 환경문제," 『비교문화연구』 10(1): 147-189.
김성례, 2005, "증여론과 증여의 윤리," 『비교문화연구』 11(1): 153-186.
김예겸, 2005, "농촌개발과 실천인류학(action anthropology)," 『비교문화연구』 11(1): 225-262.
조경진, 2005, "다시 생각하는 '자유무역': 칠레 이끼께 자유무역 지대에서의 감시문화와 도덕경제의 문제," 『비교문화연구』 11(2): 63-101.
채수홍, 2005, "호치민 한인사회의 사회경제적 분화와 정체성의 정치학," 『비교문화연구』 11(2): 103-142.
남영호, 2006, "러시아 공장 작업장에서의 시간과 공간, 신체," 『비교문화연구』 12(1): 43-79.
임경택, 2006, "이벤트성 외래축제를 통해 본 일본의 소비문화의 양상: 크리스마스, 밸런타인데이, 할로윈을 중심으로," 『비교문화연구』 12(2): 123-149.
채수홍, 2007, "귀환 베트남 이주노동자의 삶과 동아시아 인적 교류," 『비교문화연구』 13(2): 5-39.

한국 정치인류학의 현황과 과제

채수홍(전북대학교 고고문화인류학과 조교수)

1. 논의의 범위와 대상

정치인류학은 태생적으로 인류학사의 본류라고 할 수 있다. 현대인류학은 사회를 정치와 관련시켜 이해하려 했던 구조기능주의와 이에 대한 비판적 성찰을 중심으로 성장해 왔다. 최근 인류학은 구조기능주의에서 정점에 달했던 계몽주의적 시각을 어떻게 극복하느냐를 중심으로 여러 갈래의 이론으로 분기하고 있는 중이다(Vincent 2002). 정치인류학은 인류학의 다른 어떤 하위분야보다 인류학사의 흐름을 주도해 온 분야이다.

정치인류학이 이처럼 인류학사의 중심에서 제 하위분야와 밀접한 관계를 가지고 성장해 온 관계로 정치인류학의 경계와 범위를 정하는 것이 쉽지 않다. 무속을 저항의례로 해석한 논문(예를 들어, 김광억 1991)이나 동제(洞祭)의 규범적 · 실제적 규칙을 다룬 논문(예를 들어, 김창민 1989)은 종교인류학 연구이면서 동시에 정치인류학 연구라 할 수 있을 것이다. 도시빈민여성의 지역운동을 다룬 논문(예를 들어, 조옥라 1990)도 여성주의 연구이면서 동시에 정치인류학 연구라 할 수 있을 것이다. 정치인류학이 이처럼 포괄적이고 복합적이며 경계가 애매하다는 사실은 한국 정치인류학의 흐름을 검토하려는 본 논문의 가장 큰 걸림돌이다.

본 논문의 또 다른 어려움은 한국 정치인류학의 논문들이 서구의 정치인류학처럼 이론적 변화의 추이를 두드러지게 나타내고 있지 못하다는 점이다. 서구 인류학의 흐름을 소개하거나 반영하고는 있지만 한국 정치인류학만의 독특한 특징이나 경향을 보여 주지는 못하고 있다. 산발적으로 서구 이론을 활용하여 개별사례를 연구하는 데 그치고 있으며 이론적 다툼도 거의 부재한 상태이다. 이처럼 한국 정치인류학의 논문들을 이론적 경향에 따라 엄밀하게 나누고 평가하는 것이 힘든 현실에서 필자의 자의적인 분류는 불가피한 것 같다.

이와 같은 문제점을 고려하여 본 논문은 한국 정치인류학의 이론적 변화와 개별논문의 의미를 비판적으로 검토하기보다는 한국 정치인류학이 시대별로 어떤 주제에 관심을 보였는지 그 추이를 기술하고자 한다. 각 시대별로 한국 정치인류학의 관심사가 어떻게 형성되고 분화되어 왔는지 살펴본 다음(2절), 각 세부 주제별로 어떤 내용의 논문이 있었는지 필자가 정한 몇 가지 분류 유형에 따라 정리해 보고자 한다(3절).

2. 한국 정치인류학의 형성과 분화

한국 정치인류학은 80년대 초 김광억이 사회인류학자 페이샤오퉁을 소개하고 한국인의 정치적 행위의 특성에 대한 시론을 쓰면서 처음 모습을 드러냈다. 당시 김광억을 통하여 소개된 정치인류학은 구조기능주의에 대한 비판점을 성찰하고 대안을 모색했던 20세기 중반의 영국 사회인류학이었다. 래드클리프-브라운이나 에번스-프리처드 등이 만개시켰던 고전적 이론이 가진 정태성과 구조중심의 사고를 극복하기 위하여 등장했던 글러크먼(M. Gluckman 1940), 리치(E. R. Leach 1961), 베일리(F. G. Bailey 1969), 터너(V. W. Turner 1974) 등 인간의 행위, 상호작용, 갈등 그리고 상징의 역할에 대하여 관심을 갖는 학자의 이론이 소개되었다.

이처럼 서구 정치인류학 이론이 시간적 지체를 가지고 한국에 도입되었지만 그 의미는 적지 않다. 우선 서구 정치인류학 이론의 소개는, 거의 같은 시기에 이루어진 서구 경제인류학 연구의 소개와 함께, 80년대 이전을 지배해 오던 민속학적 전통과 차별되는 문화인류학을 정립할 수 있는 계기를 제공했다. 또한 서구 정치인류학의 도입은 다른 여러 하위분야의 등장을 촉진시키는 단초를 만들어 주었다. 예를 들어, 80년대 초 한국사와 정치인류학적 연구를 접목하려는 시도가 이루어지면서 장차 한국 역사인류학이 하위분과로 자리매김할 수 있는 여지를 만들었다.[1] 박부진(1987) 등이 여성의 정치적 의무와 권리에 주목한 것도 정치인류학과 밀접한 관계를 맺으면서 동시에 독립적인 영역으로 성장할 여성인류학을 예견하게

1) 한국문화인류학 84년과 85년 특집을 보라. 84년에는 현대 인류학 방법론과 한국사 연구를 위한 이두현, 김광억, 조혜정 등의 이론적 검토가 있었다. 85년에도 장주근, 김광억, 이문웅, 전경수 등이 고대의 국가, 신화, 출계, 연령 문제 등을 인류학적으로 분석해 보려는 방법론적 탐색을 한 바 있다.

만드는 것이었다.

한국 정치인류학이 초기의 모색을 끝내고 본격적으로 분화하면서 모양을 갖추기 시작한 것은 80년대 말이다. 외적으로 이 시기는 한국 사회가 급격한 민주화를 성취한 때이다. 그동안 정치적 이슈 자체를 다루는 것조차 매우 조심스러웠던 한국 문화인류학에서 민감한 주제를 다루는 것이 가능해진 것이다. 민중문화운동을 정치적 담론으로 다룬 김광억(1989)의 논문이 이런 변화를 상징적으로 보여 준다. 내적으로 또한 이 시기는 서구에서 교육받은 "신세대" 소장 인류학자들이 한국 인류학계에 등장하면서 활력을 불어넣은 때이기도 하다. 이들이 다양한 최신 이론과 관심사를 수입해 옴으로써 정치인류학이 세부적인 하위분야로 분화할 수 있는 가능성이 열린다.

80년대 말부터 정치인류학은 크게 세 가지 방향으로 분화되어 간다. 첫째, 정치인류학의 전통적 혹은 고전적 연구대상인 구조와 기능을 염두에 두고 일상 속에 나타난 정치과정과 갈등을 다룬 논문이 지속적으로 생산되었다. 예를 들어, 김유동(1989)은 지도자의 역할을 논하면서 문화변동과 정치갈등의 관계를 다루었으며, 김창민(1989)도 동제(洞祭)에 나타난 실제적 규칙과 규범적 규칙의 차이를 규명하였다. 한경구(1991)와 황달기(1991)가 선거를 주제로 일본의 정치과정을 분석한 것도 유사한 맥락에서 이해할 수 있다. 이러한 시도들은 영국 사회인류학자들이 사회 구조의 변화를 과정, 상황, 전략 등에 초점을 맞추어 설명하려 했던 것을 한국 사회에 적용해 본 것이라 평할 수 있다.

90년대 들어 국가와 사회 또는 국가와 지방(지역)의 관계에 대한 연구가 몇 차례 시도된 것도 정치인류학의 고전적 관심사를 반영하고 있다. 예를 들어, 김광억(1993)은 한국에서 지방정치가 생산되는 방식에 문화공동체라는 의식이 어떻게 연결되어 있는가를 밝힌 바 있다. 이후 지방자치 시대를 맞이하여 이 주제에 대한 응용인류학적 연구도 시도되었다. 그 예가 96년 한국문화인류학회지에 실린 특집이다. '지방화 시대의 인류학의 과제' 라는 제목의 이 특집에는 김광억, 정병호, 송도영 등이 자원의 중앙 집중을 비판적으로 성찰하고 소위 '지방의 생산' 을 정치인류학이 어떤 시각으로 분석하고 개입할 것인지 집중적으로 논하고 있다.

80년대 말부터 약 10년간 한국 정치인류학이 보여 준 또 다른 특징은 정치인류학적 주제로 취급되던 내용들이 세분화된 분야에서 보다 집중적으로 다루어지기 시작했다는 점이다. 종교, 역사, 농민, 여성, 소비 등이 이제 정치인류학과 마찬가지로 한국 문화인류학의 하위분과 혹은 하위분야로 자리 잡기 시작한 것이다. 이와 같은 정치인류학적 주제의 다양화를 가장 잘 보여 주고 있는 것이 95년 한국문화인류학회지에 실린 논문들이다. 김경학은 '종교의 정치성', 윤택림은 '탈식민지 역사쓰기', 김춘동은 '시설농업 지역의 정치적 과정', 함한희는 '농민의 경제적 위기와 문화적 대응', 그리고 유명기는 '재한 외국인 노동자의 문화적 적응'을 다루고 있다. 이 논문들은 공히 정치과정이나 정치적 대응을 다루면서도 정치인류학 논문이라기보다는 종교, 역사, 농민, 이주노동자 분야의 연구로 간주되기 시작한다.

90년대 이후 정치인류학은 제 하위분야를 포괄하기보다 다른 하위분야로 해체와 분화를 겪으면서 고유한 영역을 잃어 가고 있는 느낌이 든다. '정치'라는 단어가 단순히 제목에 포함된 연구는 물론이고, '정치인류학적 연구' 또는 '○○의 정치학'이라는 표현을 쓴 연구도 정치인류학 연구로 분류되지 않는 경향이 강해지고 있다. 대표적인 예가 몸의 정치학(예를 들어, 김광억 1995; 김현미 1996)이나 전통과 기억의 정치학(예를 들어, 류정아 1995; 한승미 1997)이다. 마찬가지로 서구 정치인류학에서 주요 연구 주제로 다루어 오던 '종족(種族)의 정치' 에 대한 연구도 좁게는 종족 연구 넓게는 정체성 연구로 취급되는 경향이 강해졌다. 오명석(1997)의 말레이 여성의 정체성 연구나 권숙인(1995)의 정체성의 정치에 대한 연구가 예가 될 수 있다.

90년대 이후 한국 정치인류학의 마지막 특징은 근대성, 식민지성, 남성중심성, 불평등성 등에 대한 고찰이 진지하게 시도되었다는 점이다. 특히 90년대 초 『비교문화연구』의 창간은 기존 인류학이 사로잡혀 있던 계몽주의적 사고에 대하여 이론적으로 성찰할 기회를 제공했으며, 무엇보다 새로운 기치를 내걸었던 후기이론을 비판적으로 수용하도록 만들어 주었다. 김성례(1993)가 모색한 탈식민 시대의 문화이해와 이정덕(1993)의 인류학적 포스트모더니즘에 대한 비판적 검토는 이와 같은 이론적 시도의 대표적인 예이다. 90년대 말에 이르러 이와 같은 근대성과 식민지성에 대한 고찰은 이론적 논의를 넘어 사례연구로 확장되기도 하였다. 김광억, 박현수, 왕한석 등이 1998년 비교문화 4호에서 시도한 일제 식민지배에 관한 다양한 사례연구가 이러한 흐름의 선례가 되었다.

최근에는 90년대에 가닥을 잡은 한국 정치인류학의 특징들이 더욱 두드러지고 있다. 한편으로, 전통적(혹은 고전적) 정치인류학의 주요 연구대상인 정치행위와 정치과정에 대한 연구가 꾸준히 맥을 이어 가고 있다. 김창민(2002)의 제주도 이장선출을 둘러싼 정치과정과 취임식 이벤트의 분석은 글럭크먼(M. Gluckman 1958)의 줄루족 '다리(the bridge)' 개통식 민족지를 연상하게 만든다. 해외 사례연구지만 이태주(2002)의 휘지 '양고나' 마시기 일상의례 속에 감추어진 정치과정에 대한 연구도 이런 부류의 연구라고 할 수 있다.

다른 한편으로, 최근 한국 정치인류학에서는 후기(post)이론의 영향을 깊게 받은 연구들이 눈에 띈다. 후기구조주의의 구성주의적 시각을 수용하고, 근대성 · 식민지성 · 타자성을 성찰하는 논문이 점차 많아지고 있다.

이들은 세계화, 소비, 다문화, 정체성, 재현 등의 문제를 키워드로 다양한 주제를 소화해 내고 있다. 예를 들어, 조한혜정(2002)이 동양/서양 이분법의 해체 및 재구성에 관하여 논한 것을 필두로, 몸, 공간, 기억이 어떻게 구성되고 재구성되는지에 대한 많은 연구들이 생산되고 있다.

끝으로, 후기이론과는 시각 및 궤를 달리하는 연구들도 꾸준히 생산되고 있다는 점을 강조하고 싶다. 예를 들어, 세계자본주의의 확대와 지역적 영향을 분석하는 정치경제학적 연구는 아직도 많은 한국 정치인류학자들의 관심을 끌고 있다. 한국 인류학자의 대부분이 한국 정치의 격동 속에서 성장해 왔고 특히 마르크스주의의 영향을 직 · 간접적으로 받아 왔다는 점을 고려할 때 충분히 예견가능한 일이라 할 수 있다.

3. 한국 정치인류학의 연구 경향과 세부 주제

한국 정치인류학은 80년대 초 영국 구조기능주의에 대한 비판적 수용과 함께 형성되기 시작했으며 이후 서구의 다양한 이론적 조류를 수용하는 과정에서 여러 하위분과로 분화되었다. 이와 같은 복잡한 분화를 분류할 타당한 기준을 찾기는 사실 불가능한 일이다. 하지만 한국 정치인류학이 다루고 있는 주제를 이론적 정향에 따라 크게 세 부류로 나누어 볼 수는 있을 것 같다.

하나는 정치행위와 정치구조에 대한 전통적 혹은 고전적 관심사를 유지하고 있는 연구들이다. 다른 하나는 후기이론의 시각 특히 구성주의의 영향을 받은 연구들이다. 마지막으로, 이런 후기이론과는 독립적으로 정치경제적 현실을 꾸준히 분석해 오고 있는 연구들이 있다. 본 절에서는 (다소 자의적인) 이런 분류에 따라 어떤 세부 주제와 내용을 가진 연구가 시도되었는지 소개해 보고자 한다.

첫 번째 부류의 연구가 다루고 있는 세부 주제는 정치행위, 정치과정, 정치갈등, 권력구조, 국가—지방 혹은 국가—사회의 관계, 친족 등 각종 제도의 정치화, 종교와 정치, 비교정치, 그리고 사회운동 등이다. 이러한 세부 주제들은, 비록 다른 시대적 맥락과 사례 속에서 다루어지고 있지만, 정치행위, 정치과정, 정치구조를 해명하려는 궁극적 목적을 가지고 있다는 점에서 고전적 정치인류학과 일맥상통한다. 이러한 세부 주제들을 다룬 연구는 한국 정치인류학의 형성기부터 현재까지 정치인류학의 본류로서 면면히 맥을 이어오고 있다.

정치과정을 다룬 논문의 경우 황달기(1991)의 연구를 김창민(2002)이 잇고 있다면 김광억(1983)이 정치행위에 대한 논문에서 주장한 바를 김민정(2004)이 필리핀 농촌 마을의 여성 리더십을 대상으로 다시 보여 주고 있다. 권력구조의 연구에서도 이런 연속성이 보인다. 한경구(1993)가 일본의 정치권력구조를 민족지적 맥락과 미시적 관점을 동원하여 분석하던 방식과 크게 다르지 않게 채수홍(2004)과 이선향(2005)이 강원도 폐광지역의 정치권력이 형성되는 과정을 분석하고 있다. 김광억(1993, 1996), 정병호(1996), 송도영(1996) 등이 시도했던 국가와 지방의 관계에 관한 연구도 베트남 중앙정부와 북부의 한 마을의 관계를 분석한 최호림(2003)과 중국의 사례를 분석한 이응철(2006)이 맥을 잇고 있다.

정치인류학은 전통적으로 권력구조의 유지 못지않게 변화에 관심을 가지고 있다. 더욱이 급격한 사회변동을 경험한 한국 사회에서 한국 정치인류학이 정치적 갈등이나 대규모 사회운동에 관심을 가져온 것은 당연한 일이다. 80년대와 90년대 초 많은 미래 인류학자들이 학생운동, 노동운동, 문화운동과 같은 사회운동을 대상으로 석사논문을 작성한 것도 한국 사회의 경험과 변화에 관심을 가지고 있었기 때문일 것이다. 한국 정치인류학에서도 김광억(1989)이 마당극을 민중문화운동의 정치적 담론과 연결시켜 분석하였으며, 약 10년의 세월이 지난 후 송도영(1998)과 오명석(1998)이 문화정책과 문화운동의 상호대응 과정을 되돌아 본 바 있다. 이 밖에 광주민주항쟁이 20여 년 지난 후 남은 상처와 문제점을 지적한 이정혜(2001)의 논문도 이런 맥락에서 주목할 만하다.

위의 논문들이 고전적 정치인류학의 맥을 잇고 있다면 두 번째 부류의 연구 경향에 속한 논문들은 후기이론의 영향 아래서 다양한 주제를 다루고 있다. 한국 정치인류학에서 후기근대주의, 후기식민주의, 후기구조주의와 같은 후기이론에 대한 본격적인 이론적 논쟁이 없었다는 점은 무척 아쉽다. 하지만 이들 이론에서 제기한 성찰적 문제는 찬반에 관계없이 모든 연구에 지대한 영향을 끼친 것이 사실이다. 특히 후기구조주의와 후기근대주의의 핵심인 구성주의적 시각은 문화와 정치의 관계를 규명하려는 한국 정치인류학 논문에 막대한 영향을 끼쳤다. 이런 영향 아래서 한국 정치인류학에서도 몸, 시간, 공간, 전통, 기억이 구성되고 재현되면서 어떻게 정치과정을 만들어내는지에 대한 많은 논문이 쏟아져 나왔다.

예를 들어, 김광억(1995)이, 다소 고전적인 방법론을 가지고, 한국에서 단식이 어떤 의미를 갖는지를 문화적 특수성에 초점을 맞추어 분석했다면, 남영호(2006)는 명시적으로 구성주의 시각을 가지고 러시아의 인쇄공이 작업장에서 몸, 시간, 공간의 의미를 만들어 가는 방식을 기술하고 있다. 이러한 구성주의적 분석에서 특별하게 주목하고 있는 것은 기억의 편집, 경합, 그리고 정치적 활용이다. 류정아(1995)와 한승미(1997)가 전통의 진위성(authenticity)에 대하여 의문을 제기하고 김광억(2000)이 전통적 관계의 현대적 활용을 성찰하면서 전제하고 있는 것도 바로 이러한 기억의 정치이다.

이 책의 역사인류학 리뷰논문에서 자세하게 다루어지고 있기 때문에 개별논문에 대한 소개는 생략하지만, 한국문화인류학회지의 2002년 특집('구술사와 기억')에 등장한 논문들은 "사회적 기억, 차이의 정치, 역사의 구성"(한건수 2002)의 관계를 명쾌하게 설명하고 있다는 점에서 언급할 가치가 있다. 마찬가지로 다른 리뷰논문에서 상세하게 다루어질 여성주의의 젠더 연구와 종족(種族) 정체성 연구도 대부분 구성주의적 시각 아래서 정치를 다루고 있다는 점을 기억할 필요가 있다.

한국 정치인류학에서 후기이론의 영향을 확인할 수 있는 또 한 종류의 논문들은 근대성, 타자화 그리고 식민지성을 논한 연구다. 근대성과 타자화에 관한 대표적인 연구로는 조옥라, 최봉영, 신경아가 2003년 한국인에게 전통과 근대가 어떤 의미를 갖는지를 집단과 개인에 대한 생각을 중심으로 분석한 것을 들 수 있다. 안타깝게도 이후 한국에서 근대성이 갖는 의미에 대한 이론적 논의나 민족지적 연구가 활성화되지는 않았다. 홍콩인의 정체성을 근대성과 타자화와 관련시켜 논의한 장정아(2002)의 연구와 이슬람의 신근대주의 출현 과정과 반응을 분석한 김형준(2006)의 논문은, 이와 같은 근대성 연구의 부족을 고려할 때, 매우 의미 있는 시도라고 할 수 있다.

근대성 문제가 한국 정치인류학의 주요한 이론적 쟁점이 되지는 못한 것과 비교한다면 식민지성에 관한 논의는 상대적으로 활발하게 이루어진 편이다. 김성례(1993)가 탈식민지 시대의 문화 이해에 대한 시론을 썼을 뿐 아니라 경험적 연구도 다수 시도되었다. 특히 일제강점기에 관한 사례 연구가 많이 있다. 왕한석, 박현수, 김광억 등이 1998년 『비교문화연구』 4호에 일제강점기의 시대적 상황을 이해하려는 연구를 발표했다. 전경수(2002a, 2002b, 2004, 2005)도 일제강점기 하의 학자 또는 학문의 대민관계를 분석한 실증사(實證史)적 논문을 연속으로 내놓았다.

위의 연구들이 사료를 바탕으로 식민지 상황을 재현하는 데 초점을 두었다면 김현미(2003)와 김현경(2006)은 식민지성의 문제를 직시하고 있다. 스톨러(A. Stoler 1989)의 연구를 연상케 하는 김현미의 논문은 식민권력 하에서 섹슈얼리티의 구성 문제를 설득력 있게 분석하고 있다. 김현경은 흥미롭게도 한국의 지적 장을 지배하고 있는 식민지성에 대한 성찰을 하고 있다. 이런 연구들은 식민지를 민족지를 통하여 재구성하는 작업과 식민지성에 대한 이론적 성찰 사이에는 차이가 있음을 보여 준다. 동시에 양 연구가 상호보완적임을 시사한다.

한국 정치인류학에서 발견할 수 있는 세 번째 부류의 연구 경향은 세계자본주의 확대의 정치경제학을 논하는 것이다. 후기사회주의, 세계화와 계급분화, 개발과 담론, 세계화와 디아스포라 및 노동이주, 다국적 기업과 노동, 세계화와 저항 등이 이런 경향의 연구에서 다루고 있는 주제들이다. 이하에서는 이와 같이 다양한 주제 가운데 개발, 다국적 기업, 국제이주를 정치경제학적 측면에서 다룬 논문만을 소개한다. 다른 주제인 후기사회주의의 문제는 한국 인류학계에 중국, 베트남, 러시아 등을 전공하는 학자가 늘어남으로써 많은 연구가 축적되었다. 하지만 경제인류학이나 지역을 리뷰하는 논문에서 상세하게 다룰 것으로 믿고 위의 세 주제와 관련된 후기사회주의 연구만을 언급할 것이다. 계급 문제와 관련된 논문들도 경제인류학과 겹치는 부분이 많을 것으로 생각되어 위의 세 주제와 관계된 것만 필요에 따라 언급할 것이다.

개발은 정치적으로 중립적일 수 없으며 그 정치적 효과 역시 원래 의도와는 다를 수 있다(J. Ferguson 1990: 17-21). 그럼에도 불구하고 초기 인류학에서 개발은 혁신이나 발전과 같이 긍정적 함의를 담은 개념을 통하여 기술되어 왔다. 한국에서도 80년대 중반까지 혁신이라는 단어를 사용하여 개발의 효과를 경제인류학적으로 분석하는 경향이 주를 이루었다. 하지만 한국 정치인류학에서도 90년대 말부터 개발을 둘러싼 갈등과 부정적 효과에 주목하기 시작했다. 예를 들어, 진필수(1999)는 택지개발에 따른 토지보상을 둘러싸고 벌어지는 갈등을 기술한 바 있다. 이태주도 피지 인도인의 개발담론(2006), 한국 개발원조 단체의 개발담론(2003), 그리고 인류학의 개발에 대한 시각(2004)을 비판적으로 성찰한 일련의 연구를 진행하였다.

개발담론이 국가 차원의 활동을 겨냥하고 있다면 다국적 기업 문제는 개별 기업의 활동과 노동 문제를 특화하여 다루고 있다는 점에서 전자와 구별된다. 다국적 기업 연구는 또한 경제인류학, 산업인류학, 노동인류학 등이 정치인류학과 만나는 지점에 있는 주제라는 점에서 특별한 주목을 받고 있다. 실제로 한국에서도 많은 인류학자들이 다국적 기업의 문제를 다룬 바 있다. 김현미(1996)가 미국계 다국적 기업에 일하는 한국 여성에 관한 민족지를 작성한 것을 필두로, 장수현(2003)의 중국 칭다오 신발 공장 연구, 채수홍(2003)의 호치민 섬유 공장의 사례연구 등이 뒤를 이었다. 이 밖에도, 엄밀하게 말하면 다국적 기업에 대한 연구가 아닐 수도 있지만, 이정덕(1997)이 뉴욕의 영세 기업인의 사례를 통하여 인종의 정치를 다룬 바 있고 정종호(2003)가 중국에 있는 한국계 기업의 현지화에 대한 논의를 전개한 바 있다.

세계화의 확대에 따라 날로 증가하고 있는 국제이주에 대한 연구도 한국 정치인류학자에게 다국적 기업 문제만큼이나 주목을 받아 왔다. 한국인의 해외이주나 '장거리 민족주의'(Schiller and Fouron 2003)는 이미 80년대 초부터 꾸준히 연구되어 왔다 (예를 들어, 이광규 1981, 1982; 김창민 2003). 특히 최근에는 한국에서 살고 있는 국제이주민의 일상사와 정치가 한국 정치인류학의 화두가 되고 있다. 90년대 이후 국제결혼과 이주노동의 급격한 증가로 한국 사회의 종족 구성과 정치적 지형이 서서히 변화하고 있는 현실 때문일 것이다.

한국으로 이주해 온 외국인 노동자에 관한 한국 정치인류학의 관심은 외국인노동자 수입 초기부터 싹텄다. 90년대 중반 유명기(1995)가 외국인 노동자의 사회문화적 적응에 대하여 분석한 바 있고, 함한희(1995)는 외국인노동자의 유입이 한국 사회에 인종과 계급의 문제를 야기할 수 있는 정치적 현상임을 역설한 바 있다. 이후 한건수(2003) 등이 이주노동자가 한국 사회에 편입되면서 주변화되고 타자화되어 가는 현상에 관하여 경험적인 연구를 지속하고 있다.[2)]

이상에서 살펴본 세 부류의 연구 — 전통적(고전적) 연구, 구성주의적 연구, 정치경제학적 연구 — 는 조금씩 다른 초점을 가지고 있지만 동시에 상호보완적 성격을 가지고 있다. 정치경제적 조건을 고려하지 않은 사회문화적 구성 과정에 대한 연구는 현실을 왜곡할 수 있으며, 사회문화적 구성 과정을 설명하지 않은 정치경제학적 분석은, 적어도 정치인류학적 관점에서 보면, 미완성일 뿐이다. 또한 정치인류학의 연구는 구성주의적 설명을 하든 정치경제학적 분석을 하든 궁극적으로 고전적 연구대상인 정치행위와 정치과정을 설명하는 것을 목표로 삼고 있다고 할 수 있을 것이다.

4. 한국 정치인류학의 과제

한국 정치인류학은 서구 구조기능주의의 문제점에 대한 성찰을 수용하며 뒤늦게 출발하였다. 그럼에도 불구하고 한국 인류학의 짧은 역사와 부족한 인적자원을 고려할 때 상대적으로 빠른 성장과 기민한 변화를 거듭

2) 국제결혼을 통하여 형성된 다문화가정에 관한 연구 역시 2000년대 들어 많은 관심을 끌고 있고(예를 들어, 김민정 외 2006; 한건수 2006) 적절한 정치인류학의 주제이지만 이 책의 다른 논문에서 다룰 것으로 예상되어 소개를 생략한다.

하고 있다. 정치인류학의 근본 연구대상인 정치행위, 정치과정, 정치구조에 대한 연구가, 다른 이론적 정향을 가지고 있거나 연구대상을 특화한 하위분야로 분화되거나 통합되면서 다양한 연구를 낳고 있다. 또한 정치인류학의 근본적 물음들을 변화하는 정치경제적 조건에 맞게 그리고 새로운 이론적 경향을 활용하여 분석하는 경험이 축적되어 가고 있다.

이러한 긍정적 성과에도 불구하고 한국 정치인류학의 발전을 위하여 해결해야 할 과제가 남아 있다. 무엇보다 한국 정치인류학이 의미 있는 연구 성과를 내는 하위분야로 거듭나기 위해서는 서구의 이론적 패러다임과 정치적 담론으로부터 상대적 독립성을 획득하는 토착화가 절실하다. 서구 이론을 수입하여 무비판적으로 활용하는 관례의 적실성에 대한 성찰이 필요하다.

서구의 이론으로부터 상대적으로 독립된 '토착 정치인류학'을 정립하기 위해서는 다음 두 가지 실천이 필요한 것 같다. 먼저, 한국 정치인류학의 지식사회학적 성찰이 요구된다. 한국정치인류학은 서구 이론의 변화만이 아니라 한국 사회의 정치적 변화에 민감하게 반응하면서 흐름을 형성해 왔다. 이런 흐름에 대한 인식은 정치인류학이 정치현실에 대한 매우 "정치적인" 분석행위라는 점을 자각하게 함으로써 토착화에 기여할 것이다.

이와 더불어, 한국 정치인류학은 서로 다른 정치적 지향을 갖는 이론과 분석방법을 놓고 논쟁의 장을 만들어야 한다.[3] 전통적 연구와 새로운 시대적 흐름에 민감하게 반응하는 연구는 정치인류학의 정체성을 놓고 논쟁할 필요가 있다. 구성주의적 연구와 정치경제학적 연구도 이론적 타당

3) 서구 인류학 문헌을 광범위하게 검토하면서 정치인류학에서 국가의 중요성이 여전하다는 점을 논증하려 한 박지환(2007)의 논문은 이런 맥락에서 평가받을 가치가 있다.

성을 놓고 경쟁하면서 접점을 찾아야 한다. 한국 정치인류학이 발전하기 위해서는 한국 인류학 내부에서 이와 같은 생산적 정치행위가 실천될 필요가 있다.

참고문헌

권숙인, 1995, "아이덴티티 정치: '헤세볼런티어 협회' 의 실천을 중심으로,"『한국문화인류학』 28(1): 407-443.

김광억, 1984, "현대 영불 사회인류학의 역사인식,"『한국문화인류학』 16(1): 9-27.

______ 1985, "국가형성에 관한 인류학적 이론과 한국고대사,"『한국문화인류학』 17(1): 17-33.

______ 1989, "정치적 담론기제로서의 민중문화운동: 사회극으로서의 마당극,"『한국문화인류학』 21(1): 53-77.

______ 1991, "저항문화와 무속의례,"『한국문화인류학』 23(1): 131-172.

______ 1994, "문화공동체와 지방 정치,"『한국문화인류학』 25(1): 116-182.

______ 1996, " '지방' 의 생산과 그 정치적 이용,"『한국문화인류학』 29(1): 3-35.

______ 1998, "일제시기 토착 지식인의 민족문화 인식의 틀,"『비교문화연구』 4: 79-120.

______ 2000, "전통적 '관계' 의 현대적 실천,"『한국문화인류학』 33(2): 7-48.

김민정, 2004, "필리핀 농촌 마을의 주민조직과 여성 리더십,"『한국문화인류학』 37(2): 49-70.

김민정 · 유명기 · 이혜경 · 정기선, 2006, "국제결혼 이주여성의 딜레마와 선택: 베트남과 필리핀 아내의 사례를 중심으로,"『한국문화인류학』 39(1): 159-193.

김성례, 1993, "탈식민지시대 문화이해,"『비교문화연구』 창간호: 79-111.

김창민, 1989, "동제수행의 규범적 규칙과 실제적 규칙: 경남 명지리의 사례분석,"『한국문화인류학』 21(1): 203-218.

______ 2003, "재일교포 사회와 제주 마을 간의 관계 변화, 1930-2000,"『비교문화연구』 9(2): 195-221.

김현미, 1996, "노동통제의 기제로서의 성: 미국계 금속조립기업에 고용된 기혼

여성 노동자의 성 정체성 사례 연구를 중심으로,"『한국문화인류학』 29(2): 167-195.

김형준, 2006, "이슬람 신근대주의의 출현과 반응: 인도네시아 무하마디아의 사례,"『비교문화연구』 12(1): 81-111.

남영호, 2006, "연구논문: 러시아 공장 작업장에서의 시간과 공간, 신체,"『비교문화연구』 12(1): 43-80.

류정아, 1995, "현대사회에 존재하는 '전통성'의 의미,"『한국문화인류학』 28: 79-100.

박부진, 1987, "상속에 있어서 여성의 권리와 실제,"『한국문화인류학』 19(1): 29-59.

박지환, 2007, "정치인류학에 대한 일 고찰: 국가연구의 중요성 확대,"『한국문화인류학』 40(2): 163-203.

박현수, 1998, "한국문화에 대한 일제의 시각,"『비교문화연구』 4: 35-77.

송도영, 1996, "지방 문화행정 활동 참여의 인류학: 개입의지/행정연구/연구와 실행,"『한국문화인류학』 29(1): 63-102.

______ 1998, "1980년대 한국문화운동과 민족 · 민중적 문화양식의 탐색,"『비교문화연구』 4: 153-180.

오명석, 1997, "이슬람, 아닷(adat), 근대화 속에서의 말레이 여성의 정체성 변화,"『한국문화인류학』 30(1): 3-52.

______ 1998, "1960-70년대 문화정책과 민족문화담론,"『비교문화연구』 4: 121-152.

왕한석, 1998, "개항기 서양인이 본 한국문화: 비숍의「한국과 그 이웃나라들」을 중심으로,"『비교문화연구』 4: 3-33.

유명기, 1995, "재한 외국인 노동자의 문화적 적응에 관한 연구,"『한국문화인류학』 27: 145-182.

이광규, 1981 "재일한국인 조사연구,"『한국문화인류학』 13(1): 1-52.

______ 1982, "재일한국인 조사연구II,"『한국문화인류학』 14: 1-31.

이두현, 1984, “한국민속학 연구의 회고와 전망,” 『한국문화인류학』 16(1): 3-8.
이문웅, 1985, “신라친족연구에서 혼인체계와 출계의 문제,” 『한국문화인류학』 17(1): 35-59.
이선향, 2005, “폐광지역의 사회변동과 “지역엘리트” 형성의 정치적 역동성: 고한, 사북지역을 중심으로,” 『비교문화연구』 11(1): 49-81.
이응철, 2006 “국가, 사회, 시장의 공모: 현대 중국 영상산업의 사례,” 『비교문화연구』 12(1): 5-42.
이정덕, 1993, “인류학적 포스트모더니즘에 대한 비판적 검토,” 『비교문화연구』 창간호: 113-138.
______ 1997, “다인종 사회에서의 영세기업문화: 뉴욕시 영세상점의 사례연구,” 『비교문화연구』 3: 31-57.
이정혜, 2001, “치유되지 않은 5월: 20년 후 광주 민중항쟁 피해자 실상 및 대책,” 『한국문화인류학』 34(2): 258-261.
이태주, 2003, “한국의 대외원조정책에 대한 인류학적 연구: ‘선진국 만들기’ 와 발전 담론,” 『비교문화연구』 9(1): 139-174.
______ 2004, “국제개발의 인류학적 연구와 평가 및 정책 참여: 국제개발 인류학을 위한 시론,” 『비교문화연구』 10(1): 221-248.
______ 2006, “서로 다른 발전의 길: 피지 인도인들과 원주민들 간의 종족갈등과 발전담론,” 『한국문화인류학』 39(1): 105-140.
장수현, 2003, “중국 내 한국기업의 현지적응 과정과 문화적 갈등: 칭다오 소재한 신발공장에 대한 인류학적 연구,” 『한국문화인류학』 36(1): 83-118.
장정아, 2003, “타자의 의미: ‘홍콩인’ 의 정체성을 둘러싼 싸움,” 『한국문화인류학』 36(1): 43-83.
장주근, 1985, “고대사 연구와 신화연구,” 『한국문화인류학』 17(1): 9-16.
전경수, 1985, “신라사회의 연령제도와 화랑제도,” 『한국문화인류학』 17(1): 61-80.
______ 2002a, “식민과 전쟁의 인류학(1),” 『비교문화연구』 8(1): 61-136.

______ 2002b “식민과 전쟁의 인류학(2),” 『비교문화연구』 8(2): 135-167.
______ 2004, “식민주의에서 점령주의로: 일본인류학 진화과정의 일면,” 『한국문화인류학』 37(1): 105-149.
______ 2005, “아편과 천황의 식민지/전쟁인류학: 학문의 대민관계,” 『한국문화인류학』 38(1): 165-203.
정병호, 1996, “한국 지식사회의 중앙 중심성의 극복: 지방화 시대의 사회운동,” 『한국문화인류학』 29(1): 37-62.
정종호, 2003, “재중 한국계 기업의 경영 현지화에 대한 문화적 영향: 개혁, 개방기 중국의 “정 · 리 · 법 문화구성(情, 理, 法 文化構成)”을 중심으로,” 『비교문화연구』 9(2): 83-124.
조경만, 1998, “세계화에 대한 농업부문의 반응과 변화: UR 협상 반대론과 반대 시위를 중심으로,” 『한국문화인류학』 31(2): 351-377.
조옥라, 1990, “여성인류학적 시각에서 본 도시빈민 지역운동: 서울 사당 2동 사례연구를 중심으로,” 『한국문화인류학』 22(1): 111-140.
조옥라 · 최봉영 · 신경아, 2003, “한국인의 문화적 정체성에 내재된 전통과 근대의 문제: 집단과 개인의 문제를 중심으로,” 『한국문화인류학』 36(1): 3-43.
조혜정, 1984, “미국 문화인류학에서의 역사인식,” 『한국문화인류학』 16(1): 29-46.
진필수, 1999, “경제주의의 확산과 문화의 위기: 택지 개발에 따른 토지보상 사례를 중심으로,” 『한국문화인류학』 32(2): 61-100.
채수홍, 2003, “호치민시 다국적 공장의 정치과정에 관한 연구,” 『한국문화인류학』 36(2): 143-183.
______ 2004, “탄광촌의 쇠락과 폐광촌의 미래: 태백시 철암의 사례,” 『비교문화연구』 10(1): 63-104.
최호림, 2003, “베트남 도시마을에서의 국가-사회관계: 하노이 ‘프엉 응옥 하(Phuong Ngoc Ha)’를 중심으로,” 『비교문화연구』 9(1): 29-74.

한경구, 1991, "왜 '일본은 계급사회가 아니다' 라고 하는가: 카스트에 대한 논의에 비추어 본 일본사회 무계급론," 『한국문화인류학』 23(1): 173-191.

______ 1993, "일본의 정치권력구조를 보는 눈," 『비교문화연구』 창간호: 225-245.

한건수, 2002, "경합하는 역사: 사회적 기억과 차이의 정치학," 『한국문화인류학』 35(2): 65-98.

______ 2003, "타자 만들기: 한국사회와 이주노동자의 재현," 『비교문화연구』 9(2): 157-194.

______ 2006, "농촌지역 결혼이민자 여성의 가족생활과 갈등 및 적응," 『한국문화인류학』 39(1): 195-243.

한승미, 1997, " '국가적 전통' 의 상품화: 일본 지방 산업에서의 가치와 진위성의 정치," 『한국문화인류학』 30(1): 157-182.

함한희, 1995, "한국의 외국인 노동자 유입에 따른 인종과 계급 문제," 『한국문화인류학』 28: 199-222.

황달기, 1991, "일본 다키네초(瀧根町)의 의원선거에서 보는 유권자와 입후보자의 관계," 『한국문화인류학』 23: 193-227.

Bailey, F. G., 1969, *Stratagems and Spoils: A Social Anthropology of Politics*. Oxford: Blackwell Publishers.

Ferguson, James, 1990, *The Anti-politics Machine: "Development," Depoliticization, Bureaucratic Power in Lesotho*. Cambridge: Cambridge University Press.

Gluckman, Max, 1958, *Analysis of a Social Situation in Modern Zululand*. Manchester: Manchester University Press.

Leach, Edmund. R., 1961, *Pul Eliya: A Study of Land Tenure and Kinship*. Cambridge: Cambridge University Press.

Schiller, Nian G. and Georges Fouron, 2003, *From Georges Woke Up Laughing: Long-distance Nationalism and the Search for Home*. Durham, NC: Duke University Press.

Stoler, Ann, 1989, "Making Empire Respectable: The Politics of Race and Sexual Morality in the 20th Century Colonial Cultures," *American Ethnologist* 16(4): 634-652.

Turner, Victor W., 1974, *Dramas, Fields, and Metaphors: Symbolic Action in Human Society*. Ithaca: Cornell University Press.

Vincent, Joan, 1990, *Anthropology of Politics: Visions, Traditions and Trends*. Tucson: University of Arizona Press.

Vincent, Joan (ed.), 2002, *The Anthropology of Politics: A Reader in Ethnography, Theory, and Critique*. Oxford: Blackwell Publishing Ltd.

한국에서 문화와 언어에 대한 인류학적 연구의 성과와 과제

김주관(서울대학교 인문학연구원 HK연구원)

한국에서 인류학의 역사는 50년이 되었지만 언어적인 현상을 주요 연구 대상으로 하는 언어인류학의 분야가 체계적으로 인류학과의 교과 과정에 편입되고 본격적으로 연구결과가 나오기 시작한 것은 이제 20년을 넘긴 지 얼마 되지 않는다. 이는 한국 인류학계에서 언어적 현상에 대한 관심을 두지 않았기 때문에 나타난 결과라기보다는 언어인류학이라는 분야가 갖는 특성과 그로부터 발생하는 언어인류학에 대한 선입견에 기인하는 바가 더 클 것이라고 여겨진다. 즉, 언어인류학은 문화적 현상을 언어 사용의 분석을 통해 밝히려는 것으로 언어 분석 능력을 어느 정도 전제해야 하기 때문에 언어학에 대한 전문적인 지식이 필요한 분야로 간주되어 왔으며, 인류학의 다른 하위분야에 비해 한국 사회 내에서 그 연구의 시급성이 좀 덜한 것으로 인식되어 온 경향에 기인하는 바가 크다. 또한 언어인류학은 북미 인류학의 전통에서 발전한 것으로 영국을 포함한 유럽 인류학에서는 다루어지지 않는 분야라는 점도 한국 내에서 언어인류학의 연구가 다른 분야에 비해 늦게 나타나게 된 이유 중의 일부인 것으로 보인다.

이러한 국내 인류학계의 상황은 한동안 그대로 지속되어, 언어인류학은 최초로 이 분야를 전공하여 박사학위를 취득한 왕한석 교수가 서울대학교 인류학과에 부임한 1985년 이전까지는 인류학자들에 의해 거의 다루어지지 않은 분야로 남아 있었다. 따라서 엄밀하게 국내에서 언어인류학이 인류학의 한 하위 분야로서 자리를 잡고 체계적으로 교육과 연구가 시작된 것은 1985년 이후로 보는 것이 합당할 것이다. 이 글에서는 이 시기를 중심으로 이전과 이후로 나누어 언어인류학의 교육과 연구를 살펴보기로 한다.

1985년 이전에 언어인류학 교육은 거의 없었다고 해도 과언이 아니다. 학부의 교과 과정에 '문화와 언어'라는 과목이 있기는 했지만, 이 과목을 담당할 강사가 없어 오랫동안 이 과목이 실제 개설되어 가르쳐지지는 않았다. 서울대학교에서는 1980년대 들어 화용론을 전공한 언어학과의 이정민 교수가 이 과목을 담당하여 가르쳤으나, 사회언어학과 화용론을 중심으로 한 내용이어서 실질적으로는 언어인류학의 일부만을 다룬 셈이며, 대학원에서는 그나마도 개설되지 않아 대학원에서의 언어인류학 교육은 전혀 이루어질 수 없었다. 이러한 언어인류학의 교육 상황에서 언어 및 언어행위를 주제로 한 대학원의 학위논문은 한 편도 제출된 적이 없었다.

1985년 이전 인류학회지에 실린 언어와 관련한 연구는 주로 언어학이나 국어문학, 민속학 분야의 전공자들에 의해 단편적으로 이루어졌다. 1980년까지 문화인류학회지에 발표된 언어와 관련한 논문은 총 7편으로 경험적 연구가 아닌 이정민(1979)을 제외하면 나머지 논문들은 방언 구획, 수수께끼, 무당의 은어, 한국의 재담, 민요 등에 관한 것이다. 이병근(1969)의 방언 구획에 관한 논문은 방언 구획에서 언어의 구조적인 측면뿐만 아니라 언어 외적인 요소, 즉 문화적인 요소도 고려하는 것이 바람직하다는 내용으로 방언학에서 언어인류학적인 접근법을 수용할 필요가 있음을 지적하고 있어 다분히 언어학적인 내용이라 할 수 있다. 다른 6편의 논문 중 일부는 해당 장르에 대한 연구의 필요성을 제기하는 수준의 논의도 있고, 또 일부는 기술적이고 일차적인 분석의 수준에 있지만 수수께끼, 은어, 재담, 민요 등 다양한 장르의 언어적 행위에 대한 내용을 다루고 있다는 점에서 흥미를 끈다. 이러한 주제들이 언어인류학의 분석틀을 적용하여 좀 더 발전적이고 확대되어 다루어지지 못한 점은 상당한 아쉬움으로 남는다.

1985년 이후에는 언어인류학을 전공한 학자에 의해 체계적인 교육과 연구가 시작되었다. 서울대학교 인류학과에서는 왕한석 교수의 부임으로 '문화와 언어', '언어와 사회', '언어인류학(대학원)', '사회언어학(대학원)', '인지인류학(대학원)' 등의 과목이 개설되어 교육됨으로써 언어인류학의 전반에 대한 온전한 과정이 자리 잡게 되었다. 하지만 이러한 상황은 서울대학교 인류학과에만 한정된 것으로, 다른 대학교의 인류학 교과 과정에서는 여전히 언어인류학의 교육이 전혀 이루어지지 않거나 정규 과목으로 편성되지 않고 제한적으로 시행되고 있다. 이러한 상황은 대학원의 학위논문에서 그대로 반영되어 나타난다. 1985년 영남대학교에 제출된 김기봉의 석사학위논문을 제외하면, 1989년부터 나온 언어인류학 분야의 학위논문 9편은 모두 서울대학교에 제출된 것이다.

김기봉(1985)은 언어인류학의 교육이 전혀 시행되고 있지 않은 상황에서 민족과학적인 접근법을 사용하여 친족용어를 분석한 것으로 국내에서는 처음으로 제출된 언어인류학 논문이라 할 수 있다.

1985년 이후 제출된 학위논문의 내용을 보면 용어체계의 분석이 6편(김기봉 1985, 정종호 1990, 조숙정 1997, 김선희 1999, 안준희 2000, 고영종 2006)이고, 담화 수준의 자연 발화에 대한 분석이 4편(김주관 1989, 강윤희 1993, 최진숙 1995, 김우진 2006)이다. 분석틀의 측면에서 보면 민족과학이나 인지인류학적인 분석이 4편(김기봉 1985, 정종호 1990, 김선희 1999, 안준희 2000)이고, 사회언어학적인 분석이 6편(김주관 1989, 강윤희 1993, 최진숙 1995, 조숙정 1997, 김우진 2006, 고영종 2006)이다. 학위논문들의 이러한 분포는 언어인류학에서 다루어지는 주요한 이론적 · 방법론적 논의들을 거의 모두 다루고 있는 것으로 파악된다. 또한 일상적인 말하기 장르 이외의 장르를 대상으로 한 연구(최진숙 1995)가 수행되었으며, 전통적인 마을 연구의 범위를 넘어 특수한 언어공동체를 대상으로 한 연구(김주관 1989, 안준희 2000, 고영종 2006)와 국외의 언어공동체에 대한 연구(김우진 2006)도 나타나고 있음을 볼 수 있다. 이러한 결과들이 보여 주는 것은 언어인류학의 교육이 극히 제한적으로 이루어지고 있음에도 불구하고 부분적으로나마 어느 정도 그 성과가 나타나기 시작했다는 사실일 것이다.

1985년 이후 출간된 언어인류학 분야의 논문은 총 38편이다.[1] 이론적인 논의를 소개한 논문인 왕한석(1996)을 제외하면 모든 논문들은 현지조사 자료에 기반한 경험적 연구들이다. 이 논문들의 내용상의 분포를 보면 친족용어를 포함한 용어체계의 분석이 18편으로 가장 많다. 하지만 이들이 채택하고 있는 분석방법은 다양하여, 기술적인 수준에서부터 용어체계에 대한 민속분류법(folk taxonomy)의 분석과 나아가 특정 의미 영역의 용어체계를 통해 문화적인 의미를 밝히고자 한 인지인류학적인 접근, 그리고 용

1) 여기서는 주요 학술지에 게재된 논문만을 대상으로 하였으며, 따라서 연구보고서와 같은 형태로 출간된 것은 제외하였다.

어체계 사용의 사회문화적인 의미를 밝히려는 사회언어학적인 접근에 이르기까지 언어인류학에서 개발된 어휘체계와 관련된 분석의 방법을 다양한 영역에 적용하고 있다.

다른 18편의 논문들은 담화 수준의 발화를 연구대상으로 한 것으로 기술적인 수준에서 벗어나 점차 언어와 사회체계와의 관련성을 규명하거나 언어행위의 분석을 사회 이론의 검증과 접목시키려는 시도들이 나타나기 시작하며, 새로운 장르에 대한 연구들도 시작되고 있다. 예컨대 강윤희(1994), 김형준(2001), 한건수(2001), 홍석준(2001), 최진숙(2005), 이정덕 · 전봉수(2007) 등의 연구는 특정 언어공동체에서 소위 정체성의 표지로서 언어에 대한 기능을 다루고 있다. 김주관(2002, 2003), 강윤희(2003, 2004, 2007) 등은 사회 이론의 맥락에서 언어행위를 다룸으로써 사회 이론의 적정성에 대한 적용 또는 검증을 시도하고 있다. 왕한석(2002, 2005), 김주관(2005), 강윤희(2006) 등은 용어체계나 자연 발화와 같은 전통적인 장르의 언어행위를 넘어서 새로운 장르의 언어행위들에 대한 관심을 보여 주고 있다. 1985년 이후에는 이론적인 측면이나 방법론적인 측면에서의 다양성뿐만 아니라 언어적인 현상이나 언어인류학적 방법에 대한 관심의 확대도 점차 나타나기 시작한다. 예컨대 강영환(1989)은 건축학의 분야에서 언어인류학, 특히 인지인류학적인 방법을 적용하여 한국의 전통 민가를 분석한 것이며, 조혜영(2001)은 언어 교육의 분야에서 담화 분석을 통하여 정체성의 형성을 기술한 것으로, 이 연구들은 타 학문분야에서 언어인류학의 방법을 적용한 사례이다. 김성철(1995), 박환영(2001), 김진명(2001), 김형준(2001), 박정석(2001), 한건수(2001), 홍석준(2001), 전경수(2006), 이정덕 · 전봉수(2007) 등은 언어인류학을 전공으로 하지 않은 인류학자들에 의해 언어적 현상이 다루어진 논문들이다. 이들 연구들은 용어체계에 대한 관심에서부터 사회언어학적 측면까지 언어인류학의 다양한 관심을 그대로 반영하고 있으며, 지역적인 다양성도 함께 보여 주고 있다. 하지만 이러한 관심도 초기 언어인류학적 연구들과 마찬가지로 지속적으로 이루어지고 있지는 않은 실정이다.

언어인류학과 관련된 단행본의 출판은 논문의 출판과 비교해 보았을 때 훨씬 더 제한적이다. 왕한석(2005, 2008)은 사회언어학자들의 연구결과를 포함하는 논문들을 편집한 것이며, 왕한석(2007)은 이주 여성의 한국어 습득과 관련한 경험적 연구의 결과이다. 특히 왕한석(2007)은 최근의 한국 사회의 변화와 관련한 시급한 주제를 언어인류학적 측면에서 다루고 있는 최초의 연구라는 점에서 향후 언어인류학이 관심을 가져야 할 새로운 주제를 환기시킨 중요한 연구로 평가된다.

이처럼 1985년 이후에 언어인류학은 그 이전에 비해 양적으로나 질적으로 상당한 발전을 이루었음을 알 수 있다. 언어인류학의 분야에서 지금까지 다루어진 다양한 주제와 방법들이 한국 사회의 맥락에서 적용된 연구결과들이 다수 출판되었고, 또 타 문화의 언어적 현상에 대한 연구도 나타나기 시작하였다는 점에서 그러하다.

하지만 이러한 발전에도 불구하고 한국에서의 언어인류학은 여전히 제한적이다. 그 첫 번째 이유는 국내에 언어인류학을 전공한 학자가 교육을 시작한 지 20년이 넘었지만 여전히 체계적인 언어인류학의 교육이 서울대학교 인류학과에서만 시행되고 있기 때문이다. 앞서 기술한 바와 같이 학위논문 10편 중 9편이 서울대학교에 제출된 것이고, 따라서 한국 사회 내의 다양한 언어행위와 장르에 대한 연구가 주제의 측면에서나 지역적인 측면에서 대단히 제한적으로 수행될 수밖에 없다는 것이다. 두 번째로는 앞의 이유와 연관이 있는 것으로 한국 사회의 변화에 대응한 연구들이 그 시급성에 비추어 인적 자원의 한계 때문에 효율적으로 수행되지 못한다는 것이다. 언어인류학적인 관점에서 볼 때 현재 한국 사회의 상황은 마치 언어인류학이 태동된 시기의 상황과 유사하다. 전통적인 언어적 행위들이 변화하고 있고 그 과정에서 다양한 말하기의 방식이나 장르들이 소멸되어 가고 있으며, 또 한편으로는 한국 사회에 유입되는 외국인 이주민들과 관련된 다언어적 · 다문화적 현상이 나타나고 있다는 것이다. 이러한 상황에서 사라져가는 언어적 현상들에 대한 기록도 시급한 문제이며, 새로운 현상으로 나타나는 다언어적 상황에서 언어와 문화 교육의 문제도 언어인류학의 분야에서 다루어져야 할 시급한 문제이다. 이러한 문제의 해결을 위해서는 좀 더 많은 연구자들이 이러한 현상에 관심을 가져야만 가능할 것으로 여겨지며, 이를 위해서는 기존에 활동하고 있는 언어인류학자들의 노력도 중요하지만, 보다 중요한 것은 언어인류학의 교육이 좀 더 확대되어 더 많은 언어인류학적 연구들이 생산될 수 있는 기반이 마련되어야 할 것이다.

참고문헌

(발표연도를 기준으로 작성함)

· 학위논문

김기봉, 1985, "親族用語 體系에 관한 成分分析的 硏究: 문헌사료와 안동지방의 5개 촌락을 중심으로," 영남대학교 대학원.

김주관, 1989, "존대말 使用의 理想的 規範과 實際的 變異相 : 短期士兵의 言語共同體를 中心으로," 서울대학교 대학원.

鄭鍾昊, 1990, "韓國 親族呼稱의 意味構造와 社會的 使用에 關한 硏究: 安東地方의 한 村落의 事例를 中心으로," 서울대학교 대학원.

강윤희, 1993, "제주 사회에서의 두 방언 사용 현상," 서울대학교 대학원

최진숙, 1995, " '농담' 및 '결말'의 구조와 사용양식," 서울대학교 대학원.

조숙정, 1997, "비친척관계에서의 호칭어의 구조와 사용방식 : 전남 나주 한 반촌의 사례를 중심으로," 서울대학교 대학원.

김선희, 1999, "한국의 색채 범주 구분법에 대한 민족지적 연구," 서울대학교 대학원.

안준희, 2000, " '노숙자'의 생활양식에 관한 인지 인류학적 연구," 서울대학교 대학원.

김우진, 2006, "중국 신강지역 카작족의 존대말의 구조와 사용유형," 서울대학교 대학원.

고영종, 2006, "한국 현대 직장 사회의 호칭어 연구," 서울대학교 대학원.

· 논문

이병근, 1969, "방언경계(方言境界)에 대하여," 『한국문화인류학』 2: 47-56.

조희웅, 1971, "수수께끼 소고," 『한국문화인류학』 4: 71-77.

진성기, 1973, "제주도 수수께끼 연구," 『한국문화인류학』 6: 137-141.

최길성, 1979, '무당 은어의 분석," 『한국문화인류학』 11: 163-177.

이정민, 1979, "인류학과 인접과학: 인류학과 언어,"『한국문화인류학』11: 21-28.
임석재, 1979, "한국의 재담,"『한국문화인류학』11: 215-221.
이광규, 1980, "민요에 비친 시집살이,"『한국문화인류학』12: 1-51.
왕한석, 1988, "한국 친족용어의 내적 구조,"『한국문화인류학』20: 199-224.
_______ 1989, "宅號와 從子名呼稱,"『선청어문』18: 24-47.
강영환, 1989, "민족과학적 방법을 원용한 전통 주거문화의 연구—동해안지역 전통민가를 대상으로,"『한국문화인류학』21: 19-51.
왕한석, 1990, "북한의 친족용어,"『國語學』20: 168-202.
_______ 1990, "Toward a Description of the Organization of Korean Speech Levels," *International Journal of the Sociology of Language* 82: 25-39.
_______ 1992, "한국 친족호칭체계의 의미기술,"『한국문화인류학』24: 139-193.
강윤희, 1994, "제주사회에서의 두 방언 사용에 대한 민족지적 연구,"『제주도연구』11: 83-146.
김용환, 1994, "열람실 하위문화의 인지인류학적 연구—강원대학교 중앙도서관을 중심으로,"『한국문화인류학』25: 223-239.
김성철, 1995, "종자명제(從子名制), 지역 명제(地域名制), 직위명제(職位名制)-보조 친족 명칭과 개인의 인식법,"『한국문화인류학』27: 215-239.
왕한석, 1995, "'집'의 이름과 '친족관계'에 대한 명칭,"『한국문화인류학』28: 223-244.
_______ 1996, "언어 · 사회 · 문화—언어 인류학의 주요 조류,"『사회언어학』4(1): 3-50.
_______ 1996, "제주 사회에서의 조 및 관련 명칭에 대한 일 연구,"『한국문화인류학』29(2): 341-360.
_______ 2000, "언어생활의 특성과 변화—신분지위호칭과 의사친척호칭의 사용을 중심으로,"『사회인어학』8(1): 59-86.
_______ 2000, "영남인의 친척용어—친척용어의 주요 하위체계들에 대한 민족지적 기술,"『민족문화논총』22: 123-181.

안준희, 2000, “‘노숙자’의 정체성과 적응 전략: 인지인류학적 접근,” 『비교문화연구』 6(2): 221-266.

박환영, 2001, “몽골의 친족호칭 체계에 관한 일 고찰,” 『사회언어학』 9(1): 91-108.

왕한석, 2001, “적서 차별의 호칭어 사용과 그 변화,” 『사회언어학』 9(1): 109-142.

김진명, 2001, “몇 개의 언어공동체에서 나타나는 호칭행위의 분석,” 『한국문화인류학』 34(1): 199-221.

김형준, 2001, “공용어의 확산과 이슬람화에 따른 인도네시아 자바어의 변화,” 『사회언어학』 9(2): 49-70.

박정석, 2001, “드라비다 친족용어와 혼인체계,” 『사회언어학』 9(2): 71-96.

한건수, 2001, “나이지리아에서의 언어사용과 종족 정체성,” 『사회언어학』 9(2): 187-207.

홍석준, 2001, “현대 말레이시아에서의 방언 사용과 문화적 정체성: 클란탄 말레이 방언(Kelantanese Malay dialect)의 사례,” 『사회언어학』 9(2): 209-235.

조혜영, 2001, “외국어로서의 ‘모국어’ 학습과 민족 정체성—재미한인 학생들의 한국어 수업 참여 과정에 대한 민족지적 연구,” 『한국문화인류학』 34(2): 181-209.

왕한석, 2002, “친척 관련 속담의 민족지적 연구,” 『사회언어학』 10(1): 197-224.

김주관, 2002, “다성성 또는 말하기 장르의 경계 넘나들기,” 『비교문화연구』 8(2): 107-134.

______ 2003, “언어 자원의 자본화 과정과 상징 자본의 형성,” 『한국문화인류학』 36(1): 247-267.

강윤희, 2003, “The Desire to be Desired: Magic Spells, Agency, and the Politics of Desire among the Petalangan People in Indonesia,” *Language & Communication* 23: 153-167.

______ 2004, “주변화에 따른 전통구술장르의 변화와 언어이데올로기: 인도네시아 쁘딸랑안 부족의 사례,” 『한국문화인류학』 37(2): 23-48.

왕한석, 2005, “한국의 아기말,” 『사회언어학』 13(1): 151-189.
김주관, 2005, “자연언어와 전언 구성의 방식: 무선호출기 숫자전언의 구조와 의미,” 『비교문화연구』 11(1): 113-152.
박넬리, 2005, “육진(六鎭) 방언의 특징,” 『비교문화연구』 11(2): 245-254.
최진숙, 2005, “과테말라 마야정체성의 이데올로기적 형성: 코드 전환에 의한 언어적 편견의 재생산,” 『한국문화인류학』 38(2): 3-28.
강윤희, 2006, “의례언어의 시적 구조와 다기능성: 인도네시아 벌꿀 채집의례 분석,” 『한국 문화인류학』 39(1): 73-89.
전경수, 2006, “진도 사람들의 이름에 적용된 ‘-바’와 ‘-다니’에 관한 민속지적 보고: 처거제(妻居制)와 종모향명제(從母鄕名制)의 관련성을 중심으로,” 『한국문화인류학』 39(1): 141-150.
김우진, 2006, “중국 카작족 존댓말에 대한 사회언어학적 분석,” 『비교문화연구』 12(2): 5-56.
조숙정, 2007, “김치와 문화적 지식: 전라도 김치의 명칭과 구분법에 대한 인지인류학적 접근,” 『한국문화인류학』 40(1): 83-127.
강윤희, 2007, “인도네시아 쁘딸랑안 여성들의 외설주문: 언어, 몸, 그리고 욕망,” 『비교문화연구』 13(1): 5-34.
이정덕 · 전봉수, 2007, “부랴트어 소멸위기와 민족정체성: 러시아연방 부랴트공화국을 중심으로,” 『비교문화연구』 13(2): 111-154.

· 단행본

왕한석(편), 2005, 『한국 사회와 호칭어』, 서울: 역락출판사.
______ 2007, 『또 다른 한국어: 국제결혼 이주여성의 언어 적응에 관한 인류학적 연구』, 파주: 교문사.
______ (편), 2008, 『한국어와 한국사회』 파주: 교문사.

환경에 대한 인류학 연구의 경향과 전망

김창민(전주대학교 교양학부 조교수)

1. 분석의 범위

이 글은 한국문화인류학회의 창립 50주년을 맞이하여 그동안 이루어진 환경분야의 연구 성과를 비판적으로 검토함으로써 그동안의 성과를 정리하고 앞으로의 방향을 제시하는 것을 목적으로 한다. 이를 위하여 분석의 대상이 되는 연구자와 연구 성과를 어떻게 한정할 것인가의 문제가 제기되었다. 분석의 대상을 어떻게 한정하느냐에 따라 결과가 달리 나타날 수 있기 때문이다. 좁게는 한국문화인류학회의 기관지인 『한국문화인류학』에 실린 논문만 대상으로 하는 방법이 있다. 이는 한국문화인류학회의 창립 50주년이라는 성격에 가장 잘 부합하는 것이지만 학회 회원의 연구 성과를 종합적으로 살펴보는 데는 한계가 있는 방법이다. 한국문화인류학회 회원이 『한국문화인류학』 이외의 학술지에도 연구 성과를 게재하고 있기 때문에 기관지로 분석 대상을 한정하는 것은 회원들의 연구 성과를 종합적으로 볼 수 없기 때문이다. 반면 넓게는 한국문화인류학회에 한 번이라도 소속되었던 연구자의 모든 연구 성과를 분석의 대상으로 삼는 것이다. 이 방법은 한국 문화인류학의 연구 성과를 검토한다는 점에서는 의의가 있으나 모든 회원의 모든 연구 성과를 살펴보아야 하는 현실적인 문제가 있다. 따라서 이 글에서는 이 두 가지 방법을 조합하여 분석의 대상을 선정하였다. 우선 전경수 교수의 『한국인류학 100년』의 부록에 실린 논저 목록 Database 중에서 환경에 관련된 것을 선별하였다. 이 목록에는 1946년부터 1995년까지 한국 문화인류학자들의 연구업적이 대부분 제시되어 있기 때문에 가능한 넓은 범위의 연구 성과를 분석의 대상으로 삼을 수 있었다. 그리고 1996년 이후 업적은 『한국문화인류학』과 『비교문화연구』에 게재된 논문과 별도로 출간된 단행본에 한정하였다. 이는 위의 두 논문집이 한국 문화인류학의 가장 대표적인 것이라고 판단되었기 때문이다.

2. 환경과 문화에 대한 연구 경향

환경이 문화에 미치는 영향력이 매우 큼에도 불구하고 한국 문화인류학계에서 환경에 대한 학술적 관심을 가진 것은 비교적 늦어 1970년대 중반이 되어서야 비로소 환경에 대한 연구 성과가 나오기 시작하였다. 이는 초창기 학계의 연구자 수가 적었고 또 당시에는 인류학 연구의 주제들이 친족이나 종교처럼 전통적인 주제들에 한정되었기 때문이라고 생각한다.

환경과 문화에 관한 최초의 본격적 논의는 한상복 교수의 박사학위논문인 “Korean Fisherman : Ecological Adaptation in Three Communities”(1977)라고 할 수 있다. 이 논문이 나오기 전에 그는 “환경과 문화: 생태인류학의 개념, 방법 및 문제”(1974)와 “농촌과 어촌의 생태적 비교”(1976)라는 두 편의 논문을 발표하였다. 그는 문화가 생태적 조건에 대한 적응의 결과라는 관점을 가지고 한국 문화를 분석하였다. 특히 그의 학위논문은 세 마을을 연구의 대상으로 하여 생태적 조건의 차이가 어떻게 문화적 차이를 나타내는지를 보여 주었다.

환경과 문화의 관계에 대한 이러한 관점은 이후 1980년대까지 이어졌다. 문화를 환경에 대한 적응의 결과물로 인식한 대표적인 학자는 권이구와 이기욱이다. 권이구는 “환경이 발육 및 체질적 특징에 미치는 영향”(1982), “한랭한 환경에서의 인류의 적응”(1986), “도시 환경에 대한 형태학적 적응상의 성격 차이에 대한 일 고찰”(1987) 등의 글을 통해 인간의 체질적 특징, 성격 등이 환경에 의해 영향을 받는다는 점을 보여 주었다. 한편 이기욱은 제주도 문화를 분석하면서 제주도의 문화가 섬이라는 환경에 적응한 결과라는 점을 보여 주었다. 한 예로 그는 “제주도 사신 숭배의 생태학”(1989)라는 논문에서 토산리의 뱀 숭배 신앙이 농산물에 피해를 주는 쥐를 퇴치하기 위한 하나의 방안이라는 주장을 하였다. 이 외에도 그는 “도서문화의 생태학적 연구”(1984) 등의 논문을 통해 제주도 문화를 섬이라는 자연 환경과의 관련성 속에서 분석하고자 하였다.

흥미 있는 것은 문화를 생태적 조건에 대한 적응의 결과로 인식한 한상복 교수와 이기욱 교수는 모두 연구대상을 섬 또는 해안지역으로 하고 있다는 점이다. 당시의 한국 문화에 대한 논의는 주로 농촌지역의 양반 마을을 대상으로 하였으며 이 기준에서 보면 섬 또는 해안 마을의 문화는 전형적인 한국 문화와 차이를 보이게 된다. 이 차이에 대한 설명을 이들은 섬 또는 해안 마을이 가지는 생태적 차이에서 찾고자 하였던 것이다.

1980년대 중반에 들어서면서 문화와 환경에 대한 논의는 새로운 전기를 마련하게 된다. 그것은 전경수 교수로부터 시작된 사회-자연체계로 문화를 인식하고자 하는 노력이다. 이 연구 경향은 문화와 자연을 이분법적 사고로 인식하는 태도를 비판하고 자연과 문화가 통합적인 관점에서 이해되어야 한다는 입장을 취하고 있다. 그는 "생물 가스 이용에 대한 사례 연구: 제주도 송당리를 중심으로"(1984), "생태적 불균형과 공동체 문화의 위기"(1989), "숲 속에 사는 사람, 숲 밖에 사는 사람"(1990), "엔트로피, 부등가 교환, 환경주의: 문화와 환경의 공진화론"(1992), "환경, 문화, 인간: 생태인류학의 논의들"(1992), 『똥이 자원이다』(1992), 『환경 친화의 인류학』(1997) 등의 논문과 저서를 통해 환경과 문화가 하나의 체계로 이해되어야 함을 주장하고 한국의 사례를 통하여 이를 입증하고자 하였다.

조경만도 같은 입장의 연구를 하였다. 그는 "농업에 내재된 자연-인간 관계의 고찰"(1992), "영산강 유역 농촌의 자연 이용체계와 변동"(1994) 등의 논문을 통해 농업 생태계 속에서 자연과 인간이 어떻게 유기적 통합성을 이루고 있는지를 분석하였다.

이 시기에 이루어진 환경 관련 연구에서 주목할 만한 것은 서울대학교 인구및발전문제연구소에서 주관한 "Water Supply and Sanitation in Korean Communities"(1988)이다. 생태적으로 서로 다른 한국의 다섯 지역을 대상으로 물 공급과 위생 간의 관계를 학제적으로 분석한 이 연구는 인류학적 참여 관찰을 가장 핵심적인 방법론으로 사용하였다. 이 연구에서는 개인의 건강이 공급되는 물의 질뿐만 아니라 물 사용방식을 비롯한 문화적 요인에 의해서도 영향을 받는다는 점을 밝힘으로써 자연과 문화가 하나의 체계로 설명되어야 한다는 점을 보여 주었다.

1990년대 후반 이후 인류학의 환경에 대한 관심은 환경 문제로 옮겨가고 있다. 환경을 문화의 조건이나 문화와 통합된 것으로 인식하는 관점과는 달리 환경을 사회 문제로 인식함으로써 환경 문제에 대한 인류학적 연구가 진행되었다. 이러한 연구의 가장 대표적인 것으로는 한경구 등이 연구한 『시화호 사람들은 어떻게 되었을까』(1998)와 김세건의 " '찌들은 몸' : 사북 지역의 탄광 개발과 환경 문제"(2004), 함한희의 "새만금 간척 개발 사업과 어민 문화의 변화"(2004) 등이다. 한경구 등의 연구는 시화호가 조성된 이후 지역 주민들의 삶이 어떻게 변화되었는지를 민족지적으로 분석하고 있으며, 김세건의 연구는 국가의 경제성장 논리에 의해 시작된 탄광촌 개발이 광부들의 건강과 삶을 어떻게 황폐화시키고 있는지를 보여주고 있다. 한편 함한희는 새만금의 간척으로 바다 생태계에 대한 지역 주민들의 지식과 기술이 더 이상 쓸모없는 것이 되었다고 인식하지만 역설적으로 그들은 어민 문화의 특수성을 강조하거나 어업의 장점을 강조함으로써 자신들의 변화된 환경에 대응해 가고 있음을 밝혔다.

이러한 일련의 연구들은 환경 변화를 유발하게 되는 대규모 사업을 분석의 대상으로 하였다는 공통점이 있다. 이는 기본적으로 국가가 추진하는 대규모 사업에 의해 지역 주민들의 삶과 문화가 자신들이 통제할 수 있는 영역 밖으로 몰려나가게 되었음을 밝히고자 하는 것이다. 이 연구들은 인류학자들이 현실 문제에 대해 학문적 관심을 가지고 발언하고 있는 것으로 볼 수도 있다. 그동안 인류학자들은 전통문화 연구나 고전적인 주제들을 주로 다루어 왔으며 사회적으로 중요한 이슈에 대한 학문적 관심이 부족하였다는 자성적 태도도 이러한 연구가 진행된 배경이라고 할 수 있다.

3. 연구 경향에 대한 평가

한국 문화인류학계의 환경에 대한 연구는 크게 세 시기로 구분할 수 있다. 1970년대부터 1980년대 중반까지는 문화를 환경적 조건에 적응된 결과물로 인식한 연구들이 주로 나타났으며 1980년대 중반 이후 1990년대까지는 사회-자연체계로 문화를 인식함으로써 문화와 자연을 통합적으로 분석하고자 한 연구들이 주를 이루었다. 그리고 2000년대에 들어서면서 환경 변화를 초래한 대규모 국책사업을 인류학적으로 분석하는 연구들이 주를 이루고 있다.

이러한 연구 경향의 변화는 한국 인류학이 처한 위상과 관련이 있다. 초기의 연구들은 서구의 문화 이론을 한국에 적용한 것으로 이해될 수 있다. 즉, 초기의 연구들은 환경에 대한 적응의 결과물로 문화를 보는 관점을 그대로 차용하여 한국의 문화를 이해하고자 한 것으로 이해될 수 있다. 사회-자연체계로 문화를 이해하려는 노력 역시 서구의 생태인류학이론을 통하여 한국의 문화를 이해하려는 것으로 이해 가능하다. 이런 측면에서 한국 인류학계의 환경에 대한 연구는 일천하다고 평가할 수 있다. 반면 2000년대 들어서서 나타난 연구들은 한국의 학문공동체 내에서 인류학이 차지하고 있는 위상과 관련이 있다. 전통문화 연구에 집중하던 인류학이 사회적 이슈가 되는 주제들을 다루기 시작하였다는 것은 인류학의 위상 강화 노력으로 보인다. 세계화, 정보화, 교육, 다문화주의 등 인류학이 충분히 다룰 수 있는 사회적 담론들이 한국 사회에서 형성되었음에도 불구하고 인류학이 제 목소리를 내지 못하였다는 자성에 바탕을 두고 이런 사회적 이슈들에 대한 개별적 연구가 진행되었으며 환경도 그중의 한 주제였던 것이다. 따라서 환경에 대한 연구는 환경 문제의 원인과 환경 파괴로 인한 문화의 변화에 집중하게 되었다.

환경분야의 연구와 관련된 하나의 특징은 논쟁의 부재라고 할 수 있다. 30여 년에 걸친 환경과 문화에 대한 연구에서 주목할 만한 논쟁은 전혀 발견되지 않고 있다. 시기적으로 지배적인 연구 경향이 나타나고 있음에도 그러한 경향에 대한 반박이나 비평이 존재하지 않는다는 것은 환경에 관한 인류학자들의 관심이 부족하였거나 아니면 환경이라는 주제가 인류학 공동체에서 중심된 위치를 차지하지 못하였던 결과라고 생각한다. 또한 연구자의 수가 적은 것도 한 원인이라고 할 수 있다.

4. 맺음말

환경은 문화를 이해하는 가장 핵심적인 조건이며 동시에 문화를 통해 분석할 수 있는 중요한 주제이다. 그럼에도 불구하고 한국문화인류학회 창립 50주년을 맞이하여 그동안 연구 성과를 검토하면 환경에 대한 연구의 양이 절대적으로 빈곤함을 알 수 있다. 환경을 주제로 연구 성과를 낸 인류학자는 10명이 채 되지 못하며 이들의 연구 업적의 양도 많지 못하다. 이는 환경이라는 주제가 아직까지 인류학의 핵심 주제로 자리 잡지 못하고 있음을 나타낸다. 또한 환경분야의 연구에서 논쟁의 부재는 매우 아쉬운 점이다. 논쟁의 부재는 학문적 담론의 형성을 불가능하게 하며 연구 성과에 대한 비판적 성찰 역시 불가능하게 하기 때문이다. 비단 환경분야뿐 아니라 모든 주제에 대하여 논쟁이 활성화되기를 기대한다.

인간의 문화는 환경에 기반을 두고 이해하여야 한다는 점이나 인간의 문화가 자연과 분리되어 이해될 수 없다는 점, 그리고 인간이 토대를 두고 있는 환경의 문제는 점차 전 인류의 공통된 관심사로 부상하고 있다는 점에서 환경에 대한 인류학자들의 연구와 관심이 더 진전되길 기대한다.

참고문헌

권이구, 1982, "환경이 발육 및 체질적 특징에 미치는 영향," 『인류학연구』 2.

______ 1986, "한랭한 환경에서의 인류의 적응," 『인류학연구』 4.

______ 1987, "도시 환경에 대한 형태학적 적응상의 성격 차이에 대한 일고찰," 『삼불김원룡교수 정년퇴임 기념논집』.

김세건, 2004, "'찌들은 몸' : 사북 지역의 탄광 개발과 환경 문제," 『비교문화연구』 10.

이기욱, 1984, "도서문화의 생태학적 연구," 『인류학논집』 7.

______ 1989, "제주도 사신숭배의 생태학," 『제주도연구』 6.

전경수, 1989, "생태적 불균형과 공동체 문화의 위기: 충제와 농약의 생태인류학," 『제17회 국제학술회의논문집』.

______ 1990, "숲속에 사는 사람, 숲밖에 사는 사람: 생태인류학적 관점," 『한국임학회지』 79(3).

______ 1992, 『똥이 자원이다: 인류학자의 환경론』, 서울: 통나무.

______ 1992, "엔트로피, 부등가교환, 환경주의: 문화와 환경의 공진화론," 『과학사상』 3.

______ 1992, "환경, 문화, 인간: 생태인류학의 논의들," 『생태계 위기와 한국의 환경문제』, 서울: 따님.

______ 1997, 『환경 친화의 인류학』, 서울: 일조각.

______ 1999, 『한국인류학 백년』, 서울: 일지사.

전경수 · 조경만, 1984, "생물가스 이용에 대한 사례연구: 제주도 송당리를 중심으로," 『제주도연구』 1.

조경만, 1992, "농업에 내재된 자연-인간 관계의 고찰," 『역사민속학』 2.

______ 1994, "영산강 유역 농촌의 자연 이용 체계와 변동," 『문화역사지리』 6.

한경구 · 박순영 · 주종택 · 홍성흡, 1998, 『시화호 사람들은 어떻게 되었을까?』, 서울: 솔.

한상복, 1974, “환경과 문화: 생태인류학의 개념, 방법 및 문제,” 『환경논총』 1.

______ 1976, “농촌과 어촌의 생태적 비교,” 『한국문화인류학』 8.

함한희, 2004, “새만금 간척 개발 사업과 어민 문화의 변화,” 『한국문화인류학』 37(1).

Han Sang-Bok, 1977, “Korean Fisherman: Ecological Adaptation in three Communities,” 서울대학교 석사학위논문.

Han Sang-Bok · Kwan Tai-Hwan · Chun Kyung Soo · Moon Chang-kyu, 1988, *Water supply and sanitation in Korean Communities,* SNU.

여성주의 인류학의 관점과 기여

김현미(연세대학교 문화인류학과 부교수)

1. 서론

여성에 대한 인류학적 연구와 여성주의 인류학을 분류하는 것은 어려운 작업이다. 1974년 미국에서 출판된 *Woman, Culture and Society*는 여성에 대한 인류학과 여성주의 인류학을 구분하는 새 장을 열었다. 이 책은 인류학 지식체계 내부에 자리 잡은 '성별무감성(gender blindness)'을 비판하며, 여성의 역할과 지위, 억압의 기원에 대한 전면적인 재해석을 시도한 것으로 유명하다. 이 같은 흐름은 이후 인류학 연구에 많은 영향을 주었고, 한국의 인류학계에도 '여성주의 인류학'이라는, 유연하지만 입장이 분명한 경향을 만들어냈다. 1997년에는 여성인류학계의 가장 큰 어른인 임돈희 선생님의 제안으로, 본 집필자의 편집을 거쳐 『성, 가족, 그리고 문화: 인류학적 접근』이 출판된 바 있다.

윤형숙은 1990년의 논문에서 여성인류학이 두 가지 경향을 내포한다는 점을 지적한다. 여성인류학은 "여성의 사회적 평등이나 지위 향상 등 여성 문제의 '실천적 과제'와 필연적인 연관 없이 여성의 경험을 기술하는 인류학"과 "여성 불평등의 기원에 대한 관심을 바탕으로 여성의 경험을 '여성 자신의 관점'에서 보려는 '페미니스트 인류학'"으로 구분된다(1990: 51). 이 둘은 사실 엄격히 분리될 수 없지만, 본 리뷰는 기존의 남성 중심적인 인류학이 가졌던 방법론적 패러다임을 변화시켜 온 후자의 여성주의 인류학을 살펴보고자 한다.

이 글은 많은 한계를 가지고 있다. 첫째는 집필자가 가진 지적 한계이다. 집필자는 소위 '지적 계보'를 만들 만큼 역사적 경험과 지식을 갖지 못하고 있다는 점을 인정하지 않을 수 없다. 또한 주제별 리뷰 집필양식에 의거하여 『한국문화인류학』과 『비교문화연구』에 출간된 논문을 분석 대상으로 한다는 것의 한계이다. 두 학술지가 나오기 이전에 많은 인류학적 저작이 실렸던 『인류학 논집』 등이 리뷰 대상으로 포함되지 못했다. 인류학자들은 어떤 다른 학문분야보다 다학제적 성향을 가진 사람들이다. 이들은 '경계 넘기'를 주저하지 않으며, 진출분야 역시 무척 다양하다. 가족학, 교육학, 민속학, 사회학, 여성학, 역사학, 종교학, 지역학, 한국학 등 수많은 관련 학과에 소속되어 소속 학과의 경향을 보완하거나 새로운 패러다임을 만들어내고 있다. 그렇기에 『한국문화인류학』과 『비교문화연구』뿐만 아니라 훨씬 다양한 학술지를 통해 자신의 연구결과를 발표하고 있다. 이것을 '인류학의 주류화(mainstreaming of anthropology)'로 명명하여 긍정적인 효과를 인정하는 태도 또한 필요할 것이다. 그러나 본 리뷰는 우선 지금의 한계를 인정하면서, 다소 협소한 방식으로 여성주의 인류학의 연구 관점과 방법론적 기여를 정리하고자 한다.

사실 여성주의 인류학을 리뷰하면서 집필자가 가진 나름의 원칙은 인류학자들의 논문에서 여성주의 인류학과의 연관성 속에서 '자리매김'을 하는가의 여부였다. 따라서 언급된 논문들은 '젠더와 관련한' 인류학적 지식을 만들어내고자 하는 연구자의 의지가 반영된 글들이다. 그러므로 본 리뷰는 '여성의 경험과 젠더 문제'를 자신의 연구의 중심 주제로 설정해 왔던 인류학자들의 연구 저작을 중심으로 논의될 것임을 밝혀둔다.

2. 젠더 분석법의 도입과 적용

지난 30년간 여성주의 인류학은 인류학계에 '젠더 분석법'을 도입, 정착시켰다. '성차의 문제'를 사회적 권력관계를 이해하는 주요한 요소로 다룬다는 점에서 여성주의 인류학은 기존의 논의들과 차이점을 지닌다. 이 분야의 초기 연구들은 서구의 경우와 마찬가지로 '여성 억압의 원인'과 '사회 변화에 따른 여성 지위의 변화'를 고찰하는 데에 집중했다.

조혜정은 제주도 해녀에 대한 연구(1982)를 통해, 비교적 여성의 자율성이 존중되었던 해녀사회가 국가 주도적인 발전 체제에 편입됨에 따라 여성의 지위가 하락해 갔던 현실을 분석했다. 이 후의 연구에서도 조혜정(1986, 1988)은 한국의 가부장제에 대한 통시적이고 총체적인 해석을 해냈다는 점에서 여성주의 인류학의 지평을 여는 데 크게 기여했다. 서구의 공사 영역 이분법 모델을 적용하면서도 한국 사회의 여성 현실의 특수성에 주목하여, 여성들의 문화적 영향력에 대한 이론화를 이뤄낸 것이다. 이 후에도 조혜정(1998)은 문화인류학자의 감수성과 여성주의적 성찰성을 결합시켜, 청소년 문화나 도시 마을공동체 만들기 등의 구체적인 '현장'에서 대안적 문화를 만들어내는 데 기여했다. 조혜정은 여성주의 문화인류학을 통해 대안문화적 현장을 만들어내고, 주류의 문화논리를 바꿔낸 독창적인 실천가로서 주목받고 있다.

조옥라는 가부장제적 성차별이라는 구조 속에서도 능동적인 행위자로 살아가는 소외계층 여성들의 경험을 적극적으로 해석해 냈다. 조옥라가 주목한 여성은 주로 도시 빈민계층이거나 농촌지역 여성들이다. 조옥라(1990)는 1980년대 후반 봉천동과 사당동 지역에서의 장기간의 현지조사를 통해, 급격한 도시 재개발과 맞서 싸우는 빈곤 여성들의 세입자 운동을 분석했다. 또한 1990년대 이후에는 강화도 등 농촌지역 여성들의 삶에 주목하여(1992, 1996), 농촌지역의 자본주의화 과정에서 여성 농민들의 정체성이 형성되는 과정을 분석했다. 여성 농민들은 지역사회 내 경제적 · 사회적 기여에도 불구하고, 여전히 가족 내 보조적 생산자의 지위에만 머무를 수밖에 없었다. 조옥라는 그 원인을 공사 영역 이분법의 분석틀을 통해 비판적으로 조명해냈다. 조옥라가 추구해 온 일관적인 문제의식은 여성들이 빈곤을 극복하기 위해 적극적으로 경제활동에 참여하고 차별과 맞서 싸움에도 불구하고, 이들의 의식을 지배하는 가족 내 위치 때문에 여성의 사회적 지위가 크게 변화되지 않고 있다는 점이다.

여성주의 인류학에서 가장 중요한 연구분야는 가족관계와 젠더이다. 가족인류학에 대한 심도 깊은 리뷰는 함한희 교수의 글을 통해 다뤄지기 때문에 본 리뷰에서는 여성주의 인류학과의 관련성을 중심으로 고찰한다. 박부진(1987)은 한국 사회에서 주요한 여성 간 갈등으로 여겨지는 고부갈등의 맥락을 해석함으로써, 가부장족 가족질서 내에서 희생당하는 여성들의 상황을 분석했다. 또한 강원도 마을의 현지조사를 기반으로, 개정된 상속법이 여성의 지위를 향상시키는 데 별다른 기여를 하고 있지 못함을 밝혀내기도 했다(1987). 여성의 법적 권리와 실제적으로 행해지는 상속 관행 사이에 엄청난 괴리가 존재하기 때문에 상속법은 농촌 가족에게는 큰 의미를 가질 수 없다. 따라서 부계 중심의 혈통주의를 기반으로 한 친족법의 광범위한 변화를 수반하지 않고서는 상속법 자체가 여성의 지위를 향상시키는 데 효력이 없음을 비판적으로 고찰했다. 윤형숙(1990)은 인류학의 핵심분야인 친족 연구가 주로 제도적이고 남성 중심적 관점으로 이루어져 왔음을 비판하면서, 페미니즘적 시각이 친족 연구에 어떠한 시사점을 주는지를 분석했다. 한국 사회에서 가정과 같은 사적 영역의 중요성이 서구보다 훨씬 컸다는 점에 주목하여, 윤형숙은 서구의 공사 영역 이분법의 모델을 무비판적으로 적용하기보다는 여성들이 행사했던 역할이나 전략들에 주목할 것을 주장한다.

의례는 한국인의 의식과 경험을 구성하는 주요한 분야이다. 가장 최근에 이뤄진 여성주의 인류학에서의 의례 연구는 의례의 역사성과 행위자 간의 경합성을 강조하며 새로운 해석을 이끌어내고 있다. 문옥표(2007)는 부계 혈족사회인 한국에서 조상제례의 내용과 형식이 남성 중심적 관점에 의해 연구되어 왔던 것에 의문을 제기한다. 문옥표가 해석한 조상제례는 의례에 참여하는 행위자들, 특히 남성과 여성이 각자의 의무, 권리, 입장 등을 내세우며 '갈등'과 '협상'을 벌이는 장이다. 김주희(2007)는 이제껏 주요 사례로 여겨지지 않았던 출산의례를 세대관계와 가족 변화를 볼 수 있는 '문화변동의 장'으로 간주했다. 출산에 참여한 여성 행위자들을 분석하면서, 특히 도시여성들이 출산과 관련된 일련의 전통적 · 의료적 지식을 어떻게 주체적으로 선택 · 행사하며 친정과의 유대를 강화하는지를 밝혀냈다.

문화적 성차와 여성의 지위에 대한 지배적인 분석틀에서 벗어나, 본격적으로 젠더를 '구성주의적 권력'의 산물로 분석한 인류학자는 김진명(1989; 1990; 1994; 1996)이다. 김진명은 푸코의 권력 개념과 담론 분석의 방법론을 적극적으로 도입하여, 어떻게 가부장적 지배권력이 일상의 지식과 관습을 통해 미시권력으로 행사되는지를 분석해냈다. 김진명은 경북 농촌 마을에서의 현지조사를 통해, 의례가 만들어내는 성차별적인 담론적 효과와 여성들의 저항 담론을 분석했다(1990). 또한 전북 농촌 마을 연구를 통해, 마을의 다양한 공간들이 남/여의 상징적 위계질서 체제를 어떻게 반영하고 재생산하는지를 보여 주었고, 여성의 육체를 통해 관철되는 다양한 억압을 드러냄으로써 '여성주의적 민족지(feminist ethnography)'의 좋은 선례를 보여 주었다.

『한국문화인류학』에서는 많은 연구가 소개되지 않았지만, 문화적 성차와 권력의 문제를 심도 있게 분석한 연구자는 김은실이다. 김은실은 여성학분야에서 독보적인 위치를 갖고 있는 인류학자로, 한국의 출산문화에 대한 연구(1996)를 통해 여성의 몸에 관철되는 국가 권력의 문제를 해석했다. 또한 여성주의적 해석의 이점을 살려, 전지구화, 민족주의, 국민국가주의 등의 거대 담론 속에 배태된 '남성 중심적 지배력'을 통찰력 있게 분석하기도 했다(1994). 김현미(1996, 2001)는 주로 가족이나 지역사회를 중심으로 이뤄졌던 젠더 연구를 '노동현장'에서의 경험 분석으로 이동시켰다. 다국적기업의 한국 기혼여성 노동자들의 사례(1996)나, IMF 이후 작업장 변화에 따른 남성 노동자들의 정체성 형성 과정 연구(2001)가 그 예이다. 이를 통해 젠더나 섹슈얼리티가 식민권력의 지배를 관철시키는 메카니즘(2003)으로 작동할 뿐 아니라, 일상의 노동현장인 작업장에서뿐만 아니라 노동운동에서의 노동자의 의식을 관장하며, 더 나아가 국경을 가로지르는 자본의 흐름에까지 영향을 미치는 권력생산의 기제임을 분석했다. 이러한 맥락에서 여성성이나 남성성은 고정된 관념이나 역할이 아니라 '특정 맥락에서' 행위자들에 의해 타협 · 중재 · 갈등이 벌어지는 '각축의 장'임을 보여 주고 있다.

3. 방법론적 기여: 구술사와 비교 문화적 방법

여성주의 인류학의 주요 방법론 중 하나는 구술사이다. 구술은 문자화된 기록 중심의 역사에서 벗어나 소외된 비엘리트들의 역사적 경험과 정체성을 이해하는 주요한 방법론이다. 특히 여성주의 인류학은 이제까지 인류학적 지식체계 내에서 비가시화되거나 왜곡되었던 주변부 여성들의 경험을 복원하고 지식화하기 위해 구술사 방법론을 적극 활용해왔다. 유철인, 김성례, 윤택림, 김명혜는 구술사 방법론을 적극적으로 활용하여 역사 속에서 여성 경험과 행위자성을 분석한 연구자들이다.

유철인은 생애사 방법론을 통해 미군과 결혼해 미국에 사는 한인 여성(1990, 1996)과 제주 해녀(1998), 제주 4·3사건 관련 여성 수형인(2004)의 경험과 정체성을 분석했다. 이 연구를 통해 유철인은 여성들의 생애사는 독립적으로 존재하는 개인적 삶의 과정이 아니라, 한국 사회의 역사 속에서 여성들이 나름대로 적응하며 살아온 '삶의 전략들'을 표현하는 방식임을 보여 주었다. 미군과 결혼한 여성의 생애사 연구(1996)는 초국가적 가족관계에 영향을 받으며 어려운 삶을 지탱해 온 여성의 사례를 보여 주었고, 해녀의 생애사 연구(1998)는 그들에게 '물질'이란 행위가 많은 시간을 통해 배워 나가야 하는 일종의 '몸 기술'이며 '커리어'라는 점을 밝혀냈다. 제주 4·3사건 관련 여성 수형인의 생애사 연구(2004)는 생애사가 갖는 '증언'의 효과가 새로운 정치적 대항 담론을 구축해 낼 수 있음을 잘 보여 준다.

김성례(2002)는 여성주의 구술사의 방법론을 정립하는 데 크게 기여했다. 그에 따르면 여성주의 구술사는 여성의 삶의 기록 이상의 무엇, 즉 '젠더 주체성의 증언'이다. 구술은 여성이 주체가 되어 자아를 해석하는 과정이며, '여성이 자신의 경험뿐만 아니라 타인의 경험에 대해 말하는 형식(33-34)'이기에 큰 의미를 갖는다. 김성례는 이러한 방법론적 지향점으로 여성의 제주 4 · 3사건 경험, 바리공주 신화의 서사 구조, 군 위안부 할머니의 증언을 여성주의적으로 해석해 냈다. 김명혜(2004) 또한 위안부 경험자 16명에 대한 구술 작업을 통해, 구술이 연구자와 구술자 간의 '상호 구술 행위적 연출'이라는 점을 강조하며, 그것이 만들어내는 지식의 생산 과정을 세심하게 분석했다.

윤택림은 중산층 모성 연구부터 경제 위기시의 여성 경험에 대한 연구까지 폭넓은 주제로 연구해 온 학자이다. 무엇보다도 그는 역사인류학적 방법론과 구술사, 지방사를 창의적으로 결합해 냈다. 6 · 25 전쟁을 경험한 충청도 서산의 한 마을에 대한 연구(2003)부터 이후의 다양한 지방사 연구에 이르기까지, 그가 수행한 연구들은 역사를 만드는 주요한 행위자였지만 역사기록에서 '배제되었던' 여성들의 경험을 지식으로 복원해 냈다. 이로써 윤택림(1994, 2006)은 '여성주의 역사학(feminist historiography)'의 방법론을 정립하는 데 공헌했다.

여성주의 인류학자들이 주로 한국을 현장으로 삼아 연구해 온 것에 비해, 비교문화적 분석틀을 도입하여 젠더 연구를 수행한 사람은 문옥표다. 문옥표는 한국과 일본의 사회 변화와 여성의 역할 · 경험 · 지위의 변화를 통시적이고 비교문화적으로 연구해 왔다. 문옥표(1992)는 1980년대 일본 농촌에서의 현지조사를 통해, 농촌 가족 형태의 변화가 여성의 지위 변화에 어떤 영향을 주는지를 '여성과 발전'이라는 이론적 분석틀을 사용하여 해석했다. 또한 한 · 일 간 농촌 발전 유형에 따른 여성 지위의 변화(1988)를 비교분석함으로써 경제적 변화 못지않은 문화적 체계의 중요성을 잘 보여 줬다. 또한 여성의 경제활동 참여에 관한 한 · 일 간의 비교연구(1990)에서는, 사회학적 통계방법론과 같은 거시분석과 문화인류학적 미시분석을 결합해 내는 연구방법의 선례를 제시하기도 했다. 이러한 비교문화적 방법론은 한국의 여성 경험을 상대화하면서, 그것이 갖는 '개별성'과 '차이'를 이해할 수 있는 안목을 제공했다는 점에서 큰 의미를 갖는다.

4. 주제의 다양성과 인식론적 확장

여성주의 인류학은 주제와 방법론, 해석의 범위를 확장시키면서 발전해왔다. 최근의 몇 가지 특징적인 경향은 다음과 같다.

첫째, 지역 연구와 젠더 연구를 결합하여 사회 변화와 여성 정체성의 변화를 분석한 연구가 활발하게 진행되고 있다. 윤형숙(1993)은 호남 지역을 하나의 분석단위로 설정하고, 지역의 사회경제적 특수성이 호남 지역 여성들의 경험을 어떻게 규정하고 있는가에 대한 기존 연구들을 분석했다. 그 결론으로, 성 · 계층 · 지역이라는 변수에 주목하여 여성주의 인류학적 연구가 수행되어야 함을 강조했다. 김명혜(2007)는 뉴욕 한인 여성들에 대한 심층면접을 통해, 이주 역사의 성별무감성에서 벗어나 총체적이고 균형 잡힌 시각으로 이주사를 기술해야 할 필요성을 강조한다. 이 연구는 엘리트 여성들의 이주 경험에 주목함으로써 여성들의 리더십이 갖는 특징을 기술했다는 점에서 의의가 있다.

기존의 해외지역 연구에 젠더적 관점을 결합한 연구로는 정병호(1991), 문옥표(1995), 오명석(1997), 권숙인(1997), 김명혜(2001), 김민정(2004), 강윤희(2007) 등이 있다. 정병호(1991)는 일본 기혼여성들의 노동시장 참여와 공동 육아(탁아)제도의 확산관계를 분석했다. 일본 정부는 외국인 단순노동자 수입을 억제하고 일본의 젊은 어머니들을 노동시장에 편입시키기 위해 선진적인 공동 육아제도를 도입했다. 이 사례는 국가가 젠더 변화를 이해하고 수용하는 정책을 개발했다는 점에서 여성정책 연구에 선례를 제시했다. 문옥표(1995)는 일본 가와사키 시에서 행한 현지조사를 통해 일본의 사회 교육이 어떻게 미취업 도시주부들의 사회적 성장과 공적 역할 획득에 기여했는지를 분석함으로써 도시 주부들이 사회 변혁의 잠재적 행위자가 될 수 있음을 강조했다. 오명석(1997)은 1970년대 이후 신경제정책과 '닥콰'라 불리는 이슬람 부흥운동을 경험한 말레이시아에서, 젠더관계와 여성 정체성이 어떻게 변화했는가를 밝혀냈다. 오명석의 연구는 계급, '아닷', 이슬람, 종족성의 복잡한 결합 내에서 말레이시아 여성성에 대한 담론이 어떻게 형성되는가를 분석함으로써 정체성을 구체적인 '역사적 맥락 내에서' 구성하는 과정으로 정의했다. 권숙인(1997)은 일본제국 시대(1686~1945) 시기에 근대적 국가 만들기의 역사적 과정 속에서 구성된 '양처현모' 이데올로기를 분석했다. 권숙인의 연구는 정치, 법, 경제, 교육 등의 다양한 영역에서 젠더관계가 어떻게 구축되는가를 살펴봄으로써 여성 지위의 변화를 분석해 냈다.

여성 행위자의 '일상적 실천'에 주목하여 지역 연구와 젠더 연구를 결합한 연구들도 등장하고 있다. 김명혜(2001)는 멕시코 국경도시의 빈민촌에 대한 사례 연구를 통해 도시공동체 운동에 참여한 여성 노동자와 빈민촌 주민들 간의 연대 활동을 분석했다. 이를 통해 급격한 글로벌 자본주의의 영향력 아래 놓인 제3세계 여성들의 투쟁 가능성을 제시하였다. 김민정(2004)은 필리핀 농촌 마을의 여성 리더십에 관한 사례 연구를 통해 '모성'과 같은 전통적 여성에 대한 관념이 사회적 영향력을 발휘하는 데에 얼마나 유효한지에 대한 전망을 제시했다. 강윤희(2007)는 인도네시아 '쁘딸랑안' 여성들의 외설주문을 일종의 '여성 장르'로 위치시키면서, '주문'이 갖고 있는 사회적 의미를 분석했다. 여성들의 주문은 몸과 욕망에 대한 여성의 관점을 반영하지만, 그 과정에서 기존의 남성 중심적인 관점을 배격하기보다는 그것을 차용하고 패러디함으로써 '전복의 효과'를 가진다는 점을 밝혀냈다.

여성주의 인류학은 문화인류학에 제한된 학문분야가 아니다. 박순영은 진화생물학의 남성주의적 관점을 비판하며 새로운 패러다임을 구축했던 '진화 페미니스트'의 저작을 소개했으며(1998), 다윈주의 성 선택이론에 대한 여성주의적 공헌과 한계를 분석했다(2005). 이 논문들은 진화적 과학이 제시한 성 중립성의 허위를 밝혀냄과 동시에 페미니즘적 연구가 과학적 정당성을 확보하기 위해 해결해야 할 과제를 제시했다는 점에서 의의가 있다.

최근의 여성주의 인류학은 매우 다양한 주제들을 포괄하고 있다. 경제위기를 여성주의 문화인류학자들의 통찰력을 통해 해석한 연구(김은희 · 함한희 · 윤택림 1999)나 한국 드라마를 즐기는 일본 여성의 팬덤을 해석한 연구(함한희 · 허인순 2005), 교육 매니저란 개념을 사용하여 강북 지역의 여성들의 모성을 분석한 연구(박소진 2005)가 그 예이다. 이종인(2007a, 2007b)은 재미한인 여성들의 강간사건 폭로사례를 분석함으로써 강간사건을 폭로하려는 여성들의 의지가 왜 낮은가에 대한 원인을 제시했다. 또한 한국 사회 내 결혼 이민자들의 급속한 증가에 맞서, 이주 여성들의 일상적 경험이나 이들의 가족이 지역사회 내에서 적응하고 생존하는 방법들에 대한 연구들이 증가하고 있다(김민정 외 2006; 한건수 2006; 김지은 2007).

5. 여성주의 인류학의 정립

지난 30년간 젠더 관점의 도입으로 인류학적 지식은 더욱 풍요로워졌다. 여성주의 인류학은 기존 인류학 내에 비판적인 해석을 제공했을 뿐만 아니라, 인류학자와 소위 연구대상 간의 권력관계에 대한 성찰적 인식을 가져왔다. 여성주의 인류학의 가장 큰 공헌은 인류학적 지식의 '사회적 유용성'을 증가시킨 것이다. 인류학적 지식은 인류학자 개인이 생산하고 소유하는 '독점적인 지식'이 아니다. 그것은 연구자와 만난 여성/남성들의 삶을 변화시키고, 그들이 속한 지역사회와 국가의 정책 · 제도를 개선하기 위한 '살아 있는 지식'이다. 이러한 지향점 아래 여성주의 인류학은 비엘리트로 주변화되었던 여성들이나 사회 주변부 계층의 '경험'과 '전략'들을 드러냄으로써, '아래로부터의 지식'이라는 인류학적 소명을 달성하는 데 기여해 왔다.

참고문헌

강윤희, 2007, "인도네시아 쁘딸랑안 여성들의 외설주문: 언어, 몸, 그리고 욕망," 『비교문화연구』 13(1): 5-34.

권숙인, 1997, "일본제국시대(1868~1945)의 여성의 지위: 정치적 보수주의와 "양처현모" 이념의 대두," 『한국문화인류학』 30(1): 123-156.

김명혜, 2001, "도시공동체에서 여성들의 역할," 『한국문화인류학』 34(2): 157-179.

_______ 2004, "미완성의 이야기: 일본군 '위안부'들의 경험과 기억," 『한국문화인류학』 37(2): 3-22.

_______ 2007, "뉴욕 한인여성들의 사회적 역할과 활동상," 『한국문화인류학』 40(1): 57-193.

김민정, 2004, "필리핀 농촌 마을의 주민조직과 여성 리더십," 『한국문화인류학』 37(2): 49-70.

김민정 · 유명기 · 이혜경 · 정기선, 2006, "국제결혼 이주여성의 딜레마와 선택," 『한국문화인류학』 39-1: 159-193.

김성례, 2002, "여성주의 구술사의 방법론적 성찰," 『한국문화인류학』 35(2): 31-64.

김은실, 1994, "민족담론과 여성: 문화, 권력, 주체에 관한 비판적 읽기를 위하여," 『한국여성학』 10: 18-52.

_______ 1996, "출산문화와 여성," 『한국여성학』 12(2): 119-153.

김은희 · 함한희 · 윤택림, 1999, 『문화에 발목잡힌 한국 경제: 경제위기에 대한 문화적 분석』, 현민출판사.

김주희, 2007, "2000년대 도시 여성의 출산문화: 문화변동의 장," 『한국문화인류학』 40(2): 253-286.

김지은, 2007, " '한국인 아내' 만들기: 베트남 여성 사례를 통해 본 결혼이민의 제도화," 『비교문화연구』 23(2): 41-72.

김진명, 1989, "가부장제 이데올로기 성립에 대한 일고찰," 『한국문화인류학』 21.

______ 1990, “가부장적 담론을 통해 본 전통적 여성의 세계,” 『한국문화인류학』 22: 71-39.
______ 1994, “전통적 담론과 여성억압,” 『한국문화인류학』 26: 119-156.
______ 1996, “공간, 육체 그리고 성,” 『한국문화인류학』 29-2: 123-165.
김현미, 1996, “노동 통제의 기제로서의 성,” 『한국문화인류학』 29(2): 167-194.
______ 2001, “경제위기와 남성숙련노동자의 일경험과 정체성의 변화,” 『한국문화인류학』 34(1): 139-167.
______ 2003, “식민권력과 섹슈얼리티: 19세기 서구 여성의 여행기에 나타난 담론들을 중심으로,” 『비교문화연구』 9(1): 175-210.
문옥표, 1990, “여성의 경제활동 참여에 관한 한일간의 비교,” 『한국문화인류학』 22: 141-176.
______ 1992, “농촌가족의 변화와 여성의 역할,” 『한국문화인류학』 24: 231-263.
______ 1995, “일본의 사회교육과 여성의 사회참여,” 『한국문화인류학』 28: 101-137.
______ 2007, “가정제례의 변용을 통해 본 현대 한국인의 가족관계와 젠더,” 『한국문화인류학』 40(2): 287-319.
박부진, 1987, “상속에 있어서 여성의 권리와 실제,” 『한국문화인류학』 19: 29-58.
박소진, 2007, “공간적 위계수사와 구별짓기: 강북 어머니들의 자녀교육 내러티브,” 『한국문화인류학』 40(1): 43-81.
박순영, 1998, “인류진화사 모델에 나타나는 여성의 모습: 변한 것과 변하지 않은 것,” 『한국문화인류학』 31(2): 519-557.
______ 2005, “다윈주의 성선택 이론과 페미니즘 젠더 연구,” 『한국문화인류학』 38-2: 29-73.
오명석, 1997, “이슬람, 아닷(adat), 근대화 속에서의 말레이 여성의 정체성 변화,” 『한국문화인류학』 30(1): 3-51.
유철인, 1990, “생애사와 신세타령: 자료와 텍스트의 문제,” 『한국문화인류학』

22: 301-308.

______ 1996, "어쩔 수 없이 미군과 결혼하게 되었다: 생애 이야기의 주체와 서술 전략," 『한국문화인류학』 29: 397-419.

______ 1998, "물질하는 것도 머리싸움: 제주해녀의 생애이야기," 『한국문화인류학』 31(1): 97-117.

______ 2004, "구술된 경험읽기: 제주 4 · 3 관련 수형인 여성의 생애사," 『한국문화인류학』 37(1): 3-39.

윤택림, 1994a, "기억에서 역사로: 구술사의 이론적, 방법론적 쟁점들에 대한 고찰," 『한국문화인류학』 25: 273-293.

______ 1994b, "민족주의 담론과 여성: 여성주의 역사학(feminist historiography)에 대한 시론," 『한국여성학』 10: 86-119.

______ 2003, 『인류학자의 과거여행: 한 빨갱이 마을의 역사를 찾아서』, 역사비평사.

______ 2006, 『새로운 역사쓰기를 위한 구술사 연구방법론』, 아르케.

윤형숙, 1990, "Feminism에서 본 친족 연구," 『한국문화인류학』 22: 51-70.

______ 1993, "호남지역의 여성연구," 『한국문화인류학』 25: 71-80.

이종인, 2007a, "강간의 정의: 재미한인여성들의 사유(思惟)," 『비교문화연구』 13(1): 173-217.

______ 2007b, "강간폭로, 순결, 결혼," 『한국문화인류학』 40(2): 49-91.

정병호, 1991, "여성노동시장 수요와 공동육아(탁아)제도," 『한국문화인류학』 23: 227-244.

조옥라, 1990, "여성인류학적 시각에서 본 도시빈민 지역운동," 『한국문화인류학』 22: 111-140.

______ 1992, "농민가족과 도시빈민가족에서 여성의 경제활동에 대한 비교연구," 『한국문화인류학』 24.

______ 1996, "여성농민의 성 정체성에 관한 연구," 『한국문화인류학』 29(2): 97-121.

조혜정, 1982, "제주도 해녀사회연구: 성별분업에 근거한 남녀평등에 관하여," 한상복 편, 한국문화인류학회, 『한국인과 한국문화』, 심설당.

______ 1986, "한국의 사회변동과 가족주의," 『한국문화인류학』 18.

______ 1988, 『한국의 여성과 남성』, 문학과 지성사.

______ 1998, 『성찰성 근대성과 페미니즘: 한국의 여성과 남성 2』, 서울: 도서출판 또하나의 문화.

조혜정 · 김진명 · 임돈희 · 박부진 · 김주희 · 문옥표 · 김은희, 1997, 『성, 가족, 그리고 문화: 인류학적 접근』, 서울: 집문당.

한건수, 2006, "농촌 지역 결혼이민자 여성의 가족생활과 갈등 및 적응," 『한국문화인류학』 39-1: 195-243.

함한희 · 허인순, 2005, 『「겨울연가」와 나비환타지: 일본한류를 만나보다』, 도서출판 소화.

01. 한국 인류학자의 한국 문화 연구

인류학과 역사의 만남

윤택림(영남대학교 20세기민중생활사연구단 연구교수)

1. 역사에 대한 인류학적 접근

인류학이 대표적인 공시적인(synchronic) 학문으로 인식되어 온 것은 인류학의 이론적 초석이 되었던 기능주의 때문이라고 할 수 있다. 인류학사를 볼 때, 다양한 문화에 대한 인류학적 관심이 역사와 무관해진 것은 영국의 기능주의 인류학자들의 영향이 크다. 서구 구조기능주의 인류학자들이 진화론을 '추측적 역사(conjectural history)'라고 비판했던 것을 상기할 때, 인류학과 역사를 별개의 문제로 취급해 온 것이 인류학적 연구의 관행이 되었던 것이다. 그렇다고 식민지 시대의 인류학이 모두 비역사적인 것은 아니었다. 미국의 경우 사라져 가는 아메리칸 인디언의 문화와 역사를 남기기 위해서 종족사(ethnohistory)라는 분야가 일찍이 발전되어 왔다. 또한 미국 인류학의 효시자인 프란츠 보아스(Frantz Boas)는 역사적 특수주의(historical particularism)이라는 학문적 지향점을 확립시켰다(Boas 1936)는 진화론자들의 단선적인 역사적 재구성을 신뢰하지 못하고 비판하면서, 문화의 특수성을 통시적(diachronic)으로 보고자 했다. 그리고 제2차 세계대전 후 미국의 국민성 연구는[1] 문헌자료를 통하여 문화의 특성을 도출하려는 역사적 연구였다(Brian 2002: 4).

역사에 대한 관심은 오히려 구조기능주의의 강력한 지배 하에 있었던 영국의 사회인류학에서 나왔다. 그 대표적인 인류학자는 에번스-프리처드(Evans-Pritchard 1950, 1961)다. 그는 사회인류학이 비역사적임을 비판하고 역사와 인류학이 밀접하게 연결되어 있음을 주장했다. 그의 역사에 대한 관심은 식민지 시대가 끝나고 영국의 사회인류학자들이 식민지 시기의 문화적 변동에 눈을 돌리는 데 기여했다. 그러한 결과 에드먼드 리치(Edmund Leach), 폴트스(Fortes), 글로크먼(Gluckman)과 같은 영국 사회인류학자들은 사회 통합에만 관심을 가졌던 기능주의 인류학의 관심을 갈등과 모순, 그리고 그 해결로 옮아가게 했다.

미국 문화인류학에서는 본격적으로 인류학에 역사를 다시 복원하려는 시도가 시카고 대학의 콘(Bernard Cohn)을 중심으로 이루어졌다. 콘은 역사학과 인류학의 상호 접근을 통하여 '식민주의자와 식민지인 간의 동적인 상호작용'을 연구의 주제로 삼았다(Axel 2002: 8). 이와 함께 또 하나의 역사적 접근은 마르크시즘으로부터 왔다. 1970년대부터 등장한 마르크시스트 인류학자들은 세계의 도처에 산재해 있는 구 식민지였던 사회들의 문화

1) 그 대표적인 연구는 Ruth Benedict의 *The Chrysanthemum and the Sword*(Houghton Mifflin, 1946)이다.

적 변동을 세계 체제(world system)[2]가 만들어지는 역사적 형성 과정 속에서 보고자 했다. 하지만 정치경제(political economy) 연구를 포함한 맑시스트 인류학자들은 경제 결정론적인 측면이 강해서 충분히 역사적이라고 볼 수 없었다.

그래서 1980년대 이후 인류학에서 역사는 포스트모더니즘과 탈식민주의 이론과 함께 다시 논의되게 되었다. 포스트모던 인류학자들은 포스트모더니즘 이론을 통해서 현지조사와 인류학적 글쓰기의 우연성(contingency)을 드러냈지만, 실상 자신들의 연구가 역사화된 것은 아니었다. 역사에 대한 재고는 오히려 긴 역사학의 전통을 지닌 인도와 같은 제3세계에서 현지조사를 한 인류학자들에 의해 이루어졌다(Dirks 1993). 이들은 식민주의 자체의 문화를 분석하기 위하여 식민지 시대의 역사를 참고하지 않으면 안 되었던 것이다

또한 상징주의 인류학 내에서 구조주의의 영향을 받아서 역사적 사건을 해석하는 살린스(Marshall Sahlins 1985, 1995)나 역사가 없는 사람들의 역사를 기록하는 로잘도(Renato Rosaldo 1980), 프라이스(Richard Price 1983), 코마로프(John and Jean Comaroff 1991) 등의 인류학자들은 식민지였던 제3세계 사람들의 역사를 복원하는 작업을 시작했다. 그리고 서구에서 인류학적 훈련을 받은 제3세계 인류학자들이 탈식민주의 이론을 들고 나오면서 인류학에서 역사는 주요한 주제로 부각되었다. 그리하여 전후로부터 등장한 인류학과 역사학 간의 상호 접근을 통해서 '인류학과 역사와의 대화(the dialogue between history and anthropology)'로서 역사인류학이라는 하부 분야가 나타나기 시작했다.

2) 대표적인 예는 Taussig, Michael, 1980, *The Devil and Commodity Fetishism in South America*, The University of North Carolina Press; Wolf, Eric, 1982, *Europe and the People without History*, University of California Press.

2. 한국 역사인류학의 지형도[3)]

한국 인류학에서 역사에 대한 관심은 초기부터 있어 왔다. 왜냐하면 한국은 기록과 역사가 없는 부족사회가 아니라, 긴 역사와 기록을 가진 사회였기 때문이다. 또한 일본 식민 지배를 통해 역사와 문화가 왜곡된 사회였고, 냉전 하 이데올로기 전쟁인 한국전쟁을 거쳤고, 전후 급격한 산업화와 도시화 과정에서 변화를 몸소 겪고 있는 사회였다.

한국 인류학사를 보면 초기 인류학자들은 대다수가 민속학의 배경을 가지고 있어서, 역사적 방법과 사회적 방법을 접목해서 민족과 문화를 연구하고자 했다(전경수 1999: 296). 이들은 서구의 '구제인류학(salvage anthropology)'과 비슷하게 일본 식민 지배의 영향을 받기 전 전통적인 한국적인 문화적 형태와 그 변화에 대해서 관심을 가졌다. 그래서 1960~70년대 한국 인류학자들은 구미의 한국 전공 인류학자들과 마찬가지로 농촌사회와 친족 연구에 관심을 가졌다(함한희 1996: 103).

이러한 경향은 1980년대 서구에서 본격적으로 인류학 훈련을 받은 한국 인류학자들이 대학에서 자리를 잡고 연구를 시작하면서 조금씩 변화하기 시작했다. 이들은 대부분 미국에서 공부를 하였으면 미국 인류학의 다양한 이론을 소개했을 뿐만 아니라 더불어 미국 인류학의 지역학적 전통도 들여왔다. 이들의 영향으로 한국 인류학의 연구 주제도 다양화되고, 연구 지역도 국제적으로 확대되어서 1990년대 전 지구화의 흐름 속에서 한국의 인류학은 명실 공히 타 문화 연구로서의 지역학으로 거듭나게 되었다.

3) 한국의 역사인류학에서는 한국을 연구하는 인류학자 중에서 역사적 맥락을 중요시해 온 분들의 업적만을 다룬다. 타 지역 연구에서도 역사인류학적 연구가 많으나, 이는 지역 연구에서 다룰 것이므로 이 글에서는 제외한다.

한국 인류학의 지역학적 성격이 강화되자, 오히려 종래 한국 인류학의 주 분야인 자문화 연구는 상대적으로 인류학 내에서 축소되었다. 이런 가운데 1990년을 전후 하여 한국의 역사적 맥락을 중요시하는 인류학 연구들이 나타나기 시작했다. 이는 1980년대 중반과 후반에 서구에서 인류학적 훈련을 받은 인류학자들의 연구였다. 이들이 인류학적 훈련을 받은 시기는 미국에서 인류학이 포스트모더니즘의 영향을 받으면서, 식민주의와 탈 식민에 대한 논의들이 시작되었던 시기였다. 이들의 역사에 대한 관심은 격동의 현대사를 겪은 한국 문화에 대한 이해와 같은 선상에 있는 것이었다.

이렇게 역사에 대한 관심을 가진 인류학자들이 1993년 역사인류학 모임이라는 연구소 모임을 조직하면서 한국 인류학 내에서도 역사인류학이라는 하부 분야가 통용되기 시작했다. 이 모임에 속한 인류학자 모두가 한국을 지역적으로 전공한 사람들은 아니었지만, 1994~95년 동안 충남 서산 부석면에서 지방사에 대한 연구를 함께하였고, 그 결과도 단행본[4]으로 출판되었다. 이 모임은 아직까지 그 명맥을 유지하면서 역사인류학에 관심 있는 학도들과 함께 공부를 진행하고 있다. 이런 가운데 최근에는 본격적인 역사인류학 연구로 국내 박사학위논문이 나왔다.

---

4) 유철인 외, 2004, 『인류학과 지방의 역사』, 아카넷.

3. 역사인류학의 이론적, 방법론적 쟁점들[5)]

1) 연구 주제

한국에서 역사인류학적 연구들은 주로 근현대사, 지방사, 여성사, 생활문화사에 집중되어 있다. 역사인류학적 연구들이 근현대사에 제한된 것은 현지조사 시 인터뷰를 통해서 얻을 수 있는 자료들이 1920년대 정도까지밖에 안 되기 때문이다. 즉, 인류학자들이 만날 수 있는 제보자들이 2008년 현재 90살을 넘기기 힘들기 때문이다. 이러한 문화기술지적 자료에 문헌자료를 보충한다 해도 대체로 조선 후기부터 현재까지가 역사인류학자들이 다루고 있는 시간대다.

근현대사 중에서도 가장 많이 역사인류학적 연구가 된 주제는 역시 한국전쟁이다. 박사학위논문으로는 윤택림과 김성례의 것이 있다(Yoon 1992; Kim S 1989). 이 연구들을 제주 4.3사건을 포함하여 지방에서 겪은 다양한 한국전쟁의 경험을 인류학적 관점에서 해석하고 분석하는 것이다. 이외 대표적인 연구들이 전남대학교 호남문화연구소에서 주관한 한국전쟁 연구다. 이때 목포대학교의 박정석(2003)은 해남의 한 빨갱이 마을 사람들의 한국전쟁에 대한 기억과 망각에 대한 구술 분석을 통해서 전후 마을 사람들의 집합기억의 정치학과 마을 사람들의 정체성의 형성을 보여 주었다. 윤형숙(2002)은 전남 H군 대촌리의 한국전쟁은 계급적인 갈등이나 이념적인 차이보다는 지주와 소작인 간의 경제적 의존관계, 일가(一家)의식, 관직 등용과 인물관 등 전통적 사고방식들의 전쟁 과정에 상당히 개입되었음을 보여 주었다.

5) 이 부분에서는 『한국문화인류학』과 『비교문화연구』에 발표된 논문들과 연구 단행본, 그리고 박사학위논문을 주 대상으로 하였다.

제주 4.3 연구소에서는 1980년대 초부터 구술채록을 통하여 4.3에 관한 연구를 축적해 왔다. 그 가운데 유철인(2004)은 제주 4.3 수형인의 구술생애사를 서술방식과 체험된 경험을 연결하여 분석하였다. 유철인은 기존의 서술 형식에 대한 관심에서 더 나아가서 구술자가 경험한 역사적 맥락인 제주 4.3사건과 구술자의 서술을 연결시키면서 동시에 구술을 텍스트화하는 데 실험적 글쓰기를 시도했다.

또한 역사인류학자들은 지방의 역사와 문화의 복원 내지 재구성에도 관심이 있다. 전남 나주 지방의 사회경제적 변화에 대한 역사인류학적 연구로서는 함한희의 박사학위논문이 있다(Hahm 1990). 이 논문은 나주 궁삼면 농민들의 사회경제적 지위의 변화를 일제 시기부터 해방 이후 농지개혁을 축으로 하여 역사적 분석을 하고 있다. 또 하나의 대표적인 지방사 연구로는 역사인류학 연구 모임의 『인류학과 지방의 역사』이다(유철인 외 2004). 이 연구는 충남 서산 부석면 일대에서 공동으로 현지조사를 통해서 정치, 경제, 의례, 여성 생애사 등 다양한 주제에 대해서 역사인류학적 분석을 하고 있다.

친족과 젠더에 관한 역사인류학적 연구로는 조혜정, 윤형숙, 김은희의 박사학위논문이 있다(Cho 1979; Yoon 1988; Kim E 1993). 조혜정은 조선 시기로부터 소급하여 가부장제의 성격의 변화를 살펴보면서 제주도의 사회경제적 변화 속에서 젠더관계를 분석하고 있다. 윤형숙은 도시 근교 농촌 여성을 연구하여 경제개발과 젠더의 상호관계를 분석하였고, 김은희는 조선 시대 선비계층이 산업화 근대화 과정을 거치면서 중산층으로 변화하는 모습을 분석하면서 한국 친족의 역사적 변화를 다루었다. 또한 여성 구술생애사 연구에서는 제주 무당의 생애사와 일본군 위안부 할머니의 생애사를 다룬 김성례(2002)가 대표적인 연구자다.

역사인류학자들은 2000년대 이후로 생활문화사에도 관심을 보이고 있다. 대표적인 공동 연구로는 한국학중앙연구원의 문옥표가 연구책임자였던 "집과 가족의 문화와 역사" 프로젝트가 있다. 이 연구는 생활과학분야와의 학제 간 연구로서 혼인, 세대, 부엌이라는 주제 하에 일제 시기부터 현재까지의 한국인의 생활문화의 변화를 추적하고 있다(김주희 2003, 2005; 문옥표 2006; 박부진 2004; 윤택림 2004; 김은희 2007). 이와 더불어 영남대학교 20세기민중생활사연구단의 연구도 생활문화사에 포함될 수 있다. 이 연구단은 20세기 초부터 현재까지의 시간적 맥락과 서울, 경기, 영남, 호남이라는 공간적 맥락 속에서 다양한 서민들의 생활의 자취를 구술생애사 수집을 통해 자료를 수집하고 있다. 이 연구단은 구술열전과 사진집을 지속적으로 출간하고 있기도 하지만, 무엇보다도 생활사에 대한 아카이브 구축에 있어서 앞서가고 있다.

최근에 나온 역사인류학적 연구는 안승택(2007)의 경기도 남부 일대에서의 농업기술 변화에 대한 박사학위논문이다. 이 연구는 현지조사자료와 함께 다양한 문헌 기록을 통해서 환경, 농업기술, 그리고 인간과의 상호작용을 한국 근현대사의 맥락 속에서 고찰하고 있다.

2) 이론적 배경

서구의 역사인류학은 1980년대 중반부터 서구 인류학에 영향을 주었던 포스트모더니즘과 탈식민주의, 그리고 식민주의 연구의 영향을 많이 받았다. 포스트모더니즘은 서구 근대성의 배타성과 억압성을 폭로했고, 인류학자들은 근대성에 기초한 식민주의를 문화로서 이해하면서 그 문화를 이해하기 위하여 또는 탈 식민적 문화적 상황을 이해하기 위하여 문화의 역사성에 주목할 수밖에 없었던 것이다.

반면 한국의 역사인류학적 연구들은 다양한 이론적 배경을 가지고 있다. 이것은 역사인류학이라는 하부 분야 자체가 특정한 이론과 방법론을 가지고 있는 것이 아니며, 오히려 학문적 지향(orientation)에서 역사적 맥락을 강조하기 때문이다. 그래도 서구 역사인류학과 마찬가지로 한국 역사인류학자들은 맥락(context)에 대해서 공통적인 관심을 가지고 있으며, 특정 문화적 현상을 맥락화하고 그것을 식민주의나 혹은 탈 식민과 연결시켜서 논의하는 경향을 가지고 있다. 물론 서구의 역사인류학자들의 이론적 논의를 공유하며 연구를 진행시켜 온 학자들도 있지만, 대부분은 다양한 인류학적 이론들을 가지고 역사적 소재를 다루거나, 또는 기존의 소재를 역사화하는 작업들을 하고 있다.

3) 방법론적 특징

역사인류학자들이라고 해서 다른 인류학자들과 방법론적인 면에서 큰 차이가 있는 것은 아니다. 단지 차이가 있다면 역사인류학자들은 과거에 대한 기록으로서 문헌을 많이 사용하고, 구술사 인터뷰를 많이 행한다는 점이라고 볼 수 있다. 역사인류학자들이 다루는 연구 주제나 소재는 어떤 것이건, 지난 100년 동안의 한국 근현대사의 맥락 속에서 이해되기 때문에, 현지조사에서 얻을 수 없는 과거에 대한 자료는 문헌에 의존할 수밖에 없다.

또한 인류학적 인터뷰가 과거로부터 현재까지의 변화의 추이를 다루기 때문에 공시적인 정보 수집을 위한 것이 아니고, 통시적인 자료 수집을 목표로 하게 된다. 따라서 많은 인터뷰가 생애사적인 형태를 띠면서 구술사 연구와 중첩되는 부분이 많아진다.

그래서 역사인류학적 연구에서는 문헌자료와 문화기술지적 자료, 그리고 구술사 자료를 가지고 연구 주제에 해당되는 역사적 부분이 재구성 내지 복원되고, 그것의 의미를 해석하고 분석하는 것이 연구의 초점이 되고 있다. 따라서 현재로부터 시작하여 과거로 거슬러 올라가는 고고학적 접근(archaeology of knowledge)을 현재의 문화적 현상을 이해하기 위하여 사용하기도 한다.

또 한 가지는 이들의 연구들은 대개 청중이 인류학자라기보다는 다른 학문분야, 예를 들면 한국사 관련 연구자들인 경우가 많다. 한국 근현대사의 다양한 주제들, 예를 들면 한국전쟁, 제주 4.3사건에 대해서, 혹은 기존의 사회사와 여성사에서 해온 가족과 친족, 젠더에 대해서 연구되어 온 결과물에 대한 역사인류학적 재검토라는 성격을 지니는 경향이 있다.

4. 역사인류학 연구의 전망과 과제

서구에서 문화기술지의 문제, 고문서, 식민 상황, 민족국가, 기원, 그리고 전치(displacement)는 초기 역사인류학적 연구의 주제들이었다. 그러나 이제 서구 역사인류학자들은 문화기술지 자체를 하나의 고문서로 인식하기 시작하고 있고, 식민 지배의 구성적인 힘(the constitutive power of colonial anxieties)(Axel 2002: 18)에 대해 고민하고 있다. 게다가 역사인류학의 가장 중요한 개념 중의 하나인 맥락(context)을 주변성(marginality)과 전치의 시각에서 정교화하고 있다. 또한 식민주의와 탈 식민 틈새에서 민족국가의 성립과 전 지구화 과정 사이에서 드러나는 다수의 사회적 현실에 관심을 주고 있다(Axel 2002:25).

그러나 한국 역사인류학은 서구에서와 같이 치열한 학문적 논의와 고민이 별로 없는 것이 현실이다. 역사인류학이라는 이름을 가지고 연구를 해 온 인류학자들의 경륜이 10년 이상이 되었지만, 아직도 역사인류학에 대한 학문적 정리가 되어 있지 않다. 역사인류학이 특정한 이론과 방법론을 가진 하부 분야가 아니라고 하더라도, 연구의 지향점과 문제의식에 있어서 보다 치열한 고민이 필요하다. 한국의 근현대사에 대해서, 그리고 역사의 흔적이 작동하고 있는 탈 식민적 현재에 대해서 역사인류학이 할 수 있는 것이 무엇인가를 이제 역사인류학자들이 논의하고 정리해야 할 때다.

참고문헌

김성례, 2002, “여성주의 구술사의 방법론적 성찰,” 『한국문화인류학』 35(2).

김은희, 2007, “대가족 속의 아이들: 일제시대 중상류층의 아동기,” 『가족과 문화』 19(3).

김주희, 2003, “일제 후반기 결혼 예식과 혼수에 대한 사회사적 고찰,” 『가족과 문화』 15(3).

______ 2005 “해방 후 혼수문화 변천에 대한 사례 연구: 부거제 의식과 가족주의의 지속,” 『가족과문화』 17(2).

문옥표, 2006, “일제시대 조선 청소년들의 삶과 경험,” 『한국문화인류학』 39(2).

박부진, 2003, “첫날밤과 신혼여행의 문화 분석,” 『인문과학연구논총』 25.

______ 2004, “성의 억압과 부부관계: 일제시기 농촌의 신혼생활을 중심으로,” 『한국문화인류학』 37(1).

박정석, 2002, “전쟁과 빨갱이에 대한 집단기억 읽기,” 『역사비평』 가을호.

안승택, 2007, 『식민 조선의 근대농법과 재래농법: 경기 남부 논밭병행영농의 환경, 기술, 역사에 대한 인류학적 연구』, 서울대학교 박사학위논문.

유철인, 2004, “구술된 경험읽기: 제주 4.3 관련 수형인 여성의 생애사,” 『한국문화인류학』 37(1).

유철인 외, 2004, 『인류학과 지방의 역사』, 서울: 아카넷.

윤형숙, 2002, “한국전쟁과 지역민의 대응: 전남의 한 동족 마을의 사례를 중심으로,” 『한국문화인류학』 35(2).

윤택림, 2004, “해방이후 한국 부엌의 변화와 여성의 일: 서울지역을 중심으로,” 『가족과 문화』 16(3).

전경수, 1999, 『한국인류학 백년』, 서울: 일지사.

함한희, 1996, “한국 사회구조의 원리를 찾아서: 구미인류학자들의 한국문화연구,” 『구미 한국학 연구의 경향과 평가』, 서강대학교 인문과학연구소.

Axel, Brian K., 2002, “Historical Anthropology and Its Vicissitudes,” in Brian K. Axel (ed.), *From the Margins: Historical Anthroplogy and Its Futures*, Duke University Press.

Boas, Franz, 1936, "History and Science in Anthropology: A Reply," *American Anthropologist* 38.

Comaroff, Jean and John, 1991, *Of Relevation and Revolution*, Chicago: The University of Chicago Press.

Cho, Haejong, 1979, *An Ethnography of a Female Diver's Village in Korea; Focused on the Sexual Division of Labor*, University of California, Ph.D. dissertation.

Dirks, Nicholas, 1993, *The Hollow Crown: Ethnohistory of an Indian Kingdom*, The University of Michigan Press.

Evans-Pritchard, E. E., 1950, "Social Anthropology: Past and Present," in *Essays in Social Anthropology,* Faber and Faber.

______ 1961, "Anthropology and History," in *Essays in Social Anthropology*, Faber and Faber.

Fortes, Meyer, 1949, *The Web of Kinship among the Tallensi*, London: Oxford University Press.

Gluckman, Max, 1955, *Custom and Conflict in Africa*, Oxford: Basil Blackwell.

______ 1965, *Politics, Law and Ritual in Tribal Society*, Oxford: Basil Blackwell.

Hahm, Hanhui, 1990. *Songje's Transformation: Social and Economic History of a Korean Village, 1910-1987*, Columbia University. Ph.D dissertation.

Kim, Eunhui, 1993, *From Gentry to the Middle Class: The Transformation of Family, Community and Gender in Korea*, University of Chicago, Ph.D. dissertation.

Kim, Seungnae, 1989, *Chronicle of Violence, Ritual of Mourning: Cheju Shamanism in Korea*, University of Michigan, Ph.D. dissertation.

Leach, Edmond, 1954, *Political Systems of Highland Burma*, Harvard University Press.

Price, Richard, 1983, *First-Time: The Historical Vision of an Afro-American People*, The Johns Hopkins University Press.

Rosaldo, Renato, 1980, *Ilongot Headhunting 1883-1974: A Study in Society and History*, Stanford University Press.

Sahlins, Marshall, 1985, *Islands of History*, The University of Chicago Press.

______ 1995, *How "Natives" Think*, The University of Chicago Press.

Wolf, Eric, 1982, *Europe and the People without History*, University of California Press.

Yoon, Taek-Lim, 1992, *Koreans' Stories About Themselves: A Historical Ethnography of Hermit Pond Village in South Korea*, University of Minnesota, Ph.D. dissertation.

Yoon, Hyongsuk, 1988, *Kinship, Gender and Personhood in a Korean Village*, Michigan State University. Ph.D. dissertation.

한국 교육인류학 연구의 발전과 성과[1)]

이용숙(덕성여자대학교 문화인류학과 교수)

1. 태동기: 1960년대부터 1970년대까지[2)]

교육인류학의 발전은 다른 인류학 분야에 비해서 상당히 늦은 편이었다. Ogbu(1985)는 교육인류학의 태동이 19세기 말까지 거슬러 올라갈 수

1) 이 글의 앞부분은 필자의 저서인 『교육인류학: 연구방법과 사례』(대우학술총서 575, 아카넷) 제3장 2절의 내용을 토대로 새로운 내용을 보완하여 작성하였다. 또한 이 글에서 소개한 여러 연구의 저자들 중 김찬호, 정향진, 조혜영, 박소진, 정병호, 한경구 선생님은 이 글을 위하여 본인의 연구를 정리하여 제공하였다. 이 분들께 감사드린다.

2) 1980년대까지는 인류학자에 의한 교육인류학 연구는 극소수였으므로 교육학자에 의한 교육인류학 연구에 대한 소개도 함께 하도록 한다. 1990년대부터는 인류학자에 의한 연구의 수가 늘어나게 되었으므로, 몇몇 중요한 연구 이외에는 교육학자에 의한 교육인류학 연구는 다루지 않는다.

있지만, 이는 학문적 차원에서의 태동이라기보다는 서비스 차원에서의 태동이었다고 보고 있다. 인류학자들은 20세기 중반까지 공식적인 교육을 심각한 지적 탐구 주제로서 여기지 않았다는 것이다. 대신에 이들은 문화와 그 전승에 대한 인류학적 지식들을 식민지의 원주민 교육이나 미국에서의 소수민족과 이민의 교육을 다루는 교육자와 정책 결정자들이 활용할 수 있도록 제공해 주는 것에 주로 관심을 가졌다. 또한 이와 관련하여 비서구 사회의 사람들과 소수민족, 이민, 하층계급 사람들의 지적 능력과 학습 능력에 대한 잘못된 생각을 고쳐주기 위한 노력도 상당히 이루어졌다. 즉 인류학자들은 공식적 교육을 "사회 문제"로 본 것이다(Ogbu 1985: 276). Boas, Mead, Whiting 등은 이보다 한 걸음 더 나아가 지역사회에 대한 현지조사를 하는 과정에서 교육적인 자료 수집을 약간 포함시키는 정도의 관심을 가지기도 했으나, 교육 연구에 학문적인 관심을 갖는 인류학자들의 등장은 1950년대까지 기다려야 했다.

1950년대에는 미국의 Spindler와 Henry, 푸에르토 리코의 Brameld, 프랑스의 Wylie, 아프리카의 Read 등 교육인류학 연구자들이 등장하였지만, 이들의 연구결과는 주로 비인류학 학술지에 게재되었다(위의 글: 277). 이처럼 산발적으로 연구를 하던 교육인류학 연구자들이 1952년 스탠퍼드 대학교에서 열린 미국 인류학회 연차대회를 계기로 한 자리에 모이게 되었다. 11명의 인류학자와 동수의 교육학자로 연구위원회를 구성하고, 인류학과 교육학의 교류와 협력을 위한 연구집회를 8차에 걸쳐 가진 성과로 최초의 교육인류학 교재인 『교육과 인류학(*Education and Anthropology*)』을 1955년 출판하게 되었다(김영찬 1982; Ogbu 1985). 이러한 스탠퍼드 회의를 계기로, 교육인류학이 하나의 대학원 과정으로 자리 잡기 시작하였으며, 따라서 교육인류학자들이 체계적으로 길러지기 시작하였다.

한국에서의 교육인류학의 태동은 1960년대부터라고 볼 수 있다. 서울대학교 교육학과에 '문화인류학' 강좌가 처음 개설되고(후에 인류학과 교수가 된 이광규 담당), 교육학에 문화의 개념이나 문화인류학의 지식과 방법을 도입하려는 조짐이 나타났으며, 1960년대에 처음 저술된 『교육사회학』에서 문화와 교육의 문제를 단편적으로라도 제시하였기 때문이다(김영찬 1982: 100; 이종각 1997: 102). 그러나 한국에서 교육인류학이 본격적으로 소개된 것은 1974년 교육학자인 고 김영찬 교수와 인류학자인 이광규 교수 공저로 『문화과정과 교육』이 출판된 이후라고 할 수 있다. 이 책은 1980년대 초까지 유일한 교육인류학 교재였으며, 교육학도들이 교육인류학에 관심을 갖도록 하는 데 중요한 기여를 했다. 또한 이 책의 저자 중 한 사람인 김영찬 교수는 서울대학교 교육학과에서 교육인류학 관련 교과목을 개설하여, 후진 양성을 시작하였다.

2. 발전기: 1980년대

한국에서 교육인류학 연구가 본격적으로 이루어지기 시작한 것은 1980년대였다. 우선 두 권의 교육인류학 교재가 출판되는데, 김영찬이 위의 『문화과정과 교육』을 크게 수정 · 보완하여 『생활 · 문화 · 교육』(1982)을 출간하였고, 김영찬의 제자인 이종각이 『문화와 교육』(1983)을 출간하였다. 1985년에는 한국문화인류학회의 학술지인 『한국문화인류학』 제18호에 최초의 교육인류학 논문이 게재되었는데, 필자가 집필한 "경제성장에 있어서의 교육의 역할에 대한 인류학적 연구 고찰"이다.

이후 매우 제한적이지만 학교에 대한 현장조사 연구들이 나오기 시작하는데, 주종은 석 · 박사학위논문들과 한국교육개발원의 연구보고서들이다. 박사학위논문들은 모두 미국 대학에서의 학위논문들인데, 교육학

분야에서의 이종각 교수, 조용환 교수의 논문과 인류학 분야에서의 필자의 논문이 있다. 이중에서 이종각 교수의 논문(Lee 1986)만 한국에서 현장연구를 실시한 것이고, 다른 연구들은 미국에서 현장연구를 하였다. 이외에 미국 학자(Robinson)가 한국 학교에서의 현장연구를 실시하여 미국에서 박사학위를 받기도 했다. 교육인류학적 현장연구를 실시한 석사학위논문으로는 엄기형(1983), 황창순(1985), 김영철(1986), 신혜숙(1987), 이혜정(1987), 이정표(1988), 전영미(1989) 등 10여 편의 논문들이 거의 다 인류학이 아닌 교육학 분야에서(서울대학교, 연세대학교, 이화여자대학교) 나왔다. 인류학과의 석사논문으로는 김경학(1986)의 "아동기의 문화전승과 획득과정"이 유일하게 서울대학교에서 나왔다. 또한 김소연(1985)의 "한국 중학생의 비행화 과정에 대한 연구: 서울 남녀공학 중학교의 사례를 중심으로"는 연세대학교 사회학과의 석사학위논문인데, 이처럼 연세대학교 사회학과에서 교육인류학적 논문이 서울대학교 인류학과보다 먼저 나온 것은 인류학자로서 실천적 청소년문화 연구에 많은 공헌을 한 조(한)혜정 교수가 연세대학교 사회학과에서 오래 재직하였으며(1980년대 초부터 2007년 문화인류학과의 개설이 될 때까지), 따라서 실천적인 청소년문화 연구나 교육 연구에 관심 있는 인류학자들(김찬호, 송도영, 이수정, 박소진 등)을 많이 길러냈다는 것과 관련 있어 보인다.

필자의 박사학위논문(Lee 1984, 1987; 이용숙 1986)은 아시아계 학생들이 백인 학생들보다 성적이 좋은 이유를 찾는 것을 목적으로 하였으며, 이를 위하여 시카고와 스코키의 두 공립학교에서 한국, 중국, 일본계 학생과 백인 학생의 학업성취 과정을 비교하는 현장조사를 실시하였다. 또한 8학년까지 초등학교 시스템인 시카고 학교와 6~8학년이 중학교인 스코키 학교의 체제와 운영방식의 차이가 동아시아계 학생들의 성취에 미치는 영향도 비교하였다. 필자는 이어서 박사학위논문의 재미교포에 대한 부분을 재일교포의 학업성취에 대한 문헌 분석결과와 비교한 연구결과를 Ogbu와 Gibson(1991)이 편집한 책에 게재하였다.

학위논문이 아닌 1980년대의 교육인류학적 연구는 대부분 한국교육개발원의 연구보고서였다. 한국교육개발원에서의 교육인류학적 연구는 필자에 의해서 시작되었으나, 초기에는 장기간의 현장연구의 필요성에 대한 인식 부족으로 인하여 어려움이 많았다. 주어진 여건 속에서 이를 최대한 극복하기 위하여 필자는 먼저 하나의 연구를 1년 동안 완성한 후에 이어서 연계되는 연구를 2년씩 해나가는 방식으로 3개의 연계된 연구를 실시하였다. 이 방법은 처음부터 큰 규모의 연구를 심도 있게 하는 것에 비해서 단점이 많을 것으로 생각하였으며 실제로 단점도 있었지만, 차선책으로 선택한 이 방법이 사실은 더 좋은 방법임을 5년간의 연계된 연구가 끝나는 시점에서 깨닫게 되었다. 하나의 연구가 거의 마무리될 때에 다음 연구를 계획할 수 있었기 때문에 더 체계적인 연구계획 수립이 가능하고, 연구 주제에 대한 이해가 더 심도 있고 폭도 넓어지는 것을 경험하게 된 것이다. 또 하나의 어려움은 공동연구자들이 인류학적 연구방법에 대해서 접해 본 적이 없다는 점이었는데, 이는 필자가 연구 초기에 공동연구진에게 인류학 연구방법을 훈련시키는 것으로 어느 정도 해결하였다.

이 시리즈의 첫 번째 연구인 『교수-학습 자료 활용실태 및 교수-학습 방법에 관한 인류학적 국제비교 연구』(이용숙 · 김영준 · 이근님 · 백은순 · 조덕주 · 김소연 1986)에서는 서울 소재 한국 초등학교 한 곳과 미국 · 영국 · 일본 · 프랑스 · 독일 등 5개 외국인 학교의 교과용 도서와 수업의 내용과 방법을 전 과목에 걸쳐 비교하여, 1,200여 페이지 분량의 보고서를 작성하였다. 이를 위하여 각 학교의 3학년에서 4주씩의 수업 참여관찰과 교장, 교사 및 학생면담을 실시하고 교과용 도서를 비롯한 교수-학습 자료 분석도 실시하였다. 필자는 이 연구에서 새로운 수업분석 방법인 '수업구조분석법'을 개발하여 수업관찰결과 분석에 사용하였다. 이 분석법은 이후 더 쉽게 활용할 수 있도록 개선되어(이용숙 2007), 현재 많은 연구자와 교사들이 수업분석과 수업컨설팅을 위해서 사용하고 있다.

이어서 2년 후 출간된 『국민학교 수업방법의 개선을 위한 문화기술적[3] 연구』(이용숙 · 정환규 · 박금화 1988; 이용숙 · 조영태 1989)는 77개의 한국 초등학교 학급에서의 수업관찰 결과를 토대로 설명 · 질문 · 판서 · 학습 문제 제시 · 학생통제 등에서의 바람직한 방법과 바람직하지 않은 방법을 소개한 우리나라 최초의 응용인류학적 교육 연구였다. 다시 2년의 연구결과 출간된 『국민학교 교육현상에 대한 문화기술적 연구: 학교와 가정에서의 학습활동을 중심으로』(이용숙 · 이재분 · 소경희 · 전영미 1990)는 5년에 걸친 연구 시리즈의 완결 편으로서, 학교와 가정에서의 실제 학습시간과 학습의 의미를 다양한 방법으로 분석하였다. 특히 수업 중 실제학습시간 분석법을 새로 개발하여, 그동안의 수업관찰 결과 가장 큰 문제라고 생각되었던 수업 중 실제 학습시간이 여러 단계에서 어떤 이유로 얼마나 많이 손실되는지와 이러한 문제가 잘 드러나지 않게 만드는 원인인 '학교에서의 실제 학습시간보다 더 많은 가정에서의 학습시간' 문제를 함께 분석하였다. 이 분석방법은 이후 서울대학교 비교문화연구소에서 발간하는 『비교문화연구』 창간호(이용숙 1993)에도 소개되었으며, 이를 다시 더 쉽게 사용할 수 있도록 개선하여 교사들도 자기 수업 분석을 위해서 쉽게 사용할 수 있도록 소개하였다(이용숙 2007).

이 연구 결과는 필자의 어떤 연구보다도 우리나라의 교육정책에 직접

3) '문화기술적'은 'ethnographic'을 번역한 용어로서 서울대학교 교육학과의 고 김영찬 교수가 처음 사용한 이래 교육인류학 분야에서 대다수가 사용하고 있다. 이는 대부분 교실에서 이루어지는 교육인류학적 현장 연구에서 ehtnography를 '민족지'나 '민속지'로 번역하는 것이 어색하게 느껴지기 때문에 일반화된 것이다.

적인 영향을 끼쳤다. 수업관찰결과를 토대로 6개 학교의 수업 중 학습시간의 축소과정을 계산하여, 대다수의 공립학교에서 학습시간 손실이 얼마나 심각하며(상위권 학생은 49~68%, 하위권 학생은 29~55%만이 집중시간), 단계별로 무엇 때문에 시간이 손실되는지를 정확히 보여 줄 수 있었기 때문이다. 또한 비슷한 여건에서 열린교육으로 수업방법만을 바꿈으로써 여건이 훨씬 좋은 영국인학교보다도 훨씬 더 높은 비율의 집중시간 확보가 가능한 사례(영훈초등학교: 상위권 학생 86.3%, 하위권 학생 73.7%)가 있음을 보여 줄 수 있었다.

1980년대의 한국교육개발원에서는 이러한 본격적인 교육인류학 연구 이외에도 문용린 · 김기석(1986)의 『비행화와 관련된 고등학생들의 문화과정에 대한 연구』, 성일제 · 곽병선 외(1987)의 『사고력 신장을 위한 프로그램 개발 연구』, 이용숙 · 김영화 · 최상근(1988)의 『어머니의 취업이 자녀의 성취에 미치는 영향』과 같이 부분적으로만 인류학적 접근을 한 연구도 이루어지기 시작하였으며, 1990년대 이후로는 한국교육과정평가원 등 다른 국책연구원에서도 참여관찰이나 심층면담을 부분적으로 사용하는 연구들이 이루어졌다.

1980년대에 교육인류학적 접근을 실시한 연구들이 다룬 주제는 주로 학생의 계층에 따라 차별적인 교수-학생 또는 학생-학생 간의 상호작용이나 의사소통의 문제(신혜숙, 엄기형, 황창순, Robinson의 연구), 또는 학생들의 비행 및 비행화 과정(김소연, 문용린 · 김기석의 연구)이었다. 이는 이들 교육학자의 상당수가 처음에는 교육사회학에 관심을 갖다가 나중에 교육인류학적 접근에 대해서 배울 기회를 갖게 된 것과 상관있어 보인다. 이외에 이정표(1988)의 연구에서는 학급 내에서 이루어지는 평가활동의 실재와 의미 그리고 교사와 학생들의 평가에 대한 인식이 주제가 되었다. 또한 이종각(Lee 1986)의 연구는 중학교에서 탐구수업방법이 실제로 사용되고 있는지와 교사들의 탐구수업에 대한 견해 수집을 목적으로 현장조사를 실시하였다. 학교에서 일상적으로 사용되고 있는 수업 자체가 연구 주제가 된 1980년대의 교육인류학적 연구로는 필자가 연구책임을 맡은 한국교육개발원의 연구시리즈 외에는 전영미(1989)의 연구만이 발견되었다. 전영미(1989)의 연구는 초등학교 5학년 한 학급에서의 수업 진행 과정에서 공식적 교육과정이 어떻게 변형되어서 나타나는가를 분석하였다. 한편 1980년대에 유일하게 인류학과에서 교육인류학 석사논문을 쓴 김경학(1986)은 교육인류학의 가장 전통적 주제인 아동기의 문화 전승의 문제를 다루었다.

3. 확산기: 1990년대

1990년대에는 한국의 교육인류학도 급속히 발전 · 확산되기 시작하였다. 우선 한국교육개발원에서는 1990년~1992년까지의 3년간 7명의 연구자들이(박부권 · 이용숙 · 이인효 · 김영화 · 정재걸 · 박현정 · 이혜영) 참여하여, 질적 분석과 양적 분석을 통합적으로 적용한 『한국교육의 종합이해와 미래구상』 시리즈가 출판되었다. 한국교육개발원 사상 가장 큰 프로젝트의 하나로서 각 연구자들이 보고서 한 권씩을 집필한 이 연구에서는 초등학교 · 중학교 · 고등학교의 교육과정, 교육내용과 교육방법, 교사문화, 학생문화, 학부모문화, 행 · 재정체제를 분석하였다. 연구진 중 유일한 인류학자였던 필자는 "교육내용과 교육방법 편"을 맡았으며(이용숙 1992), 연구결과 중 한국 학교문화의 특성과 잠재적 교육 과정을 다룬 내용은 후에 보완하여 『한국문화인류학』(이용숙 1996)에 게재하였다.

이후에도 한국교육개발원에서는 문서자료의 내용분석을 중심으로 하되 참여관찰과 심층면담 등의 연구방법을 함께 사용한 교육과정과 교과서 국제비교연구들(이용숙 · 조영태 · 황규호 1994; 이용숙 · 김영준 · 이근님 · 양미경 · 최성욱 · 박순경 1995)과 질적 · 양적 분석을 실시한 『한국인의 교육열 연구』(김영화 · 이인효 · 박현정 1996), 그리고 참여관찰이 주요 연구방법으로 사용되는 유치원 연구(나정 · 장명림 1995)와 열린교육 연구(이인효 · 김정원 1998) 등이 계속 이루어졌다.

한편 1990년대에는 이인효(1990)의 "인문계 고등학교 교직문화 연구"를 시작으로 교육인류학 분야의 국내 박사학위논문들이 나오기 시작하였다. 국내의 교육인류학 박사학위논문들은 모두 교육학분야에서 나온 것으로 다음과 같은 연구들이다: 김희배(1991)의 "수업체제 설계에 기초한 교실수업과정의 혁신방안 탐색: 문화기술적 연구방법을 중심으로", 김희복(1992)의 "학부모 문화연구: 부산지역 중산층의 교육열", 김용호(1992)의 "공업계 고등학교 수업과 그 의미에 관한 문화기술적 연구", 류재정(1992)의 "농업계 고등학교 교육현실에 관한 문화기술적 연구", 이혁규(1996)의 "중학교 사회과 교실 수업에 대한 일상생활 기술적 사례연구", 김정원(1997)의 "초등학교 수업에 관한 참여관찰연구", 윤여각(1997)의 "태극대학교 대학원의 학문적 수월성 유지기제에 관한 문화기술적 사례연구", 이화정(1998)의 "인식전환 학습 이론에 근거한 은빛노인대학의 사례 연구" 등.

박사학위논문만 해도 이 정도가 되므로, 교육학과에서 나온 교육인류학 석사학위논문이 얼마나 많은지는 짐작할 수 있을 것이며, 이에 대한 개관으로는 조용환(1999)의 "질적 연구의 동향과 과제"를 참고하는 것이 좋을 것이다. 인류학과의 석사학위논문으로는 1990년대에 여섯 편의 교육인류학 논문만 발견되는데, 1990년대 전반부에 이루어진 연구는 모두 서울대학교에서 나왔다. 영어교육과 출신으로서 논문 학기에 교사 발령이 나서 중학교 교사로 근무하게 된 정향진은 '완전한 참여' 상황에서의 참여관찰을 장기간 실시하여 "교사집단 내 위계성의 재생산 기제에 관한 연구"(1992)를 석사논문으로 작성하였다. 정향진은 이후 미국에서 교육인류학과 심리인류학 통합연구로 박사학위를 받고 현재는 서울대학교에서 교육인류학과 심리인류학 담당교수로 재직하고 있는데, 최근 서울대학교 인류학과에서 교육인류학 석사논문이 조금씩 늘어나고 있는 것은 이와 관련 있어 보인다. 1993년에는 조혜영이 빈민 지역 공부방에서 자원봉사를 하면서 실천인류학적인 요소가 들어간 "빈민지역 교육운동의 전개과정과 학생들의 반응 양상"으로 석사학위를 받았다. 조혜영은 이후 미국 대학의 교육학과에서 교육인류학으로 박사학위를 받았다. 귀국 후 조혜영은 한국청소년정책연구원(한국청소년개발원이 최근 개명함)에서 근무하게 되었으며, 이에 따라 2000년대 이후 청소년정책연구원에서는 상당수의 연구가 교육인류학적 접근을 부분적으로는 사용된 방식으로 수행되었다(이에 대해서는 다음 장에서 살펴본다).

세 번째의 교육인류학적 석사 논문으로는 신윤호(1994)의 "학군사관후보생(R.O.T.C)의 군인 사회화 과정에 관한 연구"가 있었으나, 1990년대에는 더 이상의 교육인류학 석사논문이 서울대학교 인류학과에서는 나오지 않았다. 1990년대 후반에는 경북대학교와 한양대학교에서도 교육인류학 석사논문이 나오는데, 경북대학교 인류학과에서는 정형민(1998)의 "기숙학원 학생들의 적응과정에 관한 연구—교사 · 학생 간 상호접촉과정을 중심으로"가 이루어진 후 더 이상의 교육인류학적 학위논문은 제출되지 않았다. 한양대학교 문화인류학과에서는 송기찬(1999)의 "민족교육과 재일동포 젊은 세대의 아이덴티티—일본 오사카의 공립 초등학교 민족학급의 사례를 중심으로"와 김영진(1999)의 "초등학교 아동들의 불평등한 또래관계와 가정환경 및 개인적 특성과의 상관관계"가 같은 해에 이루어진 후에 2000년대에 2개의 논문만 더 나왔다.

이러한 상황은 한국의 교육인류학이 인류학자보다는 교육학자 중심으로 발전하고 있음을 보여 준다. 1990년대에는 교육학과 교수들에 의한 교육인류학 연구도 활발하게 이루어지기 시작하였는데, 특히 서울대학교의 조용환 교수와 진주교육대학교의 김영천 교수가 많은 연구물을 발표해서 교육인류학의 발전에 크게 기여하였으며. 강원대학교 이종각 교수, 서울대학교 조영달 교수, 광주교육대학교 이정선 교수 등도 중요한 교육인류학적 논문들을 발표하였다. 이외에 전남대학교의 고형일 교수, 연세대학교 한준상 교수, 한양대학교 김명희 교수 등도 1990년대에 교육사회학·교육과정 분야의 연구에서 교육인류학적 접근을 중요하게 사용하는 연구를 수행하였다.

1990년대 후반에는 이외에도 두 가지 측면에서 한국 교육인류학의 더욱 큰 발전을 예고하는 움직임이 이루어졌다. 첫째는 교육인류학회의 결성이다. 서울대학교 조용환 교수 중심으로, 1997년 6월에 창립된 교육인류학회는 1998년부터 연 2회의 『교육인류학연구』 학술지 발간과 연 2회의 학술발표대회 및 월례발표회를 통해서, 교육인류학의 확산과 교육인류학 연구자들 간의 교류에 크게 기여하고 있다.

두 번째는 교육인류학의 대학원용 교재로 사용될 수 있는 책들의 출판이다. 우선 1995년에 이종각 교수가 『교육인류학의 탐색』을 출판하고, 1997년에 수정·증보판을 내었다. 728쪽으로 된 『교육인류학의 탐색』은 1980년대까지 출판된 3권의 교재들에 비해서 훨씬 더 충실한 내용으로 구성되었다. 1998년에는 교육인류학 분야의 이론적·방법론적 논문들과 주요 국내 연구사례들을 편집한 604쪽의 『교육에서의 질적 연구: 방법과 적용』(이용숙·김영천 편)이 출판되어, 『교육인류학의 탐색』과 함께 여러 대학의 교재로 사용되고 있다. 1999년에는 조용환 교수의 『질적 연구: 방법과 사례』가 출판되어 많은 대학에서 교재로 사용되었으며, 이외에 5편의 교육인류학 논문을 묶은 『한국 교실수업의 이해』(조영달 편, 1998), 출판상을 받은 김영천(1997)의 『네 학교 이야기: 한국 초등학교의 교실생활과 수업』 등이 출판되었다.

1990년대부터 교육인류학에 큰 기여를 한 인류학자로는 조(한)혜정 교수와 정병호 교수를 들 수 있다. 조한혜정 교수는 1990년대부터 청소년문화 연구에 집중해 왔으며, 그 결실로서 1992년부터 1994년에 〈또 하나의 문화〉에서 3권으로 출간한 『탈식민지 시대 지식인의 글 읽기와 삶 읽기』는 커다란 반향을 가져왔다. 이어서 출간한 학교를 자퇴하는 십대들에 대한 연구인 『학교를 거부하는 아이 아이를 거부하는 사회』(1996) 역시 교육정책수립자들도 많이 읽은 중요한 책이었으며, 이에 대한 후속 연구로서 2000년에는 『학교를 찾는 아이 아이를 찾는 사회』가 출간되었다. 조한혜정 교수는 이러한 일련의 연구를 통해서 문화비평가로서의 역할을 했을 뿐 아니라, 청소년들에 의한 사이버 공간인 '사이버 유스'를 마련하고 정부의 청소년 지원센터를 공모를 통해서 임대하여 대안학교의 성격을 갖는 '대안교육센터(하자센터)'로 발전시키는 등 연구결과를 그대로 개선을 위한 실천으로 옮기는 실천인류학자로서의 면모도 보여 주었다.

한양대학교 문화인류학과의 정병호 교수는 일본의 보육과 교육, 소수민족에 대한 현장연구로 일리노이 대학에서 박사학위(1992년)를 받았다. 정병호 교수는 "여성노동시장 수요와 공동육아(탁아) 제도"(1991), "일본교육개혁의 문화적 의미: 보육원과 초등학교 교육의 접점 연구"(1999a), "일본공동육아(탁아)제도의 정치화"(1993a)와 같은 교육인류학분야의 논문(정병호 1994a, 1995, 2000, 2001, 2003; 정병호 외 공저 1996, 1998, 2006, 2008)도 발표하였지만, 이보다 중요한 것은 학부모들이 중심이 되어 공동체 교육을 실시하는 사단법인 공동육아와 공동체교육의 설립을 주도하여, 전국적인 연합회의 수준으로까지 발전시켰다는 것이다. 또한 사단법인 남북

어린이 어깨동무, 남북문화 통합교육원 등을 통해 어린이 보호와 교육에 참여해 왔다.

4. 도약기: 2000년대

2000년대에는 교육인류학은 더욱 빠른 속도로 확산되었다. 교육인류학회의 월례발표회 참가자 수도 계속 늘어서 최근에는 70명 이상의 참여가 일상적인 일이 되었고, 교육학과, 유아교육과, 체육대학 등에서 교육인류학회 회원인 교수들이 제자들을 수십 명 데리고 참가하는 일도 많아졌다. 또한 교육인류학과 관련된 교재의 출판도 크게 늘어났는데, 이 중 몇 가지만 소개하면 다음과 같다: 김영천(2001)의 『교과교육과 수업에서의 질적 연구』, 김영천 · 조재식(2004)의 『교과교육과 수업에서의 질적 연구(제2판)』, 김영천(2006)의 『질적 연구방법론 1』, 김영천(2008)의 『질적 연구: 우리나라의 걸작선』, 손민호(2005)의 『구성주의와 학습의 사회이론』, 조영달(2001)의 『한국중등학교 교실수업의 이해』, 조영달(2005)의 『제도 공간의 질적 연구 방법론』, 박종원(2003)의 『영어교육과 질적 연구』, 박종원(2005)의 『질적연구 자료분석의 혁명』, 이용숙(2005)의 『교육인류학: 연구방법과 사례』, 이용숙 · 김영천 · 이혁규 · 김영미 · 조덕주 · 조재식(2005)의 『교육현장 개선과 함께 하는 실행연구방법』, 이혁규(2007)의 『교과교육 현상의 질적 연구 · 사회 교과를 중심으로』.

교육인류학회 참가자 중에서 인류학자의 수는 10%도 안 되는 경우가 많고, 위에 소개한 교재들의 저자도 필자를 제외하면 모두 교육학과나 교과교육학과 소속이지만, 2000년대에 들어서는 인류학자들 사이에서 교육인류학에 대한 관심도 크게 늘어나는 추세다. 이는 교육인류학으로 박사학위를 받은 연구자들이 늘어나고 있기 때문인데, 우선 앞에 언급한 정병호, 정향진과 조혜영의 연구가 2000년대에 활발하게 이루어졌다.

정병호는 보건복지부와 교육인적자원부, 경기도 교육청 등의 용역으로 탈북자 등을 위한 교재개발이나 정책연구보고서 집필을 하고(정병호 외 2001a, 2001b, 2003, 2004, 2006), 희망제작소의 '우리 시대 희망 찾기' 프로젝트의 일환으로 『교육개혁은 왜 매번 실패하는가』(정병호 · 김찬호 · 이수광 · 이민경 2008)를 발간하는 등 실천인류학자로서의 활동에 주력해 왔다. 최근에는 한양대학교 안산 캠퍼스에 '다문화연구소'를 설립하여, 현재 중요한 이슈가 되고 있는 외국인 노동자, 탈북자, 결혼이민자에 대한 이해를 돕고 공존을 하기 위한 실천적 연구를 체계적으로 할 수 있는 바탕을 마련하였다.

정향진(2002a, 2002b, 2003a, 2003b, 2005; Jung 2007)은 주로 청소년기의 학교 교육에 대한 연구를 수행해 왔다. 정향진의 일련의 연구는 '사회화'라는 고전적인 심리인류학적 주제를 중심에 놓고 학교 교육을 바라보고 있다는 데서 주목할 만하다. 즉, 학교를 하나의 공동체적 세팅으로 간주하고 한 미국 중학교의 사례를 통해 최근 심리인류학에서 주요한 연구 주제가 되고 있는 감정과 사람됨의 연결을 탐색하였다. 특히 다양한 인종과 계층 출신의 학생들이 제도 교육의 공식적, 비공식적 교과 과정을 어떻게 경험하는지를 면밀하게 살펴봄으로써 지배적 이데올로기(개인주의), 감정과 사람됨의 문화적 모델, 인종 및 계층 문제, 그리고 문화자본의 재생산 등이 서로 복잡하게 얽혀 있음을 보여 주고 있다.

국책연구원인 한국청소년정책연구원(한국청소년개발원)의 연구원으로서 다른 연구자들과 함께 하는 연구를 주로 실시한 조혜영은 질적 연구와 양적 연구방법을 함께 사용하는 연구를 주로 해 왔다. 최원기 · 김창남 · 전경숙(2000)의 "청소년의 문화 감수성 함양을 위한 정책적 대안 연구"와 같이 예외적으로 참여관찰을 사용한 연구도 있지만 대부분의 연구에서는 양적 연구방법만을 사용하던 연구 풍토에서 조혜영은 인류학적 연구방법을 양적 연구방법과 함께 사용한 일련의 연구를 수행함으로써 새로운 바람을 일으켰다: 조혜영 · 손미정 · 최금해(2002)의 "중국청소년들의 한류 인식 실태에 관한 연구", 조혜영 · 김선아(2003)의 "청소년 음식문화와 소비", 조혜영 · 김종길(2005)의 "청소년 매니아 문화의 실태와 정책과제", 조혜영 · 이경상 · 최원기 · Nancy Abelmann(2005)의 "청소년의 조기유학 결정과정과 적응, 초국가적 가족관계 형성에 관한 연구", 조혜영 · 문경숙 · 박동성 · 양한순 · 최진숙(2007)의 "한민족청소년 인적자원 활용을 위한 글로벌네트워크 구축 방안 연구 II" 등. 이처럼 심층면담 또는 참여관찰 연구방법을 양적 연구방법과 함께 사용하는 것은 국책연구원으로서의 정책 연구를 위한 실증자료 제시는 대부분 통계적 수치가 기반이 되고 있음을 반영하는 것이라고 할 수 있다. 예외적으로 질적 연구자료만을 사용한 연구보고서로는 2007년에 발간된 "다문화가족 자녀의 학교생활 실태와 교사 · 학생의 수용성 연구"(조혜영 · 권순희 · 서덕희 · 이은하)가 있다. 이 보고서는 다문화가족 자녀의 학교생활 적응 과정에 대해 알아보기 위해 이들이 재학 중인 서울, 인천, 전북 등지의 학교 교실과 방과후 프로그램이 진행되는 현장에 대해 참여관찰을 실시하였으며, 다문화가족 자녀와 관련 교사, 학부모 등을 심층 면담하여 근래에 증가하기 시작한 다문화가족 자녀들의 한국 사회 적응 과정에 대해 살펴보았다.

한편 2007년에 출간된 "청소년기 사회화과정의 국제비교 연구 II"에서는 한국청소년정책연구위원의 다른 연구자들(김현철 · 김은정 · 손승영 · 함인희 · 최연혁 · Bahira Sherif · Gudrun Quenzel · Yasuaki Aota)도 심층면담 자료를 통해 한국, 미국, 일본, 독일, 스웨덴 청소년들의 가족, 학교, 또래관계에서의 사회화 과정을 살펴보는 연구를 수행하였다. 이처럼 국책연구원에서 참여관찰이나 심층면담을 연구방법의 일부로 사용하는 연구가 늘어나는 것은 한국교육개발원, 한국교육과정평가원, 한국직업능력개발원 등 교육관련 국책연구원에서 일반화된 현상으로, 교육인류학적 훈련을 받은 교육학자들이 각 연구원에 진출하기 시작한 것과도 관계가 있다.

2000년대에는 미국에서 교육인류학으로 박사학위를 받고 귀국하여 국내에서 활동하는 인류학자들이 더 늘어나게 되었다. 연세대학교 교육학과 박순용 교수는 교육학과를 졸업하고 스탠퍼드 대학교에서 교육학 석사학위를 받은 후에 다시 인류학으로 석사학위를 받고, 위스콘신 대학교에서 인류학 박사학위를 받은 독특한 경력을 갖고 있다. 박순용 교수는 터키에서의 현장조사 연구를 토대로 이슬람 세계에서의 교육 문제에 대한 일련의 연구들을 해외 학술지 및 저서에 게재하였으며(Park 2004a, 2004b, 2006a, 2006b), 한국 교육현상에 대한 연구로는 "초등영어 수업유형이 초등학생의 정의적 태도에 미치는 영향"(박순용 2008)을 최근 『교육과학연구』에 게재한 바 있다.

연세대학교 사회발전연구소 연구원 박소진은 강북 거주 어머니들의 자녀교육 내러티브를 주제로 하는 박사학위논문 이후 계속해서 한국 학부모, 특히 어머니들의 자녀교육 관여와 사교육에 관한 연구를 수행해 왔다. 박소진의 연구(박소진 2007; 박소진 · 박병영 2005; Park 2007; Park & Abelmann 2004)는 한국 교육정책 변화와 교육개혁, 사교육 시장의 팽창, 영어의 상징적 의미, 그리고 교육매니저로서의 강화된 어머니 이미지 등장, 공간과 계급 · 계층적 분화와 같은 일련의 교육문화적 현상에 주목하였다. 특히, 이러한 일련의 교육문화적 현상을 90년대 중반 이후부터 일어난 한국 사회 전반에 걸친 세계화와 신자유주의적 변환의 맥락 속에서 고찰하고 있다는 점에서 주목할 만하다. 이론적으로는 계급(class)과 젠더(gender)의 교차, 코스모폴리터니즘(cosmopolitanism), 신자유주의적 주체(neoliberal subjectivity), 공간적 분화와 같은 이론적 논의를, 한국적 교육 상황에서 학부모 관여, 교육열의 특수성을 탐색하는 데 응용하고 있다.

가장 최근에 교육인류학 논문으로 박사학위를 받은 서울시립대학교 도시사회학과 안준희 교수는(2008a, 2008b) 1년간 미국 유아원에서 현장연구를 실시하였다. 이 연구에서는 미국 중산층 아동들이 유아원에서의 학습을 통해서 미국 사회의 주요 범주를 학습, 재구성, 재생산하는 과정을 살펴보았다.

이들처럼 박사학위 자체를 교육인류학 분야로 받은 것은 아니지만 '국제이해교육' 분야에서 독특한 기여를 하고 있는 인류학자로 국민대학교의 한경구 교수를 들 수 있다. 국제이해교육은 유엔과 유네스코를 통해 많은 국가에서 추진되고 있는 범세계적인 교육운동으로서 문화 간 이해, 세계화, 인권, 평화, 지속가능발전 등을 주요 내용으로 하고 있다. 2000년 유네스코 본부와 조약을 맺어 유네스코 아시아 태평양 국제이해교육원(APCEIU)이 설립되고 동시에 한국국제이해교육학회가 조직되었는데, 여기에 인류학의 참여가 필요하다고 판단한 유네스코 한국위원회의 요청으로 한경구가 학회 부회장으로 참여하면서 국제이해교육분야에서 인류학자들의 활발한 활동이 시작되었다.

인류학자들은 특히 APCEIU의 국제이해교육 교재개발사업에 핵심적 역할을 하였는데, 한경구, 유철인, 이태주, 한건수, 서현정 등은 『함께 사는 세상 만들기』(2004), 『우리는 지구촌 시민: 축구로 배우는 국제이해교육』(2005), 『맛있는 국제이해교육』(2007) 등을 기획하고 집필하였다. 이러한 교재들은 문화에 대한 이해를 모든 단원의 핵심적 내용으로 하는 동시에 세계가 또한 사회의 여러 다양한 부분들이 서로 어떻게 영향을 주고받으며 발전해 왔는가에 주목함으로써 학생들의 흥미와 관심을 유도하는 한편 총체적 시각과 문화상대주의를 강조하고 있다. 인류학자들은 또한 『세계화시대의 국제이해교육』(2003), 『문화사회의 이해』(2008) 등 국제이해교육 및 다문화교육의 이론과 방법에 관한 저술에도 참여하였으며, 국제이해교육 한국 교원 연수, 아시아 태평양 지역 교사 교육가 전문가 연수를 비롯한 각종 활동에도 참여하고 있다. 국제이해교육의 연구자와 실천가들의 모임인 한국국제이해교육학회에도 한경구, 이태주, 한건수, 유철인 등이 회장, 편집위원장, 이사 등의 자격으로 적극 참여하고 있으며, 임경택 등과 함께 2007년부터 일본국제이해교육학회와 긴밀히 협조하면서 한중일 공동으로 국제이해교육교재를 개발하기 위해 노력 중이다. 한국국제이해교육학회에서는 이희수, 정병호, 장수현, 한승미 등 다수의 인류학자들이 발표, 토론 등에 참여하여 왔다.

대학 강의와 시민 대상의 교육프로그램 운영을 병행하고 있는 성공회대학교 초빙교수 김찬호는 학문적 연구보다는 실천적 연구와 교육프로그램의 개발 및 운영을 위한 노력을 주로 해 왔다. 조한혜정 교수와 함께 '하자센터' 의 운영을 맡기도 하는 등 대안교육을 실천하였으며, 최근에는 일반교사와 다문화강사 양성 과정에서의 국제이해 및 다문화교육, 풀뿌리단체 및 일반 주민들과 마을 만들기, 한국어교사 양성 과정에서의 한국문화 이해 교육, 인문학 강좌로서의 인류학 교육 등 다양한 활동을 하고 있다. 이 과정에서 『문화의 발견: KTX에서 찜질방까지』(2007)를 비롯하여 시민들이 쉽게 읽을 수 있는 다양한 저술활동도 하고 있다.

"중국집 아줌마 마을학교 선생님 되다: 서울 마포구 성미산 대안학교가 만들어지기까지"(2004)는 이러한 김찬호의 실천적 연구의 성격을 잘 보여주는 연구사례로서 주민들이 중심이 되어 학습공동체를 만들어 가는 실천연구 결과를 제시하고 있다. 공동육아에서 출발하여 생활협동조합운동을 통해 기반을 다져 온 주민공동체는 아이들의 성장과 함께 대안교육에 대해 고민하기 시작하면서 새로운 배움의 네트워크를 이뤄내고 있는데,

거기에 깔려 있는 사회문화적 기반은 무엇인가, 부모들은 어떻게 참여하고 일반 주민들과의 관계는 어떠한가, 마을학교를 통해 형성되는 심리적 유대감은 다른 영역의 활동들과 어떻게 상호 삼투하는가, 이러한 학습공동체가 시민사회의 보편적 공공성을 담보할 수 있는가 등 지역의 학습공동체가 유지될 수 있는 조건과 이러한 시도가 평생학습 시대에 지니는 의미에 대해 분석한다. "학업 중단 청소년의 삶과 사회적 과제"(2004)는 학업 중단 청소년들이 어떻게 사회적으로 고립되고 문화적으로 차별을 받으며 제도적으로 불이익을 당하는지 보여 준다. 이들이 사회구성원으로 온전히 성장해 가기 위해서는 학교 밖에서의 삶과 배움에 대한 의미가 사회적으로 공유되면서 그것을 정책적, 경제적으로 지원하는 시스템이 마련되어야 하며, 자기 나름의 인생 항로를 개척할 수 있는 정보가 체계적으로 제공되어야 한다는 것이다.

2000년대에는 인류학과의 교육인류학 석사학위논문들도 1990년대보다는 늘어나는 것으로 보인다. 서울대학교에서는 김보덕(2000)의 "인문계고등학교 '노는 아이들'의 정체성 연구", 최서연(2001)의 "실업계 고등학교 학생들의 정체성 형성에 관한 연구: 정보산업고등학교의 사례를 중심으로", 이윤선(2003)의 "귀국 학생들의 적응과정에 대한 연구", 신명호(2004)의 "사회계층간 자녀의 학업성취도 격차와 양육문화", 손애경(2006)의 "총련계 재일조선인 커뮤니티와 조선학교" 등 5편의 연구가 이루어졌으며, 이외에 일본 유학생인 고야 준코(2007)는 "문화전승으로서의 국악교육에 관한 인류학적 연구"를 수행하였다. 한양대학교 문화인류학과에서는 김윤영(2002)의 "탈북 아동들의 남한학교 생활과 정체성"과 정우창(2005)의 "탈북 청소년을 교육하는 남한 자원교사들의 갈등과 적응" 등 두 편의 교육인류학 석사논문이 제출되었다. 한편 덕성여자대학교 교육대학원에서는 필자가 논문을 지도한 교사들 20여 명이(김지영 2002; 남경희 2001; 서옥분 2000; 심옥령 1999; 안경미 2001; 윤병희 2001; 이윤정 2003; 임선화 2002; 장영애 2000; 차옥화 2002; 홍영선 2004 등) 자신의 수업개선 프로그램 개발 등을 목표로 하는 연구로 석사학위를 받음으로써 실행인류학적 교육현장 연구의 전통을 수립하였다.

인류학 학술지에 게재되는 교육인류학 논문도 늘어났다. 한국문화인류학에는 조혜영(2001)의 "외국어로서의 '모국어' 학습과 민족 정체성: 재미한인 학생들의 한국어 수업 참여과정에 대한 민족지적 연구", 정향진(2002a)의 "문화적 범주로서의 '개인(individual)'과 자기규율(self-discipline) 훈련: 미국 개인주의의 인간관과 청소년기의 사회화 과정에 대한 연구", 이용숙(2002)의 "문화인류학 교육과정 개편을 위한 실행연구 1", 이용숙(2005a)의 "연구 목적에 따른 실행인류학 연구 설계", 박소진(2007)의 "공간적 위계수사와 구별짓기: 강북 어머니들의 자녀교육" 등이 수록되었으며, 비교문화연구에는 정향진(2002b)의 "중학생들은 미쳤어!: 초기 사춘기에 대한 미국인들의 민속 심리모델", 김세건(2002)의 "전승교육과정의 실상과 문제점에 대한 연구: 공예 · 기술 분야를 중심으로", 정병호(2003)의 "문화적 저항과 교육적 대안: 재일 조선학교의 민족 정체성 재생산", 안준희(2008a)의 " '우리는 같은 피부색을 가졌어, 그렇지?': 미국 중산층 아동들의 사회범주 학습과 재구성" 등이 실렸다. 이외에 조재식(2002)의 "연구자로서의 교사개념에 대한 이론적 고찰" 등 많은 교육학자들의 연구가 있었으나, 이에 대해서는 논의를 생략한다.

이외에 교육인류학회에서 발간하는 교육인류학 연구에도 많은 논문들이 실렸는데, 이 중에서 인류학자들이 기고한 논문들만을 제시하면 앞에 소개한 정병호(1999)의 연구와 이용숙(2001)의 "대학교 수업의 개선을 위한 문화기술적 연구", 이용숙(2002)의 "현장연구의 새로운 방향에 대한 고찰", 정향진의 "창의성에 대한 문화적 관념과 교육의 실제: 미국 중학교의 사례"(2005)와 "문화적 과정으로서의 교육: 교육인류학을 위한 비판적 고찰"(2008), 그리고 안준희(2008b)의 "콧수염 좀 건네 주세요: 미국 중산층 아동들의 사회화 맥락 재해석과 변형" 등이 있다.

이상에서 살펴본 학위논문과 학술지 논문의 연구 주제들을 보면, 정체성과 사회화, 적응과정, 문화전승 등의 전통적으로 중요한 주제들에 대한 관심은 여전히 계속되고 있다. 그러나 1990년대에 비해서는 더 다양한 주제가 다루어지고 있는데, 연구자의 수가 늘어난 만큼 이는 당연하다고 할 수 있겠다.

5. 전망과 발전 과제

교육인류학의 발전 속도는 앞으로 더욱 빨라질 수밖에 없을 것이다. 이미 교육인류학 전공자의 수가 크게 늘었고, 이들이 다시 제자를 양성할 것이기 때문이다. 또한 교육인류학에 대한 관심이 최근에는 교육학자만이 아니라 다른 학문분야에 종사하는 교수들에게까지 확대되고 있다. 각 대학에서 최근 몇 년간 교수학습개발센터를 신설하고 수업의 개선을 위한 컨설팅이나 교수법 및 학습법 개발을 위한 연구를 하게 되면서 양적 연구방법과 함께 질적 연구방법이 필요하다는 인식이 확산되고 있기 때문이다. 예를 들어서 2008년 6월에는 대학교육개발센터협의회의 가장 큰 전국모임인 하계워크숍의 연구법 특강 코너에서 양적 연구방법론과 질적 연구방법론을 나란히 개설하자, 필자가 맡았던 질적 연구방법론(이용숙 2008) 쪽으로 더 많은 참가자들이 모였으며, 이들은 대학 수업 컨설팅방법으로서도 활용할 수 있는 질적 수업 분석방법에 큰 관심을 표명하였다. 교수학습개발센터의 교수(센터장, 전임 교수, 연구교수 등)와 연구원 중에는 교육학 전공자의 수가 가장 많지만 다양한 전공 출신이 섞여 있다는 점에서 앞으로 교육인류학에 대한 수요가 여러 학문분야에서 크게 늘어날 것으로 생각된다.

이런 점에서 이미 교육인류학자들에 의한 대학 연구들이 이루어지기 시작하였다는 것은 다행한 일이다. 예를 들어서 정병호(2001)는 "한국 대학의 서열화와 지방캠퍼스(분교) 학생들의 갈등과 억압"에서 지방 캠퍼스에 다니는 학생들의 문제를 다루었다. 정향진(2007)은 한 미국 주립대 소속의 단과대학에 대한 사례 연구를 통해 대학교육에서의 수월성과 평등성의 쟁점을 세계화된 경제와의 관련성 속에 논의하였다. 필자는 "의대교육을 모델로 한 미국의 5년제 교사교육 사례 연구"(2006)에서 미국 교사교육의 2대 성공사례로 인정받은 웨스트버지니아 대학교의 교사교육에서 모든 학생들에게 석사 과정인 5학년 1학기 한 학기 동안 풀타임 보조교사 근무를 하면서 실행인류학적 석사논문을 쓰도록 하고 있음을 소개한 바 있다. 또한 "미국 대학 교수-학습 개발 센터의 운영과 조직에 대한 문화기술적 연구"(이용숙 · 조재식 2007)에서는 갑자기 신설되고 있는 우리나라 각 대학의 교수학습개발센터 운영을 위해서 미국 교수학습개발센터에서의 참여관찰 결과가 어떤 시사점을 제시하는지에 대해서 논의하였다. 국내의 대학에 대한 연구로는 필자가 담당하는 〈문화와 교육〉과 〈현지조사 연구실습〉 과목의 운영 과정에서 학생들과 함께 공동연구한 결과를 "대학교 수업의 개선을 위한 문화기술적 연구"(2001), "문화인류학 교육과정 개편을 위한 실행연구 1"(2002a), "여대생과 남녀공학 대학생의 학교생활 비교 연구"(2003), "성공적 대학수업의 특징에 대한 문화기술적 연구: 연구 방법과 중간분석 결과"(2008) 등으로 발표하였다.

교육인류학 연구에 대한 또 하나의 커다란 수요는 우리나라가 급속한 속도로 다양한 문화 출신의 사람들이 섞여서 사는 사회가 되어 가고 있다는 데에서 발생한다. 이미 많은 국책연구원들이 이와 관련된 연구를 수행하고 있고, 이 과정에서 정병호, 한건수, 이태주, 정진웅, 이수정, 조혜영 등 많은 인류학자들이 연구에 참여하고 있다. 이러한 '다문화'와 관련된 중요한 이슈 중 하나는 외국인 노동자를 비롯한 국제결혼 가정 자녀, 탈북자 자녀들의 교육에 많은 문제점이 나타나고 있다는 것이다. 또한 성인 대상의 한국어/한국문화 교육이 여러 종류의 센터나 교회에서 이루어지고 있는데 비체계적인 경우도 많기 때문에 다문화에 대한 감수성이 높고 알맞은 연구방법도 갖고 있는 교육인류학자들의 참여가 크게 요구되고 있다. 이미 교육인류학회의 발표회에서 이와 관련된 주제의 발표가 수 차례나 있었다는 것은 교육인류학자들(교육학 분야)도 이에 대해서 빠른 속도로 대응하고 있다는 것을 의미한다.

현재의 교육인류학 전공 인류학자들의 수로는 도저히 감당할 수 없을 정도로 교육인류학자들이 기여할 분야가 점점 다양해지고 많아지는 것은 바람직한 일이다. 다만 앞으로의 계속적인 발전을 위해서는 정부나 각 연구기관의 연구 요청에 따라서 빠른 속도로 연구를 끝마치는 데 급급할 것이 아니라, 한 템포 쉬면서 교육인류학자들이 스스로 장기적인 계획을 세워서 체계적으로 연구를 해나가도록 노력해야 할 것이다.

한편 우리나라의 교육인류학회에 참여하는 인류학자가 적기 때문에 발생하는 문제로서 가장 우려되는 것은, 인류학의 기본적인 개념이나 관점들이 다양한 학문분야에서 출발한 교육인류학 연구자들에게 충분히 소개되지 못하고 있다는 점이다. 이런 점에서 정향진(2008)의 "문화적 과정으로서의 교육: 교육인류학을 위한 비판적 고찰"이라는 리뷰 논문에서와 같이 인간됨에 있어 교육이 의미하는 바를 탐색하고 교육인류학의 이론적 토대를 다지는 연구의 중요성은 매우 크다고 하겠다. 특히 이 연구에서는 교육의 개념 및 속성, 인간 학습과 문화에서의 교육의 역할, '사회화'와

'교육'의 이분법적 구분 등을 비판적으로 고찰함으로써 교육을 인간 문화의 핵심적 토대로서 이론화하고자 하였다. 앞으로 이처럼 교육인류학의 이론적 토대를 다지는 데 도움이 되는 연구가 더 많이 이루어져야 할 것이다.

참고문헌

고야 준코, 2007, "문화전승으로서의 국악교육에 대한 인류학적 연구," 서울대학교 인류학과 석사학위논문.

김경학, 1986, "아동기의 문화 전승과 획득과정," 서울대학교 인류학과 석사학위논문.

김보덕, 2000, "인문계 고등학교 '노는 아이들'의 정체성 연구," 서울대학교 인류학과 석사학위논문.

김세건, 2002, "전승교육과정의 실상과 문제점에 관한 연구: 공예 · 기술 분야를 중심으로," 『비교문화연구』 8(2): 195-234.

김소연, 1985, "한국 중학생의 비행화 과정에 대한 연구: 서울 남녀공학 중학교의 사례를 중심으로," 연세대학교 사회학과 석사학위논문.

김영진, 1999, "초등학교 아동들의 불평등한 또래 관계와 가정 환경 및 개인적 특성과의 상관관계," 한양대학교 문화인류학과 석사학위논문.

김영찬 · 이광규, 1974, 『문화 과정과 교육』, 서울: 교육출판사.

김영찬, 1982, 『생활 · 문화 · 교육』, 서울: 교육과학사.

김영천, 1997, 『네 학교 이야기: 한국 초등학교의 교실생활과 수업』, 서울: 문음사.

_______ 2001, 『교과교육과 수업에서의 질적 연구』, 서울: 문음사.

_______ 2006, 『질적 연구방법론I』, 서울: 문음사.

_______ 2008, 『질적 연구: 우리나라 걸작선』, 서울: 문음사.

김영천 · 조재식, 2004, 『교과교육과 수업에서의 질적연구(제2탄)』, 서울: 문음사.

김영철, 1986, "한국 대학생의 문화화 과정 연구," 서울대학교 교육학과 석사학위논문.

김영화 · 이인효 · 박현정, 1996, 『한국인의 교육열 연구』, 한국교육개발원 연구보고서.

김용호, 1992, "공업계 고등학교 수업과 그 의미에 관한 문화기술적 연구," 한양대학교 교육학과 박사학위논문.

김윤영, 2002, "탈북 아동들의 남한학교 생활과 정체성," 한양대학교 문화인류학과 석사학위논문.

김정원, 1997, "초등학교 수업에 관한 참여관찰연구," 서울대학교 교육학과 박사학위논문

김정원 · 이혜영 · 배은주 · 허창수 · 구리나 · 전종희, 2006, 『외국인 근로자 자녀교육 복지실태 분석연구』, 한국교육개발원 연구보고서.

김지영, 2002, "사회 교과서 재구성을 위한 절차 개발 및 적용: 초등학교 4학년을 중심으로," 덕성여자대학교 교육대학원 석사학위논문.

김찬호, 2004a, "중국집 아줌마 마을학교 선생님 되다: 서울 마포구 성미산 대안학교가 만들어지기까지," 한국문화인류학회 정기학술대회 발표논문.

______ 2004b, "학업 중단 청소년의 삶과 사회적 과제," 『한국의 소수자 집단의 사회경제적 실태와 복지 증진 방안』, 한국문화인류학회 보건복지부 용역보고서.

______ 2007, 『문화의 발견: KTX에서 찜질방까지』, 서울: 문학과 지성사.

김현철 · 김은정 · 손승영 · 함인희 · 최연혁 · Bahira Sherif · Gudrun Quenzel · Yasuaki Aota, 2007, 『청소년기 사회화과정의 국제비교 연구II』, 한국청소년정책연구원 연구보고서.

김희배, 1991, "수업체재 설계에 기초한 교실수업 과정의 혁신방안 탐색: 문화기술적 연구방법을 중심으로," 한양대학교 교육학과 박사학위논문.

김희복, 1992, "학부모 문화연구: 부산지역 중산층의 교육열," 서울대학교 교육학과 박사학위논문.

나정 · 장명림, 1995, 『유치원 교육과정 자격연수 개발연구』, 한국교육개발원 연구보고서.

남경희, 2001, "역할놀이를 통한 초등학교 5학년 아동들의 생활태도개선 프로그램 개발 및 실행연구," 덕성여자대학교 교육대학원 논문.

류재정, 1992, "농업계 고등학교 교육현실에 관한 문화기술적 연구," 전남대학

교 교육학과 박사학위논문.

문용린 · 김기석, 1986, “비행화와 관련된 고등학생들의 문화과정에 관한 연구,” 한국교육개발원 연구보고서.

박소진, 2007, “공간적 위계수사와 구별 짓기: 강북 어머니들의 자녀교육 내러티브,” 『한국문화인류학』, 40(1): 43-81.

박소진 · 박병영, 2005, “학벌경쟁 사회의 사교육 소비: 서울 지역 초등학생의 사례,” 이종각 편, 『한국의 교육열 세계의 교육열: 해부와 대책』, 서울: 하우, 157-199.

박순용, 2008, “초등영어 수업유형이 초등학생의 정의적 태도에 미치는 영향,” 『교육과학연구』 32(2): 137-176.

박종원, 2003, 『영어 교육과 질적 연구』, 서울: 한국문화사.

_______ 2005, 『질적연구 자료분석의 혁명』, 서울: 형설출판사.

손애경, 2006, “총련계 재일조선인 커뮤니티와 조선학교,” 서울대학교 인류학과 석사학위논문.

서덕희, 1999, “매체 경험의 교육적 의미: 두 청소년의 생애를 중심으로,” 서울대학교 교육학과 석사학위논문.

서옥분, 2000, “아동문학을 활용한 초등학교 수학 수업안 개발 연구,” 덕성여자대학교 교육대학원 석사학위논문.

성일제 · 곽병선 외, 1987 · 1988, 『사고력 신장을 위한 프로그램 개발 연구』, 한국교육개발원 연구보고서.

손민호, 2005, 『구성주의와 학습의 사회이론』, 서울: 문음사.

송기환, 1999, “민족교육과 재일동포 젊은 세대의 아이덴티티: 일본 오사카의 공립 초등학교 민족학급의 사례를 중심으로,” 한양대학교 문화인류학과 석사학위논문.

신명호, 2004, “사회계층간 자녀의 학업성취도 격차와 양육문화,” 서울대학교 인류학과 석사학위논문.

신윤호, 1994, “학군사관후보생의 군인 사회화 과정에 관한 연구,” 서울대학교

인류학과 석사학위논문.

신혜숙, 1987, “학급수업과정의 문화기술적 분석: 언어적 상호작용을 중심으로,” 서울대학교 교육학과 석사학위논문.

심옥령, 1999, “역사책 만들기를 통한 6학년 사회과 지도의 효율화를 위한 실행 연구: 사회시간이 기다려지는 아이들,“ 덕성여자대학교 교육대학원 석사학위논문.

안경미, 2001, “질적 수행평가 기준 및 수업 유형에 따른 수행평가방법 개발에 관한 연구,” 덕성여자대학교 교육대학원 석사학위논문.

안준희, 2008a, “우리는 같은 피부색을 가졌어, 그렇지?: 미국 중산층 아동들의 사회범주 학습과 재구성,” 『비교문화연구』 14(1): 43-73.

_______ 2008b, “콧수염 좀 건네 주세요: 미국 중산층 아동들의 사회화 맥락 재해석과 변형,” 『교육인류학연구』 11(1): 235-252.

엄기형, 1983, “학교교육의 과정에서의 사회적 교섭에 관한 참여관찰 연구,” 연세대학교 교육학과 석사학위논문.

유네스코 아시아태평양 국제이해교육원, 2003, 『세계화시대의 국제이해교육』, 서울: 한울아카데미.

_______ 2008, 『다문화사회의 이해』, 서울: 동녘.

유혜령, 2005, “아동교육 현상학적 접근: 역사와 과제,” 『교육인류학연구』 8(1): 57-90.

윤병희, 2001, “협동학습을 통한 초등 수학 수업의 효율화 방안: 구조 중심. 협동학습 STAD, TAI의 통합적 적용,” 덕성여자대학교 교육대학원 석사학위논문.

윤여각, 1997, “태극대학교 대학원의 학문적 수월성 유지기제에 관한 문화기술적 사례연구,” 서울대학교 교육학과 박사학위논문.

이용숙, 1985, “ ‘경제성장에 있어서의 교육의 역할’에 대한 인류학적 연구 고찰,” 『한국문화인류학』 18: 219-234.

_______ 1986, “동아시아계 미국인의 사회경제적 지위와 교육적 성취,” 『미국학』

9: 71-88.

_______ 1992, 『한국교육의 종합 이해와 미래구상(III): 교육내용과 교육방법편』, 서울: 한국교육개발원 연구보고서.

_______ 1993, "실제 학습시간 비교분석을 위한 인류학적 연구방법: 질적 · 양적 접근방법의 통합적 적용," 『비교문화연구』 1: 139-183.

_______ 1996, "한국학교문화의 특성과 잠재적 교육과정," 『한국문화인류학』 29(2): 289-340.

_______ 2000, "수업의 개선을 위한 수행평가 방법으로서의 인류학 연구방법의 적용사례: 한국평가학회 등 4개 학회," 수업과 수행평가의 개선을 위한 질적 연구방법의 활용 세미나 자료집(2000. 2. 25).

_______ 2001, "대학교 수업의 개선을 위한 문화기술적 연구," 『교육인류학연구』 4(3): 227-252.

_______ 2002a, "문화인류학 교육과정 개편을 위한 실행연구 1," 『한국문화인류학』 35(1): 227-280.

_______ 2002b, "현장 연구의 새로운 방향에 대한 고찰," 『교육인류학연구』 5(2), 83-113.

_______ 2003, "여대생과 남녀공학 대학생의 학교생활 비교 연구," 『열린교육연구』 11(2): 399-432.

_______ 2005a, "연구목적에 따른 실행인류학 연구 설계," 『한국문화인류학』 38(1): 125-164.

_______ 2005b, 『교육인류학: 연구방법과 사례』, 대우재단 학술총서 575, 서울: 아카넷.

_______ 2006, "의대 교육을 모델로 한 미국의 5년제 교사교육 사례 연구," 『열린교육연구』 14(2): 269-302.

_______ 2007, "수업구조분석법과 실제학습시간분석법 재개발 연구," 『열린교육연구』 15(2): 21-49.

_______ 2008a, "질적 연구방법론: 참여관찰과 면담을 토대로 한 수업분석," 『대

학 교수-학습센터의 새로운 패러다임 창조: 도전과 협력』, 대학교육개발센터협의회 제6회 하계 워크숍 자료집: 279-312.

______ 2008b, "성공적 대학수업의 특징에 대한 문화기술적 연구: 연구방법과 중간분석 결과," 한국교육인류학회 월례발표회 발표자료, 2008. 9. 6.

이용숙 · 김영준 · 백은순, 이근님 · 조덕주 · 김소연, 1986, 『교수-학습자료 활용 실태 및 교수-학습 방법에 관한 인류학적 국제비교연구』, 한국교육개발원 연구보고서.

이용숙 · 정환규 · 박금화, 1988, 『국민학교 수업방법의 개선을 위한 문화기술적 연구』, 한국교육개발원 연구보고서.

이용숙 · 조영태, 1989, 『수업방법』, 서울: 배영사.

이용숙 · 조재식, 2007, "미국 대학 교수—학습개발 센터의 운영과 조직에 대한 문화기술적 연구," 『비교교육연구』 17(4): 49-88.

이용숙 · 이재분 · 소경희 · 전영미, 1990, 『국민학교 교육현상에 대한 문화기술적 연구: 학교와 가정에서의 학습활동을 중심으로』, 한국교육개발원 연구보고서.

이용숙 · 조영태 · 황규호, 1994, 『교육과정개혁 국제비교 연구』, 한국교육개발원 연구보고서.

이용숙 · 김영준 · 이근님 · 양미경 · 최성욱 · 박순경, 1995, 『교과서 정책과 내용구성방식 국제비교 연구』, 한국교육개발원 연구보고서.

이용숙 · 김영천(편), 1998, 『교육에서의 질적연구: 방법과 적용』, 서울: 교육과학사.

이용숙 외 27명, 1999, 『수준별 교육과정에 적합한 교과서 내용구성 방안(총3권)』, 덕성여자대학교 열린교육연구소 연구보고서.

이용숙 · 김영천 · 이혁규 · 김영미 · 조덕주 · 조재식, 2005, 『교육현장의 개선을 위한 실행연구(action research)의 실제』, 서울 : 학지사.

이윤선, 2003, "귀국 학생의 적응과정에 대한 연구," 서울대학교 인류학과 석사학위논문.

이윤정, 2003, "협동학습과 소집단 집중지도를 통한 소비자 경제교육의 효율성

방안 연구," 덕성여자대학교 교육대학원 석사학위논문.

이인효, 1990, "인문계 고등학교 교직문화 연구," 서울대학교 교육학과 박사학위논문.

이인효 · 김정원, 1998, 『열린교육을 위한 교육과정 개선 연구』, 한국교육개발원 연구보고서.

이정선, 2002, 『초등학교 문화의 탐구』, 서울: 교육과학사.

이정표, 1988, "국민학교 교육의 과정에서 이루어지는 평가활동에 대한 비판적 연구," 이화여자대학교 교육학과 석사학위논문.

이종각, 1983, 『문화와 교육』, 서울: 배영사.

______ 1988, 『학교 학습 탐구』, 서울: 교육과학사.

______ 1997, 『교육인류학의 탐색』, 서울: 하우.

이혁규, 1996, "중학교 사회과 교실 수업에 대한 일상생활기술적 사례 연구," 서울대학교 사회교육과 박사학위논문.

______ 2007, 『교과 교육현상의 질적 연구: 사회 교과를 중심으로』, 서울: 문음사.

______ 2002, "현장연구지원제도의 현황과 개선 방향," 『교육인류학연구』 5(2): 115-154.

이혜정, 1987, " '노는 애들' 의 세계," 서울대학교 교육학과 석사학위논문.

이화정, 1998, "인식 전환 학습 이론에 근거한 은빛 노인대학의 사례 연구," 중앙대학교 교육학과 박사학위논문.

임선화, 2002, "상호작용적 글쓰기 교수 · 학습 프로그램 개발 연구: 초등학교 4학년을 중심으로," 덕성여자대학교 교육대학원 석사학위논문.

장영애, 2000, "자연과 학습의 효율성을 위한 실행연구: 환경오염과 자연보존 단원을 중심으로," 덕성여자대학교 교육대학원 석사학위논문.

전영미, 1989, "수업진행과정에서 본 교육과정의 변형," 이화여자대학교 교육학과 석사학위논문.

정병호, 1990, "탁아소: 삶의 방식을 익히는 곳," 탁아제도와 미래의 어린이 양육을 걱정하는 모임 편,『우리 아이들의 육아현실과 미래』, 161-182, 서울: 한울출판사.

_______ 1991, "여성노동시장 수요와 공동육아(탁아) 제도,"『한국문화인류학』 24: 227-250.

_______ 1993a, "일본공동육아(탁아)제도의 정치화,"『비교문화연구』 1: 245-264.

_______ 1993b, "사회문화적 환경변화와 바람직한 공동육아," 우리아이들의 보육을 걱정하는 모임 편,『21세기의 영유아보육』, 149-179, 서울: 한울출판사.

_______ 1994a, "일본의 지방자치와 교육/복지 부문의 역동성: 코우치현 유수하라정의 사례를 중심으로,"『민족과 문화』 2: 223-242.

_______ 1994b, "대안교육의 길을 찾아서: 야학에서 공동육아까지,"『또 하나의 문화』 10: 215-243.

_______ 1994c, "공동육아 운동론," 공동육아연구회 편,『함께 크는 우리 아이』, 323-343, 서울: 도서출판 또 하나의 문화.

_______ 1995, "한국 지식사회의 중앙 중심성과 지방화 시대의 사회운동,,"『한국문화인류학』 29(1): 301-319.

_______ 1996, "미래지향적 사회조직과 가족문화," 백완기 · 신유근 외,『문화와 국가경쟁력』, 459-501, 서울: 박영사.

_______ 1998, "교육과 복지의 역동성," 전경수 · 정병호 · 한경구 · 김양주,『물과 숲과 문화의 마을, 유수하라: 일본지방자치의 인류학』, 123-166, 서울대학교출판부.

_______ 1999a, "일본 교육개혁의 문화적 의미: 보육원과 초등학교 교육의 접점 연구,"『교육인류학연구』 2(3): 1-35.

_______ 1999b, "북한 어린이 기아와 한국인류학의 과제,"『한국문화인류학』 32(2): 155-175.

_______ 2000, "한국사회의 공동체 교육현장에 대한 인류학적 고찰: 풀무학교와 공동육아 어린이집을 중심으로,"『민족과 문화』 9: 407-432.

_______ 2001a, "한국 대학의 서열화와 지방캠퍼스(분교) 학생들의 갈등과 억압,"

『민족학연구』 5: 19-48.

______ 2003, "문화적 저항과 교육적 대안: 재일 조선학교의 민족 정체성 재생산," 『비교문화연구』 9(2): 125-155.

______ 2006, "함께 크는 삶의 시작, 공동육아," 이부미 · 이기범 · 정병호 편, 『함께 크는 삶의 시작, 공동육아』, 329-349, 서울: 도서출판 또 하나의 문화.

______ 2008, "교육, 환상과 두려움을 넘어서," "서열경쟁과 교육게임," 정병호 · 김찬호 · 이수광 · 이민경, 『교육개혁은 왜 매번 실패하는가?』, 9-18, 65-124, 희망제작소 우리시대 희망 찾기 프로젝트 03, 서울: 창비.

정병호 · 우남희 · 이기범 · 이연섭 · 정진경 · 정진웅, 2001, 『21세기 한국사회의 공동체적 정체성 형성을 위한 공동체교육: 이론과 실천의 장기 참여관찰연구』, 인문 · 사회과학 중점영역 II-9, 학술진흥재단 지원 연구보고서.

정병호 · 이기범 · 우남희 · 이부미 · 하영례, 2001a, 『지역사회 문화자원을 활용한 실외활동 프로그램』, 보건복지부 용역 연구보고서.

______ 2001b, 『지역사회 자연자원을 활용한 실외활동 프로그램』, 보건복지부 용역 연구보고서.

정병호 · 정진경 · 이종태, 2001, 『탈북 학생 사회, 학교 조기적응을 위한 특별교육 프로그램 개발연구』, 교육인적연구, 교육인적자원부 용역 연구보고서.

정병호 · 정진웅 · 전효관 · 이부미, 2003, 『탈북 청소년을 위한 학교설립 타당성 연구』, 교육정책연구, 교육인적자원부 공모 연구보고서.

정병호 · 정진경 · 이향규, 2004, 『북한이탈주민 교육지원체제 수립방안에 관한 연구』, 교육인적연구, 교육인적자원부 용역 연구보고서.

정병호 · 양계민 · 이향규 · 임후남 · 황순택, 2006, 『새터민 청소년 사회적응력 제고를 위한 교육방안 마련 연구』, 경기도교육청 공모 연구보고서.

정병호 · 전우택 · 정진경(공편), 2006, 『웰컴투코리아: 북조선 사람들의 남한살이』, 서울: 한양대학교출판부.

정병호 · 이부미 · 이기범, 2006, 『함께 크는 삶의 시작, 공동육아』, 서울: 도서출판 또 하나의 문화.

정병호 · 백완기 · 신유근 외, 1996, “미래지향적 사회조직과 가족문화,” 『문화와 국가경쟁력』, 459-501, 서울: 박영사.

정병호 · 전경수 · 한경구 · 김양주, 1998, “교육과 복지의 역동성,” 『물과 숲과 문화의 마을, 유수하라: 일본지방자치의 인류학』, 서울대학교출판부.

정병호 · 김찬호 · 이수광 · 이민경, 2008, 『교육개혁은 왜 매번 실패하는가?』, 희망제작소 우리시대 희망 찾기 프로젝트 03, 서울: 창비.

정우창, 2005, “탈북 청소년을 교육하는 남한 자원 교사들의 갈등과 적응,” 한양대학교 문화인류학과 석사학위논문.

정진경 · 정병호 · 양계민, 2004, “탈북 청소년의 남한학교 적응,” 『통일문제연구』 16(2): 209-239.

정향진, 1992, “교사집단내 위계성의 재생산 기제에 관한 연구,” 서울대학교 인류학과 석사학위논문

_______ 2002a, “문화적 범주로서의 “개인”과 자기 규율 훈련: 미국 개인주의의 인간관과 청소년기의 사회화 과정에 대한 연구,” 『한국문화인류학』 35(1): 173-199.

_______ 2002b, ““중학생들은 미쳤어!”: 초기 사춘기에 대한 미국인들의 민속심리모델,” 『비교문화연구』 8(1): 3-25.

_______ 2003a, “수준별 수업과 문화자본으로서의 감정통제: 미국 중학교의 사례,” 『교육학연구』 41(1): 67-89.

_______ 2003b, “감정의 민속심리학과 정치성: 중산층 미국인들의 ‘화(anger)’ 모델을 중심으로,” 『한국문화인류학』 36(2): 109-141.

_______ 2005, “창의성에 대한 문화적 관념과 교육의 실제: 미국 중학교의 사례,” 『교육인류학연구』 8(2): 241-267.

_______ 2007, “한 미국적 실험의 종결: 대학 교육에서의 수월성과 평등성,” 『미국학논집』 39(3): 263-301.

_______ 2008, “문화적 과정으로서의 교육: 교육인류학을 위한 비판적 고찰,” 『교육인류학연구』 11(1): 73-105.

정형민, 1998, "기숙학원 학생들의 적응 과정에 대한 연구: 교사 · 학생간 상호접촉과정을 중심으로," 경북대학교 인류학과 석사학위논문.

조영달, 1992, "정형화된 사회적 공간으로서의 한국적 상호작용 유형의 이해," 『사회와 교육』 16: 309-363.

_______ 1998, "정형화된 사회적 공간으로서의 교실," 이용숙 · 김영천(편), 『교육에서의 질적연구: 방법과 적용』, 서울: 교육과학사.

_______ 2001, 『한국 중등학교 교실 수업의 이해』, 서울: 교육과학사.

_______ 2005, 『제도 공간의 질적 연구 방법론』, 서울: 교육과학사.

조용환, 1999, 『질적연구: 방법과 사례』, 서울 : 교육과학사.

_______ 2001, "문화와 교육의 갈등—상생 관계," 『교육인류학연구』 4(2): 1-27.

_______ 2004, "질적 연구와 질적 교육," 『교육인류학연구』 7(2): 55-75.

조재식, 2002, "연구자로서의 교사 개념에 대한 이론적 고찰," 『교육인류학연구』 5(2): 193-224.

조정호, 2007, "전통문화의 전승과제 탐색: 연구자 가정 제례와 학술활동을 중심으로," 『교육인류학연구』 10(1): 217-241.

조혜영, 1993, "빈민지역 교육운동의 전개과정과 학생들의 반응양상," 서울대학교 인류학과 석사학위논문.

_______ 2001, "외국어로서의 "모국어" 학습과 민족정체성: 재미 한인 학생들의 한국어 수업 참여 과정에 대한 민족지적 연구," 『한국문화인류학』 34(2): 181-209.

_______ 2007, "조기 유학생 학업수행과 적응에 관한 연구: 미국 소도시 유학생들의 사례," 『한국문화인류학』 40(2): 203-245.

조혜영 · 손미정 · 최금해, 2002, "중국청소년들의 한류 인식 실태에 관한 연구," 한국청소년개발원 연구보고서.

조혜영 · 김선아, 2003, "청소년 음식문화와 소비," 한국청소년개발원 연구보고서.

조혜영 · 김종길, 2005, "청소년 매니아 문화의 실태와 정책과제," 한국청소년개발원 연구보고서.

조혜영 · 이경상 · 최원기 · Nancy Abelmann, 2005, “청소년의 조기유학 결정과정과 적응, 초국가적 가족관계 형성에 관한 연구,” 한국청소년개발원 연구보고서.

조혜영 · 문경숙 · 박동성 · 양한순 · 최진숙, 2007, “한민족청소년 인적자원 활용을 위한 글로벌네트워크 구축 방안 연구 II,” 한국청소년정책연구원 연구보고서.

조혜영 · 권순희 · 서덕희 · 이은하, 2007, “다문화가족 자녀의 학교생활 실태와 교사 · 학생의 수용성 연구,” 한국여성정책연구원 · 한국청소년정책연구원 연구보고서.

조혜정, 1992-1994, 『탈식민지 시대 지식인의 글읽기와 삶읽기 1, 2, 3』, 서울: 도서출판 또 하나의 문화.

______ 1996, 『학교를 거부하는 아이 아이를 거부하는 사회』, 서울: 도서출판 또 하나의 문화.

______ 2000, 『학교를 찾는 아이 아이를 찾는 사회: 21세기 학교 만들기』, 서울: 도서출판 또 하나의 문화.

______ 2006, 『가족에서 학교로 학교에서 마을로: 돌봄과 배움의 공동체』, 서울: 도서출판 또 하나의 문화.

차옥화, 2002, “국어과 교사용 지도서의 학습지도안 개선 방안 연구: 초등학교 4학년 읽기 교과서를 중심으로,” 덕성여자대학교 교육대학원 석사학위논문.

최서연, 2001, “실업계 고등학교 학생들의 정체성 형성에 관한 연구: 정보산업고등학교의 사례를 중심으로,” 서울대학교 인류학과 석사학위논문.

최영신, 1999, “질적자료수집: 생애사연구 사례를 중심으로,” 『교육인류학연구』 2(2): 1-22.

최원기 · 김창남 · 전경숙, 2000, 『청소년의 문화 감수성 함양을 위한 정책적 대안 연구』, 한국청소년개발원 연구보고서.

최의창, 1998, “학교교육의 개선, 교사연구자, 그리고 현장 개선 연구,” 이용숙 ·

김영천(편), 『교육에서의 질적연구: 방법과 적용』, 서울: 교육과학사.
한경구 · 유철인 · 이태주 · 한건수 · 서현정, 2004, 『함께 사는 세상 만들기』, 서울: 일조각.
_______ 2005, 『우리는 지구촌 시민: 축구로 배우는 국제이해교육』, 서울: 일조각.
_______ 2007, 『맛있는 국제이해교육』, 서울: 일조각.
홍영선, 2004, "메타인지적 학습전략을 활용한 사회과 사고력 신장방안," 덕성여자대학교 교육대학원 석사학위논문.
Chung, B. H., 1988, "Labor-market demand for working mothers and the evolution of day care system in Japan," *International Journal of Sociology of the Family* 18: 233-248.
_______ 1992, *Childcare politics: Life and power in Japanese day care centers*, Ph.D. Dissertation, University of Illinois at Urbana-Champaign.
_______ 2001, "Changes in the family structure and the conflicts of ideology and practice in early socialization," *Korea Journal* 41(4): 123-143.
_______ 2003, "Living dangerously in two worlds: The risks and tactics of North Korean refugee children in China," *Korea Journal* 43(3): 191-211.
Jung, H. J., 2007, *Learning to be an individual: Emotion and person in an American junior high school*, N.Y.: Peter Lang Publishing, Inc.
Lee, J. G., 1986, "Transnational knowledge transfer: The case of inquiry teaching method in Korea," Ph. D. Dissertation, Department of Education, University of Pittsburgh.
Lee, Y. S., 1984, "A comparative study of East Asian American and Anglo American academic achievement: An ethnography," Ph .D. Dissertation, Department of Anthropology, Northwestern University.
_______ 1987, *Academic success of East Asian Americans: An ethnographic comparative study of East Asian American and Anglo American academic achievement*, 서울대학교 미국학 연구소, Monograph, 12.

_______ 1991, "Koreans in Japan and the United States," in J. U. Ogbu & M. A. Gibson ed., *Minority Status and Schooling*, N.Y.: Garland Publishing., Co.

Ogbu, J. U., 1985, "Anthropology of education," *The international encyclopedia of education*, Oxford, N. Y. : Pergamon Press.

Pak, S. Y., 2004, "Articulating the boundary between secularism and Islamism: The Imam-Hatip Schools of Turkey," *Anthropology and Education Quarterly* 35(3): 324-344.

_______ 2004, "Cultural politics and vocational religious education: the case of Turkey," *Comparative Education* 40(3): 321-341.

_______ 2006, "Women, gender and vocational education: Turkey," *Encyclopedia of Women and Islamic Cultures*, Brill Academic Publishers.

_______ 2006, "Politicizing imagery and representation of Muslim womanhood: Reflections on the Islamic headscarf controversy in Turkish society," *Asian Journal of Women's Studies 12*(4): 32-60.

Park, S. J., 2007, "Educational manager mothers: South Korea's neoliberal transformation," *Korea Journal 47*(3): 186-213.

Park, S. J. & Abelmann, N., 2004, "Class and cosmopolitanism: Mothers' management of English education in South Korea," *Anthropological Quarterly 77*(4): 645-672.

Robinson, J. H., 1987, "Social typing at Hanseong Elementary: A transcultural model of social bias in schooling," in G. D. Spindler, ed., *Education and cultural process: Anthropological approaches*, 2nd edition, Prospect Heights: Waveland Press, Inc.

예술 · 관광 · 축제 연구를 통해 본 인류학적 연행 연구의 성과와 전망

류정아(한국문화관광연구원 연구위원)

1. 연행 연구(Performance Studies)의 인류학적 시사점

연행 연구(Performance Studies)는 '학제적'인 학문분야이다. 연극학, 무용학, 음악학 등 기존의 공연예술학은 물론이고, 인류학, 사회학, 심리학, 동물행동학, 의학, 철학 등 인간의 신체행위와 결부되어 있는 여러 학문들이 각 연구의 경우에 따라 적절히 동원되고 활용된다. 그중에서도 현실적으로 연행학과 가장 가까운 학문분야를 들라면 '인류학'을 들 수 있을 것이다. 그것은 연행학이 인류학과의 긴밀한 관계 속에서 시작되었기 때문이다.

여기서 말하는 연행이란, 첫째, 그림이나 상징 · 기호 등을 통해서 무엇인가를 지각 가능한 것으로 만드는 것, 둘째, 예술을 통해서 표현하는 행위, 셋째, 언어를 통해서 무엇인가 또는 누구인가를 환기시키는 행위, 넷째, 극장에서와 같이 관중들 앞에서 스펙터클을 펼쳐 보이는 행위 또는 그 스펙터클 자체 등으로 해석할 수 있다(류정아 1998). 이러한 연행의 정의와 관련하여 리처드 쉐크너(R. Schechner)가 민속 연행학(Ethno-Performance Studies)이라고 명명하면서 이 연구에서 활용할 수 있는 구체적인 방법으로 제안한 것을 살펴보면, 인류학이나 민족학적 방법론이 얼마나 유용하게 활용될 수 있는지가 분명히 드러난다. 즉, 쉐크너에 의하면 민족연행학이란, 연행에 참여하는 사람들이 연행을 통해서 그들의 '존재'와 '의식'을 변화시키는 양상을 고찰하는 것, 연행의 '긴장성(intensity)'을 구축하는 방식을 고찰하는 것, 연행자와 청 · 관중 사이의 '상호작용' 관계의 구축양식을 고찰하는 것, 연행의 전 과정상(준비 과정, 연행 과정, 연행 이후 과정)이 순환되고 피드백되는 과정을 보는 것, 연행지식들의 전승과 전파방식을 고찰하는 것, 연행의 생성과 평가방법을 보는 것 등으로 설명하고 있다(쉐크너 2004).

터너(V. Turner)의 뒤를 잇고 그의 이론을 발전시키면서 연행 분석에 집중했던 쉐크너는 연극적인 연행의 범주에 대해서 다음과 같이 이야기한다.

> "연행이란 대단히 광범위한 행위들을 포괄한다. 특히 연극은 동물행위(인간행위를 포함해서)를 의례화한 것으로부터 일상생활의 연행(인사하기, 감정 표현하기, 가족적인 정경 등과 같은 것)을 거쳐 의례와 의식 그리고 대규모의 극장 이벤트와 같은 것들을 포함하는 것으로, 이것들은 연행에 이르는 연속체(continuum)에 나타나는 결절들이다(쉐크너 1977)."

바우만과 브리그스(Bauman, R., C. L. Briggs, 1990)는 연행을 실체의 형성과 그것에 대한 사회적인 반사행위인 '의사소통적 과정'으로 간주하였다. 여기서 연행은 언어를 예술적으로 이용하는 것일 뿐 아니라 의사소통 과정을 위한 비판적인 숙고를 필요로 하는 것이다. 연행의 외형과 의미가 어떻게 담화의 형태를 구성하느냐 하는 것을 밝혀내는 과정 속에서 연행이론의 인류학적 접근의 타당성이 도출될 수 있을 것이다.

'연행 연구(Performance Studies)'는 '호모 퍼포먼스(Homo Performance)'로서의 인간의 본질과 특성이 가지는 가치와 의미를 연구하는 분야로서 최근 인류학의 주요 연구대상으로 부각되고 있는 예술행위, 관광행위, 축제현상 등을 설명할 때 유용하게 적용될 수 있는 이론적 관점임에도 불구하고 우리나라 인류학에서는 체계적으로 도입이 안 되고 있는 분야이다. 그러나 기존의 연구 성과들 중에 몇몇의 것들은 이러한 연행 연구의 관점을 간접적으로 시사하고 있어서 보다 적극적으로 연행 연구의 관점과 방법론을 논의할 필요가 있다고 판단된다.

연행이론을 인류학적 관점에서 정리한 연구로는 류정아(1998b)의 "연행이론의 인류학적 재해석"이 있다. 이 연구는 터너와 쉐크너를 비롯해 연행이론의 다양한 관점을 언어 · 민속 분야와 의례 · 연극 · 예술 분야 등 크게 둘로 나누어 설명하였다.

이러한 연행 연구의 범주에 넣을 수 있는 관광, 예술, 축제분야의 연구들을 몇 가지 소개해 보면 다음과 같다.

2. 관광현상에 대한 연행적 분석

홍석준은 "전통의례에서 관광 이벤트로: 말레이시아의 와양꿀릿(wayang kulit)을 중심으로"(1998, 『한국문화인류학』 제31집 2호)라는 연구에서, 말레이시아의 전통의례가 관광의 맥락에서 변화하는 과정을 살펴보면서 관광과 문화가 서로 분리되는 것이 아니라 상호 불가분의 관계에 있다는 것을 보여 주고 있다. 말레이시아의 와양꿀릿을 대상으로 관광은 전통의례를 어떻게 변화시키며, 또 전통의례는 관광의 성격이나 의미에 어떠한 영향을 미치는가를 기술 분석하였다. 이 연구는 관광의 맥락에서 전통문화의 특성과 변화를 올바로 이해하기 위해서는 전통문화에 대한 관광객의 해석을 무시하거나 간과해서는 안 된다는 전제에서 출발한 것이다.

권숙인은 "이세신궁 참배의 성과 속: '세상유람'에서 '문화관광'으로" (2000, 『한국문화인류학』 제33집 1호)에서 일본의 종교문화의 특성을 살펴보기 위해서 이세신궁을 참배하는 문화복합체를 성지순례의 장소와 관광의 대상으로 놓고 분석하면서 종교성이 궁극적으로 중요한 방문의 요인임을 강조하였다. 이 연구에서는 반 제넵의 통과의례의 개념이나 빅터 터너의 커뮤니타스 개념을 활용하여 종교적인 참배의 대상이 관광의 대상이 되기도 하지만, 여기서 말하는 관광은 성지순례의 한 형태이며, 이것은 때로 상호 호환적인 성격을 띠는 것임을 강조하고 있다. 따라서 순례관광객이나 관광순례자라는 표현이 동시에 사용될 정도로 구분이 모호한 관광 형태를 느슨한 숭배 형태로 규정하고 있다. 이 논문은 관광현상이라는 표현 형태에 내포되어 있는 현대적인 종교 형태를 설명하고 있다.

이 연구는 다시 2003년 "'유적'에서 '생활문화'로: 현대 일본 사회에서 문화관광의 새로운 전개"(『비교문화연구』 제9집 1호)로 이어진다. 여기서는 관광의 생산과 소비라는 측면에 초점을 맞추어 문화관광양식의 변화를 일본인 관광소비자들의 욕구가 특정 방향으로 전환하고 있음을 반영하는 것으로 해석한다. 나아가 관광의 대중화 과정에서 노정된 여러 부작용에 대한 하나의 대안으로서 문화관광이 갖는 가능성과 한계를 고찰한다. 관광개발의 계기가 외부의 변화에 의해 촉발된 경우라도 체험과 교류를 중심으로 전개되는 문화관광은 지역사회에 긍정적인 결과를 가져올 가능성이 크다. 대안적 관광이 실제적인 효과를 가져오기 위해서는 위로부터의 개혁이 아니고 지역 주민들에 의한 밑으로부터의 문제 제기와 실천이 요구된다고 본다.

김이선은 "상품과 비상품 사이에서: 관광발달과 반타와이 목공예의 의미체계 변화"(2004, 『한국문화인류학』 제37집 1호)에서 반타와이가 태국 북부의 주요 관광지로 이름을 얻은 점에 주목하여 관광 발달을 전후로 한 목공예 의미의 궤적을 따라가면서 문화변동요인으로서 관광의 성격을 규명하고자 한다. 공동체의 사회문화적 맥락 속에서 생산, 교환, 소비되면서 독특한 의미를 자아내던 비상품이 관광객과의 경제적 거래의 대상으로 전락하는 현실은 상품화 요인으로서 관광의 본질을 극명하게 보여 주는 예로 지적되었다. 관광객이 제공하는 경제적 이익 앞에서 토착민들은 해당 물품을 원래의 맥락으로부터 이탈시켜 자유로운 가치비교와 교환의 대상으로 전환시키고, 결국 탈맥락화된 상품체계 하에서 자신이 생산한 물품의 의미와 자신의 문화로부터 소외되는 운명에 처하는 것으로 이해되었다. 그러나 연구자는 관광 발달 과정에서도 토착문화가 유지되는가 하면 근대화 과정에서 쇠퇴일로에 있던 공동체 전통에 대한 토착민들의 관심이 오히려 되살아난 경우에서 보이듯이 현실사회의 다양한 변화를 공동체 문화의 쇠퇴와 상품화라는 일방적 과정으로 귀착시킬 수는 없다고 보고 있다. 주민들에게 관광객은 새로운 시장의 기호를 가져다주었으며 특정한 맥락에 얽매이지 않은 상품의 본질을 다루는 기량을 다시 한번 발휘하도록 했다. 경제적 이익 추구의 수단으로서 목공예의 가치를 확신하면서 외부 시장만을 바라보며 새로움을 추구하던 이들은 이제 마을 안으로 눈을 돌려 목공예를 대대로 전해 내려온 역사의 결정체이자 반타와이 보통사람들의 지혜의 상징으로 만들어 갔다. 그리고 한 발 더 나아가 그 누구와도 비교되지 않는 전형적인 비상품생산자, 즉 유산생산자의 면모를 자신들에게서 발견하기 시작했다는 점을 강조하고 있다. 그 결과 반타와이 주민들은 마을공동체 또는 예술가를 매개로 이 작업을 수행하였으며, 그 결과 일반적인 상품과 구분된 반타와이 목공예 세계의 주인이 되었다.

3. 예술과 축제현상에 대한 연행적 분석

김영훈은 "경계의 미학: 최승희의 삶과 근대체험"(2005, 『비교문화연구』 제11집 2호)에서, 혼란의 시기에 예술가로서 스펙터클한 삶을 살았던 최승희 삶의 궤적을 따라가면서 그녀의 삶을 통해 근대의 공간에서 스펙터클의 의미와 기원 및 힘을 이해하고자 하였다. 1930년대 전후 최승희는 가장 주목할 만한 근대적 표상이었으며 그녀의 성공은 근대라는 새로운 경계와 긴밀한 연관을 가지고 있다. 이를 배경으로 최승희의 춤과 육체와 움직임, 무대와 빛의 시각적 요소를 분석한다. 전통무용이 궁중과 기방이라는 폐쇄공간에서 이루어졌다면 신무용은 새롭게 등장한 도시 소비자들을 위한 무대예술로 등장한 것이었다. 최승희는 빛의 마술사였으며 봉건의 그늘에서 감추어져 있던 육체를 그 누구보다 세심한 작업을 통해 무대 위에서 복원시켰다. 최승희는 자신의 삶을 통해서 봉건적 남성 중심사회에서 새로운 여성의 위치를 자각하고 명확한 의식 속에서 자신의 결혼과 무용활동을 이루어냈다. 그녀의 삶은 제국주의와 식민주의적 한계 속에서 더욱 빛이 났지만 동시에 그것들의 희생양이 되었다. 이 연구에서 최승희를 주목하는 이유는 그녀가 단순히 위대한 무용가이기 때문이 아니라 전통과 모던의 관계를 어떻게 풀 것인가를 고민했고 나름의 철학과 실천을 제시한 제3세계의 시민이었기 때문이다.

류정아는, "현대사회에 존재하는 '전통성'의 의미: 남프랑스 한 마을에서의 전통축제연구"(1995, 『한국문화인류학』 제28집)에서, 전통 축제들 속에 나타나는 '전통성'이 현대 사회적 맥락 내에서 가지는 의미를 남프랑스에 위치한 한 마을에서의 사례 연구를 통해서 분석하였다. 여러 사회에서 '전통성'은 사회가 기능하는 데, 그리고 공식 비공식 영역에서의 개인들 간의 관계 형성에서 중요한 역할을 담당하고 있는데, 특히 '전통성'이 현대 사회에서 재구성된 '전통축제'라는 형태로 나타나게 될 때 이러한 특징들이 더욱 두드러진다. 특히 남부 프로방스 지역에서 벌어지고 있는 수레축제와 황소놀이축제, 그리고 전통민속축제들의 연행적 분석을 통해서 전통적인 연희 형태가 이들의 현대적인 삶과 어떻게 접목되고 있는지를 분석하였다.

강정원은 "야쿠트샤머니즘과 으흐아흐축제"(1999, 『비교문화연구』 제15호)에서 으흐아흐 축제가 야쿠트 전통종교체계 특히 샤머니즘과 맺는 관계를 시대적 변천 과정과 함께 살펴보고 있다. 러시아 식민정책과 야쿠트 사회의 변화에 따라 검은 샤머니즘과 흰 샤머니즘이 축제의 두 축을 구성하여 연희되어 오다가 러시아정교회에 의해서 주변화되는 과정, 사회주의의 성공과 실행 및 붕괴로 이어지는 사회 격변 속에서도 으흐아흐 축제는 잔존하게 되었으나 축제의 형식에는 변화가 거의 없고 단지 내용과 의미가 변화되는 과정을 살펴보았다. 70년대를 넘어오면서 민족주의와 결합되면서 축제의 진행과 재원구성 상에 변화가 일어나면서 서서히 볼거리로 변해 가는 과정을 설명한다.

김현정은 "일본 도시축제의 조직구조와 그 의의: 축제조직에 대한 통시적 · 공시적 분석을 중심으로"(2005, 『한국문화인류학』 제38집 1호)에서, 일본 도시사회를 검토하는 데 있어 이른바 '전통적 도시축제'가 내포하는 분석 대상으로서의 유효성을 논한다. 축제의 발생, 원형의 도출이나 축제

조직의 형태에 초점을 맞추는 단편적 개별적 기술이 아닌, 축제를 시대사회적 변동과 현대 사회와의 관련 속에서 파악하는 종합적 유기적 검토에 중점을 둔다. 사회변동론과 문화변용론을 고려하면서 축제의 구조와 의미 그리고 변화상을 거시적 미시적으로 파악함과 동시에 이를 통해 도출되는 도시 축제의 조직 구조가 다양성, 복합성, 이질성, 경제 그리고 변화 그 자체를 중요한 속성으로 하는 '도시'의 성격을 반영하는 것임을 논한다. 이는 일본 도시 연구에서 전통적 도시축제가 가지는 분석 대상으로서의 유효성을 실증하는 것이기도 하다. 소샤궁 대제를 통사적으로 검토하여 축제의 종적 구조에 대해 알아본 다음, 현재의 문맥에서 축제가 어떠한 조직에 의해 유지, 실시되고 있는가라는 측면과 그 실천 양상을 경제적 · 인적인 측면에서 살펴보았다.

임경택의 "이벤트성 외래축제를 통해 본 일본의 소비문화의 양상: 크리스마스, 밸런타인데이, 할로윈을 중심으로"(2006, 『비교문화연구』 제12집 2호)는 현대의 일본에서 종교나 공동체의 맥락에서 벗어난 마쓰리나 축제, 다종다양한 페스티벌이 넘쳐나고 있음에 착안해서 수행된 연구이다. 이러한 경향을 고려하여 본고에서는 마쓰리나 축제를 본래의 종교적 · 공동체적 행사는 물론, 축하나 기념 등의 비교적 개인적인 이벤트도 포함하는 광범위한 개념으로 다룬다. 도시의 소비문화가 발전하면서 등장한 이벤트나 페스티벌로서의 축제도, 현대 일본의 마쓰리로서 파악할 수 있어야 한다고 보는 것이다. 이 연구에서는 외래 축제가 일본의 소비사회를 반영하고 일본인들의 생활과 밀접하게 관련된 문화장치가 됨을 강조한다. 미국의 영향을 받아 일본의 소비문화에 도입된 크리스마스, 밸런타인데이, 할로윈에 대해 분석하면서 미국으로부터 도입된 외래 축제를 통하여 일본의 새로운 소비문화가 생성되는 과정을 파악하고자 하였다. 외래 축제는 복잡한 장치가 얽혀 있는 사회적 매체이고 사람들을 끌어들여 새로운 시대를 만드는 문화장치이기 때문이다.

4. 인류학의 지평 확대를 위해서

인류학적 연구대상이 더 이상 소규모 사회에 머물러 있지 않게 되었음에도 불구하고, 여전히 전통적인 인류학적 분석방법에 안주해 있는 경향으로 인해, 연행 연구와 같은 통합학문적 관점이 현대 인류학적 연구에서 가지는 분석적 유용성이 강조되지 못하고 있다.

연행이론은 서로 구분되어 상호 다른 영역을 점유하고 있는 예술적 장르, 표현행위, 의사소통방식 등을 민족학적 방법을 통해 서로 연계시키면서 인간행위를 종합적으로 이해한다는 차원에서 인류학적 연구방법을 현대 사회문화현상 분석에 가장 유용하게 적용할 수 있게 하는 중요한 전략이 될 수 있다.

앞에서 살펴본 몇몇 연구를 통해서 현재 상당한 부분 의도하였든 의도하지 않았든, 이러한 연행 연구의 기본 틀을 원용하여 간헐적으로나마 연구가 수행되고 있음도 알 수 있었다.

이러한 연구를 통해서, 민속, 예술, 연극, 문학, 의례, 축제, 관광 등의 복합적 문화현상을 이해할 수 있는 현대적인 인류학적 연구 관점이 본격적으로 논의되어 우리나라의 현대인류학이 더욱 발전하는 계기가 되기를 바란다.

참고문헌

강정원, 1999, "야쿠트샤머니즘과 으흐아흐축제," 『비교문화연구』 15.

권숙인, 2000, "이세신궁 참배의 성과 속: '세상유람'에서 '문화관광'으로," 『한국문화인류학』 33(1).

______ 2003, " '유적'에서 '생활문화'로: 현대 일본사회에서 문화관광의 새로운 전개," 『비교문화연구』 9(1).

김영훈, 2005, "경계의 미학: 최승희의 삶과 근대체험," 『비교문화연구소』 11(2).

김현정, 2005, "일본 도시축제의 조직구조와 그 의의: 축제조직에 대한 통시적 · 공시적 분석을 중심으로," 『한국문화인류학』 38(1).

김이선, 2004, "상품과 비상품 사이에서: 관광발달과 반타와이 목공예의 의미체계 변화," 『한국문화인류학』 37(1).

쉐크너. R, (이기우 · 김익두 · 김월덕 역), 2004, 『퍼포먼스이론II』, 서울: 현대미학사.

임경택, 2006, "이벤트성 외래축제를 통해 본 일본의 소비문화의 양상: 크리스마스, 밸런타인데이, 할로윈을 중심으로," 『비교문화연구』 12(2).

류정아, 1995, "현대사회에 존재하는 '전통성'의 의미: 남프랑스 한 마을에서의 전통축제연구," 『한국문화인류학』 28.

______ 1998a, 『전통성의 현대적 발견: 남프랑스 마을의 축제문화』, 서울: 서울대학교 출판부.

______ 1998b, "연행이론의 인류학적 재해석," 『한국인류학의 성과와 전망』, 서울: 집문당.

Bauman, R., C. L. Briggs, 1990, "Poetics and Performance as Critical Perspectives on Language and Social Life," ARA, 19.

Schechner, R. 1977, *Essays on Performance Theory 1970-1976*, New York: Drama Book Specialists.

한국 문화인류학계의 중국 연구 성과 및 과제

양한순(아주대학교 사회과학부 대우조교수)

1. 들어가는 말

인류학 역사에서 "타 문화 연구"는 매우 중요한 위치를 차지하고 있다. 인류학은 타 문화 연구를 통해 태동했으며, 인류학자들이 낯선 곳에 들어가 현지 언어를 배우고 장기간의 현지조사를 수행하는 전통 또한 타 문화 연구에서 비롯되었다. 그리고 인류학의 이러한 전통은 현대사회에서 자민족중심주의를 넘어 인류사회를 보다 객관적으로 이해할 수 있는 인식론적 기초를 만드는 데 결정적인 기여를 해 왔다. 물론 현대 인류학이 더 이상 타 문화에 한정된 연구를 하는 것은 아니지만 비교문화적 연구방법론과 인식론은 여전히 인류학의 핵심적인 전통으로 남아 있다. 한국 인류학도 초기부터 서구 인류학의 비교문화적 연구방법론과 인식론을 받아들였다. 하지만 서구 인류학의 경험과 달리 한국 인류학은 외국의 타 문화가 아니라 근대화 과정에서 사라져 가는 전통문화라는 일종의 "한국 속의 타 문화"를 연구하면서 출발하였다.

외국의 타 문화에 대한 연구가 본격적으로 시작된 것은 한국의 근대화가 어느 정도 성숙단계에 이른 80년대에 들어서였다. 그리고 냉전 체제가 해체되고 세계화가 본격적으로 시작된 90년대부터는 한국 인류학자들의 해외 연구가 급속도로 증가하게 된다. 현재 한국 인류학자들은 전 세계 곳곳에서 현지조사를 수행하고 있으며 그들의 연구 주제도 매우 다양하다. 그 가운데 중국은 일본과 함께 한국 인류학계에서 가장 많은 연구 성과를 축적한 중요한 지역이다. 특히 중국이 한국의 경제, 외교, 그리고 사회생활 전반에 엄청난 영향을 끼치게 되면서 중국에 대한 연구가 인문사회과학에서 매우 활발하게 진행되고 있다. 중국에 대한 한국 인류학계의 관심분야는 매우 다양하고 그 연구의 성과 또한 다양한 방식으로 축적되고 있다. 그렇기 때문에 짧은 지면 속에 모든 성과를 점검하는 것은 불가능하다. 따라서 본 글에서는 한국 문화인류학의 대표 학회지인 『한국문화인류학』과 『비교문화연구』에 실린 논문들, 중국 관련 주요 국내 학술지에 실린 인류학자의 논문들, 그리고 인류학자들이 국내에서 출판한 주요 중국 관련 서적을 중심으로 그동안 축적한 연구의 성과와 그 특성을 간단히 점검해 보고 앞으로의 과제에 대해서 살펴보고자 한다.

2. 중국 연구 분야의 인적 구성과 시대별 특징

역사적으로 그리고 문화적으로 중국은 한국과 가장 가까운 이웃이었다.

하지만 냉전이 끝날 때까지 중국은 한국 현대사에서 두렵고 먼 존재로 남아 있었다. 그러다가 중국은 1979년 개혁개방을 선언하고 자본주의 세계와 교류를 시작하게 되는데, 한국과는 1992년 수교를 하게 되면서 본격적으로 교류를 시작하게 된다. 따라서 1992년 이전까지 한국의 학자들은 중국에 대한 현지조사 연구는 물론 학술 교류도 거의 할 수 없었다. 사실 서구 인류학계도 사정은 마찬가지였다. 1980년 이전까지 서구 인류학자들이 현지조사를 수행할 수 있는 지역은 홍콩과 대만뿐이었고, "대륙"에 대한 연구는 문헌 연구나 홍콩과 대만을 통한 간접 연구뿐이었다. 이러한 시대적 상황 때문에, 1980년 이전 중국에 관한 한국 인류학계의 논문은 한 편에 불과했으며 그 연구 지역도 대만이었다. 그 연구가 바로 1970년 『한국문화인류학』 3호에 실린 심우준(1970)의 논문인데, 그 글에서 저자는 대만의 토착문화를 중화문화권의 일부로 파악하고 있는 대만 인류학계의 동향을 소개했다. 하지만 심우준의 논문은 현지조사를 통한 직접적인 연구가 아니라 단순히 대만 인류학계의 연구 동향을 소개한 글이었다는 점에서 한계를 가지고 있었다.

한국 인류학계에서 실질적으로 중국 연구를 개척하고 그 분야가 양적 그리고 질적 성장을 이루는 데 결정적 기여를 한 인물은 현재 서울대학교 인류학과 교수인 김광억이다. 그는 한국 인류학자로는 최초로 현지조사를 통한 중국 연구를 시작했고, 서구 인류학의 이론적 전통을 계승하여 한국적으로 발전시켜 왔다. 또한 많은 후학들을 양성하였는데, 현재 중국을 연구하는 한국 인류학자 대부분이 그의 교육을 받은 사람들이다. 김광억의 중국 연구는 1970년대 영국 옥스퍼드 유학과 함께 시작되는데, 그의 현지조사는 동시대의 다른 서구 인류학자들과 마찬가지로 대만에서 이루어진다. 그의 연구는 고산족이라고 불리는 대만의 토착 소수민족 사회들에 관한 민족지적 연구였다. 학위를 마치고 귀국한 그는 1980년대부터 한국

인류학에서 중국 연구라는 분야를 개척하게 된다. 그리고 한국 인류학자로서는 처음으로 대만에서 현지조사를 통해 진행되었던 그의 연구는 1981년 『동아문화』에 "대만고산족의 사회와 문화의 변화"라는 논문으로 발표된다(김광억 1981a). 하지만 그의 대만 연구는 또 다른 후속 연구로 이어지지 않았다.

중국이 개방의 길을 걷고 있던 1980년대부터는 중국 연구에 관한 한국 인류학계의 주 관심 대상이 대만에서 "대륙"으로 옮겨 갔다. 대만은 그때까지 한국인들이 접근하기 힘든 "대륙"에 대한 대안적 성격이 강했던 것이다. 따라서 80년대 이후 국내 인류학에서의 중국 연구는 사실상 "대륙" 연구를 의미했다. 그런데 1980년대 한국은 중국과 수교를 하지 않은 상태였고 중국도 외국학자의 자유로운 연구를 허락하지 않았기 때문에 중국에서의 현지조사란 사실상 불가능했다. 이런 이유로 80년대의 중국 연구는 대부분 문헌 연구였다. 1980년 김광억은 먼저 『한국문화인류학』에 중국의 저명한 인류학자 페이샤오퉁(費孝通)의 삶과 그의 학문 세계를 통해 혁명의 연속으로 이루어진 중국 사회를 분석하는 논문을 발표한다. 그리고 그는 이어서 중국 동족집단의 지역적 차이에 대한 연구(1981b)와 중국과 한국 동족집단의 차이에 관한 연구(1986)를 통하여 중국의 사회구조와 사회조직의 원리를 분석하는 연구를 진행한다. 동족조직과 친족제도는 인류학의 중요한 연구 주제 가운데 하나였는데, 특히 중국의 동족이나 친족에 관한 연구는 한국문화를 이해하기 위해서도 매우 중요했다. 이에 한국의 친족제도를 연구해 온 이광규(1985)는 비교연구 차원에서 대만에서의 단기간의 현지조사를 바탕으로 중국의 친족제도에 대한 분석을 시도하였다. 80년대의 이러한 연구는 중국의 사회구조를 이해하는 데 필요한 기초자료를 제공했으며, 김광억은 그 이후 현재까지 중국의 가족과 종족에 대한 연구를 계속 발전시켜 오고 있다.

90년대 중국 연구의 가장 두드러진 특징은 현지조사를 통한 연구들이 등장했다는 데 있다. 중국에서의 현지조사 연구를 개척한 이는 김광억인데, 그는 한중수교가 이루어지기 전인 1990년부터 산동성에서 현지조사를 시작했다. 방학을 이용한 그의 현지조사는 1995년까지 계속되었는데, 그의 현지조사는 마침내 2000년 『혁명과 개혁 속의 중국 농민』이라는 민족지로 출판되었다. 90년대 김광억은 산동성뿐만 아니라 중국의 다양한 지역을 조사하게 되는데, 이런 조사를 바탕으로 그는 중국이 개혁개방 속에서 어떻게 변모해 가는지 그리고 어떤 갈등을 겪고 있는지를 분석하는 논문들을 연이어 발표한다(1993, 1996, 1997, 1998, 1999).

1990년대 말부터 현재까지 지난 10여 년 동안 한국 인류학계의 중국 연구는 비약적으로 성장하였는데, 그 가장 중요한 특징 가운데 하나는 많은 새로운 연구자들이 등장했다는 점이다. 1990년대 말에 이르기까지 국내 인류학계에서의 중국 연구는 대부분 김광억 개인에 의해 이루어졌지만, 90년대 말부터는 국내외에서 박사학위를 마친 여러 학자들이 학술활동에 참여하면서 다양한 종류의 연구들이 나타나고 있다. 지난 10여 년 동안 등장한 이러한 신진 인류학자로는 장수현을 비롯하여 주영하, 정종호, 양영균, 장정아, 박상미, 이응철, 양한순, 그리고 이창호 등이 있는데, 이들은 모두 중국에서 혹은 한국 내의 중국인들 사이에서 장기간의 현지조사 경험을 가지고 있다. 뿐만 아니라 이현정, 김우진과 같이 석사과정 중에 중국에서 현지조사를 수행하고 이를 통해 논문을 생산하는 경우도 늘어가고 있다. 연구자들이 다양한 만큼 이 시기의 연구는 전통적 관심분야인 중국 농촌사회뿐만 아니라 간부, 기업, 이주노동자, 도시, 소수자의 정체성, 소수민족, 중국 내의 한국 기업, 중국의 자본주의, 영상 산업, 한류, 음식문화 등 다양한 관심분야에 걸쳐 있다. 특히 이 시기는 한국이 본격적으로 세계화를 통해 새로운 기회를 모색하던 시기이기 때문에 국내에서의 해외 지역

연구, 특히 중국 지역연구에 대한 관심과 투자가 많았던 때였다. 따라서 이 시기 발표된 논문들 가운데는 연구비를 받아 진행되는 공동프로젝트에 참여하면서 생산된 것들이 많이 있다. 그리고 이러한 현상은 앞으로도 계속될 것으로 보인다. 그러면 여기서 한국 인류학계에서 그동안 관심을 가져 온 중국 연구 분야의 주요 연구 주제들에 대해서 살펴보고자 한다.

3. 중국 연구의 주제별 특성

그동안 한국 인류학계는 중국을 다양한 각도에서 연구해 왔는데, 그 가운데 첫째로 들 수 있는 것이 중국의 국가와 사회의 관계라는 주제이다. 이 분야의 연구는 중국의 사회구조가 어떠한 모습과 성격을 띠고 있는지를 분석하고자 하는 관심에서 출발하는데, 주로 친족, 종족, 의례와 같이 비공식적으로 일상생활을 지배하는 문화적 원리와 국가라고 하는 공식적 사회제도가 인민의 삶에서 어떻게 작동되는지에 초점을 맞추고 있다. 이 주제는 친족과 종족을 통해 한 사회가 조직되는 원리를 파악하고자 했던 사회인류학의 이론적 관심에서 출발했다고 볼 수 있다. 인류학의 이러한 방법론은 단순사회나 근대화 이전의 전통사회를 연구하는 데 핵심적인 역할을 해 왔다. 중국의 친족과 종족에 관한 연구 관심은 바로 인류학적 방법론을 통해 중국 전통사회의 사회구조를 파악하는 것으로 나타났다(김광억 1981b). 그리고 이 분야의 연구자들은 단지 중국 사회에 대한 분석으로 끝나지 않고 나아가서 한국의 전통사회와 비교하여 그 구조적 차이점을 파악하는 데도 많은 관심을 기울였다(김광억 1986; 김성철 1997; 이광규 1985). 이들의 연구에 따르면 중국의 전통사회에서는 형제들 사이에 균분상속을 하는 경향이 많고 종족의 형성에서도 공동재산의 역할이 결정적이어서 재산이 많은 사람을 중심으로 새로운 분파가 쉽게 형성되는 반면에, 한국의 전통사회에서는 제사를 모시는 장자에 대한 우대를 해 주는 대신 같은 조상을 모시는 종족원들 사이에는 재산의 크기와는 상관없이 생득적으로 주어진 지위가 중요한 역할을 했고 종족의 분절 또한 재산의 크기에 의해서가 아니라 주로 관직의 유무 즉 국가권력과의 연관 속에서 나타난다. 이와 같이 종족을 중심으로 한 중국 전통사회 구조에 대한 연구는 현지조사가 불가능했던 80년대에 주로 나타났다면, 중국인민들의 삶을 직접 관찰할 수 있게 된 90년대부터는 국가라고 하는 또 다른 변수에 대한 인식이 등장하게 된다.

중국의 사회주의는 강력한 국가권력을 기반으로 유지되어 왔다. 따라서 사회주의 혁명 이후 종족조직이나 전통의례와 같은 과거의 문화는 해체되거나 극도로 억압되었다. 그러다가 개혁개방과 함께 사회주의 제도가 해체되고 국가권력도 약화되면서 종족조직과 민간의례와 같은 전통이 인민의 삶 속에서 부활하게 된다. 이에 국가는 "사회주의 정신문명운동"이란 이름으로 각종 민간의례에 낙후된 문화라는 낙인을 찍지만 인민들의 삶에서 종족활동이나 민간의례가 차지하는 영역이 점점 늘어가고 있다. 그런데 김광억(1993, 2002a, 2006)에 따르면 현재 중국 인민들이 다시 족보를 만들고 종족의례를 새롭게 부활시키고 있는 것은 단순히 국가가 약해짐에 따라 과거의 것들이 자동적으로 회복되고 있는 현상이 아니라 개혁개방 시대에 국가가 충족시켜 주지 못하는 다양한 욕구를 인민들 스스로가 충족시키는 과정에서 만들어진 현상이다. 예를 들어, 친족과 종족조직은 지역사회에서의 정치활동, 구직, 도시에서의 적응, 그리고 국가가 충족시켜 주지 못하는 각종 사회보장 역할을 담당하고 있는 것이다. 따라서 김광억은 종족의 부활은 국가권력에 대응하여 인민들이 자율적으로 만들어낸 일종의 시민사회 공간으로 해석하고 있다. 장수현(1998) 또한 유사한 질문을 하고 있다. 왜 봉건미신이라고 낙인찍힌 각종 민간의례들이 농촌에서 다시 활성화되고 있는 것일까? 그에 따르면, 농민들이 민간의례를 부활시키는 이유는 현실 속에서 그러한 의례를 통한 실질적인 효과를 얻기 때문이다. 개혁개방으로 인민공사 체제가 해체되자 집체의 보호막이 사라지게 되고 이에 농민들은 스스로 사회적 보호막을 만들어내야 했다. 그 결과 가족, 친척, 친구, 이웃 간의 상호 의존도가 높아지게 되고 이러한 사회관계를 재생산시켜 줄 수 있는 각종 민간의례를 찾게 된다는 것이다. 이러한 해석은 농민들이 비합리적으로 보이는 각종 민간의례에 집착하는 이유가 사실은 실용적인 이유에 기반을 두고 있음을 보여 준다는 점에서 매우 흥미롭고 설득력 있다.

국가와 사회의 관계라는 문제는 정종호(2000, 2003a)와 양영균(2001a, 2001b, 2002)에 의해서 계속 논의되었다. 정종호는 북경의 절강촌에 대한 연구를 통해서 국가와 사회를 이분법적으로 구분하는 인식론을 비판하고 중국에서 사회라는 공간이 어떻게 지방정부와 같은 여러 차원의 국가와 연계를 맺으며 탄생하는지를 보여 주고 있다. 특히 절강촌 이주민의 정착을 둘러싸고 중앙정부와 지방정부의 이해관계가 대립되고 있는 갈등 양상을 보여 줌으로써 국가를 단일한 실체로 보는 인식론을 비판하고 있다. 이에 비해 양영균은 국가와 사회가 만나는 접점이라고 할 수 있는 기층간부의 위치에 관심을 가졌다. 중국의 농촌 기층간부는 당과 국가의 대변인이면서 동시에 지역 공동체의 구성원이기 때문에 이들에 대한 연구는 국가-사회의 문제를 이해하는 데 핵심적인 위치를 차지하고 있다고 볼 수 있다. 양영균에 따르면 사회주의 시대 농촌 기층간부들은 자율적인 사적 공간을 별로 갖지 못한 국가 대리인의 성격이 강했지만 개혁개방 이후 그들의 사회적 지위는 하락하게 된다. 하지만 정치적으로는 영향력이 하락한 간부의 지위가 때에 따라서는 엄청난 경제적 이득을 제공하기도 한다. 간부들은 자신의 지위를 이용해서 중요한 정보를 얻거나 각종 특혜를 볼 가능성이 많기 때문이다. 실제로 현재 중국에서 벌어지고 있는 각종 부패 문제는 이들 간부의 위치와 역할과 밀접한 관련이 있는 것이다. 이와 같이 여러 연구자들이 다양한 방식으로 중국에서의 국가와 사회의 관계라는 문제를 다루고 있다. 하지만 아쉽게도 이들 연구 상호간의 비판이 충분히 이루어지지 않아 좀 더 집약된 토론으로 나아가지 못했다.

둘째로 중국의 시장경제와 탈사회주의라는 주제이다. 사실 현대 중국을 분석하는 대부분의 연구들이 시장경제와 탈사회주의 문제를 언급하지만 몇몇 연구는 특히 이 문제에 초점을 맞춘 것들이 있다. 앞서 국가-사회의 문제에 초점을 둔 연구와는 달리 시장경제 혹은 탈사회주의 문제에 초점을 둔 연구들은 국가보다 자본주의 시장경제의 논리가 인민들의 삶에 더 많은 영향력을 행사하는 것으로 파악하는 경향을 보인다. 다시 말해 시장을 인민의 삶과 국가의 역할 각각을 근본적으로 변화시키고 있는 변수로 파악하고 있는 것이다. 이 분야에서 주로 분석되는 대상은 시장경제의 발달과 함께 등장한 자본가들, 노동자들, 그리고 농민공들이다. 정종호(2000, 2003a, 2008b)는 독특한 종류의 유동인구에 관심을 가졌다. 그가 연구한 절강촌이라는 불리는 북경의 한 지역에는 온주에서 이주해 온 사람들이 밀집해서 살아가는데, 이들은 다른 일반 농민공들과는 달리 적극적으로 시장경제에 뛰어들어 기업가로 변신하였다. 정종호는 이들이 어떻게 북경에 정착하게 되고, 그들 사이에 계층이 어떻게 분화되고, 나아가서 어떻게 가족 중심으로 경영되던 소규모 기업이 전문 경영인이 경영하는 커다란 기업으로 변화되고 있는지를 연이은 논문을 통해 보여 주고 있다. 원재연(2006)은 중국의 실업 노동자들을 연구하고 있는데 그의 논문은 시장경제 앞에서 무기력해지는 국가의 모습을 잘 보여 주고 있다. 중국인들이 사회주의를 살아가는 동안 실업이란 현상은 경험할 수 없었다. 하지만 시장경제가 발달하면서 실업이 만연하고 있다. 기업은 이윤을 내기 위해 잉여 노동력을 해고하게 되는데 이런 현상은 국영 기업의 경우도 예외가 아니다. 원재연에 따르면, 이제 국가가 말하는 바람직한 노동자란 "어려움을 견딜 수 있고 스스로 알아서 직업을 찾을 수 있는 자급자족형 노동자들"이다(2006: 69-70). 이것은 중국의 탈사회주의가 진행되면서 국가의 역할이 축소되고 인민들의 삶은 시장논리에 의해 더 많은 지배를 받고 있는 현상이라고 볼 수 있다. 양한순(2007a, 2007b, 2008)은 중국에서 가장 부유한 농촌 마을로 알려진 강소성 화시촌에 대한 연구를 통해서 중국식 자본주의를 분석하고 있다. 저자에 따르면 이미 인민들 사이에서는 국가로부터 인정을 받는 것보다 시장에서의 성공이 더 매력적인 가치로 인식되고 있다. 저자의 연구는 중국에서는 부유한 마을이나 성공한 기업을 견학하려는 사람들이 많아지고 이런 현상이 하나의 상업 관광으로 정착되고 있는 모습을 보여 준다. 그런데 사실은 화시촌에서 부와 명예를 향유하는 사람들은 1,500여 명에 불과한 본촌민들이고 3만여 명에 달하는 나머지 이주노동자들은 열악한 삶을 살아가고 있다. 양한순은 이렇게 부유한 사회에서 배제된 많은 노동자들이 존재하게 된 이유는 바로 중국식 신자유주의 분배논리 때문이라고 보고 있다. 그리고 이 연구를 통해서 강력한 국가권력의 존재에도 불구하고 중국은 이미 자본주의 시장경제의 논리가 사회문화적 질서의 형성에 더욱 커다란 영향력을 미치고 있다는 주장을 펴고 있다.

셋째로 중요하게 다뤄진 연구가 소수자와 정체성에 관한 문제이다. 정체성은 일반적으로 불균등한 권력관계에 있는 두 집단 사이에서 중요한 문제로 대두되는데, 장정아(2002a, 2002b, 2003, 2005a, 2005b)는 홍콩이란 사회에서 벌어지는 다양한 종류의 정체성 문제를 분석하고 있다. 홍콩은 1997년 중국으로 귀속되었지만 특별행정구역으로 관리되고 있어 본토 사람들은 허가를 받고 들어간다. 현재까지 많은 본토 사람들이 홍콩으로 이주해 왔지만 홍콩인들은 자신들의 높은 경제적 지위 때문에 본토인들을 비하하게 된다. 그리고 새로 들어온 본토인들을 끊임없이 타자화시키며 자신들의 공동체로 받아들이지 않는다. 그 과정에서 홍콩으로 이주해 온 본토인들뿐만 아니라 본토에 남아 있는 홍콩인의 자녀들에게 거류권을 부여할지를 놓고 끊임없이 갈등을 빚고 있다. 장정아는 홍콩인들이 어떻게 끊임없이 본토인들을 타자화시키고 있는지를 보여 줌으로써 중국인이면서 동시에 중국인이 아니고 싶은 홍콩인들의 이중적 정체성을 분석하고 있다.

넷째로 소수민족에 대한 연구이다. 소수민족에 대한 연구는 중국을 이해하기 위해서 매우 중요한 분야임에도 불구하고 실제의 연구는 드물었다. 80년대 김광억(1983)이 중국의 소수민족의 현황과 국가 정책을 소개한 뒤로 오랫동안 연구가 없었는데, 1990년대 말 주영하(1999a, 1999b, 2000a)는 이 분야의 연구에 새로운 장을 열었다. 그는 사천성의 이족을 집중적으로 연구했는데, 연이은 논문을 통해서 이족의 민속 특히 그들의 샤머니즘과 옻칠기술에 대해서 생생한 묘사를 해 주고 있다. 그리고 김우진(2006)은 중국의 카작족에서 현지조사를 통해 그들의 언어, 특히 존댓말 사용에 대한 문제를 언어 인류학적으로 분석하였다.

다섯째로는 중국 영화 및 문화 산업에 대한 연구이다. 이 분야는 상하이의 영화 산업을 연구한 이응철(2006, 2007, 2008)이 개척하였는데, 그는 중국의 영화 산업이 어떻게 상업화라는 시장의 욕구와 사회주의라는 국가의 공식 이념 사이에서 타협을 하는지를 분석하고 있다. 이와 더불어 최근 관심을 모았던 것이 한류에 대한 연구인데, 장수현(2004a, 2004b)은 중국에서 한류가 발생한 요인을 분석할 뿐만 아니라 한류의 바탕에 깔린 문화적 가치를 통하여 동아시아 공동체 형성이 가능한지에 대해서 문제를 제기하고 있다.

마지막으로 한국과 중국의 경제적 그리고 문화적 교류 문제를 연구하는 분야이다. 한국과 중국이 경제 교류를 하면서 한국인들이 중국에 많은 투자를 하게 되는데 이로써 중국에 한국인이 경영하는 기업이 등장했다. 장수현(2003)과 정종호(2003b)는 중국의 한국 기업에 대한 현지조사를 바탕으로 중국 내 한국 기업에서 벌어지는 갈등에는 한국 기업 경영자들이 갖고 있는 한국적 문화와 중국 노동자들이 갖고 있는 중국식 문화 사이의 마찰의 요소가 있다는 지적을 하고 있다. 그리고 또 하나의 중요한 문제는 문화 교류에서 나타나는 갈등인데, 장정아(2008)는 한국이 강릉 단오제를 유네스코의 무형문화유산으로 등록한 사건이 어떻게 중국을 자극했고 이로써 중국은 국가로서 어떤 행동을 취하고 있는지를 분석하고 있다. 저자에 따르면, 중국은 이를 계기로 몇몇 전통명절을 부활시켜 공휴일로 만들고, 민간문화유산에 직접 개입하여 이를 국가의 문화유산으로 만들어 가고 있다.

4. 연구 범위의 확장과 새로운 도전

한국 인류학의 중국 연구는 계속해서 그 연구 영역이 확장되고 있다. 인류학의 중국 연구는 중국인에 대한 연구와 중국에서 일어나고 있는 일에 대한 연구 모두를 포함하게 된다. 그렇게 되면 중국인에 대한 연구는 한국 화교에 대한 연구를 포함하게 되고(박은경 1994; 이창호 2008), 중국에서 벌어지고 있는 일에 대한 연구는 조선족(유명기 2002; 이광규 1994; 이현정 2001; 장수현 2001b; 한상복 외 1993)과 탈북자 연구(장수현 2001a)도 포함하게 된다.

한국 인류학에서의 중국 연구는 그 학문적 교류의 범위도 확장해 왔다.

먼저 사회학자 등 다른 외부의 학자들도 인류학회지에 연구논문을 발표하고 있는데 사회학자 원재연(2006)의 연구가 대표적이다. 이와는 반대로 인류학자들은 인류학 학술지가 아닌 다른 학술지—대부분은 지역연구 관련 학회지에—논문을 발표하는 사례가 늘어가고 있다. 그리고 외국의 학자들도 국내 인류학 학회지에 논문을 발표함으로써 학술교류의 범위를 확장했다(서경택 1993; Harrell 1997; Heberer 1997).

최근 등장한 또 하나의 중요한 현상은 인류학계의 중국 연구자들이 정치학, 사회학 등 인류학을 넘어 다른 분야의 중국 연구자들과 교류하고 경쟁하는 기회가 많아졌다는 점이다. 또 연구자들이 인류학과에 자리를 잡기보다는 국제학부나 중국학과 혹은 지역연구 학과에 자리를 잡는 경우가 늘어나고 있다. 그 결과 타 학문의 중국 연구자들과 교류하고 경쟁하는 기회가 증가한 것이다. 이러한 현상은 인류학의 범위를 확장시켰지만, 대신 몇 가지 어려운 도전과 과제를 남겨 놓았다. 먼저 인류학 연구자들 사이에 공유하고 토론하고 논쟁하는 기회가 더 줄어들 수 있다는 점이다. 그리고 많은 연구자들이 공감을 하고 있는 또 하나의 문제는 인류학 연구의 특성상 오랜 연구 기간이 필요한데 다른 사회과학과 경쟁하기 위해서 인류학의 장점을 충분히 살리지 못하는 연구를 하게 될 수 있다는 점이다. 따라서 인류학 연구자들은 중국 연구에 관한 인류학적 담론 생산을 어떻게 할 수 있는지에 대해서 공동으로 고민해 볼 필요가 있다. 그리고 나아가서 좀 더 많은 논쟁을 통해서 한국 인류학이 제시할 수 있는 보편적인 가치와 이론에 대한 공통의 담론을 축적해 나갈 필요가 있다.

참고문헌

김광억, 1980, "사회와 사회인류학자: 費孝通(Fei, Hsiao-tung)의 경우,"『한국문화인류학』 12:143-165.

_______ 1981a, "대만고산족의 사회와 문화의 변화,"『동아문화』 18: 269-277.

_______ 1981b, "북중국지방의 촌락과 동족집단에 관한 몇가지 고찰,"『진단학보』 52: 129-150.

_______ 1983, "Policies and Studies on Minorities in China: An Overview,"『중소연구』 33-58.

_______ 1986, "조상숭배와 사회조직의 원리: 한국과 중국의 비교,"『한국문화인류학』 18: 109-128.

_______ 1993, "현대중국의 민속부활과 사회주의 정신문명화 운동,"『비교문화연구』 창간호: 199-224.

_______ 1996, "현대 중국에서 국가와 사회의 관계: 가(家)와 종족(種族)을 중심으로,"『국제 · 지역연구』 5(1): 85-116.

_______ 1997, "현대중국의 향진기업의 발전과 소성진의 사회문화적 변화: 지앙수(江蘇)성과 저지앙(浙江)성의 조사를 중심으로,"『국제 · 지역연구』 6(2): 71-101.

_______ 1998, "현대중국 농촌에서 공동체 이념의 기반: 종족지향성과 촌락지향성,"『농촌사회』 8: 130-160.

_______ 1999, "현대중국에서 낙후와 발달 그리고 문화: 산동성 지역사회의 연구,"『현대중국연구』 1: 153-188.

_______ 2000a,『혁명과 개혁 속의 중국 농민』 집문당.

_______ 2000b, "중국 연구를 위한 방법론: 공식 영역과 비공식 영역의 관계,"『아시아태평양지역연구』 2(2): 133-149.

_______ 2002a, "국가와 사회 그리고 문화: 가족과 종족연구를 위한 한국 인류학의 패러다임 모색,"『한국문화인류학』 35(2): 303-336.

_______ 2002b, “중국연구를 위한 인류학적 패러다임 시론: 문화접점론과 국가-사회의 관계를 중심으로,” 『국제 · 지역연구』 11(3): 23-59.

_______ 2003, “현대 중국에서 국가-사회의 관계와 종족의 재생산,” 『중국사연구』 27: 265-284.

_______ 2006, “현대 중국에서의 국가와 사회의 관계: 종족과 지역사회의 문화와 권력의 구조,” 『한국문화인류학』 39(2): 3-44.

김성철, 1997, “종족과 사회: 한국과 중국의 비교,” 『비교문화연구』 3: 109-129.

김우진, 2006, “중국 카작족 존대말에 대한 사회언어학적 분석,” 『비교문화연구』 12(2): 5-56.

박상미, 2002, “중국 문화 읽기의 모색: 현대 중국사회의 문화인류학,” 『국제지역연구』 6(2): 71-85.

박은경, 1994, “중국 음식의 역사적 의미,” 『한국문화인류학』 26: 95-116.

서경택, 1993, “중국 농촌 경제체제 개혁 개황,” 『비교문화연구』 창간호: 185-197.

심우준, 1970, “최근 대만인류학계 동향: 특히 대만토착문화를 통해 본 중국문화권문제를 중심으로,” 『한국문화인류학』 3: 143-149.

양영균, 2001a, “기업가의 활동과 경제 변화: 개혁 · 개방 시대 중국의 한 농촌마을의 사례,” 『한국문화인류학』 34(2): 97-128.

_______ 2001b, “얻은 자와 잃은 자: 개혁 · 개방시대 중국의 한 농촌마을의 사례,” 『비교문화연구』 7(1): 29-64.

_______ 2002, “중국 농촌의 기층간부의 위치와 역할의 변화를 통해 본 국가-사회 관계,” 『국제 · 지역연구』 11(4): 75-102.

양한순, 2007a, “부자와 순례자들: 중국 제일 부촌에서의 탈사회주의 모더니티 관광,” 『한국문화인류학』 40(2): 3-47.

_______ 2007b, “모범노동자가 된 부자들: 시장권력의 성장과 현대 중국사회 모델의 변천,” 『국제 · 지역연구』 16(3): 125-167.

_______ 2008, “중국식 신자유주의와 차별화된 공동체 성원권: 성공한 향진기업 화시촌(華西村)의 사례를 중심으로,” 『중국학연구』 45: 535-566.

원재연, 2006, “중국 실업 노동자의 탈사회주의화 과정에 관한 연구,” 『한국문화인류학』 39(2): 45-84.

유명기, 2002, “민족과 국민 사이에서: 한국 체류 조선족들의 정체성 인식에 관하여,” 『한국문화인류학』 35(1): 73-100.

이광규, 1985, “중국친족제도연구서설,” 『한국문화인류학』 17: 247-264.

______ 1994, 『재중한인』, 일조각.

이응철, 2006, “국가, 사회, 시장의 공모: 현대 중국 영산산업의 사례,” 『비교문화연구』 12(1): 5-41.

______ 2007, “상하이의 영상산업과 현대성: 서구화, 부유함, 스펙터클의 추구,” 『한국문화인류학』 40(2): 125-161.

______ 2008, “현대중국의 주선율(主旋律) 영화와 독립다큐멘터리: 장르의 형성과 국가의 역할,” 『비교문화연구』 14(1): 185-218.

이창호, 2008, “차이나타운의 재개발과 의미의 경합: 인천지역의 사례를 중심으로,” 『한국문화인류학』 41(1): 209-248.

이현정, 2001, “조선족의 종족 정체성 형성 과정에 관한 연구,” 『비교문화연구』 7(2): 63-105.

임돈희, 2004, “유네스코 세계무형문화 유산으로 지정된 한국, 중국, 일본, 인도의 무형문화재의 보존현황과 전승방안에 대한 비교 연구,” 『비교민속학』 27: 571-595.

장수현, 1998, “개혁개방 이후 중국 농촌 민간의례의 활성화에 관한 고찰: 국가 이데올로기와 농민의 생활철학,” 『한국문화인류학』 31(2): 439-480.

______ 1999, “개혁 · 개방 이후 중국의 국가－농민 관계,” 『아시아태평양지역연구』 2(1): 73-88.

______ 2001a, “중국 내 북한 난민의 사회적 고통: 한계적 상황과 오점 만들기,” 『한국문화인류학』 34(2): 211-236.

______ 2001b, “한국 화교의 사회적 위상과 문화적 정체성,” 『국제인권법』 4: 1-30.

______ 2003, "중국 내 한국기업의 현지적응 과정과 문화적 갈등: 칭다오 소재 한 신발공장에 대한 인류학적 연구," 『한국문화인류학』 36(1): 83-118.

______ 2004a, "중국의 한류를 통해서 본 동아시아공동체론," 『인문학연구』 31(2): 215-226.

______ 2004b, 『중국은 왜 한류를 수용하나』, 학고방.

장정아, 2002a, " '大陸과 다른 홍콩' 만들기," 『현대중국연구』, 81-163.

______ 2002b, "타자로서의 이주민: 홍콩의 중국본토 이주민," 『비교문화연구』 8(2): 37-78.

______ 2003, "타자의 의미: '홍콩인' 정체성을 둘러싼 싸움," 『한국문화인류학』 36(1): 43-82.

______ 2005a, "중국본토인의 시기별 홍콩이주와 그 특징," 『중국근대사연구』 25: 113-149.

______ 2005b, "홍콩의 법치와 식민주의: 식민과 토착의 뒤틀림," 『한국문화인류학』 38(1): 3-44.

______ 2008, " '민간문화유산'에서 '위대한 중국의 문화유산'으로," 『한국문화인류학』 41(1): 167-208.

정종호, 2000, "중국의 流動人口와 국가-사회 관계 변화: 북경 '浙江村'사례를 중심으로," 『비교문화연구』 6(2): 127-170.

______ 2003a, "이농민에서 기업가로: 북경 '절강촌(浙江村)' 유동인구(流動人口)의 사회계층분화," 『한국문화인류학』 36(2): 37-72.

______ 2003b, "재중 한국계 기업의 경영 현지화에 대한 문화적 영향: 개혁·개방기 중국의 '정·리·법 문화구성(情·理·法 文化構成)'을 중심으로," 『비교문화연구』 9(2): 83-123.

______ 2008a, "북경시의 도시재개발 정책과 북경 '동향촌(同鄕村)의 변화," 『현대중국연구』 9(2): 37-79.

______ 2008b, " '온주모델(溫州模式)에서 '신온주모델(新溫州模式)로: 북경 절강촌(江村) 사례를 중심으로," 『중국학연구』 44: 193-221.

주영하, 1999a, “이족(彝族)의 샤머니즘: 중국 쓰촨성 량산지역을 중심으로,” 『비교문화연구』 5: 55-85.

_______ 1999b, “문화체계로서의 기술(technology): 중국 이족의 옻칠기술을 중심으로,” 『비교문화연구』 5: 237-273.

_______ 2000a, “중국 량산 이족의 조상숭배와 샤머니즘,” 『민족학연구』 4: 235-258.

_______ 2000b, “개혁개방 이후 중국 도시인의 음식 소비가 지닌 문화적 의미,” 『국제지역연구』 4(2): 155-175.

_______ 2000c, 『중국, 중국인, 중국음식』, 책세상.

_______ 2001, “중국에서의 민족학과 민속학,” 『중국연구』 27: 289-303.

한상복 · 권태환, 1993, 『중국 연변의 조선족: 사회의 구조와 변화』, 서울대학교 출판부.

Harrell, Steven, 1997, “탈근대 시대의 전후 기능주의 민족지의 의의: ‘중국’ 민족지의 황금기로부터의 교훈,” 『비교문화연구』 3: 177-203.

Heberer, Thomas, 1997, “중국 사회변화과정에서의 종족 부활, 종족 정체성 그리고 종족 갈등: 경제, 사회적 발전 형태에 있어서 종족성 문제의 전개과정,” 『비교문화연구』 3: 131-175.

한국인 인류학자들의 일본 연구

임경택(전북대학교 일어일문학과 부교수)

1. 머리말

'자국인류학(native anthropology)'의 범주에 속하면서, 민족문화의 전통적 성격을 규명하려는 국학적인 성격을 지녀 왔던 한국의 인류학에 본격적으로 타 사회를 연구하고자 하는 경향이 나타나기 시작한 것은 1980년대에 들어서였다. 이는 한국의 국력신장과 더불어 외교, 경제, 안보 등의 현실적 요구에 대한 부응이었고, 이와 같은 타 문화 연구에 대한 관심의 증대는 문옥표의 지적처럼 "타 문화와의 비교를 통하여 그 특수성과 보편성을 파악하고자 하는 지역학적 접근에로 한국학에 대한 인식이 변하는 것"(문옥표, 1994: 255)과 맞물려 일어난 현상이다.

그 시기에 한국인 인류학자들이 관심을 나타낸 타 문화 중에서 압도적 비중을 차지한 것은 일본이었다. 그것은 한국인과 오랜 역사적 관계를 가져 온 사회라는 것 외에도 당시로서는 교류 연구의 가능성이나 접근의 용이성이 가장 높았던 사회라는 점에서 나타난 당연한 현상이라고 할 수 있을 것이다. 유럽이나 미국, 일본으로 유학하여 장기간의 필드워크를 통하여 일본에 관한 민족지(ethnography)가 생산되기 시작한 것도 바로 이 무렵이다. 그 이전의 연구는 한국 문화와의 상관성 혹은 비교성을 강조하기 위한 것이 대부분이며, 더욱이 필자들이 인류학자로서의 정체성을 지녔다고 보기도 힘든 실정이다.

이러한 점들을 감안하여 이 글에서는 1980년대 이후에 한국인 인류학자들에 의해 이루어진 일본 연구를 중심으로 살펴보기로 하겠다. 한국학술진흥재단의 연구인력정보에 연구자 자신이 등재한 자료 중에서 전문학술지에 게재된 논문[1)]과 단행본으로 출판된 책들을 주요 자료로 삼고자 한다.

2. 연구의 흐름과 연구자의 분류

1) 연구의 흐름

1965년 한일국교정상화 직후 한국 사회에서 직접 필드워크를 수행하기 시작하였던 일본인 인류학자들에 비해, 한국인에 의해 이루어진 일본 연구는 김동욱(1975)의 연구와 최길성(1978)의 연구에서 전형적으로 볼 수

1) 일본 사회나 일본 문화를 연구한 논문의 경우, 『한국문화인류학』이나 『비교문화연구』와 같은 국내의 인류학 학술지 외에도 1990년 이후 급속히 증가한 일본학 혹은 일본 사회 혹은 일본 문화를 다루는 학회지에도 상당수 게재되어 있다.

있는 것처럼, 한국 문화와의 상관성이나 한국 문화에 대한 자신의 연구 관심과 관계되는 일본 사회의 단면을 연구하려는 경향이 뚜렷하였다고 평가할 수 있다.

이러한 경향에서 탈피하여 일본 사회에서 필드워크를 수행하여 작성한 최초의 논문은 문옥표가 1984년 옥스퍼드 대학에 제출한 박사학위논문[2)]으로서, 일본 군마 현의 산촌 마을에서 실시한 필드워크를 기초로 하여 일본 농촌의 사회 · 문화적 변화 과정을 기술한 것이다. 문옥표의 선구적인 연구에 이어, 1990년대에 들어서게 되면 연구자의 수적 증가와 관심의 다양화로 인해 일본 문화에 대한 인류학적 연구가 더욱 활성화되기에 이른다. 그러나 1980년대 이후에 일본 연구자가 증가하였다고는 하지만, 현재 한국에서 활동하고 있는 연구자의 수는 10명을 겨우 상회하는 수준에 그치고 있어서 인류학적 일본 연구가 한국에서의 일본학 연구분야에서 시민권을 획득하기까지에는 많은 어려움이 존재하고 있는 것 또한 사실이다.

2) 일본연구자들의 유형별 분류

이토(Ito, 1992)는 한국인 인류학자에 의한 일본 연구를 인류학자들의 유학지에 따라 두 가지 유형으로 분류하였다. 이토 교수의 분류에 따르면, 한국 내에서 인류학이나 민속학을 전공하고 일본에 유학하여 석사나 박사학위 과정을 수료한 소위 일본 유학형이 그 하나이고, 영국이나 미국 등 서구에 유학하여 인류학 훈련을 쌓은 후 일본에서 1년 내지 2년의 필드워크를 실시하여 학위논문을 작성한 서구 유학형이 또 다른 유형이다. 문옥

2) 박사학위논문의 제목은 *Economic Development and Social Change in a Japanese Village*였고, 후에 *From Paddyfield to Ski Slope*(1989)라는 제목의 단행본으로 출간되었다.

표(1994)는 이 두 가지 유형에 대한 약간의 분석과 더불어 '프로젝트형' 혹은 '교류형' 연구자를 부가하였다. 나아가 세 가지 유형 외에 1990년대에 들어 한국 내에서 지역연구가 권장되는 분위기가 고조되는 가운데 국내에서 인류학적 훈련을 받고 일본 현지에서 조사를 하여 학위논문을 작성한 이른바 국내형을 추가할 수 있을 것이다. 이러한 점은 일본 연구자 집단이 상당히 이질적이라 여겨질 수 있는 가능성을 배태하고 있기는 하지만, 역으로 다양한 스펙트럼을 가질 수 있는 전망을 보여 주기도 한다.

유학지의 학문적 풍토가 연구자의 연구방향에 영향을 미치는 것은 보편적이고 당연한 현상이며, 1990년대 이래 일본 측의 공동연구 계획이 다양해지면서 문옥표가 지적한 제3의 유형이 증가한 것 또한 사실이라는 점을 고려해 볼 때, 이 분류는 여전히 그 유효성을 지니고 있다고 판단된다. 다만 이러한 분류가 연구의 경향을 살피는 데 유효할 수 있는 도구일 뿐, 그것이 학문의 질적 수준을 논할 수 있는 기준이 아니라는 것은 새삼 강조할 필요가 없을 것이다.

3. 연구자들의 유형에 따른 연구 경향

1) 일본유학형

이 유형은 1980년대 중반에 일본으로 건너간 김양주와 황달기가 선구를 이루고 있다. 김양주는 시코쿠(四國)의 한 지역에서 마쓰리를 통해서 파악할 수 있는 일본 지역사회의 역동성에 대해 연구하였다. 일본 지역사회를 통합하는 중요한 기제 중의 하나인 마쓰리에 대한 그의 연구는 잘 드러나지 않는 지역사회의 내부 질서와 역동성에 대해 의례 공간을 통해 설명하고 있는 것이다. 황달기는 일본인의 인간관계에 대해 꾸준한 관심을 보여 주고 있는데, 그러한 인간관계를 주로 일상적, 의례적 선물교환행위를 통해 분석하고 있다.

1990년대에 유학한 임경택은 지방도시의 상가를 대상으로, 여태까지 농가를 주요 대상으로 논의되어 온 일본의 '이에(家)'에 대한 논의를 재검토하고, 그 이에를 기본단위로 구성된 도시사회의 생태를 조명하고 있다. 현재 일본의 대학에 재직하고 있는 김병철의 연구대상은 '에부네(家船)'라는 특수한 집단이기는 하지만, 에부네가 일본 내의 이에의 또 다른 형태라는 점을 고려할 때 임경택의 연구와 맥락을 같이한다고 볼 수 있다. 한편 박동성은 근대 일본에서 지역사회가 형성되고 변화되는 과정에 대해 분석하면서, 일본의 지역사회가 지닌 자율성과 문화적 다양성에 대해 규명하고자 하였다.

그 외에도 오키나와를 연구하여 오키나와 현지의 대학에 재직 중인 이진영과 오키나와의 민간 신앙을 연구하고, 지금은 제주도에서 활동하고 있는 강경희, 천황가에서 사용하는 물건을 만드는 장인집단을 연구한 이영주 등이 있다.

이러한 일본 유학형의 연구자들은 황달기를 제외하고는 동경대학으로 유학을 하였고, 동일한 연구실에서 훈련을 받았다는 공통점을 지니고 있다. 대체적으로 생활경험을 통해 체득한 일본의 민속에 관한 지식을 중요한 배경으로 하고 있으며, 일본인 학자들의 연구결과를 정확히 소개하고 있다는 장점을 지니고 있다. 그리고 무문자사회의 연구라는 전통을 지속시켜 온 인류학의 테두리를 벗어나, 일본 사회가 지닌 역사성을 파악하기 위해 문헌에 대한 연구를 병행하고자 고민하는 흔적이 역력하다. 또한 김양주의 일련의 연구에서도 나타나듯이 일본 사회에 대한 한국인으로서의 인식에 대한 문제도 이 유형의 연구자들이 안고 있는 또 다른 일면이다.

2) 서구유학형

이 유형에 대해 문옥표(1994)는 명확한 주제 설정과 일본 사회에 대한 객관적인 접근을 특징으로 지적하고 있다. 나아가 서구 사회와 대비하여 구축되는 '일본특수성론의 신화'(문옥표, 1994: 267)를 파기할 수 있는 인식틀을 제공해 주리라 기대하고 있다.

우선 제2차 세계대전 이후 일본 농촌의 변화를 연구한 문옥표는 그 이후에 농촌사회에서 발견되는 기본적인 명제들—가족, 친족, 여성노동, 농촌부흥운동 등—에 관한 연구로 이어가고 있다. 한경구는 동경 근처의 한 인쇄 공장에서 필드워크를 실시하였고, 일본 회사의 공동체적 성격에 대하여 검토하고 있다. 이 연구는 공동체라는 개념이 만들어지는 역사적, 정치적 과정에 대해 분석함으로써 문옥표가 지적한 일본특수성론의 신화를 파기하고자 한 실증적 자료로 평가되고 있다. 한경구는 이후에도 기업가정신이나 일본의 사회조직만이 지닌 특징이라 여겨져 왔던 담론들에 대해 끊임없이 비판적 시선을 던지고 있다. 그리고 탁아정책의 발달이 여성노동의 수요에 끼친 영향, 그리고 그것이 가지는 기업과 국가와의 관계 등에 대해 일본의 공동육아제도를 통하여 밝힌 정병호의 연구도 있다. 한편 권숙인은 일본의 주변부 지방인 아이즈(會津)에서 지역 주민들이 자신들의 아이덴티티를 만들어 가는 과정을 민족지적으로 기술하였는데, 현대 일본 사회 내에서 소위 지방사회가 안고 있는 문제들에 대해 외부의 시선과 함께 고찰하고 있다. 한승미는 세계적으로 유명한 칠기 산업을 발전시켜 온 지역을 조사하여, 지역의 기술이 세계적인 상품으로 발전해 가는 과정을 기술하면서, 그 안에서 상품의 생산자들이 직접 겪게 되는 정체성의 문제에 대해서도 자세히 언급하고 있다.

이러한 서구 유학의 경험을 가진 연구자들이 갖는 공통점은 무엇보다도 그들의 연구가 세계 인류학의 맥락과 맞닿아 있다는 것이다. 일본이라는 사회를 보기 전에 우선 주제를 정확하게 설정하는 것을 중요시함으로써 인류학의 이론적 발전에 공헌하는 몫이 훨씬 더 크게 자리하고 있다. 박사학위 취득 이후의 연구가 단지 일본에만 머무르지도 않거니와, 주제면에서도 매우 다양하게 전개해 온 사실을 보더라도, 경험주의를 강조하는 일본인 학자들과 그들의 지도를 받았던 일본 유학형과는 상당한 차이를 보이고 있다. 다만 그러한 주제중심적 경향이 지닌 최대의 약점은 그 연구 경향 자체가 일본 연구의 축적을 방해하는 요소가 될 수 있다는 점일 것이다. 즉 주제의 설정은 정확하고 세계적인 것일 수 있으나, 한 주제에 대해 장기간 심도 있는 연구로 이어지지 않는다는 것이다.

3) 프로젝트형 혹은 교류형

이 유형은 주로 한국 사회를 연구해 오던 전문가로서 일본에서의 장기적인 필드워크의 경험은 없으나, 자신들이 연구해 온 특정 분야에 대한 비교연구를 위하여 일본 사회를 선택하는 경우가 대부분이다. 1980년대부터 일본인 학자들의 공동연구 계획이 다양화하면서 꾸준히 증가하여 왔고, 1990년대 이후에는 한국에서 획득할 수 있는 연구비가 증가하면서 더욱 빠른 속도로 증가하여 왔다. 이러한 연구는 연구자 개인의 입장에서만 보면 준거 틀의 확장으로 인해 연구결과가 풍성해지고 시야가 넓어진다는 장점은 있을 수 있다.

하지만 이러한 유형의 연구는 특정의 연구프로젝트를 통하여 이루어지는 만큼 전문적인 지식의 축적은 기대하기 힘든 것이 사실인데, 주로 연구여건과 국내의 사회적 관심의 추이만이 그들의 연구의 지속성을 담보해주기 때문이다. 또한 일본어를 구사하는 능력이 있어서 단기간의 조사에서도 소정의 목적을 달성하는 경우도 있지만, 일본 사회에 대한 심층적인 이해부족과 언어능력의 미비 등으로 인해 심각한 오류를 범할 가능성도 잠재해 있다. 나아가 가장 우려되는 것은 자신의 연구목적을 위해 자료나 현상에 대해 자의적인 해석이 이루어질 가능성이 매우 높다는 사실이다.

4) 국내형

1990년대 이후 한국 사회에서 세계화의 구호와 함께 지역연구의 분위기가 고조되면서 국내에서도 박사학위를 취득하기 위하여 해외지역 조사를 하는 연구자가 나타나기 시작하였다. 서울대학교 인류학과가 그 중심이었고, 홍성흡이 이 유형의 선구라고 할 수 있는데 그는 일본 관동지방의 한 농촌지역을 조사하여, 산업농 체계 하에서의 일본 농민의 농업경영방식과 경영전략, 농업경영상의 분화 양태, 전통적 경영방식의 원용 양상 등을 연구하였다. 그리고 최근에 진필수는 오키나와의 미군기지와 관련된 마을에서 필드워크를 수행하여 미군기지가 오키나와의 전통적인 촌락공동체에 끼친 영향에 대한 연구를 계속하고 있다.

이 유형의 연구자들에게 공통적인 것은 그들의 관심사가 한국 내의 사회적 관심사와 맞물려 있다는 점이라 할 수 있다. 농업개방과 농민의 대응이라는 주제와 토지 문제와 촌락공동체의 문제 모두 한국 사회에서 이슈가 되고 있는 주제들인데, 그들은 이를 단순한 한일비교의 수준에 머물지 않고, 보다 적극적으로 일본의 사례를 직접 연구하고자 하였던 것이다. 이러한 연구는 한국인의 일본 연구가 궁극적으로 한국인의 자기인식과 연결될 수 있다는 점을 여실히 보여 주는 사례가 될 수 있어서 주목을 끌 수 있을 것이다.

4. 맺음말

이상과 같이 한국인 인류학자의 일본 연구는 다양한 형태로 전개되어 오면서 단기간에 나름대로의 축적을 이루어 왔다고 생각한다. 특히 정치학이 주도하는 일본 연구의 분야에서 인류학자들이 오랜 기간의 필드워크의 경험을 바탕으로 일본 사회 혹은 일본 문화에 대한 통찰력을 제시하고 있는 것 또한 사실이다.

그런데 위에서 살펴본 바와 같이 다양한 유형으로 분류되는 일본 연구자들이 이질성을 극복하고 다양한 스펙트럼을 만들어내기 위해서는 몇 가지 노력이 필요하다고 생각한다. 첫째, 일본 연구자들 내부의 학문적 대화가 그동안 매우 부족했다는 점을 지적하지 않을 수 없다. 타 학문 분야의 요청으로 인해 여러 가지 프로젝트에 참가하고는 있지만, 정작 인류학자들 간의 공동연구나 공동작업은 그다지 많지 않은 편이다. 그러한 대화는 단순히 프로젝트의 공동수행 등을 통해 이루어질 수 있으리라고는 생각하지 않는다. 그러한 의미에서 최근 발족한 '일본사회문화연구회' 는 좋은 기회가 될 것이라 생각한다.

둘째, 한국인 인류학자의 일본 연구는 조사대상이 일본의 관동지방에 치우쳐 있다는 점이다. 오키나와라는 특수한 지역을 제외하고는 오사카 혹은 교토[3]를 중심으로 하는 관서지방에 대한 연구는 거의 전무한 편으로 이는 동경 중심의 담론만을 생산해 낼 가능성을 내포하고 있는 것이다. 동과 서로 나뉘는 일본의 지역성을 고려할 때, 관서지방에 대한 연구를 통해 일본을 보는 시각의 균형을 이루어야 한다고 생각한다.

3) 교토에서 실시한 필드워크를 바탕으로 최근에 박사학위를 취득한 김효진의 경우는 예외이다.

셋째, 직접적이고 장기적인 필드워크에 의한 자료 수집을 지나치게 강조함으로써 생겨나는 문제를 지적할 수 있을 것이다. 물론 그것이 소위 인류학적 연구의 신뢰도 및 심도와 밀접한 관련을 가지고 있다고는 하지만, 일본이라는 연구대상이 지니고 있는 특성과 연구결과의 확산이라는 점을 고려할 때 인류학자들이 파 온 우물의 경계를 벗어나야 한다고 생각한다. 흔히 거론되는 '우리 마을(in my village)'의 경계를 극복해야 한다는 것이다. 거대 담론에 대한 비판이나 일본 사회에 대한 거시적 설명이 국지적인 분석으로만 이루어질 수 있다고 믿는 사람은 아무도 없을 것이다. 학위 취득 후 현실적인 여건으로 인해 불가피하게 단기간의 필드워크만 가능해짐으로써 이러한 연구방법에 변화가 이루어지고 있기는 하지만, 그것이 단순히 조사기간만의 문제에 머물지 않고, 연구대상의 다양화로 이어지는 사고의 전환이 필요하다.

참고문헌

김동욱, 1975, "일본기마민족 정복설과 복식의 상관성," 『한국문화인류학』 7: 84-86.

김양주, 1994, 『의례의 동태와 현대일본사회』, 동경대학 박사학위논문.

______ 1994, "일본인식론 시도, 그 하나: 마녀로서의 일본 혹은 마녀사냥으로서의 '반일'," 『교육연구』 3: 59-75.

______ 1994, "강과 바다, 그리고 신들의 결혼: 일본시만토강 유역사회의 '하치만상' 축제와 그 지역성에 관한 고찰," 『민속학연구』 1: 7-34.

______ 1995, "일본지역사회의 '마츠리'와 그 사회문화적 역동성: 유스하라의 사례를 중심으로," 『민족과 문화』 3: 79-125.

______ 1996, "일본지역사회의 의례, 그 일년과 일생: 유스하라의 사례를 통한 고찰," 『사회과학연구』 13: 11-39.

______ 2001, "일본사회의 민족지학적 연구와 그 인식론적 고찰," 『한국문화인류학』 34(1): 29-57.

______ 2003, 『축제의 역동성과 현대일본사회』, 서울대학교출판부.

______ 2004, "축제의 생산과 소비를 통해 본 '마츠리 투어리즘'의 가능성," 『일본학보』 59: 519-534.

권숙인, 1994, 『후루사토의 정치학』, 미국 스탠퍼드 대학 박사학위논문.

______ 1995, "아이덴티티 정치: '헤세볼런티어협회'의 실천을 중심으로," 『한국문화인류학』 28: 407-443.

______ 1996a, "현대일본사회의 전통(성)의 공간: 오쿠아이즈의 한 민속의 사례를 중심으로," 『한국문화인류학』 29: 169-191.

______ 1996c, 『현대일본사회와 지방의 아이덴티티』, 서울대학교출판부.

______ 1997, "일본제국주의 시대(1868~1945)의 여성의 지위—정치적 보수주의와 '양처현모'이념의 대두," 『한국문화인류학』 30: 123-156.

______ 1998, "'차 한 잔에의 초대'—현지조사, 인류학자의 정체성, 한국인의

일본연구,”『한국문화인류학』 31(1): 49-73.
______ 2000, “이세신궁 참배의 성과 속: 세상유람에서 문화관광으로,”『한국문화인류학』 33(1): 6-16.
______ 2002, “현대일본사회에서 ‘민속’ 의 의미,”『일본사상』 4: 117-144.
______ 2003, “일본문화를 보는 세 가지 눈: 루스 베네딕트, 나카네 지에, 노마 필드,”『국제 · 지역연구』 12(1): 45-66.
______ 2004, “일본사회의 변화와 민족문제의 새로운 전개,”『일본연구논총』 19: 161-210.
______ 2005,『일본의 문화산업체계』, 지식마당.
______ 2006, “ ‘도한(渡韓)의 권유’ : 1900년대 초두 한국이민론 속의 한국과 일본,”『사회와 역사』 69: 1-29.
문옥표, 1983, “경제구조의 혁신과 사회조직—일본 농촌에서의 관광사업과 이에를 중심으로,”『한국문화인류학』 15.
______ 1984,『일본농촌의 경제발전과 사회변화』, 옥스퍼드 대학 박사학위논문.
______ 1987, “일본인의 친족관계: 친속 및 인척의 개념적 범주 및 기능,”『삼불 김원룡 교수 정년퇴임기념논총』.
______ 1991a, “일본의 경제발전과 여성노동의 변화,”『일본연구논총』 7.
______ 1991b, “후기산업사회에서의 농촌의 위상: 1980년대 일본의 농촌부흥운동의 의미,”『농촌사회』 1: 211-245.
______ 1992, “농촌가족의 변화와 여성의 역할: 일본 群馬片品村의 두 마을 사례를 중심으로,”『한국문화인류학』 24: 231-264.
______ 1994a, “한국인류학의 지역연구 동향,”『한국사회 발전이론 비판』, 한국의 사회와 문화 제22집: 251-298.
______ 1994b,『일본의 농촌사회: 관광산업과 문화변동』, 서울대학교출판부.
______ 1995, “일본의 사회교육과 여성의 사회참여: 지역공동체와 주부의 역할,”『한국문화인류학』 28: 101-137.
______ 1997, “일본관광의 사회조직: 단체여행의 역사와 문화,”『국제 · 지역연

구』 6(1): 103-124.

______ 1998a, "일본의 관광개발과 지역활성화," 『농촌사회』 8: 73-100.

______ 1998b, "개발과 보존의 사이: 일본 오제의 관광개발과 자연보호운동," 『국제 · 지역연구』 7(4): 43-69.

______ 2001, 『일본의 도시사회』, 서울대학교출판부.

______ 2003, 『신여성: 한국과 일본의 근대여성상』, 청년사.

______ 2006, 『일본인의 여행과 관광문화』, 소화.

박동성, 2006, 『근대일본에 있어서의 '지역사회'의 형성과 변용: 일본국 시즈오카현 시모다시의 사례를 중심으로』, 동경대학 박사학위논문.

______ 2007, "일본의 한 지역의 사회사와 향토사운동: 이즈 시라하마의 사례," 『비교문화연구』13: 65-97.

임경택, 1998, "일본의 지방도시에 있어서 상가의 가업과 사회적 관계," 동경대학 박사학위논문.

______ 1999, "일본의 이에의 실체에 관한 이론과 일본사회의 이에적 구성," 『국제 · 지역연구』 8(3): 105-118.

______ 2000, "일본의 도시형 생활집단—조나이(町內)—에 관한 소고," 『한국문화인류학』 33(2): 201-237.

______ 2003, "물건(物)을 통해 본 한국과 일본의 민속문화비교," 『한일관계사연구』18: 171-193.

______ 2004a, "일본의 천황제와 촌락사회구성에 관한 사회민속학적 고찰," 『일본사상』 6: 57-84.

______ 2004b, "야나기타 구니오의 '일국민속학'과 식민주의에 관한 일고찰." 『정신문화연구』27(3): 67-96.

______ 2005, "일본가족의 근대—일본의 근대국민국가형성과 가족," 『일본사상』 9: 123-143.

______ 2006, "일본의 국제결혼 중개업체 관리체제," 『지역사회학』 8(1): 179-210.

정병호, 1991, “여성노동시장 수요와 공동육아(탁아)제도: 일본정부의 대응을 중심으로,” 『한국문화인류학』 23: 227-245.
______ 1992, 『보육의 정치학: 일본 보육원의 삶과 권력』, 미국 일리노이대학 박사학위 논문.
______ 1993, “일본공동육아(탁아)제도의 정치화,” 『비교문화연구』 1: 245-264.
______ 1994, “일본의 지방자치와 교육, 복지부문의 역동성: 시코쿠 코우치켄 유수하라 쵸오의 사례를 중심으로,” 『민족과 문화』 2:223-242.
______ 1997, “일본교육제도의 진화: 의무교육과정의 사회,” 『민족과 문화』.
진필수, 2007, “촌락공유지의 변천과정을 통해서 보는 지역사—오키나와 킨쵸의 사례,” 『지방사와 지방문화』 10(1): 93-123.
______ 2008a, 『미군 기지와 오키나와 촌락공동체: 지속과 재편』, 서울대학교 박사학위논문.
______ 2008b, “군용지료와 오키나와 촌락의 사회조직: 오키나와 킨쵸의 사례를 중심으로,” 『비교문화연구』 14(2): 167-200.
최길성, 1978, “오끼나와의 샤먼에 대하여,” 『한국문화인류학』 10: 27-41.
한경구, 1991, 『공동체로서의 회사: 일본의 중소기업에 대한 프로세스인류학적 접근, 동경 인서관, 1947-1990』, 미국 하버드대학 박사학위논문.
______ 1994a, “메이지시대의 기업가정신이라는 신화와 그 실상,” 『한국문화인류학』 25: 331-349.
______ 1994b, 『공동체로서의 회사: 일본기업의 인류학적 연구』, 서울대학교출판부.
______ 1995, “일본의 문화와 일본의 기업: 문화론적 설명의 허와 실,” 『동방학지』 86: 243-274.
______ 1996, “일본기업의 조직변화에 관한 연구: [신인사제도]의 도입을 중심으로,” 『경제와 사회』 32: 185-208.
______ 1997, “일본의 국제화: 레토릭과 문화론,” 『비교문화연구』 3: 61-107.
______ 1999, “일본의 근대조직의 발전과 한계: 이에형 조직과 운명공동체,”

『아세아연구』 42(1).

_______ 2000, "일본시민사회의 성격," 『황해문화』 28.

_______ 2002, 『한일사회조직의 비교』, 고려대학교 아세아문제연구소 출판부.

_______ 2003, 『일본은 회생하는가? 잃어버린 10년, 일본의 교훈』, 삼성경제연구소.

_______ 2005, "일본인의 시간과 공간," 『사회과학논총』 18.

_______ 2006, 『글로벌화시대의 일본: 한국에의 함의』, 한울.

한승미, 1995, 『지역기술에서 국가예술로』, 미국 하버드대학 박사학위논문.

_______ 1997, "국가적 전통의 상품화: 일본 지방산업에 있어서의 정체성과 진위성의 정치," 『한국문화인류학』 30(1): 157-181.

_______ 2003, "일본의 '내향적' 국제화와 다문화주의의 실험,"』 한국문화인류학』 36(1).

홍성흡, 1995, 『일본농민의 농업경영형태와 사회경제적 적응전략』, 서울대학교 박사학위논문.

_______ 1997, "일본 전업농의 사회경제적 내부구성과 농업경영형태," 『한국문화인류학』 30(1): 183-210.

_______ 1999, "벼에서 국화재배로—산업농 체계 하에서의 일본 전업농의 적응전략," 『농촌사회』 9: 95-121.

_______ 2006, "개방 농정 하 일본 농민의 대응방식과 정체성," 『민주주의와 인권』 6(1): 299-326.

황달기, 1990, 『증여교환의 사회인류학적 연구—후쿠시마현의 사례를 중심으로』, 일본 히토쓰바시(一橋)대학 박사학위논문.

_______ 1990, "혼례에 있어서의 혼수의 의미—일본의 한 농촌사례를 중심으로—," 『일본학보』 25: 201-225.

_______ 1991, "일본 '타키네쵸'의 의원선거에서 보는 유권자와 입후보자의 관계," 『한국문화인류학』 23: 193-226.

_______ 1992, 『일본의 사회와 교환—일본인의 선물 교제, 인간관계』, 아세아문화사.

_______ 1993, "일본농가 후계자의 '국제결혼'," 『일본학보』 30: 467-491.

______ 1998, “일본 촌락사회에 있어서 집단을 모체로 하는 사회관계의 특징,” 『일본학보』 41: 427-442.

______ 1999, “일본적 대인관계를 규제하는 문화적 규준— ‘하지’와 ‘쓰미’의 문화유형론의 비판적 분석,” 『일본학보』 43: 593-607.

______ 2000, “일본촌락사회에 존재하는 임의결사의 양상과 사회적 기능— ‘고(講)’ 집단을 중심으로,” 『일본학보』 45: 591-606.

______ 2001, “연하장 교환에 나타난 일본인의 인간관계,” 『일본학보』 49: 541-557.

______ 2004, “일본 농촌사회의 전통적 사회시스템의 붕괴와 재편—촌락공동체를 중심으로,” 『농촌사회』 14(2): 207-246.

Ito Abito, 1992, “The Style and Background of Japanese Studies in Korea,” HarumiBefu and Josef(eds.) *Otherness of Japan: Historical and Cultural Influence of Japanese Studies in Ten Countries*, Monographien aus dem Deutsches Institut für Japan Studien der Philipp-Franz von Siebold Band I. Tokyo.

한국의 인류학과 동남아 연구

오명석(서울대학교 인류학과 교수)

1. 동남아를 연구하는 한국의 인류학자들

현대의 동남아는 현란할 정도로 다양한 문화적 양상을 보여 주는 지역이다. 수많은 종족집단의 고유한 문화에 더하여,[1] 인도 문명, 아랍 문명, 중국 문명, 서구 문명이 들어와 겹겹이 쌓여 있는 혼성적이고 중층적인 문화가 형성되어 있다. 이는 이 지역이 동서교역의 교차로에 위치하여 다른 문명과 오랫동안 접촉해 온 역사의 결과이다. 이러한 문화적 다양성과 역동성은 인류학자의 관심을 끄는 대단히 매력적인 측면이지만, 동시에 개별

1) 대륙부 동남아(베트남, 태국, 라오스, 캄보디아, 미얀마)에는 300개 이상의 종족집단이 있고, 인도네시아에만 300여 개의 종족집단이 존재하고 있다.

인류학자가 동남아 문화 전반을 꿰뚫는 지식을 얻는다는 것은 현실적으로 지난한 과제로 남아 있다.

동남아에 대한 한국 인류학자의 연구도 타 문화 연구, 즉 해외지역 연구로 한국 인류학계의 관심의 축이 이동하던 90년대 이후 지속적으로 확대되었다. 현재까지 동남아 지역에서의 현지조사에 기초하여 박사학위논문을 작성한 한국 인류학자는 11명으로, 중국, 일본과 더불어 가장 많은 한국 인류학자가 연구를 수행하고 있는 지역 중 하나이다. 이 중 1990년대에 박사학위를 받은 사람이 3명, 2000년대 이후가 8명으로 최근으로 올수록 그 수가 눈에 띄게 증가하고 있음을 알 수 있다.

11명의 박사학위 소유자가 학위를 받은 대학의 국가별 분포에서 한국(김민정, 김이선, 최호림, 홍석준)의 비중이 가장 높고, 미국(강윤희, 채수홍), 호주(김형준, 오명석), 영국(김예겸), 동남아시아(이상국, 조윤미)[2)]의 대학이 비슷한 비중을 차지하고 있다. 해외지역을 연구한 한국 인류학자들이 박사학위를 수여받은 대학에서 미국 대학의 비중이 압도적으로 높은 것과 비교해서 동남아시아 연구자의 경우는 특이한 상황이라고 하겠다. 이러한 상황이 앞으로 지속될지의 여부는 아직 판단하기 어렵지만, 최근에 들어와서 동남아 연구를 위해서 미국으로 유학을 가는 경향이 커졌기 때문에 미국 대학의 비중이 더 높아질 것으로 예상된다.

〈표 1〉 박사학위논문 연구대상 지역의 분포

인도네시아	베트남	태국	말레이시아	필리핀	계
4	2	2	2	1	11

2) 조윤미는 인도네시아의 Gadjah Mada 대학에서, 이상국은 싱가포르 대학에서 박사학위를 수여받았다.

박사학위논문을 위한 연구대상 국가의 분포를 보면 인도네시아가 4명(강윤희, 김예겸, 김형준, 조윤미)으로 가장 많고, 베트남 2명(채수홍, 최호림), 태국 2명(김이선, 이상국), 말레이시아 2명(오명석, 홍석준), 필리핀 1명(김민정)으로 비슷한 수준을 보이고 있다. 동남아 국가 중 라오스, 캄보디아, 미얀마, 싱가포르를 연구한 전공자는 아직 없다. 이들 연구자가 박사학위논문을 위해 연구한 국가를 그 후에도 계속 연구하는 경향이 매우 높기 때문에, 위의 분포는 현재 동남아 연구자들이 담당하고 있는 국가별 전공지역 분포를 그대로 반영한다. 동남아의 중요 국가가 비교적 고르게 다루어지고 있지만, 국가별로 보면 연구자의 층이 아주 엷게 형성되어 있음을 알 수 있다. 이 점은 국가별 연구에서 한국 인류학자들 간에 보다 심층적인 논의가 진전되기 어려운 한계로 작용하고 있다.

위에서 언급한 동남아 연구자들은 대단히 동질성이 높은 집단이다. 거의 대부분이 서울대학교 인류학과의 학부나 대학원을 졸업한 사람들로 대학 선후배관계로 엮여 있다. 또한 이들의 다수가 386세대인 80년대 초반과 후반에 대학에 입학한 세대이다. 현재 싱가포르의 대학에 재직 중인 강윤희를 제외하고, 이들은 모두 동남아 연구로 박사학위를 받은 전공자들로 구성된 학제 간 지역 연구단체인 한국동남아연구소의 회원으로 연구소의 월례발표회, 연구 프로젝트, 공동학술저서 간행, 연례 동남아 조사탐방에 적극적으로 참여하고 있다. 이러한 활동을 통해 한국에서의 동남아 연구에 정치학과 더불어 인류학이 중요한 한 축을 형성하고 있다. 이러한 집단 내부의 높은 동질성과 활동의 공유는 이들 사이에 친밀한 인간관계를 맺는 데에 큰 도움이 되지만, 반면 동종교배로 인한 협애한 사고의 한계를 가져올 가능성도 충분히 있다. 서로 간에 비슷한 생각이나 관점으로 연구를 진행하여 다양성이 부족하거나, 서로 잘 아는 사이에 치열한 논쟁이나 비판을 하는 것은 부적절하다는 의식을 암암리에 가질 여지가 있다.

2. 연구 주제

동남아에 대한 인류학적 연구물은 몇 편의 논문을 제외하고는 앞에서 제시한 11명의 인류학자가 90년대 이후에 발표한 논문이나 저서가 대부분을 차지한다고 할 수 있다. 아래 제시한 〈표 2〉는 한국학술진흥재단의 연구인력정보에 2007년 12월 말까지 연구자 자신이 등재한 연구업적자료에 크게 의존하여 작성하였으며, 그 자료 중 전문 학술지에 게재된 논문과 단행본으로 출판된 책(또는 책의 chapter에 해당하는 논문)만을 개별논문으로 계산하였다.[3] 전문 학술지에 게재된 논문은 『한국문화인류학』이나 『비교문화연구』와 같은 국내 인류학 학술지와 한국동남아학회의 학회지인 『동남아시아연구』를 비롯한 국내 지역학 관련 학술지에 주로 게재되었다.

〈표 2〉 개별논문의 연구대상 지역별 분포

베트남	태국	말레이시아	인도네시아	필리핀	싱가포르	동남아전체	한-동남아[4]	계
12	3	31	36	9	1	5	6	103

총 103편의 논문 중 말레이시아와 인도네시아를 다룬 논문이 67편으로 전체의 65%를 차지하여 연구결과물로만 본다면 상당히 편중된 양상을 보이고 있다. 이는 인도네시아를 전공한 김형준과 말레이시아를 전공한

3) 전문학술지가 아닌 기타 논문집에 게재된 논문, 학술대회에서 발표된 논문, 출판되지 않은 보고서, 석박사학위논문은 통계에서 제외시켰다. 학술지와 단행본에 중복 발표된 논문은 학술지 논문으로만 계산하였으며, 동일한 논문이 국문과 영문으로 출판되었을 경우 영문 논문으로만 계산하였다.

4) 한-동남아의 범주는 한국에 거주하는 동남아 결혼이민자, 이주 노동자, 한국인의 동남아 관광이나 한-아세안 문화협력과 같이 한국과 동남아의 관계를 다룬 논문을 포함한다.

홍석준이 각각 19편의 논문을 발표한 다작 효과가 반영된 결과이기도 하다. 거의 대부분의 논문이 연구자가 박사학위논문을 위해 연구한 국가에 대한 후속 연구들이며, 자신이 전공하지 않았던 다른 국가에 대해 논문을 쓴다거나, 동남아의 몇 개 국가를 비교하는 연구는 매우 드문 편이다.[5)]동남아를 연구하는 한국 인류학자들에게서 특정 국가에 대한 지역 전공성이 철저하게 지켜지고 있다고 할 수 있다.

〈표 3〉 연구 주제별 분포

종교와 의례	29
민족 또는 종족관계	11
친족 · 가족 · 결혼	9
여성	8
언어	8
농촌사회경제 변동 · 농촌개발	5
노동	3
관광 · 문화유산	5
시민운동 · 지방정치	12
상품 · 시장 · 소비	5
문화교류 · 대중문화	1
이론논문	3
기타	4
계	103

〈표 3〉은 총 103편의 논문을 연구 주제별로 분류한 것이다. 위에서 제시된 여러 주제에 동시에 걸쳐 있는 논문들이 상당히 많았는데, 이런 경우 논문의 핵심적인 주제가 무엇인가에 대한 필자의 주관적 평가에 의해 특

5) 태국, 인도네시아 및 한국 화교의 종족 정체성을 다룬 박은경(1979)의 논문, 말레이시아와 태국의 무슬림 정체성을 다룬 홍석준(2003)의 논문이 이에 해당한다.

정한 범주 하나에 포함시켰다.

연구 주제로는 종교와 의례를 다룬 논문이 29편으로 가장 높은 비중을 차지하였는데, 이 중 이슬람을 다룬 논문이 압도적으로 많은 반면, 동남아에서 매우 중요한 종교인 불교를 다룬 논문은 한 편도 없다. 김형준(1998a, 1999a, 2001a, 2003, 2006, 2007a, 2007b)은 인도네시아의 자바를 중심으로 개혁주의 이슬람 운동이 개인적 삶과 공적 영역에서의 이슬람화에 미친 영향에 대해 지속적인 연구를 해 왔으며, 오명석(1998, 2001, 2004a)과 홍석준(1997, 1999a, 1999b, 2000, 2001a, 2001b, 2003, 2005)은 말레이시아에서 이슬람과 종족(민족)관계의 상호 연관성에 주로 주목하면서, 또한 이슬람이 지방정치, 전통의례, 경제에 미치는 다양한 영향에 대해서도 연구하였다. 김민정(2003)은 필리핀의 가톨릭 의례의 토착적 변형에 대해서, 최호림(2003a, 2003b, 2003c, 2005, 2007)은 베트남의 도이모이 정책 도입 이후 민간 전통의례의 활성화 과정에 대해 연구하였다.

동남아의 모든 국가는 그 내부에 많은 종족집단을 포함하는 다민족국가이지만, 종족관계에 대한 연구는 몇 개의 국가를 중심으로 부분적으로 이루어졌을 뿐이다. 말레이시아에서 소수종족집단인 화인(중국인)과 사라왁의 다약 족이 말레이계와 맺는 종족관계에 대한 오명석의 연구(2000a, 2004b), 멀라까라는 도시공간 속에서 유동적으로 변화하는 종족 정체성에 대한 홍석준(2004)의 연구, 싱가포르 화인에 대한 박은경의 연구(2000), 필리핀 루손 섬의 토착민 집단의 정체성이 국가 형성 과정에서 새롭게 만들어지는 과정에 대한 김민정의 연구(2004a), 인도네시아의 서파푸아 분쟁을 자바 중심적 국가권력과의 관련성 속에서 검토한 조윤미(2007)의 연구, 태국 국경지대에 일시적으로 정착한 미얀마 출신 카렌족의 난민촌에 대한 이상국(2007, 2008)의 연구, 중국 남부, 태국과 라오스에 거주하는 몽족의 전통문화와 사회조직을 연구한 임봉길(2005)의 연구가 있다.

가족 · 친족 · 결혼에 관한 연구로는 필리핀의 양변적(bilateral) 친척집단(김민정 2002a, 2002b), 말레이의 친족호칭과 혼인(홍석준 1998a, 1999c), 말레이 가족농의 토지상속(오명석 1999)에 관한 연구가 있으나 전반적으로 동남아의 가족과 친족에 대한 연구는 매우 빈약한 상태에 머물러 있다고 할 수 있다.

농촌경제와 농촌 개발에 관한 연구로는 인도네시아 술라웨시 농촌의 농업생산과 소상인의 상업활동(김예겸 2003a, 2004a, 2004b, 2004c, 2005), 녹색혁명 이후 자바 농촌의 농업노동과 농지 소유의 변화(김형준 1998b, 2002), 말레이 고무재배 소농의 가족농적 생산조직(오명석 1994, 2000b)에 관한 연구가 있다.

언어에 관한 연구로는 인도네시아 수마트라의 주술적 의례언어를 기호학적 모델과 언어연행적 측면에서 분석한 강윤희(2002, 2004, 2006a, 2006b, 2007)의 언어인류학적 연구가 독보적인 위치를 차지하고 있다.

여성과 관련된 연구로 김민정(2001, 2002a, 2004b, 2006a)은 필리핀의 여성성을 정치적 권력과의 연관 속에서 다루어 왔으며, 김예겸(2003a, 2003b, 2004c)은 술라웨시 여성의 경제적 활동과 자바 여성의 토착적 이미지에 대한 연구를 하였고, 오명석(1997)은 말레이의 여성성을 이슬람적인 성 정체성과의 연관 속에서 연구하였다.

세계화 현상과 관련하여 국제결혼, 이주노동, 다국적기업, 관광, 상품소비, 대중문화와 관련된 논문들이 최근에 늘고 있다. 한국으로 결혼해 이주해 온 필리핀과 베트남 여성에 대한 연구(김민정 2006b, 2007; 김지은 2007; 임안나 2005), 본국으로 귀환한 베트남 이주노동자에 대한 연구(채수홍 2007), 호치민시에 있는 한국-베트남 합작의 섬유공장의 노동 과정과 계급관계에 대한 연구(채수홍 2003a, 2003b), 태국 치앙마이의 관광 발전과 '전통' 수공예품 생산과의 연관에 대한 연구(김이선 2003, 2004a, 2004b), 말레이 전통의례의 관광화에 대한 연구(홍석준 1998b), 캄보디아 앙코르와트의 한국인 관광업 이주자들이 한국인의 해외 패키지관광의 독특한 구조 속에서 관광을 매개하는 방식에 대한 연구(채현정 2008), 태국에서 다국적 제약회사의 의약품인 AIDS 치료제의 유통방식의 변화를 에이즈 감염인의 시민운동과 관련시킨 연구(서보경 2008), 인도네시아 네티즌의 담론을 통해 한국의 대중문화(한류)에 대한 이미지가 형성되는 양상에 대한 연구(김형준 2008)를 들 수 있다.

3. 연구 내용의 분석

1) 연구방법

동남아를 연구하는 한국의 인류학자들은 박사학위논문을 작성하기 위해서 모두 조사지에서 1년 이상의 장기체류에 기초한 현지조사방법을 채택하고 있다. 11편의 박사학위논문 중 9편이 농촌 마을에서의 현지조사에 기초하고 있으며, 나머지 2편은 각각 도시지역(최호림 2003a)과 공장(채수홍 2003a)에서의 현지조사에 기초하고 있다. 박사학위논문만 보면, 이들 연구의 대부분은 소규모 지역공동체(농촌마을 또는 도시마을)에 대한 현지조사라는 인류학의 전통적인 연구대상 선정방식을 답습하고 있다고 할 수 있다.

하지만, 박사학위 이후 이들의 연구 작업을 보면 위와 같은 조사방식을 더 이상 지속하고 있지 않음을 알 수 있다. 학위 취득 후의 현실적인 여건 때문에 장기간 현지조사가 어렵게 됨으로써, 거의 대부분 단기간(1~3개월)의 현지조사를 통한 자료수집에 의존하고 있다. 연구대상도 지역 커뮤니티를 조사단위로 삼기보다는 연구 주제에 따라 단체, 사회적 네트워크,

도시, 국가를 조사단위로 삼는 새로운 방식을 취하고 있다. 이러한 연구방법의 변화는 단지 현실적인 여건 때문에 불가피해진 결과만은 아니며, '소규모 지역사회에 대한 집중적인 조사'라는 인류학의 전통적인 현지조사방법이 현대의 복합사회를 연구하는 데 가장 적절한 방법은 아니며, 연구 주제에 따라 다양한 성격과 층위의 연구대상을 선택할 필요가 있다는 현대 인류학의 전반적인 추세와 그 맥을 같이하는 것이다. 조사 대상을 선정하는 방식에서 변화가 생겨났지만, 인류학적 조사가 구체적인 사회적 상황에 대한 '두터운 기술(thick description)', 그리고 현지인의 생각과 말을 담아내는 것에 인류학적 연구의 강점이 있다는 점에 대해서는 대체로 공감대를 갖고 있으며, 그것이 개별 연구 작업에서 참여관찰과 심층면접의 방법을 통해 반영되고 있다. 하지만, 단기간의 현지조사로 인해 특정 현상에 대한 깊이 있는 천착과 심층적인 해석과 분석을 성취하는 데에는 한계를 드러내고 있다고 할 수 있다. 조사 대상의 변화에 따른 새로운 연구방법의 개발은 아직 미진한 상태로 남아 있다.

2) 연구 관점과 문제의식

동남아를 연구하는 한국 인류학자들의 연구대상 지역과 연구 주제는 매우 다양하지만, 연구 관점과 문제의식에서는 서로 공유하는 측면이 대단히 높다고 판단된다. 우선, 문화 개념에 대해서 인류학의 전통적인 정의와 분석방식에 대해서는 한결같이 반기를 들고 있다. 문화의 공유나 통합보다는 다양성, 대립, 경합의 측면을, 문화의 텍스트적인 체계의 측면보다는 특정한 사회적 상황(맥락)에서의 실천적 측면을, 문화의 지속적 측면보다는 변화의 과정을 밝히는 것을 연구의 목적으로 삼고 있다는 것이 대부분의 연구논문에서 두드러지게 나타나고 있다. 이러한 경향은 이들만의 독특한 현상은 아니며, 현대 인류학계가 늦어도 80년대 이후 과거의 인류학적 연구와 대립각을 세우면서 추구하였던 문화 연구의 방향과 일치하는 것이며, 해외지역 연구를 하는 한국의 인류학자들이 취하고 있는 연구 방향과도 그 맥을 같이하는 것이다.

말레이시아와 인도네시아의 이슬람 연구를 예로 든다면, 이에 관한 많은 논문들이 위에 제시한 관점을 반영하고 있는데, 이슬람에 대한 여러 해석들 간의 대립과 경합, 이슬람과 전통의례 간의 상호작용과 충돌, 이슬람화를 둘러싼 국가의 개입과 정치적 파급 효과, 이슬람과 민족관계, 이슬람과 시민운동이 중요한 연구 주제로 다루어지고 있다. 즉, 말레이시아와 인도네시아에서의 이슬람의 역동적인 변화 과정에 보다 많은 관심을 가지고 있으며, 그러한 변화가 특정한 사회적, 정치적 상황과 어떻게 맞물려 있는가를 밝히는 데 주력하고 있다.

특정 국가의 소위 "고유한" 문화전통을 다루는 논문들에서도 그러한 문화전통들이 원래부터 있는 것이라기보다는, 역사적 상황에 따라 변화된 모습을 띠게 되거나 새롭게 만들어지는 현상에 주목하고 있다. 베트남의 민간 전통의례와 문화유산이 사회주의적 국가 통제와 도이모이를 통해 억압되거나 부활하는 현상(최호림 2003a, 2004, 2007), 태국의 "조상으로부터 전해져 내려왔다는" 수공예적 전통이 관광과 상품화의 발전에 따라 사실상 새롭게 만들어지는 현상(김이선 2003, 2004a), 술라웨시의 전통의례가 부활하는 현상(김예겸 2006), 자바의 아목(amok)과 영토성에 대한 전통적인 관념이 현대의 폭동과 군중재판이라는 사건 속에서 변용된 방식으로 작동하는 현상(김형준 1999b, 조윤미 2005, 2006), 말레이시아의 와양꿀릿이라는 전통적인 예술연행이 관광상품화하는 현상(홍석준 1998b), 사라왁의 종족문화가 박물관과 문화 마을을 통해 새롭게 재현되는 현상(김용진 2003)과 관련된 일련의 논문들은 전통문화를 더 이상 몰역사적인 방식으로 이해할 수 없다는 점을 경험적인 연구를 통해 강력하게 시사하고 있다.

필자는 이러한 연구 관점과 문제의식에 대해 크게 공감하며, 그동안 짧은 기간에 상당한 정도의 연구업적을 축적하였다고 생각한다. 하지만, 이와 같은 연구들이 매우 유사한 문제 틀을 갖고 비슷한 얘기를 하는 것에 그치고 있는 것은 아닐까? 문화 내부의 이질성과 대립의 측면, 사회적 맥락과 실천의 측면, 변화와 과정에 주목하여야 한다는 것은 이제는 진부해진 화두는 아닐까? 경험적 연구의 단순한 축적을 넘어서서 이론적 논의의 새로운 아젠다를 만드는 데에서는 취약한 상태에 머무르고 있다고 생각한다. 필자를 포함해서 자신들의 논문에 다른 한국 인류학자의 논문을 인용하는 데 인색하고, 더욱이 서로 논박하는 경우는 거의 없다고 할 수 있다. 동남아 연구자들 내부의 학문적 대화가 그동안 매우 부족했다는 점을 인정하지 않을 수 없다.

동남아를 연구하는 한국의 인류학자들이 박사학위논문을 위해 조사 대상이나 주제를 선정하는 방식을 보면 몇 가지 특징적인 측면이 나타난다. 첫째, 동남아의 오지나 "고립된" 부족을 조사 대상으로 택하거나, 소위 "원형적"인 문화라고 간주되는 현상 자체에 대한 분석을 연구 주제로 삼는 경우가 드물다는 것이다.[6] 순수한 원형적 문화, 또는 '원시문화'에 대한 관심은 과거 서구의 인류학자들이 비서구 문화를 연구할 때 흔히 취했던 방식인데, 이러한 연구방식은 그들이 연구하는 사회의 현재적 모습을 간과하고 있으며, 은연중에 연구자의 오리엔탈리즘적인 사고방식을 드러내고 있다는 비판을 받아 왔다. 동남아를 연구하는 한국 인류학자들은 이러한 연구방식에 대해 의식적으로 거리를 두고자 했다고 생각된다. 둘째, 이와는 반대로 현대적인 변화의 최첨단에 있는 조사 대상이나 주제를 선

6) 수마트라의 오지 부족을 택하여 주술적 의례언어를 연구한 강윤희(2002)의 박사학위논문은 예외에 속한다.

정하는 경우도 드물다는 것이다.[7] 박사학위논문을 위한 조사 대상이나 주제의 선정에서 거의 대부분 지역공동체를 조사 대상으로 선정하고, '전통문화'의 변화를 연구 주제로 삼고 있다는 점에서 전통적인 인류학적 연구 틀에서 크게 벗어난 것은 아니었다.

박사학위 취득 후의 연구업적을 보면 조사 대상이나 연구 주제의 선정에서 보다 자유로워지고 다양하게 새로운 시도를 하고 있음을 발견할 수 있다. 앞에서 언급하였던 바와 같이, 세계화 현상과 관련해서 국제결혼, 이주노동, 다국적기업, 관광을 다룬 논문들이 최근 꾸준히 발표되고 있는 데에서 이러한 변화를 읽을 수 있다. 하지만, 한국과 동남아 간의 교류의 확대, 동남아 지역의 세계화 과정이 빠르게 진행되고 있는 것에 비추어 볼 때 동남아를 연구하는 한국의 인류학자들이 이러한 변화에 발 빠르게 대처했다고 평가하기에는 미흡한 상태라고 할 수 있다.

마지막으로, 동남아 연구자들이 공통적으로 안고 있는 한계점으로 비교문화적 연구의 결여를 들 수 있다. 동남아와 다른 지역의 문화를 비교한 연구가 없을 뿐 아니라, 동남아 지역 내부의 문화를 비교하는 시도도 거의 찾을 수 없다. 개별 연구자들은 자신이 전공한 지역이나 국가에 한해서만 어떤 발언권을 가질 수 있다고 생각하며, 자신이 전공하지 않은 지역을 언급하는 것은 일종의 무책임한 월권행위가 된다고 생각한다. 이는 인류학자들이 지역 전문성과 직접적인 현지조사에 의한 자료 수집을 연구자의 기본 윤리로 강하게 느끼고 있기 때문이다. 이러한 태도가 연구의 신뢰도나 깊이를 확보하는 데 긍정적으로 작용한다는 점을 인정할 수 있지만, 연구결과의 학문적 의미가 좁은 우물에 갇혀 있는 상태에 머무르고 만다는 한계를 낳기도 한다. 또한 인류학적 연구결과가 '인류학자 부족'의 경계

7) 호치민시의 다국적기업 공장을 연구한 채수홍(2003a)의 박사학위논문은 예외에 속한다.

를 넘어서서 보다 넓은 독자에게 설득력 있게 받아들여지기 쉽지 않은 한 요인으로 작용하고 있다. 문화현상에 대한 '두터운 기술'이라는 명백한 장점에만 안주하지 말고 (물론 이것 자체가 무척 성취하기 어려운 목표이지만), 문화현상에 대한 보다 일반적인 설명과 해석을 제시하기 위한 비교문화적 연구의 시도가 필요하다. 근대화, 서구화, 식민주의, 오리엔탈리즘, 자본주의 체계, 상품과 시장의 논리와 같은 거대담론에 대한 비판이 국지적인 수준에서 변화의 다양성과 독특성을 보여 주는 작업에 의해서 충분히 확보될 수 있다고 생각되지 않으며, 그러한 다양성과 독특성 속에 관통하고 있는 어떤 일반적인 문화현상을 암시의 수준이 아니라 명료하게 이론적으로 구성하는 작업이 동남아에 대한 비교문화 연구에서 앞으로 추구해야 할 과제가 아닌가 생각된다.

참고문헌

강윤희, 2002, *Words of the Ancestors, Words for Survival: Marginality, Emotion and the Power of Magical Words among the Petalangan of Riau, Indonesia*, 예일대학 박사학위논문.

______ 2004, "주변화에 따른 전통 언행예술의 변화," 『한국문화인류학』 37(2).

______ 2006a, "쁘딸랑안 의례언어의 시적 구조," 『한국문화인류학』 39(1).

______ 2006b, "Staged Rituals, Veiled Spells: Multiple Language Idepogies and Transformation in Petalangan Verbal Magic," *Journal of Linguistic Anthropology* 16(1).

______ 2007, "인도네시아 여성들의 외설주문," 『비교문화연구』 13(1).

김민정, 2000, "아름다움과 도덕성: 필리핀 사회에서의 여성성과 권력," 『 동남아시아연구』 11(2).

______ 2002a, 『필리핀 농촌마을의 권력관계와 성차, 그리고 모성』, 서울대학교 박사학위논문.

______ 2002b, "필리핀 친척의 양변성과 집단 만들기," 『비교문화연구』 8(2).

______ 2003, "필리핀 가톨릭의 성모 이미지와 어머니 역할," 『비교문화연구』 9(2).

______ 2004a, "필리핀의 국가형성과 토착민: 북부 루손 코르딜예라," 오명석 편, 『동남아의 지역주의와 종족갈등』, 서울: 오름.

______ 2004b, "필리핀 농촌 마을의 주민조직과 여성 리더십," 『한국문화인류학』 37(2).

______ 2005, "필리핀의 피플파워와 중산층," 『동아연구』 48.

______ 2006a, "필리핀 정치위기와 여성리더십: 아키노와 아로요의 비교," 『동남아시아연구』 16(2).

______ 2006b, "국제결혼 이주여성의 딜레마와 선택: 베트남과 필리핀 아내," 『한국문화인류학』 39(1)(김민정 · 유명기 · 이혜경 · 정기선 공저).

______ 2007, "한국 가족의 변화와 지방 사회의 필리핀 아내," 『페미니즘 연구』 7(2).

김예겸, 2003a, *Living From Hand to Mouth Provided There is Happiness: Life-dynamics of Tomohonese Women, Minahasa, North Sulawesi, Indonesia*, 홀 대학 박사학위논문.

______ 2003b, "인도네시아 자바여성들의 토착적 이미지에 대한 문화인류학적 고찰,"『국제지역연구』 7(2).

______ 2004a, "인도네시아 북술라웨시 이주지역 소상인들의 이탈적 경제활동,"『비교문화연구』 9(2).

______ 2004b, "Village-based Trading Activities on an Eastern Indonesian Island: A Case Study of Tomohon, Minahasa, North Sulawesi,"『동남아시아연구』 14(1).

______ 2004c, "Regional Development and Programmes and the Life-Dynamics of Women on an Eastern Indonesian Island." (with V. King) *Sojourn* 19(2).

______ 2005, "농촌개발과 실천인류학,"『비교문화연구』 11(1).

______ 2006, "문화의 재토착화: 인도네시아 술라웨시 사례연구,"『선교와 신학』 13(2).

김용진, 2003, "말레이시아 사라왁에서 종족범주화와 문화재현에 관한 연구: 박물관과 문화 마을을 중심으로," 서울대학교 인류학과 석사학위논문.

김이선, 2003, "관광발달에 따른 타이 수공예품의 생산과 의미체계의 변화: 치앙마이의 목공예 생산지 반타와이를 중심으로," 서울대학교 박사학위논문.

______ 2004a, "상품과 비상품 사이에서: 관광발달과 반타와이 목공예 의미체계 변화,"『한국문화인류학』 37(1).

______ 2004b, "타이 수공예품의 의미체계,"『동남아시아연구』 14(2).

김지은, 2007, " '한국인 아내' 만들기: 베트남 여성사례를 통해 본 결혼이민의 제도화,"『비교문화연구 13(2).

김형준, 1996, *Reformist Muslims in a Yogyakarta Village: Islamic Transformation of Contemporary Socio-Religious Life*, 호주국립대학 박사학위논문.

______ 1998a, "Changing Concept of Religious Freedom in Indonesia," *Journal of Southeast Asian Studies* 29(2).

______ 1998b, “녹색혁명 이후 자바 농촌의 변화,” 『농촌사회』 8.

______ 1999a, “전통의례의 이슬람화: 개혁주의 이슬람과 자바의 전통종교,” 『국제지역연구』 3(1).

______ 1999b, “폭동을 통해 본 인도네시아 자바 문화의 지속과 변화,” 『국제·지역연구』 8(1).

______ 2001a, “근대적 변화와 인도네시아의 이슬람,” 『아세아연구』 44(2).

______ 2001b, “인도네시아의 무슬림-기독교도 관계의 변화,” 『동남아시아연구』 11(1).

______ 2002, “Agrarian and Social Change in a Javanese Village,” *Journal of Contemporary Asia* 32(4).

______ 2003, “인도네시아 이슬람에서의 종교적 권위의 형성과 그 성격,” 『동남아시아연구』 13(2).

______ 2006, “이슬람 신근대주의의 출현과 반응: 무하마디아의 사례,” 『비교문화연구』 12(1).

______ 2007a, “정치적 지하드: 인도네시아 무하마디야의 대선 참여,” 『동남아시아연구』 17(1).

______ 2007b, *Reformist Muslims in a Yogyakarta Village*, Canberra: Australian National University Press.

______ 2008, “대중문화를 통한 한국이미지의 형성과 소비: 인도네시아 네티즌의 사례,” 『비교문화연구』 14(1).

박은경, 1979 “태국·인도네시아 및 한국화교의 Ethnic Identity,” 『한국문화인류학』 8.

______ 2000, “다수민사회로서의 싱가포르 화인,” 박사명 외, 『동남아의 화인사회』, 서울: 전통과 현대출판사.

서보경, 2008, “태국 에이즈 감염인의 의약품 접근권 운동,” 서울대학교 인류학과 석사학위논문.

오명석, 1994, *Other Malay Peasants: Making of Rubber Smallholders in Johor,*

Malaysia, 모나쉬 대학 박사학위논문.

______ 1997, "이슬람, 아닷, 근대화 속에서의 말레이 여성의 정체성 변화,"『한국문화인류학』 30(1).

______ 1998, "닥꽈에서 신말레이로: 현대 말레이시아에서의 이슬람, 종족성과 중산층,"『한국인류학의 성과와 전망』, 서울: 집문당.

______ 1999, "말레이 농촌사회의 가족농과 상속,"『농촌사회』 8.

______ 2000a, "말레이시아 화인사회: 다종족국가 내에서의 공존과 갈등," 박사명 외,『동남아의 화인사회』, 서울: 전통과 현대.

______ 2000b, "농민의 전통과 근대성: 말레이 농민의 경제와 문화를 중심으로,"『한국문화인류학의 이론과 실천』, 서울: 소화

______ 2001, "이슬람 경제의 시각에서 본 말레이시아 경제위기의 원인과 대안적 해결방안,"『국제 · 지역연구』 10(4).

______ 2004a, "말레이시아에서의 돼지고기 소비와 종족관계,"『동남아시아연구』 14(2).

______ 2004b, "말레이시아의 종족관계와 지역주의: 사라왁의 사례," 오명석 편,『동남아의 지역주의와 종족갈등』, 서울: 오름출판사.

______ 2005, "말레이 중산층과 개혁(reformasi) 운동,"『비교문화연구』 11(1).

______ 2006, "낙원과 야만: 한국인의 동남아 관광 속에 나타나는 동남아의 이미지," 문옥표 외,『우리 안의 외국문화』, 서울: 소화.

이상국, 2007, *Integrating Others: A Study of a Border Social System in the Thailand-Burma Borderland*, 싱가포르 대학 박사학위논문.

______ 2008, "이주민, 비합법성, 그리고 국경사회체제: 태국-미얀마 국경지역 사회체제의 특성에 관한 연구,"『동남아시아연구』 18(1).

임봉길, 2005,『아편을 재배하는 사람들』, 서울: 서울대학교 출판부.

임안나, 2005, "한국 남성과 결혼한 필리핀 여성의 가족관계와 초국가적 연망," 서울대학교 인류학과 석사학위논문.

조윤미, 2005, *Mob Justice Actions in Java,* Universitas Gadjah Mada 박사학위논문.

______ 2006, "자바사람들의 치안관행과 도둑잡기," 『비교문화연구』 12(2).

______ 2007, "서파푸아 분쟁과 국가폭력 사례를 바라보는 담론의 구조와 함정," 『민주와 인권』 7(1).

채수홍, 2003a, *Spinning Works and Weaving Life: The Politics of Production in a Capitalistic Factory in Vietnam*, 뉴욕시립대학 박사학위논문.

______ 2003b, "호치민시 다국적 공장의 정치과정에 관한 연구," 『한국문화인류학』 36(2).

______ 2005, "호치민 한인사회의 사회경제적 분화와 정체성의 정치학," 『비교문화연구』 11(2).

______ 2007, "귀환 베트남 이주노동자의 삶과 동아시아 인적교류," 『비교문화연구』 13(2).

채현정, 2008, "앙코르 왓의 한인 관광업 이주자," 서울대학교 인류학과 석사학위논문.

최호림, 2003a, "베트남의 의례활성화와 국가－사회관계: 하노이의 한 프엉을 중심으로," 서울대학교 박사학위논문.

______ 2003b, "전통의 재생과 국가: 베트남 하노이의 지역공동의례 활성화," 『동남아연구』 12(1).

______ 2003c, "북부 베트남의 민간의례 개혁과 그 영향에 관한 연구," 『한국문화인류학』 36(2).

______ 2004, "베트남의 유적공인 사업과 지방의 이질적인 공동체," 『동남아시아연구』 14(1).

______ 2005, "사회주의 국가, 시장 및 전통의 재생," 『사회과학연구』 13(2).

______ 2007, "Ritual Revitalization and Nativist Ideology in Hanoi," P. Taylor et al(eds.) *Modernity and Re-enchantment: Religion in Post-revolutionary Vietnam*, Singapore: ISEAS.

홍석준, 1997, "말레이시아 농촌의 이슬람화와 사회변동," 서울대학교 박사학위논문.

_______ 1998a, "말레이 친족과 친족용어," 『한국인류학의 성과와 전망』, 서울: 집문당.

_______ 1998b, "전통의례에서 관광이벤트로: 와양꿀릿을 중심으로," 『한국문화인류학』 31(2).

_______ 1999a, "현대 말레이시아의 전통의례와 이슬람화: 치병의례를 중심으로," 『농촌사회』 9.

_______ 1999b, "경제위기에 대한 문화적 대응: 말레이시아의 사례," 『한국문화인류학』 32(2).

_______ 1999c, "현대 말레이시아의 전통관습과 이슬람: 이슬람화에 따른 말레이 상속관행 및 혼인의 변화," 『국제지역연구』 3(1).

_______ 2000, "말레이시아 농촌의 이슬람화와 사회변동," 『국제지역연구』 4(1).

_______ 2001a, "현대 말레이시아 이슬람부흥운동의 문화적 의미," 『동남아시아연구』 11.

_______ 2001b, "말레이시아의 이슬람근본주의와 빠스(PAS)," 김영수 외, 『동남아의 종교와 사회』, 서울: 오름출판사.

_______ 2003, "말레이 무슬림 정체성의 역동적 성격: 끌란딴과 빠따니 비교," 『동남아시아연구』 13(1).

_______ 2004, "말레이시아의 지방사와 도시성, 그리고 민족정체성: 멀라까 도시문화의 형성과 변화에 대한 사례연구," 『국제지역연구』 8(1).

_______ 2005, "1997년 경제위기 이후 말레이시아에서의 지방화와 사회변화: 끌란딴주와 뜨렝가누주의 이슬람화를 중심으로," 김민정 편, 『동남아의 중산층, 시민운동, 지역사회』, 서울: 폴리테이아.

한국 인류학자의 인도, 시베리아, 몽골 연구 동향

김경학(전남대학교 인류학과 교수)

1. 머리말

이 글은 국내의 인류학자에 의한 인도, 몽골, 시베리아 연구 성과를 검토하여 그 성격을 기술하고자 한다. 국내에서 이들 지역을 전공지역으로 삼아 인류학분야에서 "전문적인" 연구활동을 하고 있는 연구자의 수는 대학 강단에 있는 5~6명과 학문 후속세대라 할 수 있는 4~5명의 대학원 박사 과정생을 포함한다면 10~12명 안팎으로 볼 수 있다. 한정된 연구자들에 의해 수행된 연구 성과를 검토한다는 자체가 큰 의미를 가지지 못하지만, 이 일이 기존 연구자에게 향후 연구 전망을 주고 이 분야 학문 후속세대 육성의 중요성을 강조한다는 점에서 그 의미를 찾고자 한다. 이 글은

3~4명의 연구자가 활동하고 있는 인도 지역에 대한 연구를 검토하고 다음으로 거의 단독으로 연구를 수행하고 있는 시베리아와 몽골 지역 연구에 대해 언급할 것이다.

2. 인도 연구

1990년대 중반부터 국내에 소개된 인도 연구는 김주희, 김경학, 박정석, 정채성에 의해 주도되었다. 1990년대 후반부터 이들 연구자들은 교육부 산하기관인 한국학술진흥재단의 지원으로 역사학, 정치학, 법학, 경제학, 환경보건학, 사회학, 지리학, 종교학, 문학 전공자와 함께 단기 현지조사를 함으로써 학제 간 공동연구를 통해 방법론과 주제 면에서 인도 사회와 문화 연구의 지평을 확장시켰다. 일부 문헌 연구를 제외하면 대부분의 연구는 단기 현지조사를 통해 이루어졌으며, 현지조사의 장소는 대부분 인도 촌락이었다. 드물게나마 소수의 연구들 예컨대 해외 인도인 관련 연구와 대도시 인도 여성 연구는 인도 국내외 도시지역에서 연구가 수행되었다.

인도 관련 연구물은 한국문화인류학회의 『한국문화인류학』, 한국인도학회의 『인도연구』, 한국외국어대학교 남아시아연구소의 『남아시아연구』를 포함하여 국내의 국제지역 연구 학회지들에 발표되었다. 인도 관련 국내 연구자들에 의해 수행된 주요 연구 주제로는 카스트, 종교, 친족과 혼인, 디아스포라, 여성 등이 있다.

1) 카스트

인도에서 카스트체계의 발달이 한국과 중국에 비교해 인도의 부계친족집단이 발달하지 못하게 했음을 주장한 김주희(1987)의 가설적 연구논문은 한국 인류학계에 카스트를 '바르나(varna)'와 '자티(jati)'로 구분지어 설명하고 인도 사회의 구조적 특징을 소개한 최초의 전문 연구로 간주될 수 있다. 한국 인류학자에게 익숙한 개념인 '힌두자즈마니 체계'에 관한 김경학(1992)의 연구는 힌두자즈마니 체계가 카스트에 따른 단순한 노동 분화가 아닌 의례적 성격이 가미된 체계임을 자신의 인도 중부 농촌지역의 민족지적 자료를 토대로 하여 소개하였다. 박정석(1998)은 자신의 남부 인도의 민족지적 자료를 토대로 면세 토지에 대한 권리와 특권을 칭하는 '와탄'을 보유한 마을 일꾼과 장인들이 개별 농민단위가 아닌 마을 전체를 위한 서비스와 재화를 제공하는 관계를 '와탄다리 체계'라 규정하면서 카스트와 노동 분화 간의 관계를 설명한다는 힌두자즈마니 체계가 전 인도에 적용될 수 없음을 역설하였다.

정채성(2000, 2003)은 불가촉천민과 '여타 후진계급(카스트)(other backward classes)'에 관한 광범위한 기존 연구물들을 토대로 하여 간디식과 암베드카르식의 불가촉천민운동의 성격 차이와 이들 운동들이 불가촉천민의 집단적 의식 형성에 끼친 영향과 '여타 후진계급(카스트)' 범주의 사회적 성격과 역사적 성장 과정을 소개하고 있다. 카스트와 지방 수준 정치에 관한 김경학(1998)의 연구는 흔히 단일 촌락 내부에서의 정치적 갈등이 카스트 및 친족이라는 사회적 연망을 통하여 촌락이라는 공간적 한계를 초월하여 보다 광역적인 정치적 장으로 접목됨을 자신의 민족지적 자료를 통해 보여 주고 있다.

한편 카스트 성격의 지속과 변화를 규명하기 위해 인류학(김경학), 역사학(이광수), 정치학(백좌흠)의 학제 간 연구가 3년(1996~1998)에 걸쳐 인도 북부 우타르 프라데시, 라자스탄, 하리야나 주의 농촌들에서 단기 현지조사자료를 토대로 수행되었다. 이들 연구는 인도 사회에서 카스트가 정치적 의미의 '민족집단'으로 전환되고, 경제적 단위로서 계급과의 복합적 관계로 형성되며, 위계의 단위에서 생활양식의 차이의 단위로 이해되고 있음을 거시적이고 미시적인 차원에서 학제 간 연구를 통해 분석하고 있다. 이들 연구물에 카스트 이론을 추가하여 단행본 『카스트: 지속과 변화』(2002)가 출판되었다.

2) 친족과 혼인

인도의 친족과 혼인체계는 북부와 남부 그리고 혼합적 성격이 나타나는 중부형으로 구분되거나 북부의 아리얀 체계와 남부의 드라비다 체계로 그리고 중부의 혼합 체계로 삼분되고 있다. 일반적으로 인도 전역에 걸쳐 카스트 내혼, 부계혈통에 부거제를 채택되고 있지만 일부 남부 지역에 모계혈통과 모거제가 발견된다.

김주희(1987)는 인도의 부계친족집단은 카스트가 적극적으로 이차 집단적 역할을 수행하기 때문에 부계혈통을 따르고 있는 한국과 중국에 비해 부계친족집단이 미발달 상태에 있다고 주장하였다. 이 논문은 인도의 친족관계를 적절하게 이해하기 위해서는 출계이론(descent theory)뿐만 아니라 혼인의 측면을 강조하는 결연이론(alliance theory)의 중요성을 인식해야 함을 강조하고, 인도 친족에서의 남매관계의 중요성은 이를 뒤받침하고 있음을 지적한 바 있다. 김경학(1998)의 북부 인도 친족과 혼인 및 의례에 대한 논문 역시 특히 북부 인도의 남매관계의 중요함을 강조하고 있으며, 남매관계를 강조하는 인도 친족의 성격은 이들이 핵심적으로 여기는 일생의례와 축제에 반영되어 있음을 자신의 중부 인도 민족지적 자료를 토대로 주장하고 있다. 정채성(2006)은 북부 인도를 연구한 일부 학자들의 민족지적 자료를 중심으로 하여 카스트 내혼제와 위계원칙 간에 나타나는 상호 모순관계를 살펴보고 이러한 구조적 긴장을 완화하여 카스트 집단의 분열을 막고 내혼제의 틀을 유지하기 위한 문화적 기제를 설명하고 있다.

국내 인도 연구자 가운데 남부 인도의 드라비다 체계와 무슬림의 친족과 혼인을 다룬 박정석의 연구들(1999, 2001, 2004)은 북부 인도 연구에 다소 치우친 친족과 혼인 연구에 균형을 준다는 점에서 의미 있다. 그는 남부 인도에 지배적인 혼인규칙인 모방교차 사촌혼과 무슬림의 혼인규칙에도 불구하고 실제 혼인을 하는 사회구성원 모두가 규칙과 규범을 철저하게 따르기보다는 경제적 부와 사회적 지위가 혼인 대상자를 선택하는 기준이 되는 사례들이 있음을 강조하였다. 즉 그의 글들은 혼인에서 규칙과 실재 행위 간의 불일치와 일치점을 밝히는 동시에 규범 또는 문화적 전제로부터 일탈하는 개별 행위와 그것에 대해 가해지는 해석을 분석하고 있다.

3) 종교

인도 종교에 관련 소수의 기존 연구들은 힌두, 무슬림, 시크 집단들을 의례와 정치적 맥락에서 이해하고자 하였다. 사실 남아시아의 탈식민 시대의 종교에 대한 인류학적 연구는 식민지 역사와도 밀접히 연관되어 있다. 김경학(1995)의 남아시아 사회의 종교를 정치적 상황에서 이해하고자 한 연구는 흔히 남아시아 사회에서 등장하는 종교의 근본주의가 세속주의의 결여에서라기보다는 탈식민 시대에 종교가 식민지적 유산에서 비롯된다고 지적하고 있다. 김경학(1996)은 죽음과 관련된 영역인 사망의례와 조상숭배 의례에 관한 자신의 중부 인도 민족지적 자료를 텍스트로 삼아 이들 의례에서 보여 주는 측면과 방위라는 공간적 상징을 분석함으로써 힌두 사회의 구조적 성격을 제시하고 있다.

한편 박정석(2002)은 남부 인도의 '모하람'과 '다르가' 숭배의례에 대한 분석을 통해 무슬림과 힌두의 의례에는 상호 타자의 종교적 관습과 전통이 뒤섞여 있음을 보여 줌으로써 무슬림과 힌두가 늘 '타자'로만 존재하는 것이 아니라 어떤 영역에서는 서로 공존하고 조화를 이룸을 주장하고 있다. 이 밖에 인도 사회에서 종교적 소수집단의 하나인 시크에 관한 김경학(2003, 2007)의 연구는 시크의 민족성과 정체성이 자신들의 종교와 문화적 전통에서 비롯된 것인가 아니면 자신들이 직면한 정치와 경제적 상황으로 야기된 결과인가에 대한 고찰을 하고 있다. 또한 시크 종교적 전통의 '진정성'을 둘러싸고 전개된 인도 국내외 시크의 문화정치와 1984년 '델리 시크 대학살'을 계기로 시크에게 몰아닥친 핍박과 그들의 저항의 성격을 규명하고 있다.

4) 디아스포라

인도인 디아스포라 연구는 19~20세기에 전개된 아시아인에게 적용되었던 '계약노동제(indentured system)'의 성격 규명, 식민주의와 디아스포라 등 제국주의와 인도인 간의 역사적 관계를 분석할 수 있는 시각을 제공한다. 또한 2,700만여 명에 이르는 해외 인도인들의 이주사회의 형성, 변화 그리고 모국 간의 네트워크 형성에서 드러나는 현상의 다양성을 토대로 디아스포라, 국제이주, 초국가주의 등의 주제에 대한 연구의 장을 제공하고 있다.

피지에서 호주로 재이주한 피지계 인도인의 종족 정체성 구성 과정, 피지계 인도인 힌두와 무슬림이 자신들의 커뮤니티를 재구성하는 과정에서 보이는 갈등과 조화를 분석하고 있는 김경학(2003)의 글들은 호주에서의 장기간의 현지조사 기간에 수집된 민족지적 자료를 토대로 작성되었다. 싱가포르 인도 타밀계 체띠아르 공동체를 단기 현지조사한 민족지적 자료를 토대로 김주희(2004)는 인도인이 이민생활 중에 경험한 여성과 혼인에 관한 성격 변화에 대해 분석하고 있는데, 카스트 내혼, 외삼촌의 의례적 역할, 신부 지참금 전통 및 이를 기반으로 한 가정 내 여성 지위의 확보 등이 체띠아르 사회에 여전히 유지되고 있음을 밝히고 있다.

2004~2007년 3년 동안 한국학술진흥재단의 지원으로 수행된 인도인 디아스포라 연구는 인류학 3명(김경학, 박정석, 장용규), 역사학 2명(이광수, 정영주), 사회학(인태정), 지리학(조정규), 언어학(양철준), 철학(이재숙) 분야 각 1명으로 구성된 학제 간 공동 작업으로서 이들은 유럽, 북미, 동남아시아, 아프리카, 남태평양, 중동, 인도에 대한 단기 현지조사를 통해 인도인 디아스포라의 형성과 변화 및 네트워크 현황에 대한 자료 수집과 분석을 하였다.

3명의 인류학자를 포함한 모든 연구자들은 약 1개월에 걸친 인도 국내외 현지조사를 통해 수집된 자료를 토대로 해외 인도인 사회에 대한 생생한 이야기를 들려주고 있는데 이들 연구는 『귀환의 신화: 해외 인도인의 이주와 정착』(2005), 『인도인 디아스포라: 경계를 넘나드는 사람들』(2006), 『글로벌 시대의 인도인 디아스포라』(2007)의 단행본으로 출판되었다. 이들 연구들은 연구자들의 다양한 학문적 배경에서 비롯된 상이한 연구 시각과 논의 층위의 상이함 때문에 다소 일관성과 응집성이 결여되어 있는 문제점도 노정되었다.

5) 여성

인도 국내 여성 연구는 한국학술진흥재단의 지원으로 인류학(김주희), 문학(김우조), 종교학(류경희)의 학제 간 공동연구에 의해 수행되었다. 1년차는 문헌 조사를 통해 인도 문화의 이중적 여성상에 관한 자료 분석을 하였고 2년차에는 인도 뉴델리에서 현지조사가 수행되었다. 이 연구는 아내로 혼입해 온 여성으로서의 인도 여성의 종속적 지위와 여성의 신성성과 관련한 남매관계의 중요성이 여전히 유지되고 있음을 밝히고 있다. 또한 의례적으로 부정한 존재로서의 여성 관념에 기초한 종교적 관행들이 조사지인 뉴델리 무니르까를 비롯한 도시와 농촌에서 여전히 강하게 지

커지고 있음을 본 연구는 확인시키고 있다. 2년에 걸친 이들의 연구는 『인도여성: 신화와 현실』(2005)의 단행본으로 출판된 바 있다.

3. 시베리아 및 몽골 연구

시베리아 지역에 관한 인류학적 연구로는 강정원이 비교문화 연구에 발표한 "야쿠트 샤머니즘과 으흐아흐 축제"(1999)와 "사하인의 민족 정체성과 러시아의 민족 정책"(2004)이 있다. 이 두 논문은 모두 시베리아 중앙을 관통하는 레나 강 주변에서 오랜 시기 소와 말을 유목하며 살았던 사하-야쿠트인들의 문화변동에 관한 것이다. 첫 번째 논문은 샤머니즘이 현재 행해지는 축제와 맺는 관계에 대해 언급한 것이며, 두 번째 논문은 국가의 민족정책이 소수민족인 야쿠트인들의 정체성에 미치는 영향에 대해 논의하고 있다. 인류학적으로 이 지역은 샤머니즘의 본향으로 잘 알려져 있는데, 강정원의 논문은 이러한 전통을 계승하고 있다고 할 수 있다.

권헌익의 사할린 북부에 거주하는 오로촌(울따 혹은 오록이라고도 불림) 민족 연구는 성분업과 환경의 상호관계를 주목하는 것으로서 생태인류학의 영역에 속한다(1993). 그의 사할린 관련 또 다른 논문(1997)은 구 소련 사회주의 경제 체제 내에서 강제된 남성의 유목생활과 여성의 정주생활의 분할을 기존의 수렵과 유목활동에 내재했던 남성과 여성의 참여적 분업과 상호적 세계관과 대비하여 논하고 있다. 환경과 성에 대한 권헌익의 관심은 이후 서구 진화론에서 제시되는 수렵의 상징성을 비판적으로 고려하는 작업(1998) 그리고 동시베리아 원주민의 의례와 신화적 전통에 주요한 자리를 차지하는 곰의 성적 상징성을 조명하는 작업(1999)으로 전개되었다. 그는 또한 시베리아 수렵사회의 곰 신앙과 샤머니즘을 1930년대

스탈린 대숙청의 역사와 연결하면서 사냥의 신화적 입지가 학살의 역사적 비극을 어떻게 재구성하는가를 연구하였다(2000).

유목생활을 하는 몽골인들은 전통적으로 개인보다는 집합적인 결속에 의한 경제 및 사회활동을 하였기 때문에 가족과 친족에 기반을 둔 사회적 네트워크에 대한 이해는 몽골 사회와 문화를 이해하는 핵심적인 영역으로 간주되었다. 인류학적 관점에서 수행된 박환영의 세 편의 논문은 탈 사회주의 몽골의 맥락에서 가족과 친족에 관한 몽골인들의 태도에 대한 연구들이다. 우선 "사회 · 경제적인 측면에서 본 현대 몽골의 가족과 민속에 대한 일 고찰"(1999)은 사회주의 체제 약화 후 현대 몽골에서 사회 및 경제적 불안의 증가로 중앙 정부가 더 이상 이 문제에 대한 해결 능력이 떨어지자, 몽골인들이 자신들의 사회 및 경제적 문제 해결을 위한 구심점으로 가족과 친족에 기반을 둔 전통적인 방식의 중요성을 인식하게 됨에 대해 말하고 있다. "몽골의 야스(뼈)와 초스(피)"(2001)는 '야스'와 '초스'라는 은유가 오늘날 친척 호칭과 친척관계에 내재하는 몽골인들의 의식세계를 상징적으로 재조명하는 데 도움이 됨을 말한다. 즉, 오늘날 몽골 사회에서 뼈의 은유는 족외혼의 경계를 보여 주는 반면 피의 은유는 국가와 민족집단의 맥락에서 족내혼의 인식을 장려하고 있음을 말한다. 한편 "탈 사회주의 몽골에서 과거의 이해와 친족관계"(2006)는 탈 사회의 후 서구 자본주의 국가들과의 교류에 고무되기 시작한 몽골에서 발견되는 전통적인 친족용어와 계보적 관계의 부활이 사회주의 혁명 이전의 전통과 문화를 되살림으로써 몽골인들의 정체성 확립을 위한 몽골 사회의 노력으로 간주될 수 있음을 주장한다.

4. 맺음말

앞서 언급했다시피 인도, 시베리아, 몽골 지역의 연구들은 거의 6~7명의 연구 인력에 의한 것이기 때문에 이들 연구로부터 연구 경향과 이론적 정향을 발견하는 일 자체가 아직은 큰 의미가 있을 수 없다. 향후 인도 지역의 인류학 연구분야의 고전적 영역이라 여겨진 카스트, 친족 · 혼인 · 가족, 힌두교 및 의례 등의 주제가 전 지구화 과정이라는 현대적 맥락 속에서 인류학적 시각으로 규명할 필요가 있다. 전 지구화 또는 초국가주의적 흐름과 관련지어 종교 근본주의의 부흥과 이에 따른 집단폭력과 종족갈등, 여성과 기타 소수집단에 대한 인권침해와 폭력, 인도 경제발전과 이에 따른 인문 · 자연적 환경에 대한 위협, 인도인 디아스포라 등의 주제들이 장 · 단기 현지조사를 통해 인류학적으로 연구될 필요성이 있다.

인도, 시베리아, 몽골 지역을 인류학적으로 연구할 차세대 연구자의 육성은 매우 중요한 과제라 볼 수 있다. 1990년대 후반부터 사회과학분과 학문 중심이 아닌 인도, CIS 국가 등 지역 연구 분야를 중심으로 국비유학생 파견이 이루어지고 있고 일부 기업 연구재단에서 아시아 지역을 전공하고자 하는 유학생에 대한 지원도 있다. 인도, 시베리아, 몽골 등 아시아 지역 가운데에서도 주변화된 지역에 대한 연구에 활기를 불어넣기 위해서는 다양한 채널을 통해 이들 지역을 전공하고자 하는 차세대 연구 인력의 양성이 매우 시급한 과제라 여겨진다.

참고문헌

강정원, 1999, "야쿠트 샤머니즘과 으흐아흐축제," 『비교문화연구』 5.

______ 2004, "사하인의 민족정체성과 러시아 민족정책," 『비교문화연구』 10(1).

권헌익, 1999, "전생의 사회관계: 신화분석과 비교문화," 『한국문화인류학』 32.

김경학, 1992, "힌두자즈마니체계에 관한 소고," 『한국문화인류학』 24.

______ 1995, "종교의 정치성: 남아시아 인도, 파키스탄, 스리랑카에서의 세속주의의 한계," 『한국문화인류학』 27.

______ 1996a, "힌두의례와 공간의 상징성," 『한국문화인류학』 28.

______ 1996b, "위계적인 인도사회의 인류학적 현지조사," 『남아시아연구』 1.

______ 1997, "인도 농촌연구의 실제," 최 협 편, 『인류학과 지역연구』, 서울: 나남.

______ 1998a, "인도 농촌사회의 지방정치의 성격과 그 전망," 『농촌사회』 27.

______ 1998b, "북부 인도의 친족과 혼인 및 의례," 『한국 인류학의 성과와 전망: 이광규 교수 정년기념논총』, 서울: 집문당.

______ 1999, "지역연구의 특수성과 보편성: 인도에서의 현지조사를 토대로," 『남아시아연구』 4.

______ 2003a, "호주 피지계 인도인의 종족 정체성 구성," 『국제지역연구』 12(2).

______ 2003b, "호주 피지계 인도 무슬림 사회의 구성과 그 전망," 『인도연구』 8(2).

______ 2003c, "시크 종족성의 성격: 근원주의와 상황주의의 통합적 접근," 『국제지역연구』 7(2).

______ 2004, "이주와 종교적 공동체: 호주 피지계 인도인의 라마얀 만들리를 중심으로," 『국제지역연구』 8(4).

______ 2006, "정체성의 정치: 캐나다 시크사회를 중심으로," 『한국문화인류학』 39(2).

______ 2007a, "국가폭력의 양상과 그 성격: 1984년 인도 시크 대학살 사건을 중

심으로,"『민주주의와 인권』 7(1).

______ 2007b, "국제이주와 펀자브의 '이주문화'," 『국제지역연구』 11(3).

김경학 외, 2005, 『귀환의 신화: 해외 인도인의 이주와 정착』, 서울: 경인문화사.

김경학 외, 2006, 『인도인 디아스포라: 경계를 넘나드는 사람들』, 서울: 경인문화사.

김경학 외, 2007, 『글로벌 시대의 인도인 디아스포라』, 서울: 경인문화사.

김주희, 1987, "인도의 친족과 카스트: 하나의 가설,"『한국문화인류학』 19.

______ 2004, "싱가포르 거주 타밀계 체띠아르 공동체: 혼인과 여성을 중심으로,"『인도연구』 9(2).

김주희 · 김우조 · 류경희, 2005,『인도여성: 신화와 현실』, 서울: 한국외국어대학교 출판부.

박정석, 1998, "와탄다리체계: 또 하나의 자즈마니체계,"『인도연구』 3.

______ 1999a, "남인도의 불가촉천민에 관하여,"『인도연구』 4.

______ 1999b, "모방교차사촌혼에 관하여: 남인도 델란가나 지역에서의 사례연구,"『한국문화인류학』 32(1).

______ 2001, "남인도의 친족분류와 혼인에 관하여,"『남아시아연구』 7(2).

______ 2004, "남인도 텔란가나 지역 무슬림의 친족용어와 혼인규칙 및 혼인형태,"『한국문화인류학』 37(2).

______ 2006, "인도 고아의 힌두사원과 문화적 정체성에 관하여: 포르투갈의 강제개종과 힌두신경(신상)의 이주,"『남아시아연구』 12(1).

______ 2007, 『카스트를 넘어서』, 서울: 민속원.

박환영, 1999, "사회 · 경제적인 측면에서 본 현대 몽골의 가족과 민속에 대한 일고찰,"『한국문화인류학』 33(2).

______ 2001, "몽골의 야스(뼈)와 초스(피),"『비교문화연구』 7(1).

______ 2006, "탈 사회주의 몽골에서 과거의 이해와 친족관계,"『한국문화인류학』 39(1).

이광수 · 김경학 · 백좌흠 · 박정석, 2002, 『카스트: 지속과 변화』, 서울: 소나무.

정채성, 2000, "인도의 '기타후진계급' 의 사회적 성격,"『인도연구』 5.

______ 2003, “하리잔과 달리뜨: 불가촉천민의 집단의식 형성,” 『인도연구』 8(1).

______ 2006, “카스트 내혼제와 위계 원칙 간의 관계: 민족지적 자료를 중심으로,” 『남아시아연구』 12(1).

Kim, Kyunghak, 1994, *Socio-Political Dominance and Segmentation: An Ethnography of Group Dynamics in a Village of Northern Madhya Pradesh*, 인도 자와할랄 네루대학 박사학위논문.

______ 2004, “Twice Migrant Indo-Fijian Community in Sydney with Particular Reference Tosocio-religious Organizations,” *Indian Anthropologist*, 34(2).

______ 2007, “Transnational Indo-Fijians in Australia,” *Man In India*, 84(3-4).

Kwon, Heonik, 1993, *Maps and Actions: Nomadic and Sedentary Space in Siberian Reideer Farm*, 영국 케임브리지 대학 박사학위논문.

______ 1997, “Movements and Transgression: Human Landscape in Northeastern Sakhlin,” in S. Mousalimas (ed.), *Artic Ecology and Identity*, Fullerton, CA: International Society for Trans-Oceanic Research.

______ 1998, “The Saddle and the Sledge: Hunting as Comparative Narrative in Siberia and Beyond,” *Journal of the Royal Anthropological Institute* 4: 115-127.

______ 1999, “Play the Bear: Myth and Ritual in East Siberia,” *History of Religions* 38: 373-387.

______ 2000, “To Hunt the Black Shaman: Memory of the Great Purge in East Siberia,” *Etnofoor* 13: 33-50.

Park, Jeungseuk, 1997, *Social Identity and Personal Interest; A Study of Caste, Family, and Individual in a Telangana Village*, 인도 하이데라바드대학 박사학위논문.

한국인 인류학자의 북미 지역 연구

유철인(제주대학교 철학과 교수)

1. 1990년대 이전: 미국 대학의 박사학위논문

1980년대까지 한국인 인류학자의 북미 지역 연구는 주로 미국 대학의 박사학위논문의 형태로 이루어져 왔다. 2008년 현재 한국문화인류학회 회원에 한정하여 살펴보면, 1970년대 3편의 박사학위논문과 1980년대 1편의 박사학위논문이 미국에 대한 연구이다(한상복 · 이문웅 · 왕한석 1987). 김중순의 조지아 대학 박사학위논문인 "Life Pattern of the Pulpwood Workers in a South Georgia Community(조지아 주 남부 지역의 제지업 노동자들의 생활 유형)"(1972)와 최협의 켄터키 대학 박사학위논문인 "An Evaluation of the Introduction of an Agricultural Innovation in Kentucky: A Case Study of No-

Tillage Farming in Christian County(켄터키 주의 농업혁신도입에 대한 평가: 크리스천 군의 무경운 농경의 사례연구)"(1979)는 그 연구대상이 미국인이다.

김중순은 인류학적 방법과 사회학적 방법을 결합하여 제지업 노동자의 생활 유형을 기술하기 위해 제지업 노동자와 다른 공업 노동자를 비교하였다. 또한 제지업 노동자의 생활 유형과 관련된 구조적 요인, 환경적 요인, 그리고 지역사회적 요인을 분석하였다. 최협의 연구는 밭을 갈지 않고 도랑에 씨를 심어 농사를 짓는 무경운(no-tillage) 농사법에 영향을 미치는 요인, 무경운 농경의 경험, 무경운 방법의 도입에 따른 농경방법의 변화 등을 다루었다. 이를 위해 농촌 지도사, 농기계 취급자, 향토사학자, 곡물 생산 농부 등과 심층면접을 하였다.

강신표의 하와이 대학 박사학위논문인 "The East Asian Culture and Its Transformation in the West: A Cognitive Approach to Changing World View among East Asian Americans in Hawaii(동아시아 문화와 서양에서의 동아시아 문화의 변형: 하와이의 동아시아계 미국인들의 세계관 변화에 대한 인지적 접근)"(1973)와 노스웨스턴 대학 박사학위논문인 이용숙의 "A Comparative Study of East Asian and Anglo American Academic Achievement: An Ethnographic Study(동아시아계 미국인과 백인계 미국인의 학업성취 비교: 민족지적 연구)"(1984)라는 논문은 연구대상이 동아시아계 미국인이다.

강신표의 박사학위논문은 서울대학교 미국학연구소(1978)에서 같은 이름으로 출판되었고, 학위논문의 일부는 수정 보안되어 『단산사회와 한국이주민: 하와이 한인생활의 인류학적 연구』(1980, 한국연구원)라는 제목의 책으로 출판되기도 하였다. 강신표의 학위논문은 한국인, 중국인, 일본인 등을 의미하는 동아시아인의 문화를 전통적 세계관의 구조적 원리로 파악하였고, 하와이로 이주해 간 동아시아인의 세계관을 분석하여 전통적 세계관이 어떻게 변형되었는지 살펴보았다.

2개 학교에서 민족지적 현지조사를 실시하여 작성된 이용숙의 박사학위논문은 1987년에 서울대학교 미국학연구소에서 출판되었다. 이용숙의 학위논문은 동아시아계 미국 학생들이 그들의 낮은 사회경제적 지위에도 불구하고 백인계 미국 학생들보다 높은 학업성취를 보이고 있는 이유를 밝혔다. 동아시아계 학생의 부모, 교사, 또래집단 등이 동아시아계 학생들에 대해 높은 교육적 기대를 가지고 있고, 양적으로나 질적으로 동아시아계 학생들이 더 많이 공부하기 때문에 백인계 학생보다 높은 학업성취가 실현된다는 것이다. 이처럼 동아시아계 학생들이 더 많이 공부하고 있는 것은 '학부모의 자녀교육을 위한 헌신 전통'과 '학문 숭상'이라는 문화적 원인과 아시아계에게 불평등한 미국의 사회구조 속에서 차별이 비교적 적은 이공계나 의학계열 대학에 진학하는 것만이 일정 수준 이상의 생활을 보장받을 수 있는 수단이라는 학부모의 인식이 상호작용하기 때문이라고 해석하고 있다.

2. 1990년대 이후: 『한국문화인류학』에 발표된 논문

한국인 인류학자의 북미 지역 연구는 1990년대부터 활발하게 이루어졌다. 이때부터 미국 대학의 박사학위논문의 일부를 한국문화인류학회의 학회지인 『한국문화인류학』에 발표하는 일이 많아졌다. 따라서 1990년대 이후의 북미 지역 연구는 『한국문화인류학』에 실린 논문에 한정해서 살펴보겠다. 1990년대 이전에 학회지에 실린 논문 중 김성경의 "군대와 종교: 한국과 미국의 경우"(1984, 제16집)라는 논문은 미국의 군대를 이야기하고, 이광규의 "재미한국인 연구서설"(1986, 제18집)이라는 논문은 재미한인을 다루고 있지만, 1990년대에 와서야 본격적으로 북미 지역에 대한 논

〈표 1〉 한국인 인류학자의 북미 지역 연구 현황: 1990년대 이후 『한국문화인류학』에 발표된 논문

논문종류	연구대상 및 지역			발표자/논문 수
	미국인/미국 사회	재미한인	캐나다	
박사학위논문 일부	이정덕(1994, 1996) 김영훈(1997) 정진웅(2000) 정향진(2002, 2003) 서영민(1994)*	유철인(1996) 조혜영(2001) 이종인(2007)		8명/10편
일반 연구논문		김진명(1998) 김명혜(2007) 조혜영(2007)	이창언(1998) 김경학(2006)	5명/5편
발표자/논문 수	5명/7편	5명/6편	2명/2편	12명/15편

* 대학원 재학 중에 쓴 논문임.

문이 학회지에 실리고 있다.

〈표 1〉에서 보듯이, 2007년까지 본인의 박사학위논문의 일부를 학회지에 발표한 사람은 이정덕(1994, 1996), 유철인(1996), 김영훈(1997), 정진웅(2000), 조혜영(2001), 정향진(2002, 2003), 이종인(2007) 등이다. 서영민(1994)은 박사학위논문의 일부는 아니지만, 대학원 과정 재학 중에 수행한 현지조사를 바탕으로 작성한 논문이라는 점에서 박사학위논문의 범주에 넣을 수 있다. 이 중 재미한인을 연구한 사람은 유철인, 조혜영, 이종인 등 3명이며, 나머지 5명은 미국 사회를 연구하였다.

유철인의 "어쩔 수 없이 미군과 결혼하게 되었다: 생애이야기의 주제와 서술전략"(1996, 제29집 2호)이라는 논문은 각주에서 본인의 일리노이 대학 박사학위논문인 "Life Histories of Two Korean Women Who Marry American GIs(미군과 결혼한 두 한인여성의 생애사)"(1993)라는 논문의 일부를 수정 보완한 것이라고 밝혔다. 이 연구의 목적은 구술생애사를 수집하는 인터뷰

상황에서 미군과 결혼한 한국 여성 구술자가 한국 남자인 연구자에게 들려주는 이야기를 이해하고, 구술된 이야기의 서술전략을 찾아내는 것이었다. 유철인은 '배우지 못한 고아로서의 삶'이라는 순희의 생애 이야기의 주제를 찾아냈다. 또한 남을 원망하거나 자신을 책망하다가 결국에는 팔자 탓으로 돌리는 순희의 서술전략을, 한국 사람들이 일상생활에서 삶을 이야기할 때 자연스럽게 사용하는 이야기방식인 '신세타령'의 서술전략과 같은 것으로 해석하였다.

조혜영의 "외국어로서의 '모국어' 학습과 민족 정체성: 재미한인 학생들의 한국어 수업 참여과정에 대한 민족지적 연구"(2001, 제34집 2호)라는 논문은 본인의 일리노이 대학 박사학위논문인 "Negotiating Ethnic Identity: Korean Americans in College Korean Language Classes(협상하는 민족 정체성: 대학에서 한국어 수업을 듣는 한국계 미국인)"(2000)이라는 논문의 일부를 수정한 것이다. 조혜영은 1998년 1월부터 1998년 12월까지 두 학기에 걸쳐 일리노이 대학에 개설되어 있는 한국어 수업을 참관하였다. 이 논문은 재미한인 대학생들이 한국어 수업에 참여하는 과정에서 드러나는 담론을 분석하여, 그들의 민족 정체성이 형성되어가는 과정의 한 단면을 보여 주고자 하였다. 이를 위해 한국어 수업을 수강하는 과정에서 재미동포 2세들이 이민생활의 경험, 고국과의 관련성, 한민족으로서의 의미 등을 어떻게 인식하게 되는지 살펴보았다. 결론적으로, 영어 화자가 되었다는 것으로 미국화된 정체성을 보유하게 된다거나, 한국어를 배움으로써 '한국적인' 정체성을 회복하게 된다기보다는 재미한인 대학생들의 다양한 언어 스타일과 역동적인 언어 사용이 재미한인으로서의 복잡한 정체성을 구성하는 한 요소로 작용하게 된다는 것이다.

이종인의 "강간폭로, 순결, 결혼: 재미한인여성들의 사유"(2007, 제40집 2호)라는 논문은 각주에서 본인의 코네티컷 대학 박사학위논문인 "Korean-

American Women's Reasoning about Rape, Sexuality and Marriage: In Search of Ethnic and Gendered Impediments to Rape Disclosure(강간, 섹슈얼리티, 결혼에 대한 재미한인 여성들의 사유: 강간폭로를 방해하는 민족적 요인과 성차적 측면에 대한 탐구)"(2003)라는 논문의 일부를 수정 보완한 것이라고 밝혔다. 이종인은 1994~2000년 사이에 미국 동부 지역에 살고 있는 18세 이상 한인 여성 36명과 심층면접을 하고 219명에 대해 설문 조사를 실시하여 자료를 수집하였다. 이 논문은 재미한인 여성들의 '강간사건 폭로에 대한 사유'를 분석함으로써, 이들이 강간사건을 폭로하려는 의지를 저해하는 요인이 무엇인지 규명하고자 하였다. 성 차별적인 성규범과 결혼 이데올로기로 인해, 재미한인 여성들은 강간사건 폭로를 바람직한 성애적 이미지와 혼인이라는 주요한 생애적 사안이 위협받는 것으로 생각하기 때문에 강간사건을 폭로하려는 의지가 약하다고 결론짓고 있다.

본인의 박사학위논문의 일부이거나 대학원 재학 중에 쓴 논문을 학회지에 발표한 사람 중 미국 사회를 연구한 사람은 이정덕, 김영훈, 정진웅, 정향진, 서영민 등 5명이다.

이정덕의 "미국 사회의 인종갈등과 사회재생산: 뉴욕시의 한 · 흑 갈등을 중심으로"(1994, 제26집)라는 논문과 "미국에서의 인종적 범주, 거주자 분리, 그리고 폭동: 뉴욕시의 사례"(1996, 제29집 2호)라는 논문은 본인의 뉴욕시립대학 박사학위논문인 "Social Order and Contest in Meanings and Power: Black Boycotts Against Korean Shopkeepers in Poor New York City Neighborhoods(의미와 권력에 나타난 사회질서와 경쟁: 뉴욕시 빈곤지역 흑인들의 한인 소상인에 대한 불매운동)"(1993)이라는 논문의 일부를 수정 보완한 것이다. 이정덕은 1988년 10월부터 1990년 5월 사이에 할렘의 한 한인 가게에서 일을 하면서 면접과 관찰을 수행하였다. 또한 한인 상인과 한 · 흑

갈등에 대한 신문 기사와 잡지 기사, 그리고 관련 삐라를 수집하였다. 이정덕의 1994년 논문은 한인 소상인과 흑인 빈민 간의 갈등을 분석하여, 서로 다른 사회적, 계급적, 인종적 위치에 있는 사람들 간의 갈등이 인종 문제로 확대 전환되는 것은, 미국에서 대부분의 사회갈등이 인종갈등으로 인지되는 사회 구조와 관련되어 있다고 결론을 내렸다.

이정덕의 1996년 논문은 미국 사회에서 인종 범주가 어떻게 형성되었고, 인종관계가 어떻게 이루어져 왔는가를 뉴욕시의 거주지 분리현상과 폭동사례를 통해 보여 주었다. 할렘의 역사에 대한 서술부분은 본인의 박사학위논문 2장에 포함된 부분이라고 밝히면서, 인디언 땅에서 유태인 거주지(할렘)를 거쳐 흑인 할렘이 되어가는 과정과 1970년대 말 한국인들이 할렘 지역에 들어와 장사를 하기 전까지 일어난 백인과 흑인 간의 갈등과 폭동을 다루었다. 이 논문은 현재 미국에서 통용되고 있는 인종 범주와 인종관계는 미국의 자본주의 발전 과정에서 형성되어 작동하고 있다고 논의하였다. 또한 자본주의 사회에서 인종 구분과 지역에 의한 구분이 유사한 역할을 수행하는 것에 주목하여, 인종 차별에 대한 이론을 한국의 지역 차별 연구에 응용하겠다는 계획을 밝히고 있다.

김영훈의 "의례의 상품화: 미국 라스베가스 혼인 의례 연구"(1997, 제30집 1호)라는 논문은 본인의 남가주 대학 박사학위논문인 "The Commodi-Fication of a Ritual Process: An Ethnography of the Wedding Industry in Las Vegas(의례 과정의 상품화: 라스베가스의 결혼산업에 대한 민족지)"(1996)라는 논문의 일부를 수정한 것이다. 본격적인 현지조사를 1995년 1월부터 6개월간 수행한 이 연구의 목적은 라스베가스 결혼의 문화적 의미를 이해하고, 그것이 어떻게 현대 미국 문화를 반영하는가를 밝히는 것이었다. 라스베가스 결혼은 미국적 삶의 토대로 일컬어지는 개인주의라는 문화적 양식에 근거하고 있으며, 라스베가스의 결혼 산업은 "좀 더 빠른, 좀 더 간편

한, 좀 더 나은" 상품을 찾아 헤매는 신랑신부들의 다양한 욕구를 충족시키는 상업주의의 산물이라고 이 논문은 결론짓고 있다.

정진웅의 "노년의 정체성 지속을 위한 한 은퇴촌 주민들의 노력"(2000, 제33집 2호)이라는 논문은 본인의 일리노이 대학 박사학위논문인 " 'Everybody Here Used to be Somebody' : Recapturing Self-Continuity in a Retirement Town ('이곳 사람들은 모두 한때 대단한 사람이었다' : 은퇴촌에서 자아정체감 회복하기)"(1998)라는 논문의 일부를 수정한 것이다. 이 연구의 목적은 한 미국 은퇴촌의 주민들이 어떻게 지속적으로 자아정체감을 유지하는지 살펴보고, 그렇게 유지되는 노년의 지속적 자아정체감이 현대 미국 사회에서 어떤 의미를 지니는지 밝히는 것이었다. 결론적으로, 은퇴촌 주민들의 여러 활동 중 특히 자원봉사활동이 의미를 추구하는 활동으로 정체성을 유지하는 데 크게 기여한다는 것이다. 또한 자아의 지속성을 기정사실로 받아들이는 이들의 "나는 여전하다"라는 이야기에는, 노년은 쇠퇴와 상실의 시기라는 미국 사회의 지배적 노년담론에 맞서 시간이 지나도 훼손되지 않은 개인의 고유성을 주장하는 저항적 태도가 배어 있다고 해석하였다.

정향진의 "문화적 범주로서의 개인과 자기 규범 훈련: 미국 개인주의의 인간관과 청소년기의 사회화 과정에 대한 연구"(2002, 제35집 1호)라는 논문과 "감정의 민속심리학과 정치성: 중산층 미국인들의 '화(anger)' 모델을 중심으로"(2003, 제36집 2호)라는 논문은 본인의 미네소타 대학 박사학위논문인 " 'Control yourself' : Emotion and Person in an American Junior-high School('너 자신을 자제하라' : 미국 중학교에서의 감정과 사람)"(2001)이라는 논문의 일부를 수정한 것이다. 현지조사는 미국 중서부에 있는 한 도시의 공립중학교에서 1998년 9월부터 12월, 1999년 9월부터 2000년 6월까지 총 12개월 동안 하였다. 다양한 국면의 학교의 일상에 대한 참여 관찰을 하고, 인터뷰 자료와 서류 자료를 수집하여 수행한 이 연구는 학교에서의 사회화 과정을 사회화 담당자들의 관점에서 보려고 했기 때문에 교직원들이 주요 연구대상이었다.

정향진의 2002년 논문은 미국인들의 '사람됨(personhood)'의 관념은 어떤 것이며, 청소년기의 사회화에 그것이 실제로 어떻게 적용되는가를 검토하였다. 개인 간의 뚜렷한 심리적 경계를 가정하는 미국의 개인주의의 문화심리에서 행위의 원천은 사회적 맥락보다는 자아로 대표되는 개인의 내면에 있다고 여겨진다. 자유와 통제가 개인의 내면에서 균형이 잡혀야 하는 것인데, 청소년기는 불균형 시기로 간주된다. 따라서 중학교 교육자들은 자기 통제력의 발달을 초기 사춘기 사회화의 주요 목표로 삼는다는 것이다. 내면적 통제의 관념이 핵심인 사람됨의 문화심리 모델은 백인 중산층의 모델이며, 이러한 문화심리 모델이 내면적 통제와 외부적 통제를 구분하는 것은 개인주의 이데올로기의 내재적 모순에서 출발한다고 해석하였다.

정향진의 2003년 논문은 중산층 미국인들의 화(anger)의 민속심리학을 중심으로 미국 사회에서 중산층의 감정 모델이 가지고 있는 헤게모니를 파악하였다. 중산층 미국인들의 화의 민속심리 모델은 화를 정신역동학적 근원을 가지면서 개인의 내부에 지속적으로 존재하는 것으로 여긴다. 화의 사회적 맥락보다 심층 심리적 이유를 우선시함으로써, 화를 개인의 문제로 환원시킨다는 것이다. 나아가서 감정은 한 개인의 '피부 밑'에서 일어나는 현상으로 인식된다. 따라서 아시아계와 흑인을 비롯한 유색인/하층 가정 출신 학생들의 감정표현은 그것의 '감정성'으로 인해 긍정적으로 수용되지 않았고, 부정적인 감정표현의 경우에는 빈번하게 처벌로 이어졌다는 사실은 백인/중산층의 감정 모델이 가지고 있는 헤게모니를 잘 보여 준다고 결론짓고 있다.

서영민의 "뉴욕시의 무거주자 문제에 관한 소고"(1994, 제26집)라는 논문은 그가 뉴욕시립대학 대학원 과정에 재학 중인 1990년 2월부터 1991년 11월까지 뉴욕 시 브롱스 구에 위치한 한 사설 무료숙식소에서 자원봉사자로 일하면서 행한 현지조사를 바탕으로 작성한 논문이다. 한 사회봉사 기관이 운영하고 있는 무료급식소와 무료숙박소의 하루를 정리하였으며, 이곳을 이용하는 사람들과 봉사기관 건물에 입주해 있는 관련 사회단체를 소개하였다. 기본적으로 민족지 연구의 성격을 띠는 이 논문은 무거주자가 될 수밖에 없거나 무거주자에서 벗어나기 어려운 현실이 존재하기 때문에 무거주자 문제의 뒤에는 계급적인 이해관계가 숨어 있다고 논의하였다.

일반 연구 논문으로 북미 지역 연구논문을 학회지에 발표한 사람은 재미한인을 연구한 김진명(1998), 김명혜(2007), 조혜영(2007), 그리고 캐나다를 연구한 이창언(1998)과 김경학(2006) 등 5명이다.

김진명의 "재미한인 사회의 사례를 통해 본 성(gender)과 권력"(1998, 제31집 1호)이라는 논문은 조선조에서 현재까지 한국인의 사고방식에 영향을 미쳐 온 유교적 담론이 재미한인들에게도 지속적으로 효과를 발휘하고 있는가를 살펴본 논문이다. 김진명은 1994년에 미국 미시건 주 웨인 시에 있는 B마을에서 75가구에 대한 인터뷰 및 참여 관찰을 하였다. B마을은 미 연방정부와 교포사회의 주선으로 건립되어, 60세 이상의 한국 노인 80세대가 공동으로 거주하고 있다. 미국에서 20년 이상 거주한 세 명의 사례를 통해, 이 논문은 B마을의 경우도 남녀 권력관계에 대한 의미 구조의 고착화가 한국의 농촌과 대동소이하게 나타나고 있다고 결론짓고 있다.

김명혜의 "뉴욕 한인 여성들의 사회적 역할과 활동상"(2007, 제40집 1호)이라는 연구보고는 2003년도 한국학술진흥재단의 지원에 의하여 연구되었다. 이 연구보고는 미국 이민법이 개정된 1965년 이후 미국으로 이주한 한인 '엘리트' 여성들이 어떤 이주 경험을 가지고 있으며, 어떤 삶의 조건 속에서 어떻게 사회 참여를 해 왔는지 살펴보았다. 김명혜는 2005년 1월과 2월에 걸쳐서 사회운동단체의 창립자이거나 대표로서 한인 사회를 위해 활발하게 활동 중인 여성들이거나 언론, 교육, 의료, 사업 경영 등의 전문 영역에서 두각을 나타내 온 17명의 여성들을 미국 뉴욕에서 집중 면담하여 자료를 수집하였다. 1세대 재미한인 여성 활동가들은 자신들이 한국에서 쌓았던 삶의 경험 및 인적 자원을 바탕으로 미국에서 자신들만의 전문 영역을 개척하여 확대하고 있는 엘리트 여성이자 한미 간 문화 중개자라고 김명혜는 평가하였다. 이 연구보고는 '기성 남성'들의 리더십과 구별되는 재미한인 엘리트 여성들의 리더십을 논의하는 것으로 글을 맺었다.

조혜영의 "조기유학생 학업수행과 적응에 관한 연구: 미국 소도시 유학생들의 사례"(2007, 제40집 2호)라는 연구보고는 2005년 8월부터 10월까지 미국의 소도시 캠퍼스 타운에서 중등 과정으로 유학을 하고 있거나 중등 과정 유학을 마친 학생들을 면담하여 작성되었다. 이 연구의 목적은 조기유학에 비교적 잘 적응하고 있는 학생들을 대상으로 이들이 왜 조기유학을 긍정적으로 평가하며 수용하고 있는지 살펴보는 것이었다. 따라서 한국의 학교문화와 다른 점이 조기유학생들의 유학 과정에서 긍정적 요인으로 작용하고 있다고 보고하였다. 한국의 학교문화와 다른 미국학교의 문화로는 숙제방식, 교사는 학습의 조력자라는 인식, 성적평가방식, 다양한 활동 및 개별성을 수용하는 분위기 등을 들고 있다.

이창언의 "캐나다 소수민족의 민족 정체성과 사회문화적 적응"(1998, 제31집 2호)이라는 논문은 1996년도 한국학술진흥재단의 해외 박사 후 연수과정 지원을 받아 작성되었다. 이 논문은 다양한 이민집단으로 구성된 캐나다 사회가 문화적 다양성을 수용하기 위하여 그동안 실시한 사회정책의 동향을 살펴보고, 우크라이나계 캐나다인의 이민사를 통해 소수민족의 사회문화적 적응을 살펴보았다. 캐나다의 소수민족 공동체들은 다문화주의의 원칙인 평등, 다양성, 공동체에 기초하여 저마다 문화적 특수성을 보존하고 있고, 캐나다 사회는 이러한 소수민족공동체들이 사회 발전에 적극적으로 참여하도록 권장하고 있다고 결론짓고 있다. 캐나다 사회의 다문화주의 정책을 소개한 이 논문은 다문화주의에 대한 관심이 높아진 한국 사회에 시사하는 바가 크다.

김경학의 "정체성의 정치: 캐나다 시크 사회를 중심으로"(2006, 제39집 2호)라는 논문은 인도인 디아스포라를 대주제로 공동 수행한 2004년도 한국학술진흥재단 기초학문육성사업의 한 결과물로 작성되었다. 이 논문은 캐나다 밴쿠버에 거주하고 있는 시크 이민자를 대상으로 시크 사회의 형성과 변화의 역동성을 규명하고자 하였다. 시크는 머리와 수염을 자르지 않고 터번을 착용하는 외형을 통해 쉽게 구분이 되는 종교집단이다. 2006년 1월과 2월에 걸쳐 1개월간 수행한 단기 인류학적 현지조사를 통해, 캐나다 시크 이민사회의 역사 속에서 '진정한' 또는 '적합한' 시크의 내용을 정치적 자원으로 동원하여 전개된 정치적 과정을 미시적으로 분석하였다. 시크 사원인 '구르드와라'를 장악하는 것은 시크의 이민생활에서 성취할 수 있는 중요한 정치적 목적의 한 가지이기 때문에 캐나다 시크 사회에서는 구르드와라에 대한 통제권을 둘러싸고 끊임없는 불화가 있었다고 분석하였다.

3. 북미 지역 연구의 경향

1990년대 이후 한국문화인류학회의 학회지인 『한국문화인류학』에 발표된 논문을 중심으로 살펴본 한국인 인류학자의 북미 지역 연구는 다음과 같은 경향을 보인다. 첫째, 한국인 인류학자의 북미 지역 연구는 미국 대학의 박사학위논문이 주류를 이루고 있다. 〈표 1〉에 제시된 총 15편 중 10편이 박사학위논문의 일부를 발표한 논문이다. 1990년대 이전에도 한국인 인류학자의 북미 지역 연구는 미국 대학의 박사학위논문의 형태로 발표되었다.

둘째, 백인/중산층 미국인이나 현대 미국 사회/문화에 대한 연구는 모두 미국 대학의 박사학위논문의 일부를 발표한 것이다. 단기간 방문 조사로는 현대 복합사회에 대한 인류학적 연구를 수행하기가 어렵다는 것이 하나의 이유가 될 것이다. 이에 비해, 일반 연구논문은 전부 이민집단이나 유학생을 연구하였다. 특히 일반 연구논문 중 조혜영(2007)을 제외한 논문은 다른 지역을 연구해 오던 인류학자들이 북미 지역을 연구한 것이다. 그들은 한국학술진흥재단의 지원을 받아 단기간 방문 조사로 북미 지역을 연구하거나 1년간 방문 학자로 체류하는 동안 현지조사를 하였다.

셋째, 미국 사회의 소수민족인 재미한인에 대한 연구는 연구대상, 연구목적, 연구 주제, 연구방법 등이 다양하지만, 미국 사회/문화보다는 한국 사회/문화나 (민족) 정체성에 초점을 맞추고 있다. 즉 재미한인에 대한 연구는 전체 미국 사회/문화와 잘 연결되어 수행되지 못하였다.

마지막으로, 북미 지역 연구로 박사학위논문을 쓴 연구자들이 박사학위논문의 일부를 『한국문화인류학』에 발표한 이후 북미 지역에 대한 새로운 논문을 『한국문화인류학』에 발표한 적이 별로 없다. 물론 다른 학회지에 발표하는 사례(예를 들어, 이용숙 2006; 이용숙 · 조재식 2007; 정향진 2007 등)도 있지만, 이러한 경향은 북미 지역을 연구한 (연구하는) 한국인 인류학자들이 아직까지 제대로 북미 지역의 지역 연구(area studies) 전문가로 활동하지 못하고 있다는 것을 보여 준다.

참고문헌

강신표, 1973, *The East Asian Culture and Its Transformation in the West: A Cognitive Approach to Changing World View among East Asian Americans in Hawaii*, 미국 하와이 대학 박사학위논문.

______ 1978, *The East Asian Culture and its Transformation in the West: A Cognitive Approach to Changing World-View among East Asian Americans in Hawaii*, Seoul: American Studies Institute, Seoul National University Press.

______ 1980, 『단산사회와 한국 이주민: 하와이 한인생활의 인류학적 연구』, 서울: 한국연구원.

김경학, 2006, "정체성의 정치: 캐나다 시크 사회를 중심으로," 『한국문화인류학』 39(2).

김명혜, 2007, "뉴욕 한인여성들의 사회적 역할과 활동상," 『한국문화인류학』 40(1).

김성경, 1984, "군대와 종교: 한국과 미국의 경우," 『한국문화인류학』 16.

김영훈, 1996, *The Commodification of a Ritual Process: An Ethnography of the Wedding Industry in Las Vegas*, 미국 남가주 대학 박사학위논문.

______ 1997, "의례의 상품화: 미국 라스베가스 혼인 의례 연구," 『한국문화인류학』 30(1).

김중순, 1972, *Life Pattern of the Pulpwood Workers in a South Georgia Community*, 미국 조지아 대학 박사학위논문.

김진명, 1998, "재미 한인 사회의 사례를 통해 본 성(gender)과 권력," 『한국문화인류학』 31(1).

서영민, 1994, "뉴욕시의 무거주자 문제에 관한 소고," 『한국문화인류학』 26.

유철인, 1993, *Life Histories of Two Korean Women Who Marry American GIs*, 미국 일리노이 대학 박사학위논문.

______ 1996,"어쩔 수 없이 미군과 결혼하게 되었다: 생애이야기의 주제와 서술

전략,” 『한국문화인류학』 29(2).

이광규, 1986, “재미한국인 연구서설,” 『한국문화인류학』 18.

이용숙, 1984, *A Comparative Study of East Asian and Anglo American Academic Achievement: An Ethnographic Study*, 미국 노스웨스턴 대학 박사학위논문.

_______ 1987, *Academic Success of East Asian Americans: An Ethnographic Comparative Study of East Asian American and Anglo American Academic Achievement*, Monograph 12, Seoul: American Studies Institute, Seoul National University Press.

_______ 2006, “의대 교육을 모델로 한 미국의 5년제 교사교육 사례 연구,” 『열린 교육연구』 14(2).

이용숙 · 조재식, 2007, “미국 대학 교수－학습개발 센터의 운영과 조직에 대한 문화 기술적 연구,” 『비교교육연구』 17(4).

이정덕, 1993, *Social Order and Contest in Meanings and Power: Black Boycotts Against Korean Shopkeepers in Poor New York City Neighborhoods*, 미국 뉴욕시립대학 박사학위논문.

_______ 1994, “미국사회의 인종갈등과 사회재생산: 뉴욕시의 한 · 흑 갈등을 중심으로,” 『한국문화인류학』 26.

_______ 1996, “미국에서의 인종적 범주, 거주자 분리, 그리고 폭동: 뉴욕시의 사례,” 『한국문화인류학』 29(2).

이종인, 2003, *Korean-American Women's Reasoning about Rape, Sexuality and Marriage: In Search of Ethnic and Gendered Impediments to Rape Disclosure*, 미국 코네티컷 대학 박사학위논문.

_______ 2007, “강간폭로, 순결, 결혼: 재미한인여성들의 사유,” 『한국문화인류학』 40(2).

이창언, 1998, “캐나다 소수민족의 민족 정체성과 사회문화적 적응,” 『한국문화인류학』 31(2).

정진웅, 1998, *'Everybody Here used to be Somebody' : Recapturing Self-Continuity in a Retirement Town*, 미국 일리노이 대학 박사학위논문.

______ 2000, "노년의 정체성 지속을 위한 한 은퇴촌 주민들의 노력," 『한국문화인류학』 33(2).

정향진, 2001, *'Control Yourself' : Emotion and Person in an American Junior-high School*, 미국 미네소타 대학 박사학위논문.

______ 2002, "문화적 범주로서의 개인과 자기 규범 훈련: 미국 개인주의의 인간관과 청소년기의 사회화 과정에 대한 연구," 『한국문화인류학』 35(1).

______ 2003, "감정의 민속심리학과 정치성: 중산층 미국인들의 '화(anger)' 모델을 중심으로," 『한국문화인류학』 36(2).

______ 2007, "한 미국적 실험의 종결: 대학 교육에서의 수월성과 평등성," 『미국학논집』 39(3).

조혜영, 2000, *Negotiating Ethnic Identity: Korean Americans in College Korean Language Classes*, 미국 일리노이 대학 박사학위논문.

______ 2001, "외국어로서의 '모국어' 학습과 민족 정체성: 재미한인 학생들의 한국어 수업 참여과정에 대한 민족지적 연구," 『한국문화인류학』 34(2).

______ 2007, "조기유학생 학업수행과 적응에 관한 연구: 미국 소도시 유학생들의 사례," 『한국문화인류학』 40(2).

최 협, 1979, *An Evaluation of the Introduction of an Agricultural Innovation in Kentucky: A Case Study of No-Tillage Farming in Christian County*, 미국 켄터키 대학 박사학위논문.

한상복 · 이문웅 · 왕한석, 1987, "한국인류학 관계 박사학위논문 초록," 문교부 학술연구조성비 지원 연구과제 보고서.

한국 인류학계의 유럽 지역 연구 동향

황익주(서울대학교 인류학과 교수)

1. 유럽 지역 연구의 범위

창립 50주년을 맞이하는 한국문화인류학회의 회원들을 주축으로 하여 한국 인류학계가 지난 50년의 세월 동안에 이루어낸 유럽 지역 연구의 성과물은 세계의 다른 지역들에 비해서 그 분량이 매우 적은 편이다. 단적으로 이는 유럽 지역 전문가라고 일컬을 만한 인류학자의 수가 너무나 적었던 데서 연원한 결과이다. 그러다 보니 그동안에 축적된 얼마 안 되는 연구 성과물들 속에서 어떤 트렌드를 찾아내고, 기존 연구들에 대한 심도 있는 비판적 검토를 통해 앞으로의 연구들이 지향해야 할 방향성을 제시한다는 일은 별로 가능하지도, 타당하지도 않다고 여겨진다. 따라서 이 글에서는 그간에 한국 인류학계가 산출해 낸 유럽 지역 연구의 성과물들로서 어떤 것들이 있는지를 간략하게나마 소개하는 데에 주안점을 두고 리뷰 작업을 진행하고자 한다.

이처럼 소개가 주된 목적임에도 불구하고, 이 글에서 리뷰의 대상으로 삼을 연구 성과물들을 일정한 범위 내로 한정하는 것이 불가피할 뿐만 아니라 보다 유용할 것으로 생각된다. 우선, 유럽의 지리적 범위의 문제와 관련하여 유럽 및 아시아의 두 대륙 모두에 걸친 영토를 지닌 나라들인 러시아 및 터키를 지역 연구의 대상지로 삼은 연구들이 있다. 그중 터키에 관한 연구 성과물들은 중동 및 아프리카 지역 연구의 동향에 대한 리뷰 작업자의 글에서 다루어질 것이므로 여기에서는 검토치 않을 것이다. 한편, 러시아에 관한 연구 성과물 중 북아시아에 해당하는 시베리아 지역의 소수 민족들에 관한 것들은 '기타 아시아' 지역 연구의 동향에 대한 리뷰 작업 분담자의 글에서 다루어질 것이며, 이 글에서는 다수 민족인 러시아인들의 사회와 문화를 소재로 한 연구 성과물들만을 검토할 것이다.

다음으로, 유럽에 관한 지역 연구의 성과물들 가운데 어떤 것들을 '인류학적인' 연구로 간주할 것인가의 문제가 있다. 이는 과연 무엇이 '인류학적인' 것인가 하는 물음에 관련하여 심각한 견해 차이가 존재하는 것이 서구 및 한국 인류학계에 공통적인 실정인 데서 연원하는 문제라 하겠다. 이 글에서는 '인류학적인 연구 질문을 가지고 최소한도나마 유럽 지역에서 현지조사를 수행하여 수집한 자료들을 바탕으로 작성된 연구결과물'이라는 조작적 개념 정의에 부합하는 것들을 중심으로 살펴보고자 한다. 그에 따른 결과로서, 한국문화인류학회의 구성원들이 저술하여 『한국문화인류학』 등의 전문학술지에 게재된 글들임에도 불구하고 유럽 각국의 교육제도, 박물관, 학계 현황 등을 소개하는 성격의 것들은 이 글의 리뷰 대상에서는 제외될 것임을 미리 밝혀둔다.

2. 유럽, 한국 인류학자들의 시선의 대상이 되다

유럽은 세계의 여러 대륙들 중 가장 나중에서야 서구 인류학자들의 본격적 연구대상 지역으로 부각되었다. 학자에 따라 다소 견해 차이는 있지만, 대체로 1960년대 이후에야 유럽에 대한 인류학자들의 연구가 본격화되었던 것으로 평가된다. 반면, 전통적으로 서구 인류학자들의 시선의 대상이 되어 온 비서구 세계의 대다수 사회에서 그러했던 것처럼, 초창기 한국 인류학자들이 주된 연구대상 지역으로 삼았던 것은 자신들의 사회인 한국이었다. 그에 따른 자연스런 귀결로서, 한국 인류학자들의 유럽 지역 연구에 대한 관심은 서구 인류학계보다도 상당히 뒤늦게야 비로소 시작되었다.

한국인으로서 최초로 유럽에 대한 인류학적 연구를 행한 인물은 윤순영 박사이다. 그는 1970년 4월부터 15개월간 프랑스 남부 프로방스 지방의 서로 인접한 세 마을에서 수행한 현지조사를 바탕으로, "궁극적으로는: 프로방스 지방의 소농 및 대농 포도경작자들—지역적 계급 연구"라는 제목의 논문을 작성하여 1973년에 미국 미시간 대학교에서 인류학 박사학위를 취득하였다. 이 박사학위논문은 프랑스 포도 농업의 자본주의적 발전 과정 속에서 20세기 후반의 시점에 이르기까지도 가족 영농에 의존하는 농민층(peasantry)들이 대농층들과 나란히 존속하게 된 현상의 역사적 전개 과정과 그 이론적 함의를 마르크스주의적 계급론의 분석틀에 의거하여 고찰해 본 것이다. 이 연구는 한국 인류학자들에 의한 후속의 유럽 지역 연구들보다 무려 20년 가까이 앞서서 이루어진 연구이자, 한국 인류학자들에 의한 외국 지역 연구 전체를 놓고 보더라도 매우 앞선 시기에 속하는 선구적 연구였다. 그러나 윤순영 박사는 학위 취득 후 연구 관심을 유럽이 아닌 동남아, 아프리카 및 한국 등 세계 각처에서 나타나는 여성, 아동, 보건, 환경 등의 문제로 전환하였을 뿐만 아니라, 연구자이기보다는 UNICEF, WHO

등 국제기구들과 연계하여 각종 활동을 왕성하게 전개하는 실천가로 변신하였다. 그 와중에서, 필자를 포함하여 유럽 지역 연구를 전공한 학자들의 입장에서 보자면 매우 유감스럽게도, 윤순영 박사의 선구적 연구의 성과는 그 어떤 형태로도 한국 인류학계에 소개되지 못하고 말았다.

출간된 시점으로만 치자면, 윤순영 박사 연구의 다음 순서로 이루어진 한국 인류학자의 유럽 지역 연구에 해당하는 것은 박성용의 연구(1989)일 것이다. 이 연구에서는 지중해 연안에 위치한 작은 항구 도시의 공간 구조 변화 과정의 특징을 고찰하고 있다. 하지만, 이것은 박성용 교수가 프랑스 프로방스 대학교 인류학과의 박사준비 과정(DEA) 시절에 일주일의 짧은 현지조사를 거쳐 작성한 간략한 연구보고서 성격의 글이어서, 윤순영 박사의 선구적 연구의 대를 잇는 한국 인류학자의 유럽 지역 연구로 평가하기는 곤란하다고 본다.

명실상부하게 한국 인류학자에 의한 유럽 지역 연구의 두 번째 연구 성과물로 꼽을 수 있는 것은 1991년에 작성된 이장섭의 독일 뮌스터 대학교 박사학위논문이다. "독일 한인의 일상생활문화 연구: 독일 한인의 문화접변"이라고 제목이 부쳐진 이 연구에서는, 1960년대에서 1970년대 사이에 광부 혹은 간호원의 자격으로 뮌스터 시를 포함하는 베스트팔렌 주로 이민해 온 독일 한인들의 일상생활의 특징들을 문화접변(acculturation)이라는 분석틀에 의거하여 설명하였다. 그의 박사학위 연구의 내용은 귀국 이후 우리말로 작성된 두 편의 논문(이장섭 1992; 1998)을 통해 국내 학계에 소개된 바 있다. 그러나 이들 논문을 제외하고 이장섭 박사가 귀국 이래 저술한 것들 중 독일 지역 연구에 해당하는 것은 독일의 지역축제에 관한 논문(1995)이 유일하며, 나머지는 모두가 한국에 관련된 연구들로 되어 왔다.

시기상 세 번째로 유럽 지역 연구 전공자로 입문한 한국 인류학자는 필자 황익주이다. 필자는 1989년 1월부터 1990년 7월까지 19개월간 아일랜드 공화국의 한 소도시에서 수행한 현지조사를 바탕으로 "계급, 종교, 지역 공동체: 아일랜드 공화국 니나 지방에서의 사회집단 분화" 라는 제목의 논문을 작성하여 1992년에 영국 옥스퍼드 대학교에서 박사학위를 취득하였다. 이 연구에서 필자는, 영국에 의한 식민 지배에서 해방된 오늘날의 아일랜드에는 더 이상 계급과 종파에 따른 사회적 분화는 존재하지 않는다는 것이 지배적 이데올로기이지만, 현실에서는 클럽 활동이라든가 사교적 음주 등과 같은 일상적 교류 양태에서 계급 및 종파에 따른 사회적 격리가 실재함을 밝혔다. 덧붙여, 그러한 사회적 분화가 실재하는 가운데서 니나라는 지역사회가 하나의 지역공동체를 이루고 있다는 지배적 담론은 어떤 방식으로 현실에서 작동하여 어떠한 사회적 효과들을 만들어내는지를 필자의 박사학위논문은 조명하였다. 이 박사학위 연구의 내용은 필자의 개인적 소신 때문에 일부만이 한 편의 국문 논문(황익주 1995)으로 재구성되어 국내에 소개되었다. 박사학위논문의 내용을 국내에 소개하는 작업 대신에 필자는 귀국 이후 유럽 통합, 신도시의 문화향유체계, 가톨릭과 개신교 간의 갈등 등과 같은 현대 유럽 사회의 다양한 면모들에 관련한 연구 주제들을 새로이 모색하고자 시도하면서, 연구대상 지역도 비단 박사학위논문에서 다룬 아일랜드 공화국만이 아니라 영국 및 북아일랜드로까지 확장시켜 보고자 하였다(황익주 1998; 2000; 2002; 2004).

필자 다음으로 유럽 지역 연구 전공자로 입문한 한국 인류학자는 류정아 박사이다. 그는 1992년부터 14개월에 걸쳐 남프랑스 프로방스 지방의 한 마을에서 수행한 현지조사를 바탕으로 "현대 사회에 존재하는 전통성의 의미: 샤또르나르의 전통축제 분석" 이라는 제목의 논문을 작성하여 1994년에 프랑스 사회과학고등연구원에서 박사학위를 취득하였다. 이 박사학위논문은 1998년에 서울대학교 출판부에서 『전통성의 현대적 발견: 남프랑스 마을의 축제문화』라는 제목의 책으로 출판되었는데, 이는 현재까지도 유일하게 국문으로 출간된 유럽에 관한 민족지적 단행본이다. 이 연구에서는 샤또르나르 주민들의 적극적인 참여 속에서 수레축제 및 황소놀이축제 등의 전통적 축제들이 연행되고 있는 현상을 통해서 현대 프랑스 사회에서 전통성이 지니는 의미를 조명하였다. 한편, 단행본으로 출간되기에 앞서서 이 박사학위 연구의 내용은 두 편의 국문 논문으로 재구성되어 국내에 소개된 바 있다(류정아 1995a; 1995b). 류정아 박사는 귀국 이후로도 프랑스의 축제에 관한 연구 작업을 지속해 왔다. 그리하여 2003년에는 타라스콘 시의 타라스크 축제와 샤또르나르의 수레축제의 비교를 통해 축제와 지역 정체성 간의 관계를 고찰한 논문을, 또 2008년에는 앙굴렘 시의 만화축제라는 현대적 축제가 지역 활성화에 끼치는 영향을 분석한 논문을 발표한 바 있다(류정아 2003; 2008).

류정아 박사의 뒤를 이어 1990년대에 유럽 지역 연구에 관련된 논문으로 박사학위를 취득한 인물은 김민호 교수이다. 그는 "무술의 기원과 발전: 역사 및 비교 인류학"이라는 제목의 논문으로 1998년에 프랑스 보르도 제2대학교에서 박사학위를 취득하였다. 이 박사학위논문에서는 동양 무예의 역사적 발전 과정을 문화사적 관점에서 재구성하고, 무예기술의 철학적 및 의학적 기초를 고찰하는 것에 더하여, 동양 무예 사범으로 활동한 바 있는 저자의 경험을 활용하여 보르도 지방에 소재한 20여 개 무예 도장들에 대한 현지조사를 바탕으로 동양 무예가 어떤 방식으로 현대화, 서구화 되어 가는지를 설명하였다. 이 박사학위 연구의 내용 중 보르도 지방에서 나타난 동양 무예의 서구화 현상에 관련된 부분은 『한국문화인류학』에 게재되어 국내 인류학계에 소개된 바 있다(김민호 2001). 그러나 김민호 교수의 경우에도 동양무예학과의 교수로서 활동하는 가운데 귀국 후 연구활동의 주안점을 유럽 지역 연구가 아닌 동양 무예에 관한 체육학적 논의에 맞추게 되면서, 유럽 지역 연구에 해당할 새로운 연구 성과물은 아직껏 발표하지 못하고 있는 실정이다.

필자가 확인할 수 있었던 바로는, 2000년대로 접어든 이래 현재에 이르기까지 남영호, 이건욱, 정유선, 채종대 등 4명의 한국 인류학자들이 유럽 지역에 관한 연구로 인류학 박사학위를 취득하였다. 이 중 가장 먼저 박사학위를 취득한 인물은 채종대 박사로서 "파리의 보행자들에 대한 인류학적 고찰"이라는 제목의 논문으로 2000년에 프랑스의 파리 제7대학교에서 학위를 취득하였다. 그러나 한국 인류학계로서는 대단히 유감스런 일이지만, 채종대 박사는 알 수 없는 이유로 귀국 이후 지금껏 어떤 논문도 저술하지 않고 있다. 그 결과, 파리시 보행자들의 행동 패턴이라는 참신한 주제의 이 연구도 윤순영 박사의 선구적 연구처럼 국내 인류학계에는 전혀 소개되지 않은 연구 성과물이 되고 말았다.

채종대 박사의 뒤를 이은 인물은 "19세기 말부터 20세기 초까지 러시아 농촌 세시풍속 연구"라는 제목의 논문으로 2001년에 모스크바 국립대학교에서 박사학위를 취득한 이건욱 박사이다. 그의 박사학위논문에서는 혁명 직전 시기 러시아 농민들의 세시풍속들을 크게 추동기 풍속과 춘하기 풍속의 두 가지 유형으로 구분하고, 각각에 해당하는 다양한 풍속들을 서술하면서, 각 세시풍속에서 나타나는 음식, 남녀 참석자, 공간 등의 구성요소들이 지닌 의미와 상징들이 이항대립(binary opposition)적 원리에 의거하여 분석될 수 있음을 제시하였다. 이 박사학위 연구의 일부 내용은 국문논문으로 재구성되어 국내 학술지에 소개된 바 있다(이건욱 2001; 2003a). 하지만, 귀국 이후 국립민속박물관의 연구원으로서 일하게 된 이건욱 박사의 연구활동의 무게중심은 시베리아 지역의 소수 민족들 및 한국의 민속에 대한 연구로 이동되었으며, 유럽 방면 러시아의 민속에 대한 저술은 짤막한 서술적 논문 2편(이건욱 2003b; 2004)에 그치고 있다.

그 다음으로 유럽 지역 연구로 박사학위를 취득한 인물은 정유선 박사이다. 그는 "소비자의 탄식: 탈사회주의 불가리아에서의 소비, 욕구, 그리고 일상적 불평에 관한 민족지적 연구"라는 제목의 논문으로 2006년에 미국 하버드 대학교에서 박사학위를 취득하였다. 이 박사학위논문은 1999년부터 2002년 사이에 도합 17개월에 걸친 현지조사를 기반으로 하여 작성되었다. 탈사회주의적 이행 과정에 더하여 EU 회원국의 지위를 획득하기 위해 EU 측이 요구하는 경제적 지침들을 따르는 데서 오는 경제 체제상의 격변이 전개되는 현대 불가리아의 현실 여건 속에서, 소비 관행을 둘러싸고 소비자들, NGO들, 불가리아 국가 및 EU 간의 상호관계 속에서 드러나는 가치관의 충돌 양상을 이 연구는 조명하였다. 정유선 박사의 설명에 따르면, 소비자들이 토로하는 일상적 불평들은 불가리아인들이 단순히 서방인들을 모방하려는 것이 아니라 역사적으로 형성된 문화적 가치관에 의거하여 나름의 방식으로 현재의 삶을 인식하고자 하는 노력을 기울이고 있음을 보여 준다. 그러나 필자가 인터넷을 통해 확인한 이상의 개요로 미루어 흥미진진해 보이는 정유선의 박사학위논문의 구체적 내용은 아직까지 국내 학계에 소개되지 않은 상태이다.

한국 인류학자로서 가장 최근에 유럽 지역 연구로 박사학위를 취득한 인물은 남영호 박사이다. 그는"러시아의 노동자는 왜 일하는가?: 시베리아 제조업 노동자에 대한 민족지적 연구"라는 제목의 논문으로 2007년에 영국 케임브리지 대학교에서 박사학위를 취득하였다. 이 박사학위 연구는 2000년에서 2002년 사이에 도합 1년 반에 걸쳐 시베리아의 이르쿠츠크시에 위치한 몇몇 공장들 및 유럽 쪽 러시아에 소재한 한 맥주공장 등지에서 일하는 러시아인 노동자들을 대상으로 한 현지조사를 바탕으로 삼고 있다. 이 연구에 따르면, 소비에트 사회주의 체제 하에서 형성된 이래 현재까지도 러시아 노동자들의 대다수가 지니고 있는 노동 및 노동자 계급의 관념은, 사회생활의 일차적 준거 틀을 이루는 '콜렉티브' 내에서의 경영진과 육체노동자의 역할 분담이라는 관념이다. 그러나 사회주의 체제 몰락 이후 시장경제로의 이행 과정 속에서 이러한 전통적 관념은 러시아 노동자들의 삶에서 각종 혼란과 갈등을 초래하는 요인으로 작용하고 있다고 남영호 박사는 설명하였다. 그의 박사학위논문의 일부 내용은 두 편의 국문 논문으로 재구성되어 국내에 소개된 바 있다(남영호 2006; 2008).

이상에서 유럽 지역 연구로 인류학 박사학위를 취득한 학자들의 연구 성과물들을 살펴보았지만, 그 외에도 유럽 지역 연구의 성과물로 평가할 만한 저술들을 낸 한국 인류학자들이 몇 명 더 있다. 그중 제일 먼저 언급할 인물은 송도영 교수로서, 그는 프랑스 사회과학고등연구원에서 수학하면서 프랑스 식민지에서 독립한 이래 현재까지도 이주노동자들을 통해 프랑스와 긴밀히 연계된 북아프리카의 튀니지 사회에 대한 연구로 박사학위를 취득한 바 있다. 그런 지적 배경 덕택에 프랑스 사회에 대해 해박한 지식을 보유하고 있던 그는, 전형적인 백인 노동자 대중 거주구역이었던 '벨빌'이라는 파리시의 한 구역이 1980년대 이래로 아랍 및 아프리카계 무슬림 이민자들이 가장 많이 사는 구역으로 변모하는 과정에서 벌어진 도시 공간의 이미지를 둘러싼 문화정치의 역학을 조명한 논문을 최근에 발표하였다(송도영 2008). 비록 연구노트의 형식을 취한 글이긴 하지만, 이는 현대 유럽의 변화 추세에 관련된 중요한 주제와 분석틀을 제시한 연구라고 본다. 또한, 송도영 교수 및 본래 일본 지역 연구 전공자인 권숙인 교수는, 몇몇 사회학자들과 공동으로 수행한 연구의 결과보고서로서 프랑스 및 영국의 문화산업체계의 현황을 소개하는 두 권의 책을 저술한 바 있다(송도영, 이호영 · 조헌영 2003; 양종회 · 권숙인 · 김우식 2003). 이 저서들 자체는 인류학적 연구의 성과물이라 보기 어렵지만, 유럽의 문화산업체계라는 중요한 주제를 다룬 연구서의 저술에 두 명의 인류학자가 동참하였다는 사실 자체로서 연구사적 의의를 지닌다고 하겠다. 마지막으로 소개할 것은 전경수 교수의 최근 논문(2007)이다. 비록 그 자체가 유럽 지역 연구에 해당하는 논문은 아니지만, 100세 이상의 장수 노인들이 특히 많은 곳으로 널리 알려진 전 세계의 7개 지역들에 대한 다년간에 걸친 비교연구의 결과를 제시한 이 논문의 작성을 위해 전경수 교수는 핀란드, 이탈리아의 사르데니아, 스페인의 우에스까, 그루지야의 아브카지아 등 유럽의 4개 나라들에서 현지조사 연구를 수행하면서 장수 노인들의 생활세계를 참여관찰하고 생애사를 채록한 바 있다. 유럽의 4개국에서 동일한 주제로 행해진 현지조사 연구를 통해 논문을 작성한다는 일은 유럽 지역 연구 전공자들조차도 엄두를 내지 못했던 전경수 교수만의 독보적 업적이라 하겠다.

3. 한국 인류학자들에겐 아직도 머나먼 유럽

위에서 살펴본 바와 같이 지난 50년간 한국 인류학계가 배출한 유럽 지역 연구 전문가의 수는 매우 적다. 유럽 지역 연구로 박사학위를 취득한 학자의 수가 도합 9명에 불과한데, 이는 유럽의 국민국가의 수만 해도 50개에 가깝다는 사실을 고려하면 턱없이 적다. 더구나, 그들 중 상당수는 학위 취득 후에는 더 이상 유럽 지역 연구 전문가로서의 활동을 하지 않고 있다. 또 필자를 포함하여 그 활동을 지속하고 있다고 평가될 만한 서너 명의 학자들조차도, 종사하는 직업의 성격상 유럽 지역 연구에만 전념할 수는 없고 다른 종류의 연구활동과 병행하지 않으면 안 되는 처지에 놓여 있다. 이런 점은 세계의 다른 지역들을 전공한 한국 인류학자들의 경우도 마찬가지라고 말할 수도 있겠지만, 필자가 보기에 중국이나 일본 혹은 동남아 등의 지역을 전공한 인류학자들에 비해 유럽 지역 전공자들이 처한 사정은 훨씬 열악하다. 그렇다면, 유럽 지역 연구를 전공한 한국의 인류학자들이 이처럼 열악한 상황에 직면하게 되는 까닭은 과연 무엇인가? 매우 복잡한 논의를 최대한 단순화시켜서 말한다면, 지역 전문가로서 인정받기 위해 개별 연구자들이 섭렵해야 할 국내외 학계의 유럽 관련 연구 성과물들은 너무나 방대한 분량인 반면, 인류학적 현지조사 연구를 수시로 수행하기에 유럽은 너무나 멀고도 연구 비용이 많이 드는 지역이기 때문이다. 이렇듯 한국 인류학자들에게 유럽은 아직도 머나먼 연구대상 지역인 것이 엄연한 현실이다.

그럼에도 불구하고, 한국 인류학계의 연구 역량이 현재보다 한 단계 업그레이드되기 위해서는 유럽 지역 연구 전공자들의 수가 훨씬 많아질 필요가 있다고 본다. 그래야 할 여러 이유들 가운데 가장 중요하다고 여겨지는 것들은 다음의 두 가지이다. 첫째로, 보다 많은 유럽 지역 연구의 축적을 통해 한국 사회에 만연된 옥시덴탈리즘(Occidentalism)적 사고방식 — 우리가 '서구 사회(the West)'라고 일컫는 대상 내에 엄청난 다양성과 변동이 존재한다는 사실을 간과한 채 동양 사회와 대비되는 단일의 동질적 실체로 간주하는 경향 — 에 따르는 오해들을 불식시키는 일에 한국 인류학계가 큰 기여를 할 수 있다고 보기 때문이다. 둘째로, 현대 한국이 당면한 각종 사회적 문제들을 극복하기 위한 정책적 방안들을 모색하는 연구 작업들을 수행함에 있어서, 근대 세계 체제의 성립 이래로 세계사적으로 가장 앞서는 역사적 경험들을 축적해 온 유럽에 대한 올바르고도 심층적인 인식은 필수적이다. 그런 만큼 인류학적 유럽 지역 연구 전문가들의 수가 많아지는 일은, 한국의 정책 당국이 벤치마킹의 대상으로 삼을 만한 유럽의 다양한 사례들을 제시함을 통해 순수기초학문이면서도 훌륭한 정책 연구를 수행할 능력을 지닌 학문으로서 인류학의 한국 사회 내에서의 위상을 향상시키는 데에 상당한 도움이 되리라고 본다. 그런 의미에서 한국 인류학자들에게 유럽은 멀지만 다가가야 할 지역이라 하겠다.

참고문헌

김민호, 1998, "무술의 기원과 발전: 역사 및 비교 인류학," 프랑스 보르도 제2대학교 박사학위논문.

_______ 2001, "동양 무예의 서구화: 프랑스 보르도의 경우," 『한국문화인류학』 34(2): 129-155.

남영호, 2006, "러시아 공장 작업장에서의 시간과 공간, 신체," 『비교문화연구』 12(1): 43-79.

_______ 2007, "러시아의 노동자는 왜 일하는가?: 시베리아 제조업 노동자에 대한 민족지적 연구," 영국 케임브리지 대학교 박사학위논문.

_______ 2008, "The Collective and Class in a Russian Factory," 『러시아연구』 18(1): 237-265.

류정아, 1994, "현대 사회에 존재하는 전통성의 의미: 샤또르나르의 전통축제 분석," 프랑스 사회과학고등연구원 박사학위논문.

_______ 1995a, "현대 사회에 존재하는 '전통성'의 의미: 남프랑스 한 마을의 전통축제 연구," 『한국문화인류학』 28: 79-99.

_______ 1995b, "프랑스 남부 프로방스 지방의 결사체와 수레축제," 『민족과 문화』 3: 149-171.

_______ 1998, 『전통성의 현대적 발견: 남프랑스 마을의 축제문화』, 서울: 서울대학교 출판부.

_______ 2008, "문화콘텐츠 개발을 통한 문화산업 발전과 지역 활성화: 프랑스 앙굴렘 만화축제 사례를 중심으로," 『유럽연구』 24: 415-432.

류정아 외 공저, 2003, "프로방스의 마을 축제와 지역 정체성: 수레축제와 타라스크 축제를 중심으로," 『유럽의 축제문화』, 서울: 연세대학교 출판부, pp.3-46.

박성용, 1989, "지중해 연안 한 소도시의 공간 변화: Port-la-Noubelle의 사례," 『두산 김택규 박사 회갑기념논총』, pp.227-239.

송도영, 2008, “일상 공간행위와 재현을 통한 도시공간의 문화정치: 파리 20구 지역 무슬림 커뮤니티의 사례,” 『비교문화연구』 14(1): 151-184.

송도영 · 이호영 · 조헌영, 2003, 『프랑스의 문화산업체계』, 서울: 지식마당.

양종회 · 권숙인 · 김우식, 2003, 『영국의 문화산업체계』, 서울: 지식마당.

윤순영, 1973, “궁극적으로는: 프로방스 지방의 소농 및 대농 포도경작자들-지역적 계급 연구,” 미국 미시간 대학교 박사학위논문.

이건욱, 2001a, 『19세기 말부터 20세기 초까지 러시아 농촌 세시풍속 연구』, 러시아 모스크바 국립대학교 박사학위논문.

______ 2001b, “세시풍속 안에서의 남성과 여성 참석자의 성적 상징과 기능: 19세기 말부터 20세기 초까지 러시아 농촌을 중심으로,” 『슬라브연구』 17(2): 55-75.

______ 2003a, “러시아 전통 혼인 풍습,” 『민속학연구』 12: 171-203.

______ 2003b, “러시아 귀신 루쌀까 연구,” 『한국무속학』 7: 197-217.

______ 2004, “러시아의 부활절 달걀 考,” 『생활문물연구』 13: 37-57.

이장섭, 1991, “독일 한인의 일상생활문화 연구: 독일 한인의 문화접변,” 독일 뮌스터 대학교 박사학위논문.

______ 1992, “독일 한인2세의 문화화,” 『재외한인연구』 2: 53-77.

______ 1995, “독일의 지역 축제,” 『민족과 문화』 3: 127-148.

______ 1998, “독일 한인의 일상생활 문화 연구,” 『한국 인류학의 성과와 전망』, 서울: 집문당, pp.471-493.

전경수, 2007, “Living Past 100 Years: Perspectives from Anthropology of Longevity,” *Annual Review of Gerontology and Geriatrics* 27: 173-204.

정유선, 2006, “소비자의 탄식: 탈사회주의 불가리아에서의 소비, 욕구, 그리고 일상적 불평에 관한 민족지적 연구,” 미국 하버드 대학교 박사학위논문.

채종대, 2000, “파리의 보행자들에 대한 인류학적 고찰,” 프랑스 파리 제7대학교 박사학위논문.

황익주, 1992, “계급, 종교, 지역공동체: 아일랜드 공화국 니나 지방에서의 사회집단분화," 영국 옥스퍼드 대학교 박사학위논문.

_______ 1995, "아일랜드에서의 일상적 사교활동과 사회집단 분화: 인류학적 사례연구," 『지역연구』 3(4): 169-200.

_______ 1998, "유럽통합의 진전에 따른 아일랜드 사회의 변화와 적응: 니나 지방의 사례를 중심으로," 『국제지역연구』 7(2): 81-104.

_______ 2000, "유럽통합의 진전과 아일랜드 민족정체성의 변화: 인류학적 사례연구," 『국제지역연구』 9(3): 123-143.

_______ 2002, "신도시의 문화향유체계와 시민의 삶의 질: 영국 밀튼킨즈 시의 사례연구," 『비교문화연구』 8(1): 171-209.

_______ 2004, "북아일랜드의 민족 갈등과 일상에서의 타자성 경험," 『비교문화연구』 9(2): 3-38.

라틴아메리카 연구 성과의 소개

김세건(강원대학교 문화인류학과 부교수)

1.

한국에서 라틴아메리카 연구의 역사는 그리 길지 않다. 사실 인류학에서뿐만 아니라 인문사회과학분야 전반에서 라틴아메리카 사회문화에 대한 관심은 높지 않았다. 한국의 사회구성체 논쟁이 치열했던 1980년대에 들어 제3세계론, 종속이론 등이 도입되면서 라틴아메리카 사회도 함께 소개되기 시작하였다. 물론 이 당시에 논쟁의 핵심은 라틴아메리카의 정치경제적 상황과 사회구성체 이론에 있었고, 라틴아메리카 사회 자체와 문화에 있지 않았다. 그런 시대 상황에서 인류학에서는 라틴아메리카 사회문화에 관심을 가지고 있던 연구자들에 의해 라틴아메리카 사회문화에 대한 주요 연구서들이 번역 · 소개되었다. 대표적인 번역서로는 에릭 울프(Eric Wolf)의 『농민』(박현수 역, 청년사, 1983), 오스카 루이스(Oscar Lewis)의 『산체스의 아이들』(박현수 역, 청년사, 1978), 『떼뽀스뜰란 마을』(이덕성 역, 교문사, 1988), 『산 후안의 빈민들: 푸에르토리코의 도시빈민문화』(김명혜 역, 교문사, 1990)가 있다. 번역 외 저서로는 브라질의 한인 사회를 다룬 전경수의 『브라질의 한국이민』(서울대학교출판부, 1991) 등이 있다.

1990년대 중반에 들어 라틴아메리카 사회에서 직접 현지조사를 한 연구자들의 연구 성과들이 학술지에 본격적으로 발표되기 시작하였다. 연구자들의 논문발표 시점에 따라 개략적으로 세 단계로 구별해 볼 수 있을 것이다. 여기에서는 연구 성과들을 학술지에 발표한 논문을 중심으로 살펴보고자 한다. 연구 성과들을 주제별보다는 연구자별로 서술하였는데, 이는 라틴아메리카 연구자들 수가 적고, 각 연구자들의 조사지역과 관심 주제들의 독특성이 두드러져 상호 비교분석하기가 쉽지 않았기 때문이다.

2.

1990년대 중 · 후반에 라틴아메리카 사회문화에 대한 인류학적 연구 성과들이 발표되기 시작하였는데, 이 시기 대표적인 학자는 현재 전남대학교 인류학과에 재직 중인 김명혜와 순천향대학교 국제관계학부에 재직 중인 주종택을 들 수 있다.

김명혜는 1979년 미국 조지아 대학교(University of Georgia at Athens)에서 석사 과정을 밟으면서부터 라틴아메리카, 특히 멕시코에 대하여 연구하였다. 그녀는 당시 한국 인류학도들이 관심을 보여 왔던 농촌 연구보다는 급속한 변화를 경험하고 있는 도시 연구에 관심을 가지고 멕시코의 산업화 과정과 그에 따른 여러 가지 도시 문제에 눈을 돌리게 되었다. 그 관심의 결과물이 멕시코 남부에 위치한 오아하까 시의 저소득 가구들의 생존전략 및 노동 양태를 분석한 석사학위논문 "오아하까 시의 비공식부문(The Informal Sector in the City of Oaxaca, Mexico)"(1982)이다. 그녀는 석사를 마치고 미국 텍사스 대학(University of Texas at Austin)으로 옮겨 박사 과정을 밟으면서도 멕시코의 도시빈민촌 형성 과정, 도시빈민들의 노동 양태, 도시빈민 가구들의 생존전략, 도시개발에 따른 빈민들의 재이주현상 등에 대한 관심은 계속되었다. 그녀의 관심은 인구 400만의 빈민도시인 멕시코 주의 네짜우알꼬요뜰(Ciudad Netzahualcoyotl) 시에 살고 있는 가구들의 형성 및 유지방법, 여성 노동 양태에 대하여 연구한 박사학위논문 "멕시코 도시에서 여성노동력 참여와 가구 재생산(Female Labor Force Participation and Household Reproduction in Urban Mexico)"(1987)에 잘 나타났다. 김명혜의 오랜 멕시코 현지조사의 경험은 "농촌에서 도시로: 멕시코의 사례연구"(『인류학과 지역연구』, 최협 편, 나남, 1997)에 상세하게 소개되어 있다.

김명혜는 박사를 마친 후에도 지속해서 도시, 빈곤, 노동, 가족 등의 문제들을 거시적인 사회경제 구조 및 국제관계 속에서 이해하려고 노력했고, 이는 자연스럽게 멕시코-미국 국경지대에 위치한 마낄라 노동자들의 삶에 대한 연구로 이어졌다. 이와 관련된 논문은 멕시코가 NAFTA를 비롯한 신자유주의적 발전 모델을 수용하면서 사회 전반에서 목격되는 도시인들, 특히 여성의 생활전략에 초점을 맞춘 "멕시코 여성과 신자유주의 혁명(The Women of Mexico and the Neoliberal Revolution)"(공저, *Anuario de Estudio Urbanos,* 3, 1996), 마낄라 노동자들의 노동 경험 및 가족생활에 미치는 영향 그리고 거주지역의 특징을 분석한 "멕시코 국경도시 노동자들과 그들의 가족생활상에 관한 고찰"(『라틴아메리카연구』 11(1), 1998), 멕시코-미국 국경도시인 누에보 라레도(Nuevo Laredo) 시 주변부에 위치한 2개 빈민촌 연구를 통해 여성들이 남성주도의 사회 구도 속에서 도시공동체 운동에 참여하게 되는 과정과 가정 내 역할규정을 타협해 나가는 방법에 초점을 맞춘 "도시공동체에서 여성들의 역할: 멕시코 국경도시에 대한 사례연구"(『한국문화인류학』 34(2), 2001), "멕시코 국경도시의 마낄라 여성노동자와 도시공동체 운동(Female Maquila Workers and Urban Neighborhood Movement in a Border City of Mexico)"(*Asian Journal of Latin American Studies* 15(1), 2002) 등이 있다.

그녀는 위의 주제와 관련된 저서의 번역에도 심혈을 기울였다. 대표적인 역서로는 푸에르트토리코의 수도인 산후안(San Juan) 시에 있는 로스 뻴로떼로스(Los Peloteros) 빈민촌 사람들의 삶과 문화에 대한 연구물인 헬렌 사파(Helen lcken Safa)의 『산후안의 빈민들: 푸에르토리코의 도시빈민문화』(교문사, 1990), NAFTA와 같은 신자유주의 자유무역 모델과 관련하여 멕시코-미국 국경지대의 소위 '마낄라 지역' 노동자들의 열악한 삶에 대해 분석한 마르따 오헤다(Martha A. Ojeda)의 "멕시코 자유무역지역에서의 여성노동(Women, Labor Rights, and NAFTA in Mexico)"(김명혜 편역, 『여성과 민주화운동』, 경인문화사, 2004) 등이 있다.

현재 김명혜는 그동안의 멕시코 도시 연구를 바탕으로 한 비교문화적인 관점에서 한국의 도시현상, 도시가구/가족, 계층별 도시여성들의 삶 등을 연구하고 있다.

김명혜와 더불어 멕시코 연구 영역을 크게 확대한 사람은 주종택이다. 김명혜가 도시지역에 초점을 맞춘 반면에 주종택은 농촌지역에 초점을 둔 많은 논문을 발표했다. 주종택은 미국 코네티컷 대학(University of Conneticut)에서 오아하까 계곡 지역의 임업생산의 자본제적 발전과 그것이 지역경제의 다양화에 미치는 영향을 분석한 "옥수수를 사는 농민들: 멕시코 오아하까의 임업의 자본제적 발전과 지역경제에 미치는 영향

(Corn-Buying Peasants: The Capitalist Development of Forestry Production and its Impact on the Diversity of Local Economy in Oaxaca, Mexico)"(1995) 논문으로 박사학위를 받았다. 그는 여기에서 농업, 농업 외 취업, 이주 노동, 농촌 산업 등 다양한 생산 형태의 결합을 통해 농촌 가구가 유지되고, 마을이 재구성되며, 농촌계급의 변화하는 멕시코 농촌지역의 사회경제적 발전과정을 잘 보여 준다. 당시 현지조사 경험과 멕시코 농촌사회에 대한 문제의식은 "멕시코 농촌의 사회경제적 변화와 현지조사"(『인류학과 지역연구』, 나남, 1997)에 잘 나타나 있다.

주종택은 멕시코 농촌의 생계활동의 변화, 사회경제적 환경의 변화, 원주민 종족성, 종교 등 다양한 주제에 걸쳐 글을 써왔다. 먼저 멕시코 농촌사회의 사회경제적 환경의 변화에 따른 정치활동 및 사회문화의 변화에 대한 연구를 하였다. 이는 농업 이외의 농촌 산업에 기초한 농업자본주의가 발전하고 있는 멕시코 농촌사회의 변화와 이를 분석하기 위한 농민에 대한 새로운 개념을 정립을 시도한 "라틴 아메리카 농촌 변화와 농민의 성격"(『라틴아메리카연구』 8, 1995)과 멕시코의 정치적 변화가 지방의 정치행위와 농민들의 정치문화에 어떤 영향을 미치는지를 분석한 "멕시코 농촌지역의 정치참여: 정치행위와 정치문화"(『라틴아메리카연구』 11(1), 1998)가 있다.

위 연구의 연장선에서 1994년의 경제위기 속에서 농민들이 자신들이 처한 사회경제적 문제를 해결하는 가장 큰 대안으로 등장한 미국으로의 국제노동이주의 의미와 사회문화적 영향을 분석한 "멕시코의 경제위기와 농촌지역의 국제 노동이주"(『라틴아메리카연구』 13(1), 2000), "멕시코의 국제노동이주와 농촌지역의 사회문화적 변화"(『한국문화인류학』 40(2), 2007)가 있다. 또한 멕시코 농촌지역에서 종교의 변화, 여성의 경제활동 참여, 북미로의 노동이주의 활성화 등에 따른 성(性) 정체성과 마치스모

(machismo) 문화의 변화를 분석한 "멕시코 농촌지역에서의 마치스모의 사회적 변화와 의미"(『비교문화연구』 13(1), 2007)가 있다.

한편으로 주종택은 원주민 종족성 연구에서 많은 성과를 냈다. 이에 대한 논문은 원주민의 사회문화적, 정치경제적 특성에 대한 설명을 통해 원주민과 비원주민사회의 차이를 강조하는 원주민주의자들의 이원론적 사고를 비판한 "멕시코 농촌에서 종족성과 경제: 원주민주의적 접근에 대한 비판(Ethnicity and Economy in Rural Mexico: A Critique of the Indigenista Approach)"(공저, *Latin American Research Review* 30(2), 1995), 식민지 시대부터 오늘날까지 지속되는 원주민 정책의 특성을 분석한 "멕시코 종족문제의 역사적 배경과 오늘날의 상황"(『지역연구』 5(2), 1996), 메스티소 정체성의 모호한 성격과 그것이 사회 전체에 미치는 영향을 분석한 "불명확한 메스티소 정체의식: 멕시코 농촌지역의 종족성의 정치경제"(『한국문화인류학』 30(1), 1997), 사회경제적 조건의 변화에 따라 오아하까 주의 누에보 소키아팜 마을 사람들의 종족 정체성이 어떻게 변화 · 발전하는지를 논의한 "멕시코 원주민 정체성의 특징과 문화적 의미"(『한국문화인류학』 35(1), 2002), 멕시코 정부의 원주민정책과 관련된 원주민과 메스티소의 정체성의 문제를 원주민 사회와 메스티소 사회에 대한 비교분석한 "멕시코의 원주민 정책과 종족성: 메스티소와 원주민의 관계"(『라틴아메리카연구』 18(4), 2005) 등이 있다.

그리고 주종택은 종교에 대한 연구를 통해 멕시코 농촌사회문화 이해를 돕고 있다. 이와 관련된 논문으로 오아하까 누에보 소키아팜 마을을 대상으로 종교 변화에 영향을 미치는 사회경제 구조 및 천주교와 개신교의 상호작용의 과정을 분석한 "라틴 아메리카의 사회경제적 변화와 종교: 천주교와 개신교의 관계"(『한국문화인류학』 33(2), 2000), 지난 40여 년간 개신교 신자의 수가 급증하면서 멕시코의 많은 지역사회에서 나타나고 있는 개신교도와 천주교도 간의 종교적 갈등에 초점을 맞춘 "멕시코의 사회변화와 개신교의 발전"(『라틴아메리카연구』 17(1), 2004) 등이 있다. 나아가 종교에 대한 관심은 멕시코를 넘어 다른 국가로 확장되었는데, 이와 관련해서는 "칠레의 사회변화와 개신교의 성장"(『라틴아메리카연구』 17(4), 2004)과 "라틴아메리카의 종교변화와 개신교의 역할"(『중남미연구』 24(2), 2006) 등이 있다.

이 외에도 주종택은 한국에서 라틴아메리카 연구의 현황과 연구의 필요성을 역설한 "라틴아메리카연구의 현황과 과제"(『한국의 지역연구: 현황과 과제』, 이상섭 · 권태환 편, 서울대학교출판부, 1998)를 비롯해 멕시코 나아가 라틴아메리카 사회와 문화에 대한 다양한 주제의 글을 썼다. 이와 관련해서는 라틴아메리카의 고대 문명에 대해 서술한 "아스테카 문명과 마야 문명의 사회사상"(『라틴 아메리카의 역사와 사상』, 이성형 편, 까치, 1999)과 축제를 비교분석한 "라틴 아메리카의 사회변화와 축제: 겔라겟사와 카니발의 사례"(『라틴아메리카연구』 17(3), 2004) 등이다. 또한 라틴아메리카에 살고 있는 한인, 특히 브라질에 대한 "브라질 한인사회의 성격과 한인들의 민족관계"(『해외한인의 민족관계』, 문옥표 편, 아카넷, 2006)와 "Korean Return Migrants from Brazil: Ethnic and Economic Aspects"(*Korea Journal*, 47(2), 2007) 등이 있다.

3.

2000년 초반에 들어 라틴아메리카 연구자들이 점차 늘어나기 시작했다. 이 시기에 연구 성과를 발표하기 시작한 사람들로는 현재 강원대학교 문화인류학과에 재직 중인 김세건, 서울대 등에서 강의를 하고 있는 최진숙,

한국디지털대학교에 재직 중인 조경진 등이 있다. 특히 최진숙과 조경진은 멕시코를 중심으로 이루어지고 있던 라틴아메리카 연구의 영역을 라틴아메리카 제 국가로 확대하는 데 큰 역할을 하였다.

김세건은 멕시코 모렐로스 주 떼뽀스뜰란의 한 마을에서 1940년대부터 시작된 멕시코 근대화에 따른 농촌사회의 변화와 특징을 분석한 "멕시코 농촌의 사회변동과 생태체계(El cambio, sus caracteríísticas y el ecosistema en un pueblo campesino mexicano)"(1999)라는 논문으로 국립 멕시코 대학(Universidad Auténoma Nacional de México)에서 인류학 박사학위를 받았다.

김세건은 이후에 멕시코 농촌 사회문화현상 및 사회경제적 환경의 변화에 따른 농민들의 적응 양상을 중심으로 논문을 써왔다. 먼저 농촌 근대화 및 최근의 농업위기와 미국과 캐나다로의 계절이민 등의 과정에서 나타나는 농촌의 사회문화적 변화양상을 다루었다. 이와 관련된 논문은 주 생계작물인 옥수수 개량종의 도입 및 기계화 등에 의한 근대적 생산 과정에서 드러난 멕시코 농촌 근대화의 특성을 분석한 "옥수수 다루기를 통해서 본 멕시코 농촌근대화"(『아시아태평양지역연구』 1(2), 1999), 멕시코 농촌 근대화의 특징을 농민의 지위 변동과 환경의 측면에서 다룬 "숨겨진 주체: 멕시코 농촌의 근대화와 환경(El sujeto oculto: modernización rural y medio ambiente en un pueblo campesino mexicano)"(*Asian Journal of Latin American Studies* 13, 2000), 농촌 근대화 과정에서 나타난 건기와 우기를 중심으로 형성된 전통적 세계관과 농촌의례의 변화와 특징을 분석한 "멕시코 한 농촌의 농업의례와 인식체계의 변화"(『한국문화인류학』 33(1), 2000), 멕시코 경제위기 속에서 두드러지고 있는 농민들의 미국과 캐나다로의 계절 이주의 양상과 그에 따른 생산 과정 및 공동체 활동의 변화를 다룬 "북을 향하여: 멕시코 농민들의 미국, 캐나다로의 일시이민과 사회문화적 변동의 제양상"(『한국사회과학』 22(2), 2000) 등이 있다.

그리고 그는 농촌의 사회경제적 환경의 변동에 따른 농촌 가구 구성의 변화와 적응양식에 대하여 연구를 하였는데, 이와 관련된 논문으로는 "라틴아메리카 농촌에서의 자원이용과 가구(El manejo de los recursos y la unidad doméstica en el campo de Latin América)"(*Asian Journal of Latin American Studies* 14(2), 2001), 스페인 정복 이전의 원주민의 친척관계를 대신하는 의사친척관계를 넘어 새롭고 광범위한 사회관계망을 형성하는 멕시코 농촌의 꼼빠드라스고 제도의 특성을 분석한 "멕시코 농촌에서 꼼빠드라스고의 구조와 역할"(『비교문화연구』 7(2), 2001), 미국과 캐나다로의 계절이주, 농업의 쇠퇴, 다양한 농업 외 일자리의 증가 등에 따른 농촌 가구와 친척관계의 변화를 분석한 "멕시코 농촌 가구와 친척관계의 구조 및 변화양상: 떼뽀스뜰란의 한 농촌 마을 사례를 중심으로"(『라틴아메리카 연구』17(2), 2004) 등이 있다.

또한 그는 멕시코의 농촌 및 무니시뻬오를 중심으로 한 지방정치에 관한 연구를 하였다. 이와 관련된 논문으로는 71년 만의 멕시코 연방정권 교체가 아유단띠아, 공동토지위원회를 중심으로 이뤄지던 마을 정치 수준에서 어떤 변화를 야기하고 있는지에 대하여 분석한 "멕시코 정치변동기의 마을정치의 변화와 그 특징"(『라틴아메리카연구』 19(2), 2006) 과 중앙정치에 종속되어 있던 무니시뻬오의 지방정치가 점차 독자적인 정치 지형을 형성해 가는 과정과 의미를 다룬 "지방정치 중심으로서의 무니시뻬오의 변화와 특징: 떼뽀스뜰란 무니시뻬오를 중심으로"(『이베로아메리카』 9(2), 2007) 등이 있다. 최근에는 무니시뻬오을 중심으로 한 멕시코 지역정치의 대안사회운동적 성격에 주목하여 연구를 하고 있다. 이와 관련해서는 멕시코 오아하까 커피생산자 조합의 형성과 사회운동으로서의 특징을 다룬 "공정무역과 새로운 공동체 운동: 오아하까 UCIRI 사례를 중심으로"(『이베로아메리카』 10(1), 2008) 가 있다.

그 외 종교, 원주민 종족성, 한국 이민사 등에 관해 연구를 하였다. 이와 관련해서는 스페인 정복과 함께 시작된 초기 가톨릭 선교에서 큰 역할을 하였던 예수회의 활동과 영향을 다룬 “예수회: 영혼의 정복자”(『라틴아메리카의 역사와 사상』, 이성형 편, 까치, 1999) , 성모 과달루페 신앙이 국민적 정체성을 획득해 가는 역사적 과정과 상징성을 분석한 “성모 과달루페 신앙의 형성과 그 의미”(『라틴아메리카 연구』 13(1), 2004) , 멕시코 국민주의의 형성 과정에서 나타나는 메스티소와 원주민 종족성의 관계성을 다룬 “메스티소와 원주민 사이에서: 멕시코 국민주의와 원주민 종족성”(『한국문화인류학』 36(2), 2003) , 콜럼버스 신대륙 발견에서 치아빠스 사빠띠스따 운동까지의 역사를 통해 세계화의 의미와 특징을 분석한 “세계화의 오래된 현재, 멕시코”(『세계화와 사회변동』, 공저, 강원대학교 출판부, 2002) , 멕시코에 진출한 한국 기업의 경영 형태와 그에 따른 노사 문제를 다룬 “멕시코 마낄라도라: 만남 그리고 …”(『멕시코 한국기업의 노동문화적응』, 공저, 미래인력연구센터/생각의 나무, 2000) , 중남미로의 한국 이민의 역사를 다룬 “한-중남미 인적교류: 중남미로의 한국이민을 중심으로”(『아시아아메리카연구』 3, 2003) 등이 있다.

최진숙은 과테말라의 정체성의 정치학, 특히 인종 및 종족의 형성 과정에 관심을 가지고 마야어의 소멸 위기, 스페인어 사용의 증가, 마야 원주민 문화 재생운동 등이 전개되고 있는 전환기에 마야 원주민들이 자신의 정체성을 어떻게 형성하고 있는지에 대하여 연구하였다. 그 결과물인 “이중 언어 사용 마야 공동체에서의 언어선택 및 언어이데올로기: 과테말라의 정체성의 정치학(Language Choice and Language Ideology in a Bilingual Maya Community: the Politics of Identity in Guatemala)”(2003)으로 뉴욕주립대학교(SUNY at Albany)에서 박사학위를 받았다. 최진숙은 한국에서 라틴아메리카 연구지역을 멕시코에서 타 지역으로 확장했을 뿐만 아니라 기존의 정치경제, 사회문화 중심의 연구에서 벗어나 언어인류학 분야로 확대하는 데 공헌을 하였다.

최진숙은 박사학위를 마친 후에도 지속적으로 정체성의 정치학에서 언어가 차지하는 역할에 초점을 맞추어 연구결과를 발표해 왔다. 과테말라의 끼체 마야 언어에 내재된 이데올로기에 대한 고찰을 통해 과테말라에서 마야 정체성이 대조적인 재현이 이루어지고 있음을 보여 주고 있는 "원주민 억양을 가지고 있는 시골 사람들(People from the mountain have *acento indígena* (Indian accent): Double-bound Mayan identities and the dilemma of Mayan linguistic purism in Guatemala)"(*Chicago Linguistic Society*, 2002), 과테말라의 끼체 마야 공동체 가운데 하나인 모모스떼낭고에서 코드 전환 및 언어에 대한 담론을 분석하는 방식을 통하여 언어가 마야 정체성을 상징하는 도상적인 역할을 하는 양상을 보여 주는 "과테말라에서 마야 정체성의 이데올로기적 형성에 있어서 언어의 역할(The role of language in Ideological Construction of Mayan Identities in Guatemala)"(*Texas Linguistics Forum* 45, 2003), 언어행위를 통하여 마야 정체성을 이데올로기적으로 형성하는 과정을 고찰한 "과테말라 마야 정체성의 이데올로기적 형성: 코드 전환에 의한 언어적 편견의 재생산"(『한국문화인류학』 38(2), 2005), 마야 인디언이 순수한 문화를 강조하는 종족화 및 낮은 계급과 관련짓는 인종화 담론 속에서 정의되는 방식을 고찰한 "인종화와 종족화 사이의 이중구속: 과테말라 마야 인디언의 정체성에 대한 고찰"(『비교문화연구』 11(2), 2005), 과테말라의 역사적 상황과 권력 관계 등의 변화에 따라 '인종' 개념이 어떻게 등장하고, 재생산되며, 또한 그 의미가 희석되는가를 분석한 "과테말라에서의 인종"(race) 개념에 대한 역사적 고찰"(『라틴아메리카연구』 21(3), 2007) 등이 있다. 현재 그녀는 마야 원주민의 언어 사용 및 언어 이데올로기에서 국가의 언어정책 및 범 마야 운동 진영의 언어정책이 어떠한 효과를 가져다주었는가를 연구하고 있다.

조경진은 넓게는 라틴아메리카 사회가 직면해 있는 정치경제적인 현실과 좁게는 그 속에서 다양한 욕망을 가지고 국가를 믿어야 하는지, 또는 자신들만의 생존방식을 개발해서 살아가야 하는지에 대해 끊임없이 저울질을 하면서 삶을 살아가는 라틴아메리카 사람들의 긴장관계에 주목해 왔다. 그의 관심은 지난 한 세기 동안 정치적으로 큰 격동을 겪었던 칠레의 국가와 지방의 긴장관계, 지방사의 서사 구조와 영웅주의 정치, 그리고 다가오는 세계시장의 변화에 대한 현지인의 이해와 해석에 있다. 이와 관련하여 조경진은 20세기 초에 초석 수출지역으로 칠레 근대화의 물적 기반을 제공했던 칠레 최북단의 따라빠까 주의 행정수도인 이끼께 지역의 지방사와 사람들의 삶에 대해 연구했다. 그리고 그 결과물인 "흥망연속의 문화: 칠레국경 자유무역지대를 통해 본 국가와 지방의 갈등사(The Culture of Boom-and-Bust and the Duty-Free Zone: The Struggle to Find Iquique's Place in the Chilean Nation-State)"(2004)로 미국 시카고 대학(University of Chicago)에서 인류학 박사학위를 받았다. 조경진은 정부의 지역개발정책에서 따라 반복적인 흥망성쇠를 겪었던 이끼께 지역의 경험이 이끼께 사회 전반에 남기고 간 흔적들을 그 역사적 서사에서 도출해 내고, 그 역사를 이야기하는 과정에서 불안과 상대적 박탈감의 문화가 만들어졌다고 분석하고 있다. 나아가 조경진은 1971년 아옌데 정권 이래 정치적 대립 구도가 좌 · 우 이데올로기의 축으로 재편성되면서 잊혀진 지역의 시민운동을 민족국가 체제에 대한 도전으로 평가하며 기존의 칠레 연구에서 다루어지지 않았던 지방사에 주목하여 연구를 하였다. 이와 관련된 논문으로는 국가 주도 개발 프로젝트인 자유무역지대(ZOFRI, Zona Franca de Iquique)가 작동하는 방식을 파악하고, 그것이 이끼께 지역 주민의 공동체성에 끼친 영향을 분석한 "다시 생각하는 '자유무역': 칠레 이끼께 자유무역 지대에서의 감시문화와 도덕경제의 문제"(『비교문화연구』 11(2), 2005)와 칠레 북부 지방이 한 세기 동안 겪어온 연속적인 경제적 위기를 역사인류학적으로 접근하고, 이 지방에서 발전하고 있는 포퓰리즘을 같은 연속선상에서 분석한 "전지구화시대의 위기와 공동체 재편성에 관한 인류학적 연구: 칠레 이끼께 지방을 중심으로"(『한국문화인류학』 39(2), 2006) 등이 있다.

최근에 조경진은 칠레와 페루에서 싹트고 있는 경제민족주의와 시민정신에 대하여 연구를 하고 있다. 또 새로운 연구 주제로 라틴아메리카 연구와 의료인류학을 접목하여, 라틴아메리카에서 아동발달장애에 대한 이해와 해석에 대한 조사를 준비하고 있다.

4.

2000년대 중후반에 들어서면서 라틴아메리카 연구는 연구지역에서뿐만 아니라 연구 주제에 있어서도 더욱더 다양해지고 있다. 이는 현재 라틴아메리카 제 국가에서 연구를 하고 있는 사람들에 의해 추동되고 있는데, 구경모, 이영미, 강정원 등이 있다. 구경모는 영남대학교 사회인류학 박사과정을 수료하고 현재 파라과이의 근현대의 정치적 사건들 속에서 타자화되었던 과이레뇨(Guaireño)들의 종족성에 대하여 연구를 하고 있다. 이와 관련해서는 과이레뇨들에 대한 부정적 타자화가 1865년 삼국동맹전쟁 이후 과이레뇨 거주지역에 정착한 유럽계 이주민의 성장과 파라과이에서 전개된 두 번의 내전 등 정치적 사건에 의해 구조화되었음을 밝힌 "유럽계 이주민의 유입에 따른 '과이레뇨(Guaireño)'의 타자화: 파라과이 비야리까(Villarrica) 시의 사례"(『비교문화연구』 14(2), 2008)가 있다.

이영미는 현재 페루의 가톨릭대학교(Pontificia Universidad Católica del Perú)

에서 인류학 박사 과정을 수료하고, 페루의 남부 지방인 푸노(Puno) 사람들, 특히 페루사회에서 역사 · 문화적으로 '소외된 타자'로 살아온 '아이마라(Aymara)' 문화권에 속하는 원주민들의 정체성에 관하여 연구하고 있다. 이와 관련된 논문으로는 페루라는 국가적 경계 안에서 원주민들이 가지고 있는 '그들만의 정체성'이 문화적 권리인지 아니면 또 다른 의미의 사회적인 '낙인'인지에 대해 논의하는 "페루 원주민들의 상황: 사회문화적으로 인정받기 위한 투쟁의 길(La situación de los indígenas en el Perú: el camino de la lucha para que sean reconocidos)"(『아시아아메리카연구』 7(1), 2007)이 있다. 그리고 강정원은 미국 플로리다 대학교에서 인류학 박사 과정을 수료하고 페루 앙카시 주 산 마르코에서 다국적 기업인 안티미나 광산회사의 지역개발사업과 이런 사업이 지역사회에 미치는 영향에 대하여 연구하고 있다.

참고문헌

구경모, 2008, " '과이레뇨(Guaireño)' 의 타자화: 파라과이 비야리까(Villarrica) 시의 사례,"『비교문화연구』14(2).

김명혜, 1982, "The Informal Sector in the City of Oaxaca, Mexico," 미국 조지아 대학 석사학위논문.

_______ 1987, *Female Labor Force Participation and Household Reproduction in Urban Mexico*, 미국 텍사스 대학 박사학위논문.

_______ 1997, "농촌에서 도시로: 멕시코의 사례연구,"『인류학과 지역연구』, 최협 편, 서울: 나남.

_______ 1998, "멕시코 국경도시 노동자들과 그들의 가족생활상에 관한 고찰,"『라틴아메리카연구』11(1).

_______ 2001, "도시공동체에서 여성들의 역할: 멕시코 국경도시에 대한 사례연구,"『한국문화인류학』34(2).

_______ 2002, "Female Maquila Workers and Urban Neighborhood Movement in a Border City of Mexico," *Asian Journal of Latin American Studies* 15(1).

김명혜 외, 1996, "The Women of Mexico and the Neoliberal Revolution," *Anuario de Estudio Urbanos*, 3.

김세건, 1999a, *El cambio, sus características y el ecosistema en un pueblocampesino mexicano*, 멕시코국립대학 박사학위논문.

_______ 1999b, "옥수수 다루기를 통해서 본 멕시코 농촌근대화,"『아시아태평양지역연구』1(2).

_______ 1999c, "예수회: 영혼의 정복자,"『라틴아메리카의 역사와 사상』, 이성형 편, 서울: 까치.

_______ 2000a, "El sujeto oculto: modernización rural y medio ambiente en un pueblo campesino mexicano," *Asian Journal of Latin American Studies* 13.

_______ 2000b, "멕시코 한 농촌의 농업의례와 인식체계의 변화,"『한국문화인류학』33(1).

______ 2000c, “북을 향하여: 멕시코 농민들의 미국, 캐나다로의 일시이민과 사회문화적 변동의 제양상,” 『한국사회과학』 22(2).

______ 2000d, “멕시코 마낄라도라: 만남 그리고 …,” 『멕시코 한국기업의 노동문화적응』(공저), 서울: 미래인력연구센터/생각의 나무.

______ 2001a, “El manejo de los recursos y la unidad doméstica en el campo de Latin América,” *Asian Journal of Latin American Studies* 14(2).

______ 2001b, “멕시코 농촌에서 꼼빠드라스고의 구조와 역할,” 『비교문화연구』 7(2).

______ 2002, “세계화의 오래된 현재, 멕시코,” 『세계화와 사회변동』(공저), 강원대학교 출판부.

______ 2003a, “메소띠소와 원주민 사이에서: 멕시코 국민주의와 원주민 종족성,” 『한국문화인류학』 36(2).

______ 2003b, “한-중남미 인적교류: 중남미로의 한국이민을 중심으로,” 『아시아아메리카 연구』 3.

______ 2004a, “멕시코 농촌 가구와 친척관계의 구조 및 변화양상: 떼뽀스뜰란의 한 농촌 마을사례를 중심으로,” 『라틴아메리카 연구』 17(2).

______ 2004b, “성모 과달루뻬 신앙의 형성과 그 의미,” 『라틴아메리카 연구』 13(1).

______ 2006, “멕시코 정치변동기의 마을정치의 변화와 그 특징,” 『라틴아메리카연구』 19(2).

______ 2007, “지방정치 중심으로서의 무니시삐오의 변화와 특징: 떼뽀스뜰란 무니시삐오를 중심으로,” 『이베로아메리카』 9(2).

______ 2008, “공정무역과 새로운 공동체 운동: 오아하까 UCIRI 사례를 중심으로,” 『이베로아메리카』 10(1).

사마, 헬렌(김명혜 역), 1990, 『산후안의 빈민들: 푸에르토리코의 도시빈민문화』, 서울: 교문사.

오스카, 루이스(박현수 역), 1978, 『산체스의 아이들』, 서울: 청년사.

______ (이덕성 역), 1988, 『떼뽀스뜰란 마을』, 서울: 교문사.

오헤다, 마르따(김명혜 역), 2004, "멕시코 자유무역지역에서의 여성노동," 『여성과 민주화운동』, 서울: 경인문화사.

울프, 에릭(박현수 역), 1983, 『농민』, 서울: 청년사.

이영미, 2007, "페루 원주민들의 상황: 사회문화적으로 인정받기 위한 투쟁의 길," 『아시아 아메리카연구』 7(1).

전경수, 1991, 『브라질의 한국이민』, 서울: 서울대학교출판부.

조경진, 2004, *The Culture of Boom-and-Bust and the Duty-Free Zone: The Struggle to Find Iquique's Place in the Chilean Nation-State,* 미국 시카고 대학 박사학위논문.

______ 2005, "다시 생각하는 '자유무역' : 칠레 이끼께 자유무역 지대에서의 감시문화와 도덕경제의 문제," 『비교문화연구』 11(2).

______ 2006, "전지구화시대의 위기와 공동체 재편성에 관한 인류학적 연구: 칠레 이끼께 지방을 중심으로," 『한국문화인류학』 39(2).

주종택, 1995a, *Corn-Buying Peasants: The Capitalist Development of Forestry Production and its Impact on the Diversity of Local Economy in Oaxaca, Mexico*, 미국 코네티컷 대학 박사학위논문.

______ 1995b, "라틴 아메리카 농촌 변화와 농민의 성격," 『라틴아메리카연구』 8.

______ 1996, "멕시코 종족문제의 역사적 배경과 오늘날의 상황," 『지역연구』 5(2).

______ 1997a, "멕시코 농촌의 사회경제적 변화와 현지조사," 『인류학과 지역연구』 서울: 나남.

______ 1997b, "불명확한 메스띠소 정체의식: 멕시코 농촌지역의 종족성의 정치경제," 『한국문화인류학』 30(1).

______ 1998a, "멕시코 농촌지역의 정치참여: 정치행위와 정치문화," 『라틴아메리카연구』 11(1).

______ 1998b, 『한국의 지역연구: 현황과 과제』, 이상섭 · 권태환 편, 서울대학교출판부.

______ 1999, 『라틴 아메리카의 역사와 사상』, 이성형 편, 서울: 까치.

______ 2000a, “멕시코의 경제위기와 농촌지역의 국제 노동이주,” 『라틴아메리카연구』 13(1).

______ 2000b, “라틴 아메리카의 사회경제적 변화와 종교: 천주교와 개신교의 관계,” 『한국문화인류학』 33(2).

______ 2002, “멕시코 원주민 정체성의 특징과 문화적 의미,” 『한국문화인류학』 35(1).

______ 2004a, “멕시코의 사회변화와 개신교의 발전,” 『라틴아메리카연구』 17(1).

______ 2004b, “칠레의 사회변화와 개신교의 성장,” 『라틴아메리카연구』 17(4).

______ 2004c, “라틴아메리카의 종교변화와 개신교의 역할,” 『중남미연구』 24(2).

______ 2004d, “라틴아메리카의 사회변화와 축제: 겔라겟사와 카니발의 사례,” 『라틴아메리카연구』 17(3).

______ 2005, “멕시코의 원주민 정책과 종족성: 메스티소와 원주민의 관계,” 『라틴아메리카연구』 18(4).

______ 2006, “브라질 한인사회의 성격과 한인들의 민족관계,” 『해외한인의 민족관계』, 문옥표 편, 서울: 아카넷.

______ 2007a, “멕시코의 국제노동이주와 농촌지역의 사회문화적 변화,” 『한국문화인류학』 40(2).

______ 2007b, “멕시코 농촌지역에서의 마치스모의 사회적 변화와 의미,” 『비교문화연구』 13(1).

______ 2007c, “Korean Return Migrants from Brazil: Ethnic and Economic Aspects,” *Korea Journal*, 47(2).

주종택 외, 1995, “Ethnicity and Economy in Rural Mexico: A Critique of the Indigenista Approach,” *Latin American Research Review* 30(2).

최진숙, 2002, “People from the Mountain Have *Acento Indígena* (Indian accent): Double-bound Mayan Identities and the Dilemma of Mayan Linguistic Purism in Guatemala,” *Chicago Linguistic Society*.

______ 2003a, *Language Choice and Language Ideology in a Bilingual Maya Community: the Politics of Identity in Guatemala*, 뉴욕주립대 박사학위논문.

______ 2003b, "The Role of Language in Ideological Construction of Mayan Identities in Guatemala," *Texas Linguistics Forum* 45.

______ 2005a, "과테말라 마야 정체성의 이데올로기적 형성: 코드 전환에 의한 언어적 편견의 재생산,"『한국문화인류학』 38(2).

______ 2005b, "인종화와 종족화 사이의 이중구속: 과테말라 마야 인디언의 정체성에 대한 고찰,"『비교문화연구』 11(2).

______ 2007, "과테말라에서의 '인종(race)' 개념에 대한 역사적 고찰,"『라틴아메리카연구』 21(3).